21世纪普通高等院校系列规划教材

成本管理会计

CHENGBEN GUANLI KUAIJI

（第五版）

主　编　胡国强　陈春艳
副主编　马英华　刘永东

西南财经大学出版社
中国·成都

图书在版编目(CIP)数据

成本管理会计/胡国强,陈春艳主编.—5版.—成都:西南财经大学出版社,2021.1(2024.1重印)
ISBN 978-7-5504-4796-7

Ⅰ.①成… Ⅱ.①胡…②陈… Ⅲ.①成本会计 Ⅳ.①F234.2

中国版本图书馆CIP数据核字(2021)第014256号

成本管理会计(第五版)

主　编　胡国强　陈春艳

副主编　马英华　刘永东

责任编辑:廖韧

封面设计:杨红鹰　张姗姗

责任印制:朱曼丽

出版发行	西南财经大学出版社(四川省成都市光华村街55号)
网　　址	http://cbs.swufe.edu.cn
电子邮件	bookcj@swufe.edu.cn
邮政编码	610074
电　　话	028-87353785
照　　排	四川胜翔数码印务设计有限公司
印　　刷	郫县犀浦印刷厂
成品尺寸	185mm×260mm
印　　张	19.75
字　　数	468千字
版　　次	2021年1月第5版
印　　次	2024年1月第3次印刷
印　　数	6001—6500册
书　　号	ISBN 978-7-5504-4796-7
定　　价	38.00元

第五版前言

随着中国高等教育规模的扩张，教育质量潜在的问题受到越来越多的关注。为此，教育主管部门及各高等院校及时采取了各种有效措施，保证教育质量的稳定与提高。其中，开展高等院校精品课程建设就是一项有效的教育质量管理措施。“成本管理会计”课程作为财经类专业的公共专业基础课程在整个课程体系中有着十分重要的地位，因此，许多财经院校和综合性大学的商学院都在积极进行该门课程的建设。正是在这一背景下，2006 年广西财经学院“成本管理会计”精品课程建设小组开发了《成本管理会计》教材，其目的在于优化教学内容、创新教学方法、提高教学质量。由于 2016 年以来一系列具体企业会计准则的修订、管理会计系列指引的颁布和税法发生了相应的变化，以及新型经济业务的出现，《成本管理会计》原版本的有些内容以及结构显得不合时宜。所以，广西科技师范学院和广西财经学院“成本管理会计”精品课程建设小组用了一年多时间对第四版进行了修订。

本书第五版有两大变化：其一，更注重本书的适应性和应用性，并且吸收实务界专家建议；其二，在相关术语的表述上尽量采用新的会计准则和管理会计系列指引的表述。本着实用与创新的原则，本书内容共包括九章：第一章是导论，第二、三、四、五章是成本核算，第六章是成本报表与成本分析，第七章是成本预测与决策，第八章是成本计划与控制，第九章是成本考核与审计。为了满足学生学习、教师教学的需要，每一章都有相应的学习目标、关键术语、思考题和练习题。另外还编写了配套学习指导，制作了相应的教学课件。本套教材内容体系能够满足高校成本管理会计课程建设与教学的需要，具有广泛的适用性。

广西科技师范学院胡国强教授负责本书的总体设计、大纲制定、修改、定稿，并撰写第一、七、九章；广西财经学院会计学院陈春艳副教授和广西科技师范学院秦蕾副教授撰写第二、三章；广西财经学院会计学院马英华教授和广西科技师范学院黄力硕士撰写第四、六章；广西财经学院会计学院刘永东副教授和广西科技师范学院黄力硕士撰写第五章；广西科技师范学院胡国强教授和广西财经学院刘永东副教授撰写第八章。

本书的作者大部分是长期工作在成本会计和管理会计教学一线的专业教师，具有多年的教学经验，积累了丰硕的教学和科研成果。本书作者在共同讨论、反复研究的基础上设计了全书的内容纲要，在写作过程中查阅了中外各种版本的成本会计、管理会计和成本管理会计教材，取长补短、去粗取精，精心编写了各章节的内容。同时，教材内容也吸收了作者与理论界最新的科研成果，进一步丰富和完善了成本管理会计的教学内容体系。

本书出版之际，感谢西南财经大学出版社领导，感谢广西科技师范学院经济与管理学院、广西财经学院会计与审计学院对本书的支持，感谢曾经参与本书讨论、提出宝贵意见的各位同仁与朋友。书中疏漏之处，敬请广大读者指正。

编者

2020 年 7 月于广西来宾

目录

第一章 导论

【学习目标】

(1) 了解经济学、管理学和会计学的成本观，以及成本管理的发展历程。

(2) 掌握成本、费用、损失、成本管理、成本管理会计的概念，以及成本的分类、作用和成本管理会计的各个构成要素。

(3) 加深理解成本、费用、损失三者之间的关系，以及成本、成本管理和成本管理会计三者之间的关系。

【关键术语】

成本 费用 损失 成本管理 成本管理会计 成本策划 成本核算 成本控制 成本分析 成本考核 成本审计

第一节 成本

一、经济学成本观

(一) 马克思政治经济学的成本观

马克思关于成本的理论揭示了成本本质的经济内涵。成本是商品生产中耗费的活劳动和物化劳动的货币表现。马克思在《资本论》中指出："按照资本主义方式生产的每一商品 W 的价值，用公式来表示是 W=C+V+M。如果我们从这个产品价值中减去剩余价值 M，那么，在商品中剩下来的，只是一个在生产要素上耗费的资本价值 C+V 的等价物或补偿价值。"由此可见，在资本主义商品生产中，用以补偿资本家所消耗的生产资料价格和所使用的劳动力价格的部分，就是商品的成本价格，也是 C+V 的货币表现。所以，资本主义制度下的成本，是由转移的生产资料的价值和劳动力的价格所组成。劳动者在生产中创造的剩余价值那部分，为资本家的资本增值，转化为利润，不包括在成本之内。

（二）西方经济学的成本观

大部分《西方经济学》教科书中对成本的定义是："企业的生产成本通常被看成企业对所购买的生产要素的货币支出。然而，西方经济学家指出，在经济学的分析中，仅从这样的角度来理解成本概念是不够的。为此，他们提出了机会成本以及显性成本和隐性成本的概念。"机会成本范畴就概括了广义经济成本的内涵，而显性成本和隐性成本之和等于经济成本。显性成本指的是"厂商在生产要素市场上购买或租用他人所拥有的生产要素的实际支出"。隐性成本指的是"厂商本身所拥有的且被用于该企业生产过程的那些生产要素的总价格"。机会成本指的是"生产者所放弃的使用相同的生产要素在其他生产用途中所能提到的最高收入"。随着社会的发展，西方经济学家们对成本的定义不再只是企业的生产过程所涉及的成本，而是放眼于企业与外界以及企业内部组织之间发生的费用，因而提出了社会成本和交易成本。所谓社会成本，是"从整个社会角度来考察的进行生产的代价，既包括各项私人成本，又包括各种各样的外在成本，后者是指由于单个厂商的生产行为所引起的整个社会利益的损失"。所谓交易成本，是"获得准确的市场信息所需支付的费用以及谈判和经常性契约的费用"。

二、管理学的成本观

成本在管理学中被理解为一种企业生产、技术、经营活动的综合指标，产品的产量、品种的变动、质量的变化、工时和台时的利用、资源及能源的消耗、资金的周转等都会直接或间接地在成本中有所反映。企业管理中之所以强调成本这个手段，是因为它可以对企业各方面工作起到组织和促进作用。管理学所说的成本，是指成本—效益，或消耗—效益，就是在一定的消耗下获得的效益最大，或在既定的效益下消耗最小，这也正是企业管理所要追求的目标。管理学成本内容的核心在于决策成本、控制成本和责任成本三大类：①决策成本。它主要是企业管理当局做决策时需要考虑的成本。企业在进行生产经营活动、投资活动、融资活动时，都需要对不同的方案进行比较、选择，然后从中选出可行的或者最优的方案来具体实施。在对不同方案进行财务比较、选择的时候，一个共同的基础就是看不同的方案成本的大小，这里的成本就是决策成本。决策时需要考虑的成本很多，其核心是机会成本。机会成本选择恰当与否，直接关系到方案的科学性与合理性。因此，在决策阶段，会计人员应当提供科学的机会成本，为管理当局决策服务。②控制成本。企业的各种生产方案确定以后，就需要各部门、各单位分工协作，相互配合来完成方案确定的任务。为了达到这个目标，管理部门需要制定各种预算指标和标准成本，通过对这些预算指标和标准成本的分解与落实，把各部门和各项任务都纳入预算体系，促使各部门提高工作效率。同时，将各部门实际完成情况与预算指标、标准成本进行比较，可以发现存在的问题，并及时进行纠正，保证目标的实现。在控制阶段，会计人员不仅要参与预算指标和标准成本的制定，更要利用其掌握的成本信息优势，对生产经营活动进行全过程控制。管理会计所应用的控制成本，其核心是预算成本和标准成本。③责任成本。企业各种活动的结果既要通过其所取得的收入来反映，也要通过其所花费的成本来考核。为了有效评价各管理层的经营业绩，需要对发生的各项费用进行考核。按照“谁负责，谁承担责任”的原则来考核，其考核的依据就是各管理层的责任成本。但在对管理人员进行业绩评价时，不能依据成本总额，而应依其所能控制的成本来进行。因为只有依据各自能够控制的成本进行的评价才是恰当的，所以，责任成本的核心是可控成本。

三、会计学的成本观

会计学的成本概念有狭义和广义之分：狭义的成本是指财务会计范畴内的费用概念。费用和成本是密切相关的，美国会计学会名词委员会在成本归属理论（cost attach theory）中提及已耗成本（expired cost）概念，并将已耗的历史成本定义为费用，而未耗的历史成本则定义为资产。在这里，人们一般会把费用（已耗成本）理解为成本，即狭义的成本概念，人们在区分成本与费用时把成本称之为按成本对象归集化了的费用；广义的成本概念就要比狭义的成本概念宽泛得多。20世纪20年代现代会计的分支——管理会计出现以来，成本的范畴得到了快速扩展，产品成本、项目成本、责任成本、质量成本、资本成本、机会成本、沉没成本、变动成本、固定成本等概念层出不穷，人们已感到很难给成本一个明确的定义，成本概念是管理会计理论与方法中发展最快的概念之一。

（一）国外对会计学中成本内涵的界定

1925年，劳伦斯（W·B·Lawrence）在《劳氏成本会计》中提出，成本是“一工厂制造与推销其产品时所发生之一切费用总数”。

1951年，美国会计学会（AAA）《成本概念与标准》指出：“成本是为了实现一定目的而付出的（或可能付出的）用货币测定的价值牺牲。”

1956年，美国会计学会（AAA）《成本概念与标准》将成本概念修订为“成本通常指为了取得或创造有形或无形的财源，而有意放弃或将予放弃的一定量价值”。

1957年，美国会计师协会（AICPA）所属名词委员会发布的《第4号会计名词公报》指出：“成本是指由于取得或将能取得资产或劳务而支付的现金、转让的其他资产、给付的股票或承诺的债务，并以货币衡量的数额。”

1980年，美国财务会计准则委员会（FASB）发布第3号财务会计概念公告《企业财务报表的要素》把成本解释为经济活动中发生的牺牲，即为了消费、储蓄、交换、生产等所放弃的资源。

1984年，美国加利福尼亚大学米切尔·马赫（Michael Maher）教授在《成本会计》中提出：“成本是资源的一种损失，是资源的一种牺牲。”

1986年，美国查尔斯·T. 霍恩格伦在《高级成本管理会计》中，认为成本是“为了达到某一特定目标所失去的或放弃的资源”。

日本大藏省颁布的《成本计算标准》指出：“成本是指经营者为获得一定的经营成果而消费的物质资料或劳务价值。”

此外，加拿大、英国、澳大利亚以及国际会计准则委员会（IASC）均对成本概念有过类似的表述。

(二) 我国对会计学中成本内涵的界定

1951 年，娄尔行等学者认为："成本是完成一项作为时，或者企图完成一项作为中间，直接、间接因作为而耗费的有形和无形的代价。""成本——在会计意义上是生产'产品'或供给'劳务'所发生的一切支出。"

1963 年，中国人民大学出版社出版的《工业会计核算》教材指出："产品成本是指工业企业用于生产和销售一定种类和数量的产品所耗费的全部支出……从价值方面体现着生产过程中活劳动和物化劳动的耗费。"

1988 年，中国成本研究会编写的《成本管理文集》中，有作者认为："成本是为了实现一定目的（目标）而付出的（或可能将要付出的）可用货币测定的价值牺牲或代价。"

1988 年，曲晓辉在《厦门大学学报（哲学社会科学版）》第 2 期发表《论成本观念的广义化》，在文中指出："成本既不是牺牲的价值，也不是放弃的价值，因为它的发生必须基于一定的动机，因此，确切地说，成本是为特定目的支出的价值。"

1996 年，中国会计学会核工业专业委员会课题组在《会计研究》第 9 期发表《我国当代企业的成本管理问题——成本观念需要更新》，指出："成本是企业为实现一定经济目的而耗费的本钱。"文章提出"成"者，有完成、实现之意；"本"者，资本之本，本钱之本。

2001 年，我国颁布的《企业会计制度》这样表述：成本是指企业为生产产品、提供劳务而发生的各种耗费。

2006 年，我国颁布的《企业会计准则——基本准则》第三十五条规定："企业为生产产品、提供劳务等发生的可归属于产品成本、劳务成本等的费用，应当在确认产品销售收入、劳务收入等时，将已销售产品、已提供劳务的成本等计入当期损益。"可见，《企业会计准则——基本准则》并没有给成本一个明确的定义。2014 年我国对基本准则的第九章会计计量中的历史成本、重置成本、可变现净值、现值、公允价值的内涵进行了如下修订：①历史成本是指在历史成本计量下，资产按照购置时支付的现金或者现金等价物的金额，或者按照购置资产时所付出的对价的公允价值计量。负债按照因承担现时义务而实际收到的款项或者资产的金额，或者承担现时义务的合同金额，或者按照日常活动中为偿还负债预期需要支付的现金或者现金等价物的金额计量。②重置成本是指在重置成本计量下，资产按照现在购买相同或者相似资产所需支付的现金或者现金等价物的金额计量。负债按照现在偿付该项债务所需支付的现金或者现金等价物的金额计量。③可变现净值是指在可变现净值计量下，资产按照其正常对外销售所能收到现金或者现金等价物的金额扣减该资产至完工时估计将要发生的成本、估计的销售费用以及相关税费后的金额计量。④现值是指在现值计量下，资产按照预计从其持续使用和最终处置中所产生的未来净现金流入量的折现金额计量。负债按照预计期限内需要偿还的未来净现金流出量的折现金额计量。⑤公允价值，是指市场参与者在计量日发生的有序交易中，出售一项资产所能收到或者转移一项负债所需支付的价格。

2013 年，我国颁布的《企业产品成本核算制度（试行）》这样表述：产品成本，是指企业在生产产品过程中所发生的材料费用、职工薪酬等，以及不能直接计入而按一定标准分配计入的各种间接费用。

综上所述，会计学的成本概念更强调成本的计量属性。因此，会计学所说的成本概念必须是可计量和可用货币表示的。财务会计受制于外部报表使用者对会计信息的要求，将成本理解为企业为了获得营业收入而发生的耗费。

（三）会计学中的成本、费用和损失

会计学中的成本、费用和损失的定义，在美国会计师协会（AICPA）1957 年发布的《第 4 号会计师名词公报》（*Accounting Terminology Bulletin No.* 4）中给出了明确的规定：

（1）成本的定义。美国会计师协会 1957 年发布的《第 4 号会计师名词公报》把成本定义为："成本是指为获取财货或劳务而支付的现金或转移其他资产、发行股票、提供劳务或发生负债，而以货币衡量的数额。成本可以分为未耗（unexpired）与已耗（expired）；未耗成本可由未来的收入负担，例如存货、预付费用、厂房、投资、递延费用等属之；已耗成本不能由未来的收入负担，故应列为当期收入的减项，或借记保留盈余，例如出售产品或其他资产的成本及当期费用属之。"根据以上定义可知，成本是为获取财货或劳务而支付的现金或其等价物，也就是说，成本是为获得某种利益之支出，如购房屋，是为了获得其使用利益之支出，属于成本；雇用劳务人员，是为了取得其服务之支出，也属于成本。支出形式可以为现金，也可为其他等价物，所获利益可以为有形资产或无形劳务，每一种支出如果为了获得某种利益都代表一项成本。成本的未耗和已耗之分在于，未耗成本指支出换取的利益在没有实际耗用以前是一种资产，如存货、厂房等，它是为了获得未来收入的一种经济资源；已耗成本指支出换取之利益已经耗用，如出售产品的成本，它是为了获得当期收入所支付的代价，所以，要与收入密切配合，不得递延。

（2）费用的定义。美国会计师协会 1957 年发布的《第 4 号会计师名词公报》把费用定义为："最广义的费用，是指可由收入中减除的一切已耗成本。在损益表中，已耗成本常有各种不同的名称，包括成本、费用或损失，例如销货成本、销售费用、销售税金及出售资产损失。"根据以上定义，费用有广义、狭义之分，广义的费用包括损失在内，狭义的费用不包括损失。企业的一切支出，最后不一定都能获得收益，如果成本消耗后不能获得收益，则支出变成了损失；如能获得收益，则为费用。所以，费用是为产生收益而丧失的成本。

（3）损失的定义。美国会计师协会 1957 年发布的《第 4 号会计师名词公报》把损失定义为："其一，就广义而言，为某期间所有费用超过收入的数额；其二，当资产出售、废弃或因意外灾害或冲销而致全部或局部毁损时，其成本超过相关收入的部分。若损失的发生是因上述第二种情况时，应列为收入的减项，因其属于广义的费用。"

根据以上定义，损失是无补偿的已耗成本。它分为两种：一种是费用超过收入的部分，另一种是对收入没有贡献的部分。

（4）根据上述美国会计师协会 1957 年发布的《第 4 号会计师名词公报》中对成本、费用和损失的理解，三者之间的关系可以图 1-1 来表示。

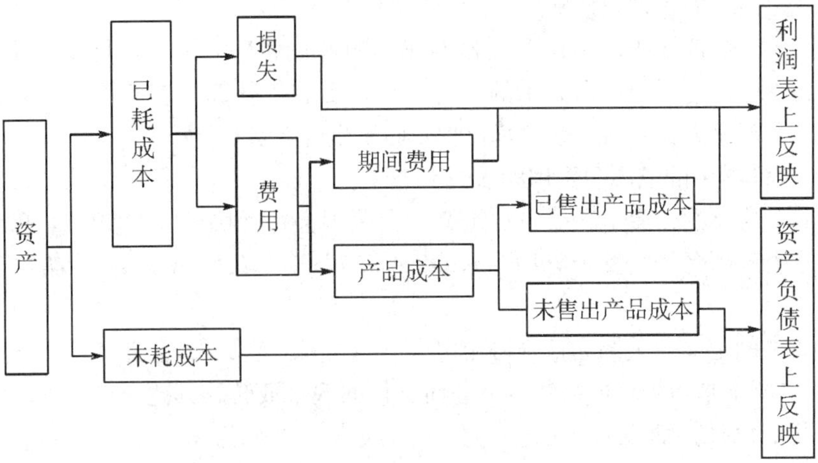

图 1-1　会计学中成本、费用、损失三者之间的关系

图 1-1 中包含了以下几层意思：第一，企业的资产分成两个方面的成本，即已耗成本和未耗成本；第二，未耗成本指支出换取的利益在没有实际耗用以前是以资产的形态存在的，在当期资产负债表上反映；第三，已耗成本指支出换取之利益已经耗用，如果无补偿的或无贡献的归为损失在利润表中反映，如果有补偿的或有贡献的归为费用；第四，归为费用的已耗成本，如果能够“对象化”则构成当期产品成本，如果不能够“对象化”则构成期间费用直接在利润表中反映；第五，“对象化”的费用构成当期产品成本，如果当期销售出去则构成已售出产品成本，直接在利润表中反映；如果当期没有销售出去则构成未售出产品成本，直接在资产负债表中反映。总之，成本、费用、损失都是对资产的耗费，而耗费资产的目的是获取价值更大的资产。

四、成本的分类

为适应成本管理理论研究和满足企业成本管理工作的需要，企业要对成本进行分类。成本分类与成本层次密切相关，成本可以在几个不同的层次上进行分类：

（一）理论层次上的成本分类

理论层次上的成本分类，抽象了成本的具体内容，从本质方面说明成本的属性和理论构成，对理论研究具有指导意义。成本从理论层次上可以分为宏观经济成本和微观经济成本：

（1）宏观经济成本。宏观经济成本是从国民经济的投入和产出的关系方面考察的对维护社会扩大再生产，在生产要素上发生的资源耗费补偿价值。宏观经济成本可以从社会平均成本、社会经济成本和社会必要劳动耗费等不同的角度去认识。

（2）微观经济成本。微观经济成本即企业成本，是企业为提供产品或劳务而发生的耗费。根据企业性质的不同，微观经济成本又可以分为生产性成本和劳务性成本：生产性成本是指生产性企业为生产一定质量和数量的产品在生产要素上耗费的个别物化劳动和活化劳动的补偿价值；劳务性成本是指劳务性企业为提供某种劳务在生产要素上耗费的个别物化劳动和活化劳动的补偿价值。

（二）价值链层次上的成本分类

根据迈克尔·波特提出的价值链概念，企业作为一个整体来看是无法形成竞争优势的，竞争优势来源于企业的经营过程。企业创造价值的过程可以分解为一系列不相同但相互联系的经济活动，即作业链。从经济增值角度衡量其总和就构成了企业的“价值链”。企业内部价值链分为九项活动，隶属于基本活动和辅助活动两大类。这九项活动为企业基本职能活动、人力资源管理、技术开发、采购、内部后勤、生产经营、外部后勤、市场营销和服务。每一项活动都要耗费一定的资源，即以成本为代价，故其经济效果取决于企业成本方面的竞争能力。所以，价值链的背后隐藏着企业的“成本链”。按照这一推理，企业的产品或项目的内部“成本链”包括设计层成本、供应层成本、生产层成本、销售层成本：

（1）设计层成本。设计层成本是指设计阶段根据技术、工艺、装备、质量、性能、功效等方面的因素对某产品设定的目标成本。设计层成本具体又分为产品设计成本和工艺设计成本：产品设计成本是指设计阶段根据相关因素对某产品成本项目（直接材料、直接人工和制造费用）设定的目标成本，工艺设计成本是指设计阶段根据相关因素对生产产品工艺的每个环节设定的目标成本。

（2）供应层成本。供应层成本是指为准备生产产品而发生的资金耗费，包括资金、存货、固定资产和无形资产等取得的成本，以及对这些资产的维护和储存成本等。

（3）生产层成本。生产层成本是指产品生产过程中发生的各种资金耗费，包括直接材料、直接人工、制造费用、管理费用等。

（4）销售层成本。销售层成本是指销售产品的成本和为销售产品而发生的各种资金耗费，包括主营业务成本、销售费用、储存成本和售后服务成本等。

（三）管理层次上的成本分类

如果从横截面剖析价值链上的活动，其可以划分为三个层面的管理活动，即战略管理活动、战术管理活动和作业任务活动。企业的价值流伴随着成本流。所以，企业的成本据此可以分为战略层成本、战术层成本和作业层成本：

（1）战略层成本。战略层成本表现为企业价值链上的成本结构，是指企业从行业维、市场维和生产维等方面对产品未来成本的预计，包括行业进入成本、市场进入成本、产品全生命周期成本、产品设计成本等。

（2）战术层成本。战术层成本表现为战略实施过程中的成本控制目标，是指为实现企业成本战略而制定各种“成本标杆”，包括标准成本、计划成本、定额成本、质量成本、作业成本、责任成本等。

（3）作业层成本。作业层成本表现为生产经营实际运行过程中的耗费，是指产品生产执行层面具体活动所引起的资源耗费的一种货币表现，包括产品成本、作业成本、实际成本、可控成本等。

（四）功能层次上的成本分类

功能层次是就成本管理的作用而言的，即成本在经济工作中的作用。成本按照其在经济工作中的作用，可以划分为财务成本、管理成本和技术经济成本三类：

（1）财务成本。财务成本是根据实际成本原则和权责发生制要求，以及国家财务和会计制度的规定，按各成本对象受益情况，采用一定的核算程序和计算方法，所计算的企业成本。对于生产性企业而言，财务成本可以再做进一步的分类，比如：按照成本发生的环节可以分为采购成本、生产成本、储存成本、销售成本等，按照成本的发生空间可以分为班组成本、工序成本、车间成本和工厂成本等，按照成本所依附的实体可以分为自制半成品成本、在产品成本、产成品成本等。

（2）管理成本。管理成本是根据企业生产经营经济决策、成本策划、成本控制和成本考核等方面的要求，所建立的成本指标体系。成本策划方面的成本指标有固定成本和变动成本、相关成本和非相关成本、可避免成本和不可避免成本、差别成本、机会成本、交易成本、边际成本、沉没成本、预测成本、目标成本等；成本控制和成本考核方面的成本指标有标准成本、定额成本、计划成本、可控成本和不可控成本、责任成本等。

（3）技术经济成本。技术经济成本是为研究成本和技术、功能与质量的关系，满足企业研究开发新产品、新工艺的需要，所设计的成本指标，具体包括功能成本、设计成本、质量成本和投资成本等。

（五）要素层次上的成本分类

要素层次是就成本构成的具体内容而言的，实际上就是在生产经营过程中对各项生产要素的耗费。就生产企业而言，企业费用要素一般包括外购材料、外购燃料、外购动力、职工薪酬、折旧费和其他支出；外购材料是指企业为生产而耗费的一切从本企业以外所购入的原料及主要材料、辅助材料、外购半成品、包装物、修理备用件和低值易耗品等；外购燃料是指企业为生产而耗费的一切从本企业以外所购入的固体、液体和气体燃料；外购动力是指企业为生产而耗费的一切从本企业以外所购入的电力、热力等动力；职工薪酬是指企业应计入生产费用的全部职工工资、职工福利费、住房公积金、各种保险费等；折旧费是指企业按照规定从生产费用中提取的固定资产折旧费；其他支出是指不属于以上各项费用要素的支出。根据成本管理的实际需要，要素层次上的成本可以按照以下几种不同的标准进行分类：

（1）生产费用按经济内容分类。生产费用按经济内容分类即按生产要素上的耗费分类，可分为劳动资料方面的费用、劳动对象方面的费用和活化劳动方面的费用。①劳动资料方面的费用是指在生产过程中为使用和维护劳动工具而发生的资金耗费；②劳动对象方面的费用是指在生产过程中为生产产品或提供劳务而耗费的各种原材料、辅助材料、外购半成品、燃料、动力、包装物、修理备用件和低值易耗品的费用；③活化劳动方面的费用是指在生产过程中为生产产品或提供劳务人员而支付的工资、奖金、津贴、补贴和按规定提取的职工福利费等。

（2）生产费用按企业成本的生产费用经济用途分类。生产费用按企业成本的生产费用经济用途，可分为制造成本费用和期间费用。①制造成本费用是指可以直接或间接计入产品或劳务成本的费用。制造成本费用又可分为直接材料、直接薪酬和制造费用：A. 直接材料是指企业在生产过程中直接用于产品生产实际消耗的原材料、辅助材料、外购半成品、燃料、动力、包装物、修理备用件和低值易耗品以及其他直接材料；B. 直接薪酬是指企业直接从事产品的人员的工资、奖金、津贴、补贴和按规定提取的职工福利费；C. 制造费用是指企业各个生产单位（分厂、车间）为组织和管理生产而发生的各项间接费用，包括生产单位管理人员的工资、职工福利费、折旧费、修理费、物料消耗、水电费、办公费、差旅费、保险费等。②期间费用成本是指不能计入产品或劳务成本，期末直接计入当期损益中的费用。期间费用又可再分为管理费用、财务费用和销售费用：A. 管理费用是指企业为组织和管理生产而发生的期末直接计入当期损益中的各种费用，比如厂部管理人员的工资、职工福利费、折旧费、修理费、物料消耗、水电费、办公费、差旅费、保险费等；B. 财务费用是指企业筹措和使用资金而发生的期末直接计入当期损益中的各种费用，比如银行手续费、债务利息等；C. 销售费用是指企业为扩大产品的销售或提供劳务而发生的期末直接计入当期损益中的各种费用，比如广告费、展销费等。

（3）按生产费用计入企业成本的程序分类。生产费用按计入企业成本的程序，可分为单要素成本和综合要素成本：①单要素成本是指只由一种经济性质的费用要素构成的成本项目；②综合要素成本是指由两种或两种以上经济性质的费用要素构成的成本项目。

（4）按生产费用计入企业成本的方法分类。生产费用按计入企业成本的方法，可分为直接费用成本和间接费用成本：①直接费用成本是指能够根据原始凭证记载的耗费信息直接归集到某种成本计算对象的费用；②间接费用成本是指不能够根据原始凭证记载的耗费信息直接归集到某种成本计算对象，而需要通过一定的分配方法才能计入某种成本计算对象的费用。

（5）按生产费用与生产经营活动的关系分类。生产费用按与生产经营活动的关系，可分为基本费用成本和一般费用成本：①基本费用成本是指由生产经营活动自身引起的各项费用汇集而成的成本费用项目，比如直接材料、直接薪酬等；②一般费用成本是指由组织和管理生产经营活动而发生的各项费用汇集而成的成本项目，比如制造费用。

（6）按成本习性或者成本性态分类。成本按其习性或者性态，可分为固定成本、变动成本和半变动成本：①固定成本是指在一定业务量范围内，总额不受业务量变动的影响而保持不变的成本。由于固定成本总额不受业务量变动的影响而保持不变，因此，单位固定成本随业务量的增加或减少而呈反比例变动。企业的固定成本按其支出数额大小是否受管理当局的决策影响，又进一步划分为约束性固定成本和酌量性固定成本。②变动成本是指在一定时期和一定业务量范围内，总额随业务量的变动而发生正比例变动的成本，变动成本的总额将随产量或销量的变动而呈正比例变动。但从单位业务量观察，单位产品的直接材料、直接人工等都是等量的，即在一定时期和一定业务量范围内，单位变动成本不受业务量变动的影响而保持不变。变动成本还可以再进一步划分为短期变动成本和长期变动成本：短期变动成本以业务量为基础，与产品产量或销量成正比例变动。长期变动成本以活动量（activity）为基础，并随着活动量的变动而变动。长期变动成本实质上就是产品成本中的变动制造费用部分。③半变动成本是指总成本虽然受产量变动的影响，但是其变动的幅度并不同产量的变化保持严格的比例。这类成本由于同时包括固定成本与变动成本两种因素，所以，实际上属于混合成本。

（六）成本分类小结

在成本管理会计中，为了满足成本管理会计的不同需要，理论界和实务界从不同的角度采用不同的标准，对成本进行不同的分类。这些分类之间既有区别，又有联系。它们之间的区别和联系如表 1-1 所示。

表 1-1　成本分类

分类标志	标志解释	分类名称	分类用途
（1）理论层次	成本的本质属性和理论构成	宏观经济成本和微观经济成本	对理论研究具有指导意义
（2）价值链层次	企业的产品或项目的内部"成本链"	设计层成本、供应层成本、生产层成本、销售层成本	识别企业的成本竞争优势
（3）管理层次	企业价值链的横截面	战略层成本、战术层成本和作业层成本	成本的策划和控制
（4）功能层次	成本在经济工作中的作用	财务成本、管理成本和技术经济成本	成本策划和核算
（5）要素层次：	成本构成的具体内容	分为多个方面	成本预算、计划、核算、控制、报表、分析和考核
①经济内容	生产要素上的耗费	劳动资料方面的费用、劳动对象方面的费用和活化劳动方面的费用	成本预算和报表
②经济用途	成本构成项目	制造成本费用和期间费用	成本计划、核算、控制和分析
③计入程序	生产费用计入企业成本的程序	单要素成本和综合要素成本	成本预算和分析
④计入方法	直接和间接计入成本	直接费用成本和间接费用成本	计划和核算
⑤与生产经营活动关系	生产费用与生产经营活动的依存关系	基本费用成本和一般费用成本	成本核算和控制
⑥成本习性或者性态	与业务量的依存关系	固定成本、变动成本和半变动成本	成本预测、决策、控制、计算和分析

五、成本的作用

产品成本的实质是产品生产过程中的各项劳动耗费及其补偿价值，是反映企业生产经营管理工作的综合性价值指标，同时又是确定企业盈亏和制定产品价格的基础。其作用具体表现在以下四方面：

（一）成本是生产耗费的补偿尺度

成本是企业为生产一定种类和数量的产品所发生的各项耗费的总和，这种耗费必须能够用货币表现，并在通过产品销售过程实现产品价值后，从产品销售收入中获得补偿。产品成本的高低，是衡量这一补偿份额大小的重要尺度。要想维持企业的简单再生产，使企业在产品生产过程中消耗的物化劳动和活劳动得以补偿，就必须有一个补偿耗费的价值尺度，这个价值尺度就是成本。这种耗费是用销售收入来补偿的，企业在取得销售收入以后，必须把相当于成本的数额划分出来，用以补偿生产经营中的耗费，维持资金周转按原有的规模进行，保证再生产的继续进行。

（二）成本是综合反映企业工作质量的重要指标

成本是企业生产过程中发生的以货币表现的各项资金耗费，是一项综合性的经济指标。企业生产经营各个方面的工作质量和效果都可直接或间接地在成本上反映出来。企业生产经营管理各个方面的工作业绩，如产品设计的好坏、生产工艺的合理程度、固定资产的利用程度、原材料消耗是否合理和节约、劳动生产率的高低、产品质量的优劣、产品产量的增减以及供、产、销各环节是否衔接协调等，都可以通过成本直接或间接地反映出来。通过对成本的考核和分析，可以借鉴企业在管理中的成功经验和发现其中所存在的问题，从而有的放矢地加强对企业的管理，充分挖掘潜在的力量，以尽可能少的劳动耗费，取得尽可能多的劳动成果。

（三）成本是制定产品价格的基础

在市场经济条件下，产品价格是产品价值的货币表现。在现实的经济社会中，产品的价值还无法准确地计量，制定产品价格只能以成本为基础，也就是以产品成本作为制定产品价格的最低经济界限。产品价格若低于其成本，劳动耗费就无法得以补偿，企业就难以生存。但是，作为制定产品价格依据的成本，不是指一个企业的个别成本，而是指生产该产品的部门平均成本或社会成本。生产经营好的企业，其个别成本低于社会成本，取得的销售收入不仅能足额补偿生产所耗，还能给企业带来较多的盈利；反之，生产经营差的企业，个别成本高于社会成本，必然会发生亏损，甚至垫付资本也会逐步销蚀。当然，制定产品价格时考虑的因素很多，如国家价格政策及税收、信贷等经济政策，还有产品在市场上的供求状况等，但产品成本仍是制定产品价格的重要因素。

（四）成本是进行经营预测、决策和分析的重要依据

在市场经济条件下，市场竞争异常激烈。企业要在激烈的市场竞争中取胜，就要面向市场，对生产计划的安排、工艺方案的选择、新产品的开发等，都采用现代化科学管理的手段进行经营预测，从而做出正确的决策。同时，为了更好地对企业的生产经营活动进行管理和控制，还必须定期与不定期地对企业的生产经营情况进行分析，从而采取有效措施，促使企业完成各项计划任务。只有及时提供准确的成本资料，才能使预测、决策和分析等活动建立在可靠的基础之上。所以，成本指标就成为企业进行经营预测、决策和分析的重要数据资料。

第二节　成本管理

一、成本管理的发展历程

成本管理的发展历程可以分为四个历史阶段：19 世纪中期以前、19 世纪中期至 20 世纪 40 年代、20 世纪 50 年代至 20 世纪 80 年代、20 世纪 90 年代至今。

（一）19 世纪中期以前：简单成本计算时代

在 19 世纪中期以前，生产方式主要表现为手工和单件生产，这个时期的会计职能主要是记录企业之间的业务往来。随着工业革命的爆发，生产经营规模的日益扩大，企业为了降低单位产品所耗费的资源，开始重视成本信息的加工与利用，将成本记录与普通会计记录融合在一起，出现了记录型成本会计，并且开始利用成本信息对企业内部员工的业绩进行评价。据美国会计史学家考证，最早期制造业成本的记录是 19 世纪上半叶新英格兰集中的多步骤棉纺织企业的成本记录，这些记录揭示出当时的企业应用了一套非常复杂的成本账。早期成本管理系统发展的最大动力来自 19 世纪中叶铁路业的产生和发展，铁路业是当时规模最大的企业组织，其生产经营管理比 19 世纪初的新英格兰纺织工业要复杂得多。铁路业的管理者们为了更好地控制成本，发明了许多与成本相关的经济计量指标。这个时期的物质生产管理系统可以说是业主主观导向型的管理系统，即根据自己拥有的技术来适应市场的需求，最后核算自己的业绩，如图 1-2 所示。

图 1-2　基于业主主观导向型的生产管理系统

基于以上原因，这个时期成本管理的特征主要表现为：①成本管理主体是手工业作坊业主；②成本管理目标主要体现为产品价格的确定和年末损益的计算两个方面；③成本管理空间范围主要在狭义的生产环节；④成本管理时间范围只限于事后的成本计算；⑤成本管理基本没有采用什么科学的管理方法，只是对员工现场监督，防止员工偷懒和浪费。

（二）19 世纪中期至 20 世纪 40 年代：生产导向型成本管理时代

在 19 世纪后半期至 20 世纪的 40 年代，英国和美国的工业得到了迅猛发展，这个时期生产方式由单件生产发展为大量生产，市场竞争日益激烈。所有者和经营者都意识到，企业生存与发展不仅取决于产量的增长，还取决于成本的高低，企业的产品价格决定权已经由企业让位于市场，生产者只能决定其产品成本，企业的成本管理目标已经由单纯的计算盈亏转向通过成本控制降低成本水平。这个时期成本管理理论发展的主要标志是泰罗的科学管理理论的出现和标准成本管理方法的形成和发展。20 世纪初发展起来的从事多种经营的综合性企业和科学管理理论，为成本管理系统的进一步创新提供了机会。被誉为“科学管理之父”的美国工程师泰罗在 1911 年出版了《科学管理原理》一书，该书系统地阐明了产品标准操作程序及操作时间的确定方法，建立了详细、准确的原材料和劳动力的使用标准，并以按科学方法确定的工作量为标准来支付工人的报酬，同时以此为基础，发明了许多新的成本计量指标。1911 年美国会计师卡特 · 哈里逊第一次设计出一套完整的标准成本会计制度，并在 1918 年发表了一系列论文，其中对成本差异分析公式及有关账务处理叙述得非常详细。这个时期的物质生产管理系统是基于生产技术导向型的管理系统，即根据自己拥有的生产技术来确定业绩目标，进而满足市场的需求，如图 1-3 所示。

基于以上原因，这个时期成本管理的特征主要表现为：①成本管理主体是所有者和企业管理当局；②成本管理目标主要体现为通过制定标准成本的手段对生产过程进行控制，以达到降低成本和提高利润的效果；③成本管理空间范围已经扩展到企业内部的各个环节，主要涉及企业供、产、销三大环节；④成本管理时间范围从事后延伸到事中和事前，但仍以事中和事后为主；⑤成本管理技术逐渐丰富起来，表现以标准成本管理为主，同时人们还创造性地提出和使用了一些成本管理方法，如定额成本管理、预算管理控制等。

图 1-3　基于生产技术导向型的生产管理系统

（三）20 世纪 50 年代至 20 世纪 80 年代：市场导向型成本管理时代

从 20 世纪 50 年代开始，人们逐渐认识到刚性自动流水线存在许多自身难以克服的缺点和矛盾，面对市场的多变性和顾客需求的个性化、产品品种和工艺过程的多样性，以及生产计划与调度的动态性，人们不得不去寻找新的生产方式，同时提高工业企业的生产作业系统的柔性和生产效率。为了适应社会经济环境的变化，高等数学、运筹学、数理统计学等学科中的许多科学计量方法和以计算机为主流的信息处理技术开始被引入现代成本管理工作中，“成本计算的目的也呈现出多元化的趋势”。在这一背景下，把自然科学、技术科学和社会科学的一系列成就应用到企业成本管理上来，使成本管理发展到一个新阶段，也是一种必然。在这一阶段，成本管理的重点已经由事中控制成本、事后计算和分析成本转移到事前预测、决策和规划成本，出现了以事前成本控制为主的成本管理新阶段。目标成本管理、责任成本管理、质量成本管理、作业成本管理、成本企划等成本管理理论与方法也在这一阶段得以形成。这个时期物质生产管理系统是基于市场导向型的管理系统，即根据市场的因素变动来确定业绩目标，进而调整生产管理系统，可用图 1-4 来表示。

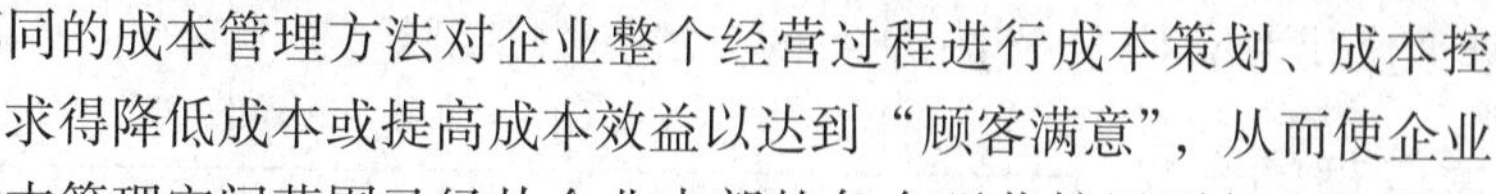

图 1-4　基于市场导向型的生产管理系统

基于以上原因，这个时期成本管理的特征主要表现为：①成本管理主体已经扩展到每一个员工，成本管理已经成为一种“全员”式成本管理；②成本管理目标已经转变为通过不同的成本管理方法对企业整个经营过程进行成本策划、成本控制、成本分析与考核，求得降低成本或提高成本效益以达到“顾客满意”，从而使企业的利润得到提高；③成本管理空间范围已经从企业内部的各个环节扩展到与企业所涉及的有关方面，“全过程”式成本管理基本形成；④成本管理时间范围已经从事中控制成本、事后计算和分析成本转移到事前预测、决策和规划成本上，出现了以事前控制成本为主的成本管理新阶段，“全时序”式成本管理也基本形成；⑤成本管理方法又一次得到了丰富，比如目标成本管理（含成本企划）、责任成本管理、质量成本管理、作业成本管理等成本管理技法的形成和应用，但各种成本管理技法缺乏一定的相互融合性。

（四）20 世纪 90 年代至今：战略导向型成本管理时代

20 世纪 90 年代计算机集成制造系统在生产过程中得到广泛运用。面对生产方式的巨大变化和市场竞争的日趋激烈，成本管理研究向战略领域延伸，人们的观念也开始由“正确地做事”向“正确地做事”和“做正确的事”并举转变，并且以“做正确的事”为重点。企业开始重视制定竞争战略，并随时根据顾客的需求和竞争环境的变化，做出相应的调整。随着战略管理理论的发展和完善，1981 年著名的管理学家西蒙首次提出了“战略管理会计”，他认为战略管理会计应该侧重本企业与竞争对手的对比，搜集竞争对手关于市场份额、定价、成本、产量等方面的信息。之后，1993 年美国学者 J. K. Shank 等结合波特的战略理论出版了《战略成本管理》一书，使战略成本管理更加具体化。在我国，2000 年夏宽云编著的《战略成本管理》一书的出版，以及 2001 年陈轲的博士论文《企业战略成本管理研究》的出版，进一步地推动了战略成本管理理论在我国的发展和应用。战略成本管理应全面考虑各种潜在机会，分析各种机会成本，以顾客满意化为宗旨，以实现股东财富的最大化为目标，并不断提高企业的盈利水平。这个时期物质生产管理系统是基于市场导向型的战略性生产管理系统，即根据市场的因素变动和企业所处的环境来确定战略性的业绩目标，进而调整生产管理系统，可用图 1-5 来表示。

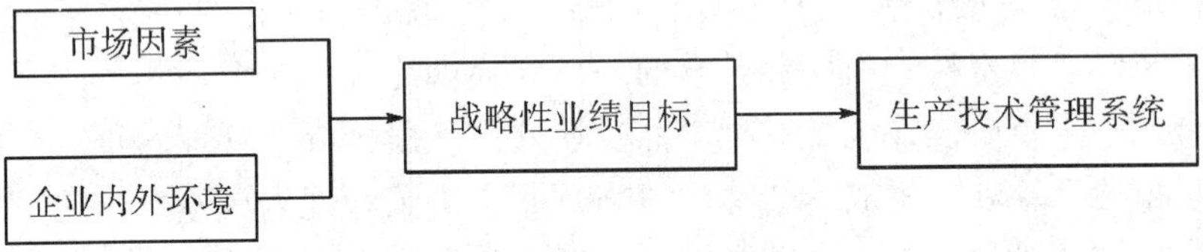

图 1-5　基于市场导向型的战略性生产管理系统

基于以上因素，这个时期的成本管理的特征主要表现为：①成本管理主体仍然是企业所有者、管理当局和每一个员工，成本管理已经成为一种相对完善的“全员”式成本管理；②成本管理目标已经由降低成本或提高成本效益向取得持久的成本竞争优势转变；③成本管理空间范围已经从企业的内部价值链方面逐渐扩展到企业的纵向价值链（企业的上下游）和横向价值链（竞争对手之间）方面，“全过程”式的成本管理得到进一步的发展和完善；④成本管理时间范围已经向产品整个生命周期延伸，“全时序”式的成本管理也得到了进一步的发展和完善；⑤成本管理方法主要是对上一阶段管理技法的修补和完善，但也逐渐出现各种成本管理方法融合式研究的倾向，国内陈胜群博士和栾庆伟博士对此进行了有益的尝试。

二、成本管理的含义

理论界对成本管理的含义的认识并不统一，目前具有代表性的观点主要有以下六种：

（1）日本《会计学大辞典》对成本管理的定义：“在日本，一般所谓成本管理，历来被理解为‘成本控制’，它是指管理和控制在一定经营条件下发生的成本。特别是就生产成本而言，成本管理应理解为：要对其基本发生根源即生产作业活动，规定标准作业条件，规定产品生产中应该发生的成本标准（标准成本），并发动职工管理好作业活动，使实际成本尽可能地接近标准成本。这就要把标准成本作为责任成本传达给各部门管理作业活动的负责人，要求他们在责任成本范围内完成作业活动的计划。”

（2）日本《成本计算准则》所下的定义：“这里所说的成本管理，是指制定标准成本，记录计算实际成本的发生额，同标准成本进行比较，分析差异原因，向经营管理人员提供有关资料以采取措施，提高成本效率。”

（3）“成本管理”这一概念过去在美国的成本会计文献中很少见到。近几年来，“成本管理”这个名词在美国已被广泛地使用，但目前该名词仍无统一的定义。中国人民大学出版社出版的美国查尔斯·T. 亨格瑞（Charles · T · Hangmen）等学者所著的《成本会计》（第八版）中，认为成本管理是“经理人员的为满足顾客要求同时又持续地降低和控制成本的行动”。

（4）我国的《国营企业成本管理条例》规定了成本管理的基本任务，指出：“成本管理的基本任务是：通过预测、计划、控制、计算、分析和考核，反映企业生产经营成果，挖掘降低成本的潜力，努力降低成本。”

（5）我国《成本管理大辞典》对成本管理的定义是：“成本管理是对企业的产品生产和经营过程中所发生的产品成本有组织、有系统地进行预测、计划、决策、控制、计算、分析和考核等一系列的科学管理工作。其目的在于组织和动员群众，在保证产品质量大前提下，挖掘降低成本的途径，达到以最少的生产耗费取得最大的生产成果。”

（6）我国2017年《管理会计应用指引第300号——成本管理》对成本管理的定义是：成本管理，是指企业在营运过程中实施成本预测、成本决策、成本计划、成本控制、成本核算、成本分析和成本考核等一系列管理活动的总称。

以上定义存在一个共同的缺陷，就是定义的外延过于狭窄。第五种定义虽然强调了成本管理的各个环节，但只限于“企业的产品生产和经营过程中所发生的产品成本”，没有从企业的整个范围和过程去考虑，更不用说企业整个生命周期了。

定义成本管理，不仅要考虑其目标以及各个环节，而且要考虑成本管理的应用范围。所以，成本管理是在满足企业总体经营目标的前提下，持续地降低成本或提高成本效益的行为，该行为包括成本策划、成本核算、成本控制、成本分析和成本考核五个主要环节，而且涉及企业的战略、战术和信息管理各个领域。该定义明确了企业成本管理的战略目标是满足企业总体经营目标，具体目标是持续地降低成本或提高成本效益。该定义通过对成本管理战略目标和战术目标的界定，说明成本管理不仅是战术性的，而且也是战略性的；该定义还明确地指出，成本管理目标是通过成本策划、成本核算、成本控制、成本分析和成本考核等行为来实现的，这一点说明成本管理贯穿于事前、事中和事后。同时，该定义还指出了成本管理行为涉及企业的战略、战术和信息管理各个领域，这一点说明成本管理是一项系统工程。该定义没有对成本管理的对象进行特别的限定，说明成本管理对象是广泛的，包括企业与成本有关的一切管理活动。

第三节 成本管理会计

成本管理会计就是企业成本管理的会计，是对企业成本管理活动进行反映和监督的会计。它是运用专门的管理技术和方法，以货币为主要计量单位，对企业的生产经营过程中的资金耗费和价值补偿，进行策划、核算、控制、分析与考核的一系列价值管理行为。它是一个系统，系统是指由相互作用、相互影响、相互制约和相互依赖的若干部分合成的、具有一定结构和特定功能的有机整体。系统的本身又是它所从属的一个更大系统的组成部分。成本管理会计系统是会计系统的一个子系统，其本身又由成本策划、成本控制、成本核算、成本分析与考核四个子系统所构成，它为企业的成本管理活动提供信息支持。成本管理会计系统有其特定的目标、结构、功能、特征、组织和规范。

一、成本管理会计系统的目标

成本管理会计系统的目标是成本管理会计系统要达到的目的，也就是企业在经营管理过程中运用成本管理会计系统要达到的目的。成本管理会计的基本目标是提供成本信息、参与成本管理，但在不同的层面又可分为总体目标和具体目标两个方面：

（1）总体目标。成本管理会计的总体目标是为企业的整体经营目标服务，具体来讲，就是为企业内外部的利益相关者提供决策有用的成本信息以及通过各种经济、技术和组织手段对企业的成本进行策划、核算、控制、分析和考核，以实现取得成本竞争优势的目的。

（2）具体目标。成本管理会计系统由成本策划、成本核算、成本控制、成本分析与考核四个子系统构成，所以其具体目标也是由其成本策划、成本核算、成本控制、成本分析与考核四个子系统来分别实现的，表现为成本策划的目标、成本核算的目标、成本控制的目标和成本分析与考核的目标：①成本策划的目标是为企业未来成本战略、规划和策略的决策做定性描述、定量测算和逻辑推断；②成本核算的目标是为企业利益相关者提供对决策有用的成本信息；③成本控制的目标是在一定的成本战略、规划和策略的指导下，不断地降低成本水平和提高成本效益；④成本分析与考核的目标是对成本管理的各个环节进行动态的衡量，考核其目标完成程度，为决策者进行奖惩提供有关成本信息。

二、成本管理会计系统的结构

成本管理会计的结构即成本管理会计的内容，是指对企业的生产经营过程中的资金耗费和价值补偿，进行策划、核算、控制、分析与考核的一系列价值管理的内容。它主要包括成本策划、成本核算、成本控制、成本分析与考核四个子系统：

（1）成本策划子系统是为企业未来成本战略、规划和策略的决策做定性描述、定量测算和逻辑推断的系统，它又包括成本预测、成本决策和成本计划三个环节。

（2）成本核算子系统是运用专门的技术和方法对企业生产经营过程中实际成本的发生额进行记录和计算，并对记录和计算的结果进行会计处理，从而为企业利益相关者提供对决策有用的成本信息的系统，它包括成本计算和成本会计账务处理两个方面。

（3）成本控制子系统是在一定的成本战略、规划和策略的指导下，对企业经济活动按计划要求而进行的监督和调整，从而实现不断地降低成本水平和提高成本效益的目标的系统。

（4）成本分析与考核子系统是对企业经济活动的方案、行为过程和结果的权衡和鉴定，对成本管理的各个环节进行动态的衡量，考核其目标完成程度，为决策者进行奖惩提供有关成本信息的系统，它包括成本分析和成本考核两个环节。

上述内容及其相互关系可用图 1-6 表示。

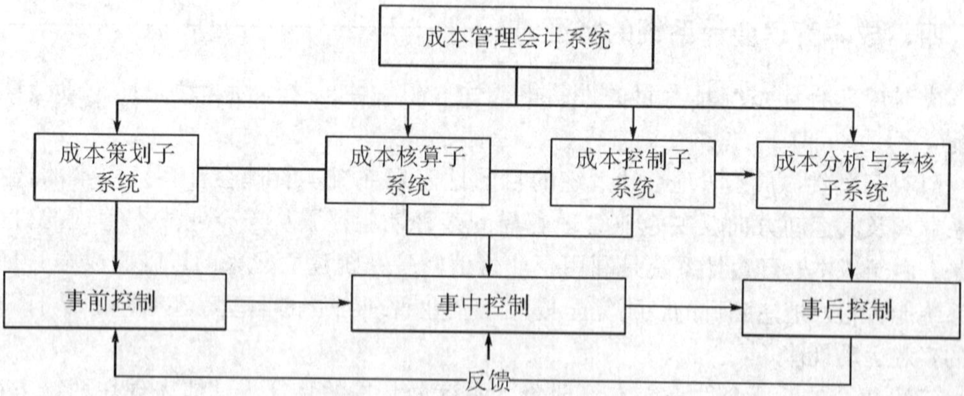

图 1-6　成本管理会计系统的结构

按照成本管理会计系统的结构，为了便于教学，本书具体内容如下：第一章是导论，第二、三、四、五章是成本核算，第六章是成本报表与分析，第七章是成本预测与决策，第八章是成本计划与控制，第九章是成本考核及成本审计。

三、成本管理会计系统的功能

成本管理会计的功能是指成本管理会计系统对企业经营管理环境的改造力和改造作用，是成本管理会计系统对企业经营管理环境的输入和输出函数。为管理和决策提供有用的信息和参与企业的经营管理既是成本管理会计的分目标，也是成本管理会计的基本功能。要实现成本管理会计的基本功能，成本管理会计应该具备策划、核算、控制、分析与考核和报告等具体功能。

（1）策划功能。策划是对企业未来经济活动的规划，策划的过程包括预测、决策和计划，最终以数字、文字、图表等形式将成本管理会计系统的目标落实下来，以协调各单位的工作、控制各单位的经济活动、考核各单位的工作业绩。

（2）核算功能。核算是运用专门的技术和方法对企业生产经营过程中实际成本的发生额进行记录和计算，并对记录和计算的结果进行会计处理，从而为成本管理会计系统的策划、控制、分析与考核和报告提供信息资料。

（3）控制功能。控制是对企业经济活动按计划要求而进行的监督和调整。一方面，是对计划执行过程的监督，通过监督确保经济活动按计划的要求进行，从而为完成成本管理会计系统的目标奠定基础；另一方面，是对企业采取的行动和计划本身的质量进行反馈，以确定计划阶段对未来经济活动的影响因素的预测是否充分、准确，从而为调整计划或行为方式提供依据，以确保成本管理会计系统目标的实现。

（4）分析与考核功能。考核是对企业经济活动的方案、行为过程和结果的分析和考核。它包括两个方面：一是对各责任单位的成本管理责任履行过程和结果进行分析，二是对各责任单位的成本管理责任履行过程和结果进行考核。

（5）报告功能。报告是向有关管理决策者汇报经营管理工作的实施情况和结果，目的是使有关管理决策者能够对经营管理过程进行有效的成本策划、成本控制、成本分析与考核。

四、成本管理会计系统的特征

成本管理会计系统具有目的性、集合性、相关性、整体性、动态性、适应性等特征。

（1）目的性。成本管理会计系统的目的性表现在成本管理会计系统要素的选择、联系方式及其运动方向反映企业管理当局的某种期望，服从于企业成本管理的目的。但是，由于成本管理会计系统是利用企业价值管理系统建立起来的，因而成本管理会计系统能否很好地达到目的，不完全取决于企业管理当局的期望，还必须服从有关资金的客观运动规律。

（2）集合性。集合性是成本管理会计系统最基本的特征。具体表现在两个方面：一是从构成上来看，成本管理会计系统是由成本策划、成本核算、成本控制、成本分析与考核四个既相互联系又相互区别的子系统所构成的整体；二是从功能上看，成本管理会计系统的整体功能不但取决于单个子系统的功能，更取决于各个子系统功能的集合配套状况。

（3）相关性。成本管理会计系统不是成本策划、成本核算、成本控制、成本分析与考核四个子系统的机械堆砌，而是这四个子系统的有机结合。在这四个子系统之间存在相互制约、相互影响、相互依存、相互作用的关系，正是这些关系使这四个子系统结合成一个整体。

（4）整体性。成本管理会计系统的整体性包括两层含义：一是空间上的整体性，是指成本策划、成本核算、成本控制、成本分析与考核四个子系统通过相互联系和相互作用构成了成本管理会计系统整体，而成本管理会计系统整体具有成本策划、成本核算、成本控制、成本分析与考核所没有的特性和功能，即整体大于部分；二是时间上的整体性，是指成本管理会计系统在整个寿命周期内整体应处于最优。整体性表明，在成本管理会计系统的开发、运行、维护和更新的全过程中，要考虑整体优化，而不是只考虑某个子系统或某个阶段的优化。

（5）动态性。动态性是指成本管理会计系统的状态和功能不是一成不变的，其功能是时间的函数。随着时间的推移和客观情况的变化，成本管理会计系统的状态和功能要进行不断优化和创新。

（6）适应性。适应性是指成本管理会计系统本身不仅要适应外界环境的变化，而且外界环境中的一些因素也要适应成本管理会计系统的变化。系统与环境的影响是相互的，适应性应该是双向的。

五、成本管理会计系统的组织和规范

成本管理会计工作组织和规范是建立成本管理会计工作的正常秩序、实现成本管理会计系统目标的重要保证。成本管理会计工作的内容十分丰富，程序比较复杂、涉及面广、业务性强，如果没有专门的机构和人员负责，以及相应的规范来维持，就无法履行成本管理会计的职能，更无法实现成本管理会计系统的目标。为了把成本管理会计工作科学组织起来，为了很好地实现成本管理会计系统的目标，我们应该按照国家有关制度的要求，结合企业的实际情况，设置精干而有效的成本管理会计机构，配备权责对等的成本管理会计人员，建立健全行之有效的成本管理会计规范。

（一）合理设置成本管理会计机构

成本管理会计机构是负责组织领导和从事成本管理会计工作的职能单位。设置成本管理会计机构应明确企业内部对成本管理会计应承担的职责、义务和工作任务，坚持合理分工和协作相结合，统一领导与分散管理相结合，专业和群众管理相结合，使机构的设置与企业的规模大小、业务的繁简、管理体制以及管理要求相适应。根据这一要求，成本管理会计机构的设置可以采用以下几种方式：①在会计机构中设置成本管理会计处（科、股、组）；②在总会计师或财务总监领导下设置成本管理会计部；③在总会计师或财务总监和总经济师领导下设置成本管理会计委员会；④在总经理领导下设置成本管理会计委员会，等等。

（二）合理配置成本管理会计人员

成本管理会计人员是专门从事成本管理会计工作的专业技术人员。企业应根据规模大小、业务繁简、成本管理会计机构的需要，配备专职的成本管理会计人员，从事成本管理会计工作。成本管理会计人员应该具备一定的职业操守和业务素质，以便履行其簿记、重点事项引导和解决问题的重要职能。

（三）建立健全成本管理会计规范

成本管理会计规范是组织和从事成本管理会计工作的规则和指南，也是检验成本管理会计工作的标准，是企业会计规范的重要组成部分。成本管理会计规范包括：成本管理会计业务操作的准则、制度和指南，成本管理会计人员资格制度，成本管理会计人员的职业道德操守等。

本章思考题

1. 什么是费用、成本、损失？三者有何关系？

2. 什么是成本管理和成本管理会计？成本、成本管理、成本管理会计三者之间有何关系？

3. 成本管理会计有哪些内容？它们之间存在什么样的关系？

4. 成本管理会计的目标是什么？

5. 简述成本的分类。

6. 简述成本的作用。

7. 如果你是一公司的总会计师，请你设计本公司的成本管理会计系统。

本章练习题

1. 请您根据表1-2中的资料，计算会计学界定范围内的资产、费用和损失的金额。

表1-2　某企业部分账户资料　　单位：万元

项目	金额
交易性金融资产	10
应收账款	100
主营业务成本	4 000
库存商品	2 000
原材料	6 000
营业外支出	50
财务费用	100
公允价值变动损益	20
资产减值损失	600

2. 请您根据表1-3中的资料，分别计算单要素费用和综合要素费用、直接费用和间接费用、基本费用和一般费用的金额。

表1-3　某企业部分费用资料　　单位：万元

项目	金额
直接材料	1 000
直接薪酬	400
制造费用	600
管理费用	200
财务费用	100
营业费用	80

本章参考文献

[1] 李定安. 成本会计研究 [M]. 北京：经济科学出版社，2002.
[2] 罗绍德. 成本会计学 [M]. 成都：西南财经大学出版社，2002.
[3] 孙茂竹. 成本管理学 [M]. 北京：中国人民大学出版社，2003.
[4] 谢灵. 成本会计学 [M]. 北京：中国人民大学出版社，2004.
[5] 王立彦. 成本管理会计 [M]. 北京：经济科学出版社，2005.
[6] 胡国强. 成本管理会计 [M]. 4版. 成都：西南财经大学出版社，2015.

第二章 成本核算的基本原理

【学习目标】

（1）了解成本核算的基本要求、程序、账簿设置和期间费用的核算。
（2）掌握成本费用的归集和分配。
（3）掌握完工产品与在产品之间成本分配的方法。

【关键术语】

成本核算　定额消耗量　定额成本　生产费用　交互分配法　代数分配法　约当产量　约当产量法　定额成本法　定额比例法

第一节　成本核算的基本要求、程序及账户设置

成本核算是根据成本核算对象，按照国家统一的会计制度和企业管理要求，对营运过程中实际发生的各种耗费按照规定的成本项目进行归集、分配和结转，取得不同成本核算对象的总成本和单位成本，向有关使用者提供成本信息的成本管理活动。

一、成本核算的基本要求

（一）正确划分各种成本、费用的界限

为了正确地进行成本核算，保证产品成本的真实可靠，我们需要在不同时期、不同产品以及产成品和在产品之间正确地分摊费用，具体如下：

1. 正确划分生产经营费用与非生产经营费用的界限

一个会计主体在其业务活动中，会发生多种性质的支出。除了与正常生产经营活动有关的支出以外，还有资本性支出、福利性支出、营业外支出等。在企业的各种支

出中，以制造业为例，只有与正常生产经营活动有关的支出，才称作生产经营费用(包括生产费用和期间费用)。为了正确计算产品成本和期间费用，首先应当正确划分应计入产品成本和期间费用的生产经营费用与不应计入产品成本和期间费用的其他各种支出的界限。例如，企业为购置和建造固定资产、无形资产和其他资产的支出，以及对外投资的支出等，都属于资本性支出，应计入有关资产的价值，不能作为生产经营费用列支；企业因各种原因支付的滞纳金、罚款、违约金、赔偿金，各种捐赠、赞助支出，以及被没收的财物等，都与企业正常生产经营活动没有直接关系，只能列入企业营业外支出或在企业缴纳所得税后的净利润中开支，而不能计入费用成本。此外，国家统一的会计法律法规规定不得列入费用成本的其他支出等，企业都不能擅自列作费用成本。

2. 正确划分生产费用和期间费用的界限

成本是在购买材料、生产产品或者提供劳务等过程中发生的，并由材料、产品或劳务等负担的耗费。期间费用指企业当期发生的必须从当期收入中得到补偿的经济利益总流出。生产产品需要耗费材料、磨损固定资产、用现金支付工资及其他薪酬等。这些资产的耗费，在企业内部表现为由一种资产转变为另一种资产，是资产内部的相互转换，不会导致企业所有者权益的减少，不是经济利益流出企业。期间费用不应当由产品或劳务负担，不能计入产品或者劳务的成本，而是直接计入当期损益。

3. 正确划分各期成本费用的界限

企业成本费用的核算应按照权责发生制进行会计处理。权责发生制是以权利的取得和义务的发生来确定本期损益的一项会计假设。凡应由本期产品成本负担的费用，不论是否在本期发生，都应全部计入本期产品成本；不应由本期产品成本负担的费用，即使在本期支付，也不能计入本期产品成本。

4. 正确划分各种产品成本的界限——即生产费用的横向划分

属于某一种产品成本负担的费用，就应计入该种产品的成本；对于不能直接计入各种产品成本的费用，应采用合理的分配标准，在有关产品之间进行分配。在进行费用的分配时，不能为了简化成本核算方法或其他目的，将费用随意在各种产品中进行分配，即不得将应计入可比产品的费用，计入不可比产品成本中或相反；也不能将应列入亏损产品的费用，计入盈利产品成本中或相反。

5. 正确划分在产品成本和完工产品成本的界限——即生产费用的纵向划分

对需要计算在产品成本的某些产品，要采用适当的方法，将生产费用在完工产品和在产品之间进行分配，不允许人为地任意压低或提高在产品的成本，以保证成本计算的真实性。为了保证准确地将费用在完工产品和在产品之间进行分配，使各期的成本指标具有可比性，在产品的成本计算方法一经确定，一般不应随意改变。

（二）做好成本核算的各项基础工作

在进行成本核算时，要正确计算成本，各项基础工作是非常重要的。如果基础工作做得不好，就会影响成本计算的准确性。要做好成本核算的各项基础工作，需要会计部门和其他各部门的密切配合。

1. 健全原始记录

原始记录是按照规定的格式，对企业生产经营活动中的具体经济业务所做的最初记载，是反映企业经济活动情况的第一手资料，是编制成本计划、进行成本核算、分析消耗定额和成本计划完成情况的依据。由此可见，根据企业的具体情况，建立健全严密科学的原始记录制度，对于加强企业的生产经营管理，正确计算产品成本是非常重要的。

企业成本核算部门应会同计划统计、生产技术、材料供应、劳动工资、设备动力等各有关职能部门，根据成本核算和有关职能部门管理的需要，建立和健全原始记录和凭证，并规范各种原始记录和凭证的格式、填写要求、传递程序和保管，加强对原始记录和凭证内容的审核，以保证原始记录和凭证的真实和准确。

2. 建立健全定额管理制度

定额是指在一定生产技术条件下，对人力、财力、物力的消耗及占用所规定的正常数量标准。企业在生产过程中对于材料、工时消耗和费用开支等，凡是能制定定额的，都要通过科学的方法，参照过去的执行情况，制定出既先进又切实可行的定额。科学先进的定额，是制订成本计划的基础，也是进行成本核算的重要条件，是对产品成本进行预测、控制和考核的依据。与成本核算有关的消耗定额，主要包括：工时定额，产量定额，材料、燃料、动力、工具等消耗的定额，有关费用的定额如制造费用预算等。

3. 建立健全材料物资的计量、收发、领退和盘点制度

企业在生产经营过程中发生的各种材料物资的增减变化，除了要进行价值核算，还要进行数量核算，计量工作是进行数量核算的依据。如果没有准确的计量，就不能提供材料物资准确的数量变化资料，无法进行成本计算，也难以确保财产物资的安全完整。同时，生产过程中增减的材料物资，其质量规格是否符合规定的要求，直接关系到产品的质量和经济效果，为了保证入库材料物资的数量与质量，必须搞好计量与验收工作，准确的计量和严格的质量检测是保证原始记录可靠性的前提。为了正确计算成本，对于各种材料物资的计价和价值的结转，应严格执行国家统一的会计法规。各种方法一经确定，应保持相对稳定，不能随意改变，以保证成本信息的可比性。

（三）选择合适的成本计算方法

企业在进行成本核算时，应根据本企业的具体情况，选择适合于本企业特点的成本计算方法进行成本计算。成本计算方法的选择，应同时考虑企业生产类型的特点和管理的要求两个方面。在同一个企业里，可以采用一种成本计算方法，也可以采用多种成本计算方法，即多种成本计算方法同时使用或多种成本计算方法结合使用。成本计算方法一经选定，一般就不应经常变动。

二、成本核算的程序

成本核算是把生产经营过程中所发生的符合规定成本开支标准的支出计入有关特定成本对象的过程。如制造业中的产品成本核算，可以真实地再现实际生产成本形成的原因及具体用途。成本核算一般程序的实质就是“正确划分五项费用、成本的界限”，划清五项费用、成本的界限后就可以计算出产品成本。鉴于五项费用、成本界限的划清前已述及，不再赘述，这里着重介绍产品成本核算的具体程序。

由于制造业的产品成本核算涉及的内容多，按照不同的工艺过程和不同的成本管

理要求，采用的核算方法会有差别，但都遵循以下的基本程序：

（一）确定成本计算对象

成本计算的最终目的是将企业发生的成本费用归集到一定的成本计算对象上，计算出该对象的总成本和单位成本。因此，要进行成本计算，首先必须确定成本计算对象。成本计算对象就是成本的受益者和承担者，可简称为成本对象。由于企业的生产工艺特点、管理水平和管理要求、企业规模不同，成本计算对象也不相同。对于制造企业，成本计算对象主要有产品品种、产品批别、产品生产步骤及产品类别等。企业应根据自身的生产经营特点和管理要求选择适合本企业的成本计算对象。

确定成本计算对象有着十分重要的现实意义：①成本对象是产品成本明细账及产品成本计算单设置的依据，如品种法下，产品成本明细账是根据各种产品品种开设的；分批法下，产品成本明细账是根据产品批次开设的；等等；②成本对象是要素费用横向分配的依据，产品成本的计算过程就是生产费用归集和分配的过程，这个过程包括生产费用在各种成本对象之间的横向分配，及在同一成本对象的完工及未完工产品之间的纵向分配，可以这么说，产品成本的计算是通过对生产费用进行横向、纵向分配后实现的；③成本对象是各种成本计算方法命名的依据，如以产品品种作为成本对象的产品成本计算方法，称为品种法等。

（二）确定成本项目

成本项目是指生产费用按经济用途划分成的若干项目。它可以反映产品生产过程中各种资金的耗费情况，便于分析各项生产费用的支出是否节约、合理。因此，企业在成本核算中，应根据自身的特点和管理的要求，确定成本项目。一般可确定“直接材料”“直接人工”“制造费用”三个成本项目。如果需要，可适当调整，还可增设“燃料和动力”“废品损失”“停工损失”等成本项目。

（三）确定成本计算期

成本计算期是指每次计算成本的间隔期间，即多长时间计算一次成本。企业应根据产品生产组织的特点确定各成本对象的成本计算期。成本计算期分为定期和不定期两种。通常在大量大批生产的情况下，每月都有一定的产品完工，应定期按月计算产品成本，即成本计算期与会计核算期一致。在成批、单件生产的情况下，一般不要求定期按月计算产品成本，而是等一批产品完工后才计算该批产品成本，所以成本计算期与生产周期一致，与会计核算期不一致。

（四）归集和分配生产费用

确定了成本计算对象、成本项目和成本计算期后，企业要按成本计算对象设置产品成本明细账，明细账中按成本项目设置多栏式账页，按成本计算期归集、分配和计算产品成本。具体又包括以下三个方面：

1. 对各项费用进行审核和控制

确定各项费用是否应该开支，已开支的费用是否能对象化，是否应该计入产品成本。

2. 确定应计入本月产品成本的生产费用

本月支付的生产费用，不一定都计入本月产品成本；属于本月产品成本负担的，也不一定都是本月支付的费用。企业应根据权责发生制的要求，分清各项费用的归属期：本月支付应由本月负担的生产费用，计入本月产品成本；以前月份支付应由本月负担的生产费用，分配摊入本月产品成本；应由本月负担而以后月份支付的生产费用，预先计入本月产品成本；对于本月开支应由以后月份负担的生产费用，作为预付资产处理；对于已由以前月份负担而在本月支付的生产费用，作为冲减应付未付款处理。

3. 在各种成本对象之间分配生产费用——即横向费用分配

将应计入本月产品成本的原材料、燃料、动力、职工薪酬费、折旧费等各种要素费用在各有关产品之间，按照成本项目进行归集和分配。对于为生产某种具体成本对象直接发生的费用，直接计入该对象的成本；对于由几种成本对象共同负担的，或为产品生产服务发生的间接生产费用，可先按发生地点和用途进行归集汇总，然后分配计入各受益对象。可见，产品成本的计算过程也就是生产费用的归集、汇总和分配过程，即对象化的过程。

（五）计算完工产品成本和月末在产品成本——纵向费用分配

将生产费用计入各成本对象后，对于月末既有完工产品又有在产品的成本对象，应采用适当的方法，将生产费用在其完工产品和月末在产品之间进行分配，求出完工产品和月末在产品的成本。

需要进行系统的纵向费用分配的产品应编制产品成本计算单。产品成本计算单是专门用来进行纵向费用分配的特定表格，分成本对象开设、按成本项目设置专栏，这两方面与产品成本明细账相同。将各产品的成本资料从其明细账中转入成本计算单，计算出完工产品的总成本和单位成本，并根据计算出来的完工产品成本进行完工产品入库的会计处理。

（六）编制完工产品成本汇总表

根据各种产品的成本计算单汇总编制完工产品成本汇总表，列示全部产品的总成本和单位成本。制造业费用、成本流转程序如图 2-1 所示。

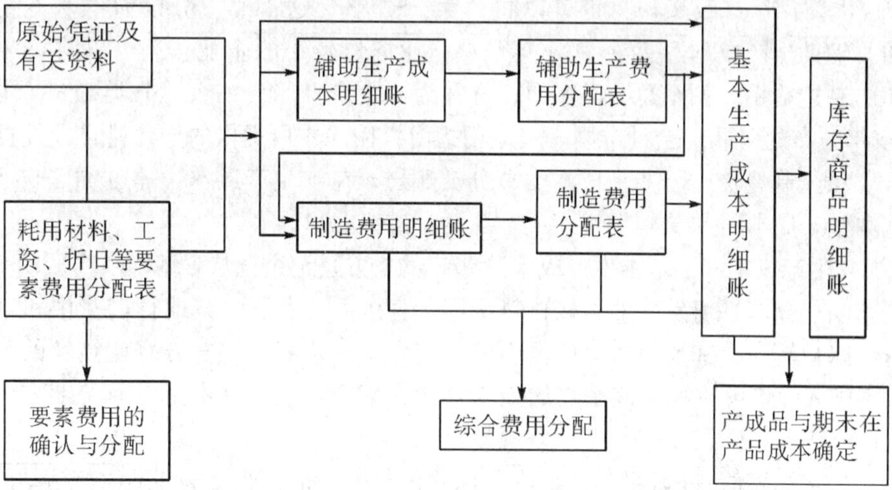

图 2-1　制造业费用、成本流转程序

三、成本核算的账户设置

会计记录经济业务与其他方式记录最显著的区别是“在账户中记录业务”，所以设置账户是会计账务处理程序的第一步，也是至关重要的一步。在成本核算工作中，需要解决的首要问题就是如何设置成本核算中所需的账户。由于不同行业的企业在成本、费用方面的核算差异是存在的，故不同行业的企业在成本、费用核算的账户设置上也存在区别，下面以制造业为背景介绍成本核算中的账户设置。

（一）产品成本（生产费用）核算的账户设置

为了核算和监督企业生产过程中发生的各项费用，正确计算产品成本，企业需要设置成本类账户，组织生产费用的总分类核算和明细分类核算，计算产品的实际总成本和单位成本。生产企业一般设置“生产成本”和“制造费用”等成本类账户。

1. “生产成本”账户

“生产成本”账户用来核算企业进行工业性生产发生的各项生产成本，包括生产各种产品（包括产成品、自制半成品等）、自制材料、自制工具、自制设备等所发生的各项生产费用，计算产品和劳务的实际成本。

工业企业的生产根据各生产单位任务的不同，可以分为基本生产和辅助生产。基本生产是指为完成企业主要生产任务而进行的产品生产或劳务供应。辅助生产是指为企业基本生产单位或其他部门服务而进行的产品生产或劳务供应，如企业内部的供水、供电、供汽、自制材料、自制工具和运输、修理等生产。企业辅助生产单位的产品和劳务，虽然有时也对外销售一部分，但主要任务是服务于企业基本生产单位和管理部门。

由于企业生产分为基本生产和辅助生产，根据企业生产费用核算和产品成本计算的需要，一般可以在“生产成本”这一总分类账户下，分设“基本生产成本”和“辅助生产成本”两个二级账户；也可以将“生产成本”这一账户分设为“基本生产成本”和“辅助生产成本”两个总分类账户；业务量较小的企业，还可以将“生产成本”和“制造费用”两个总分类账户，合并为“生产费用”一个总分类账户。本书按照2006年公布的《企业会计准则——应用指南》附录中所提供的会计科目，设置“生产成本”和“制造费用”两个成本类总分类账户，在“生产成本”总分类账户下，设置“基本生产成本”和“辅助生产成本”两个二级账户。

（1）“生产成本——基本生产成本”账户的借方登记企业从事基本生产活动的生产单位（车间、分厂）所发生的直接材料费用、直接人工费用、其他直接费用和自“制造费用”账户转入的基本生产单位发生的制造费用；该账户的贷方登记结转的基本生产单位完工入库产品成本。该账户的期末余额在借方，表示基本生产单位期末尚未完工的在产品成本。

（2）“生产成本——辅助生产成本”账户的借方登记企业从事辅助生产活动的生产单位（分厂、车间）所发生的各项直接费用和自“制造费用”账户转入的辅助生产单位发生的制造费用（为了简化辅助生产费用的归集，也可将发生的制造费用直接计入“辅助生产成本”二级账）；该账户的贷方登记结转辅助生产单位完工入库产品（如自制材料、工具等）成本和分配给各受益对象的已完成劳务（如运输服务）成本。该账户的期末余额在借方，表示辅助生产单位期末尚未完工的在产品（如自制材料、工具等）成本。

为了正确计算各种产品和劳务的实际总成本，在按照企业生产单位设置的生产成本二级账下，还应按照各个生产单位的成本对象，设置产品（劳务）生产成本明细账。按成本对象设置的产品生产成本明细账，用来归集该成本对象所发生的全部生产费用，并计算出该对象的完工产品（或劳务）实际总成本和期末在产品成本。因此，“产品生产成本明细账”也简称为“产品成本明细账”或“生产成本明细账”。

企业按生产单位设置的基本生产成本二级账和辅助生产成本二级账，以及按成本对象设置的生产成本明细账（产品成本明细账），都应当按成本项目设专栏组织生产费用的核算和产品成本的计算。期末，“生产成本”总分类账户应与所属的生产成本二级账户核对；生产成本二级账户应与所属的生产成本明细账（产品成本明细账）核对。不设生产成本二级账的企业，“生产成本”总分类账户直接与所属的生产成本明细账（产品成本明细账）核对。

2. “制造费用”账户

“制造费用”账户用来核算企业各生产单位（分厂、车间）为生产产品和提供劳务所发生的各项间接生产费用及不便于专设成本项目的直接生产费用。该账户的借方归集发生的各项制造费用；贷方登记期末分配转出的制造费用；除季节性生产企业外，期末转出后该账户应无余额。“制造费用”账户应当按照企业生产单位设置明细账，并按费用项目设专栏组织明细核算。

（二）期间费用核算的账户设置

为了正确核算企业直接计入当期损益的期间费用，应当设置“管理费用”“销售费用”和“财务费用”三个账户。应当指出，期间费用账户的设置在不同行业并无区别，这与产品成本账户设置是制造业所特有的不同。

企业行政管理部门为组织和管理生产经营活动所发生的各项管理费用、企业在销售过程中发生的各项费用，以及企业为筹集生产经营资金所发生的各项筹资费用，都应作为期间费用，分别记入“管理费用”“销售费用”和“财务费用”账户的借方，期末将这些账户的净发生额从贷方转入“本年利润”账户借方；期末结转后，期间费用账户应无余额。期间费用账户也应该分别设置明细账，并按费用项目设专栏组织明细核算。

第二节　要素费用的归集和分配概述

一、要素费用含义和种类

企业的生产经营过程，是劳动对象、劳动资料（工具）和活劳动等的耗费过程，这些耗费的货币表现就是费用。费用按照经济内容（性质）划分，可分为劳动对象耗费、劳动资料耗费、活劳动耗费及其他耗费。这四类便是企业费用的四大构成要素，简称要素费用。该四大要素可进一步细分为以下项目：

（1）外购材料：指企业为进行生产经营而耗用的一切从外部购进的原料及主要材料、半成品、辅助材料、包装物、修理用备件和低值易耗品等。

（2）外购燃料：指企业为进行生产经营而耗费的一切从外部购进的各种燃料，包括固体、液体、气体燃料。

（3）外购动力：指企业为进行生产经营而耗用的从外部购进的各种动力，如电力、热力和蒸汽。

（4）职工薪酬：指所有应计入各项费用的职工薪酬，包括：职工工资、奖金、津贴和补贴，职工福利费，五项社会保险（医疗险、养老险、失业险、工伤险和生育险等），住房公积金，工会经费和职工教育经费，非货币性福利，辞退福利（因解除与职工的劳动关系给予的补偿）以及其他与获得职工提供的服务相关的支出。

（5）折旧费：指企业按照规定计算提取的固定资产的损耗价值。

（6）利息费用：指企业借入款项发生的利息净支出（借款利息费用减去利息收入后的净额）。

（7）税金：指企业在管理费用中列支的四项税金，包括：房产税、印花税、车船税和土地使用税。

（8）其他费用：指不属于以上各要素的费用，例如：邮电费、租赁费和外部加工费等。

要素费用是一种反映费用原始形态的分类。将费用划分为若干要素进行反映与核算，可以明确地反映出各要素费用的耗费情况，并能将物化劳动的耗费明显划分出来，为国家计算国民收入提供数据资料，也可为企业控制流动资金占用以及编制材料采购计划提供依据。但是这种分类核算的不足之处在于不能反映各种费用的经济用途以及它们与产品之间的关系，不便于分析这些费用的支出是否节约、合理。为了弥补费用按经济内容分类的不足，企业在要素费用归集的会计处理中是依据费用的经济用途将其归入不同的账户中，这就意味着对成本、费用的管理，管理者不仅应关注发生哪些性质的费用，更应关注哪些费用被什么部门用于哪些方面，以便于分析这些费用开支的合理性。

二、要素费用的归集

要素费用的归集是指根据要素费用的用途和使用部门的不同而归入不同的费用、成本账户进行的确认和记录的过程。如产品生产直接耗用的外购材料、外购燃料和动力、人工费等要素费用直接计入“生产成本”账户；生产单位（分厂、车间）为组织和管理生产耗用的外购材料、燃料和动力、管理人员职工薪酬等要素费用，应计入“制造费用”账户；行政管理部门为组织和管理企业的生产经营活动发生的各项要素费用，则应计入“管理费用”账户等。要素费用按用途和使用部门的不同而归入不同的费用、成本账户的做法，正是功能性利润表对成本核算要求的具体表现之一。

三、要素费用的分配

生产过程中发生的材料、燃料及动力、人工费（职工薪酬）等各项要素费用，按照“谁受益、谁负担、受益多负担多”的基本原则进行分配，即受益对象是这些要素费用的最终承担者。对于直接用于某一具体成本对象（如某种产品、某批次或某步骤产品）生产，且专门设有成本项目的费用，应直接计入基本生产成本的该种产品成本明细账的有关成本项目；如果是几个成本对象共同耗用或受益的间接计入费用（包括直接生产费用和间接生产费用），则应采用适当的分配方法，分配计入各种产品成本明细账的有关项目。其分配过程如下：

（一）选择合适的分配标准

选择合适的分配标准是保证分配结果合理、准确的前提，必须遵循“合理、简便”的原则同时兼顾费用的性质和特点加以考虑。所谓“合理”是指所选择的分配标准必须与费用发生的大小相关联；“简便”是指分配标准的有关资料要便于获取，可能有些分配标准与费用发生大小相关性非常强，但要获取其有关数据太困难，这样的分配标准也应放弃。如产品耗用的材料费用，可考虑选择产品产量、产品重量、体积、定额消耗量等作为分配标准；制造费用的分配可选择生产工时、机器工时等。

（二）分配方法

根据选择的分配标准确定相应的分配方法，并以此命名。如材料费用选择定额消耗量为分配标准，分配方法称为定额消耗量比例分配法；如选择产品产量为分配标准，则称为产量比例分配法等。分配间接计入费用的计算公式可概括为

$$费用分配率=\frac{待分配费用总额}{各受益对象分配标准之和}$$

某受益对象应负担的费用=该对象的分配标准×费用分配率

（三）填制要素费用分配表

采用一定的分配方法分配间接计入费用，从会计的角度而言，这种分配的过程和结果是通过编制一定格式的“费用分配表”实现的，这与期末的试算平衡是通过编制“试算平衡表”实现有异曲同工之处。

费用的性质和用途的不同，使得不同的要素费用分配表（仅反映间接计入费用分配内容）及要素费用归集分配表在具体格式上存在一定的差异，设置费用分配表应考虑费用发生的特点及具体情况。费用分配表的参考格式如表 2-1 所示。

表 2-1　××费用分配表

年　月　日　　　　　　　　　　计量单位：

受益对象	分配标准	分配率	分配金额
合计			

第三节 材料费用的归集和分配

一、材料费用的归集

材料费用的归集，是指将本期发生的材料费用采用一定的方法，汇总、计算出本月发出材料的实际成本，然后根据耗用材料的部门和用途的不同归入不同账户的会计处理过程。材料费用的归集是进行材料费用分配的基础。要准确地归集材料费用，必须做好材料费归集的基础工作，建立健全材料领发的凭证和计量制度，以及严格的材料退库和盘点制度。同时，要加强材料费用的日常核算，确定领发材料的成本计算方法，确保材料费用的归集准确无误。

确定出发出材料的实际成本后，应根据耗用材料的部门和用途的不同分别归入不同的费用、成本账户：①直接用于产品生产的，包括用于构成产品实体的原料及主要材料和有助于产品形成的辅助材料，应计入“生产成本”账户中的“直接材料”成本项目；②生产单位用于维护生产设备和管理生产的材料费用，应计入“制造费用”账户；③行政管理部门和专设销售机构耗用的材料费用，应分别计入“管理费用”和“销售费用”账户；④在建工程耗用，应计入“在建工程”账户等。以上所列费用中，①、②、④项属于对象化费用，应对象化到相应的特定对象中，最终构成该特定对象的成本。其中①、②项构成产品成本，④项待在建工程完工后最终构成固定资产成本。

二、直接材料费用的分配

直接材料费用是指直接用于产品生产的材料费用。其中，构成产品实体并能直接确定归属对象的材料费用，应直接计入各产品成本明细账的“直接材料”成本项目，此时的材料费用属于直接计入费用；对于几种产品或其他几个成本对象共同耗费的材料费用，则需选择适当的分配标准分配计入各产品成本明细账的“直接材料”成本项目中，此时的材料费用属于间接计入费用。

在直接材料费的分配中，对于几个对象共同耗费的材料费用，如果数量较少、金额不大，根据重要性原则，可以采用简化的分配方法，即全部记入“制造费用”中，以省去一些复杂的计算分配工作。

材料费用分配时需要选择合适的分配标准，分配的标准通常可以采用产品的重量、体积、产量等比例进行分配。在材料消耗定额比较准确的情况下，也可以按材料的定额耗用量或定额成本的比例进行分配。分配标准的选择，要坚持关系密切、分配合理、核算简便、相对稳定的原则。其主要分配方法如下：

提示：由于成本对象以产品品种最为典型，为了便于说明，一般教材在介绍要素费用在各种成本对象之间进行分配的方法时，往往以产品品种为代表介绍，其他成本对象可以此类推加以分配。

（一）定额耗用量比例分配法

定额耗用量比例分配法是按各种产品原材料耗用定额比例分配材料费用的一种方

法，它一般在各项材料耗用定额健全且比较准确的情况下采用。计算公式如下：

$$\text{材料费用分配率}=\frac{\text{材料实际总耗用量}\times\text{材料单价}}{\text{各种产品材料定额耗用量之和}}$$

$$\text{某产品应分配的材料费用}=\text{该产品材料定额耗用量}\times\text{材料费用分配率}$$

（二）定额成本比例分配法

定额成本比例分配法是按照产品材料定额成本分配材料费用的一种方法，它一般适用于几种产品共同耗用几种材料的情况。计算公式如下：

$$\text{某产品材料定额成本}=\text{该产品实际产量}\times\text{单位产品材料定额成本}$$

$$\text{材料定额成本分配率}=\frac{\text{各种产品实际材料费用总额}}{\text{各种产品材料定额成本之和}}$$

$$\text{某产品应分配的材料费用}=\text{该产品材料定额成本}\times\text{材料定额成本分配率}$$

（三）产量比例分配法

产量比例分配法是按产品的产量比例分配材料费用的一种方法，在产品的产量与其所耗用的材料有密切联系的情况下，可采用这种方法分配材料费用。计算公式如下：

$$\text{材料费用分配}=\frac{\text{材料实际总耗用量}\times\text{材料单价}}{\text{各种产品实际产量之和}}$$

$$\text{某产品应分配的材料费用}=\text{该产品实际产量}\times\text{材料费用分配率}$$

（四）重量比例分配法

重量比例分配法是按照各种产品的重量比例分配材料费用的一种方法，这种方法一般适合在产品所耗用材料的数量与产品重量有着直接联系的情况下采用。计算公式如下：

$$\text{材料费用分配率}=\frac{\text{材料实际总耗用量}\times\text{材料单价}}{\text{各种产品重量之和}}$$

某产品应分配的材料费用=该产品的重量×材料费用分配率

值得注意的是，实际工作中有关要素费用的分配是在一定格式的“要素费用分配表”上完成的，应根据费用性质及分配的具体情况设计适当格式的费用分配表。

【例 2-1】已知荣达工厂某月的发出材料汇总表如表 2-2 所示。

表 2-2 发出材料汇总表　　　　单位：元

领料部门和用途	材料类别			合计
	原材料	包装物	低值易耗品	
基本生产车间				
甲产品耗用	800 000	10 000		810 000
乙产品耗用	600 000	4 000		604 000

表2-2(续)

领料部门和用途	材料类别			合计
	原材料	包装物	低值易耗品	
甲、乙产品共同耗用	28 000			28 000
车间一般耗用	2 000		100	2 100
行政管理部门耗用	1 200		400	1 600
合计	1 431 200	14 000	500	1 445 700

生产甲乙两种产品共同耗用的材料以甲、乙两种产品直接耗用原材料为比例分配。

要求：(1) 完成共耗材料分配表及材料费用归集分配表的填制（见表2-3、表2-4）；

(2) 编制发出材料业务的会计分录。

解：

表2-3　甲、乙产品共耗材料分配表　　单位：元

产品名称	直接耗用原材料	分配率	分配共耗材料
甲产品 乙产品	800 000 600 000		16 000 12 000
合计	1 400 000	0.02	28 000

表2-4　材料费用归集分配汇总表　　单位：元

会计科目	明细科目	原材料	包装物	低值易耗品	合计
生产成本	甲产品 乙产品 小计	816 000 612 000 1 428 000	10 000 4 000 14 000		826 000 616 000 1 442 000
制造费用	基本车间	2 000		100	2 100
管理费用	耗材费	1 200		400	1 600
合计		1 431 200	14 000	500	1 445 700

借：生产成本——基本生产成本——甲产品　　826 000
　　　　　　　　　　　　　——乙产品　　616 000
　　制造费用——基本车间　　2 100
　　管理费用　　1 600
　贷：原材料　　1 431 200
　　　周转材料　　14 500

提示：燃料费用的归集和分配可参照材料费用的处理，本教材不再述及。

第四节　外购动力费用的归集和分配

一、外购动力费用的归集

外购动力费用是指企业从外单位购入的电力、蒸汽等动力费用。外购动力应根据其使用的数量，向供应单位支付款项。一般情况下，使用的外购动力都有仪器仪表计量。在支付外购动力费用时，应根据仪器仪表上记录的耗用数量、规定的价格向提供动力的单位支付款项，以支付款项的凭证编制记账凭证，作为外购动力费用分配的依据。

外购动力费用归集的会计处理规则与材料费用相似，也是按使用部门及用途的不同分别归入不同的费用、成本账户：①直接用于产品生产的，应计入“生产成本”账户中的“燃料及动力”成本项目；②生产单位用于维护生产设备和管理生产的，如照明用电，应计入“制造费用”账户；③行政管理部门和专设销售机构耗用的，应分别计入“管理费用”和“销售费用”账户；④在建工程耗用，应计入“在建工程”账户等。以上所列费用中，①、②、④项属于对象化费用，应对象化到相应的特定对象中，最终构成该特定对象的成本，其中①、②项构成产品成本，④项待在建工程完工后最终构成固定资产成本。

二、外购动力费用的分配

生产单位生产产品耗用的动力，如电解用电力、烘干用蒸汽、炼钢用氧气，以及可以按产品确定消耗定额的动力用电等，应以“燃料和动力”成本项目记入“基本生产成本明细账”中。对于几种产品共同耗用的动力费用，一般按各种产品定额工时或实际工时的比例进行分配。

以外购电力为例：

对于各车间、部门耗用的电力，都有电表加以计量。因此，各车间、部门应分配的电费应按下式计算：

$$\text{每度电费分配率}=\frac{\text{支付的外购电费总额}}{\text{各车间、部门耗用的外购电力度数总和}}$$

$$\text{某车间、部门应分配的电费}=\text{该车间、部门用电度数}\times\text{每度电费分配率}$$

对于生产单位用于产品生产的外购电力，由于不能按产品或成本对象分装电表计量其耗用的数量，因此，一般采用工时比例（实际工时或定额工时）在各种成本对象之间进行分配，其计算公式如下：

$$\text{某车间产品用电力费用分配率}=\frac{\text{生产产品用电度数}\times\text{每度电费分配率}}{\text{各车间产品的生产工时之和}}$$

$$\text{某产品应分配电费}=\text{该产品的生产工时}\times\text{该车间产品用电力费用分配率}$$

企业在实际工作中通过编制“动力费用归集分配表”进行动力费用归集和分配，然后再据以进行会计核算。

【例 2-2】荣达工厂 20××年 8 月份水电表分别记录：共耗用外购电力 52 000 度，每度 0.8 元；共耗用水 6 560 吨，每吨 2.5 元，二者共计 58 000 元。基本生产车间直接用于产品的水、电按生产工时分配，其他各部门耗用的水、电按水电表记录，归集分配如表 2-5、表 2-6 所示。

表 2-5　水费电费用量表

项目		用电数量/度	用水数量/吨
基本生产车间	产品耗用	35 000	3 200
	一般耗用	3 000	800
辅助生产车间	供电车间	3 000	880
	运输车间	6 800	900
行政管理部门		2 200	660
专设销售机构		2 000	120
合计		52 000	6 560

表 2-6　动力费用归集分配汇总表

20××年 8 月 31 日　　　　单位：元

应借科目				数量						合计金额
				电费			水费			
总账科目	一级明细科目	二级明细科目	成本、费用项目	生产工时	分配率	金额	生产工时	分配率	金额	
生产成本	基本生产成本	甲产品	燃料和动力	15 000	1.12	16 800	15 000	0.32	4 800	21 600
		乙产品	燃料和动力	10 000	1.12	11 200	10 000	0.32	3 200	14 400
	小计			25 000		28 000	25 000		8 000	36 000
	辅助生产成本	供电车间	水电费			2 400			2 200	4 600
		运输车间	水电费			5 440			2 250	7 690
	小计					7 840			4 450	12 290
制造费用	基本车间	水电费				2 400			2 000	4 400
管理费用	管理部门	水电费				1 760			1 650	3 410
销售费用	销售部门	水电费				1 600			300	1 900
合计						41 600			16 400	58 000

借：生产成本——基本生产成本——甲产品　　21 600
　　　　　　　　　　　　　　——乙产品　　14 400
　　生产成本——辅助生产成本——供电车间　　4 600
　　　　　　　　　　　　　　——运输车间　　7 690
　　制造费用——基本车间　　4 400
　　管理费用　　3 410
　　销售费用　　1 900
　贷：应付账款　　58 000
　　　　——应付电费　　(41 600)
　　　　——应付水费　　(16 400)

第五节　薪酬费用的归集和分配

一、薪酬费用核算的内容

职工薪酬是企业因职工提供服务而支付或放弃的所有代价。企业在确定应当作为职工薪酬进行确认和计量的项目时，需要综合考虑，确保企业人工成本核算的完整性和准确性。进行职工薪酬的核算，应该审核企业的各项职工薪酬支出是否符合国家的规定；在正确核算工资费用的基础上，应根据适当的分配方法，在各个成本计算对象中进行职工薪酬的分配。

（一）职工工资、奖金、津贴和补贴

这些项目是指按照国家统计局的规定构成工资总额的计时工资、计件工资、支付给职工的超额劳动报酬和增收节支的劳动报酬、为了补偿职工特殊或额外的劳动消耗和因其他特殊原因支付给职工的津贴，以及为了保证职工工资水平不受物价影响支付给职工的物价补贴等。

1. 计时工资

计时工资是按计时工资标准和工作时间支付给职工的劳动报酬。计时工资标准是指每一职工在单位时间（月、日或小时）内应得的工资额，不同职务、不同工种和不同等级的职工应分别规定不同的工资标准，以体现按劳分配的原则。计时工资包括：①对已做工作按计时工资标准支付的工资；②实行结构工资制的单位支付给职工的基础工资和职务（岗位）工资；③新参加工作职工的见习工资（学徒的生活费）等。

2. 计件工资

计件工资是按职工所完成的工作量和计件单价计算支付的劳动报酬。计件单价指完成单位工作量应得的工资。计件工资包括：①在实行超额累进计件、直接无限计件、限额计件和超定额计件等工资制度下，按照定额和计件单价支付给职工的工资；②按工作任务包干方法支付给职工的工资；③按营业额提成或利润提成办法支付给职工的工资。

3. 奖金

奖金是指支付给职工的超额劳动报酬和由于增收节支而给予职工的奖励，包括：①生产奖；②节约奖；③劳动竞赛奖；④机关、事业单位的奖励工资；⑤其他经常性奖金。奖金应按照国家和本单位有关规定计算、支付。

4. 津贴和补贴

津贴和补贴是指为补偿职工特殊的劳动消耗和因其他特殊原因支付给职工的津贴，以及为了保证职工工资水平不受物价影响支付给职工的物价补贴。包括：①补偿职工特殊或额外劳动消耗的津贴；②保健性津贴；③技术性津贴；④其他津贴；⑤各种物价补贴。津贴和补贴也应按照国家和本单位有关规定计算、支付。

（二）职工福利费

职工福利费主要包括职工因公负伤赴外地就医路费、职工生活困难补助、未实行医疗统筹企业职工医疗费用，以及按规定发生的其他职工福利支出。

（三）社会保险费

社会保险费是指企业按照国家规定的基准和比例计算，向社会保险经办机构缴纳的医疗保险费、养老保险费、失业保险费、工伤保险费和生育保险费等社会保险费。

（四）住房公积金

住房公积金是指企业按照国务院《住房公积金管理条例》规定的基准和比例计算，向住房公积金管理机构缴存的住房公积金。

（五）工会经费和职工教育经费

工会经费和职工教育经费是指企业为了改善职工文化生活、为职工学习先进技术和提高文化水平和业务素质，用于开展工会活动和职工教育及职业技能培训等的相关支出。

（六）非货币性福利

非货币性福利是指企业以自己的产品或外购商品发放给职工作为福利，供职工无偿使用。

（七）辞退福利

职工薪酬准则规定的辞退福利包括两方面的内容：一是在职工劳动合同尚未到期前，不论职工本人是否愿意，企业决定解除与职工的劳动关系而给予的补偿；二是在职工劳动合同尚未到期前，为鼓励职工自愿接受裁减而给予的补偿，职工有权利选择继续在职或接受补偿离职。

企业的职工薪酬并非全部计入产品制造成本，必须分清职工薪酬的组成内容与计入产品制造成本的人工费用。只有与企业生产活动有关的人员的薪酬，以及为生产活动服务的人员的薪酬可以计入产品制造成本，除此以外的其他人工费用，应根据有关规定按其用途分别列支有关费用。

职工薪酬按其计入产品成本的程序和方式，可分为直接职工薪酬和间接职工薪酬两种。直接职工薪酬是指直接从事产品生产而发生的人工费用，可直接计入产品成本，并以“直接人工”成本项目单独列示，形成产品成本的一个重要组成部分。间接职工薪酬是指为组织和管理生产活动而发生的人工费用。间接职工薪酬应按其发生地点进行归集。

二、薪酬费用核算的原始记录

进行直接职工薪酬的核算，必须以准确的原始记录为依据。职工薪酬核算的原始记录包括考勤记录、产量和工时记录。

（一）考勤记录

考勤记录是登记职工出勤、缺勤时间和情况的原始记录。考勤记录一般采用考勤簿和考勤卡两种形式。相关部门月末将签字后的考勤记录连同有关证明文件送交工资核算部门，据以计算职工的应付工资。

（二）产量和工时记录

产量和工时记录是登记工人或生产小组在出勤时间内完成产品的数量、质量和生产产品所耗工时数量的原始记录，它是统计产量和工时、计算计件工资的依据，也是考核工时定额执行情况和劳动生产率的依据，为在各种产品之间分配与工时有关的费用提供合理的依据。

会计部门在月末时应审核产量记录，审核后的产量记录即可作为计算计件工资的依据。直接人工费用的核算，除了依据上述考勤记录、产量和工时记录以外，还需填制一些其他凭证，例如各种奖金、津贴发放的通知单、代扣款项通知单、废品通知单等等。这些原始记录应在月终结算工资之前送交财会部门，以便在工资结算时作为核算依据。

三、薪酬费用的归集

（一）工资结算凭证

工资结算凭证分为工资结算单和工资结算汇总表。企业为了同职工办理工资结算手续，通常是按车间、部门编制工资结算单，用以反映企业与职工的工资结算情况。工资结算单中应分职工类别，并按每一类别反映企业应付职工工资、代扣款项和实发工资等项内容。工资结算单一式三份，其中一份经过职工签收后作为工资结算和付款的原始凭证；一份作为劳动工资部门进行工资统计依据；一份按职工姓名裁成工资条发给职工，以便职工核对。根据工资结算单汇总编制的工资结算汇总表，反映整个企业全部工资的结算情况，它也是进行工资费用分配的依据。

（二）薪酬费用归集的会计处理

薪酬费用归集的会计处理规则同材料费用、外购动力费用。

企业采用不同职工薪酬制度计算出应付给职工的职工薪酬总额后，需要按其用途和发生地点进行归集，列入不同的费用、成本账户：①生产工人的薪酬，计入“生产成本”账户中“直接人工”成本项目；②生产单位管理人员和辅助人员的薪酬，计入“制造费用”；③企业行政管理人员薪酬，计入“管理费用”；④专设销售机构人员薪酬，计入“销售费用”；等等。

四、薪酬费用的分配

薪酬费用的分配一般是通过编制“薪酬费用分配表”进行的。对于间接计入薪酬费用的分配，可以采用实际工时或定额工时比例分配法分配。计算公式如下：

$$\text{薪酬费用分配率}=\frac{\text{本月各种产品应负担生产工人薪酬费用总额}}{\text{各种产品定额工时或实际工时之和}}$$

$$\text{某产品本月应分配的生产工人薪酬费用}=\text{该产品本月定额工时或实际工时}\times\text{薪酬费用分配率}$$

【例 2-3】顺应工厂 20××年 8 月份工资结算汇总表如表 2-7 所示。表中代扣医疗保险、养老保险、失业保险和住房公积金款项，是根据国家社会和劳动保障部门的有关规定由职工个人负担的社保费及住房公积金，分别按工资总额的 10%、15%、2%和 10%的比例提取。

表 2-7　工资结算汇总表

20××年 8 月 31 日　　　　单位：元

部门人员		基本工资		奖金	津贴补贴		应扣工资		应付工资	代扣款项				实发金额
部门	人员类别	计时工资	计件工资		岗贴	夜补	病假	事假		医疗	养老	失业	公积金	
基本车间	生产工人	88 000	49 000	35 000	4 000	4 000	500	500	179 000	17 900	26 850	3 580	17 900	112 770
	管理人员	42 000		12 000	500	400	100		54 800	5 480	8 220	1 096	5 480	34 524
	小计	130 000	49 000	47 000	4 500	4 400	600	500	233 800	23 380	35 070	4 676	23 380	147 294
供电车间	生产工人	24 000		5 000	300	200		100	29 400	2 940	4 410	588	2 940	18 522
	管理人员	10 000		4 000	100		100		14 000	1 400	2 100	280	1 400	8 820
	小计	34 000		9 000	400	200	100	100	43 400	4 340	6 510	868	4 340	27 342
管理部门	40 000		5 000	150	100	200		45 050	4 505	6 755	901	4 505	28 384	
专设销售机构	10 000		1 000	100	50			11 150	1 115	1 673	223	1 115	7 024	
合计								333 400	33 340	50 008	6 668	33 340	210 044	

根据表 2-7 的数据，可编制工资结算的会计分录如下：

（1）发放工资，款项由企业基本存款户转入职工个人存款户：

借：应付职工薪酬——工资　　　　210 044

　贷：银行存款　　　　210 044

（2）代扣款转账时：

借：应付职工薪酬——工资　　　　123 356

　贷：其他应付款——养老保险　　　　50 008

　　　其他应付款——医疗保险　　　　33 340

　　　其他应付款——失业保险　　　　6 668

　　　其他应付款——住房公积金　　　　33 340

由以上会计分录可知，应付职工薪酬账户的借方金额为 333 400 元（210 044+123 356），应分配计入有关成本费用账户的工资费用总额中。

工资及福利费归集分配见表 2-8。

表 2-8　工资及福利费归集分配表

20××年 8 月 31 日　　单位：元

应借科目				直接计入	分配计入			职工福利费（2%）	合计
总账科目	一级明细科目	二级明细科目	成本费用项目		分配标准（工时）	分配率	分配金额		
生产成本	基本生产成本	甲产品	直接人工		15 000		107 400	2 148	109 548
		乙产品	直接人工		10 000		71 600	1 432	73 032
	小计				25 000	7.16	179 000	3 580	182 580
	辅助生产成本	供电车间	薪酬费	43 400			43 400	868	44 268
制造费用	基本车间	薪酬费		54 800			54 800	1 096	55 896
管理费用	薪酬费	45 050				45 050	901	45 951	
销售费用	薪酬费	11 150				11 150	223	11 373	
合计				154 400			333 400	6 668	340 068

根据表 2-8 所示的职工薪酬归集分配表，编制会计分录如下：

借：生产成本——基本生产成本——甲产品——直接人工　　109 548

　　生产成本——基本生产成本——乙产品——直接人工　　73 032

　　生产成本——辅助生产成本——供电车间——薪酬费　　44 268

　　制造费用——基本车间——薪酬费　　55 896

　　管理费用——薪酬费　　45 951

　　销售费用——薪酬费　　11 373

　贷：应付职工薪酬——工资　　333 400

　　　　　　　　　——福利费　　6 668

提示：案例中发生的“四险一金”是职工个人缴存部分，根据国家社会和劳动保障部门的有关规定，企业也应为职工缴存“五险一金”（案例中三险+生育保险+工伤保险），请同学们思考：由企业负担的职工“五险一金”应如何进行会计处理？

第六节　辅助生产费用的归集和分配

辅助生产是指为基本生产车间、行政部门等单位提供产品或服务的生产活动。

一、辅助生产费用归集

在“辅助生产成本”二级账的借方归集，具体分为：

（一）单独归集制造费用

同时设置“生产成本——辅助生产成本”及“制造费用——辅助车间”两个二级

账；辅助车间发生的制造费用先归集在“制造费用——辅助车间”的借方，期末再全数结转入“生产成本——辅助生产成本”的借方。此时的“辅助生产成本”二级账及其明细账与“基本生产成本”二级账及明细账结构相同，账页格式中的专栏是按“成本项目”设置的。

（二）不单独归集制造费用：简化法，适用于规模较小的辅助生产

只设置“生产成本——辅助生产成本”二级账，辅助生产发生的所有费用直接计入该账户的借方。此时的二级账及明细账账页中的专栏需按“费用项目”设置，具体见【例 2-4】。

【例 2-4】荣达工厂考虑到本厂辅助生产规模较小，故对辅助生产费用的归集采用不单独归集制造费用的方法。20××年 8 月 31 日供电、运输车间本月发生的费用归集见表 2-9、表 2-10，辅助生产成本明细账是根据有关要素费用分配表填制的有关记账凭证登记的。

表 2-9　辅助生产成本明细账

车间名称：供电车间　　20××年 8 月　　单位：元

20××年		凭证号数	摘要	材料费	人工费	水电费	折旧费	保险费	办公费	其他	合计
月	日										
8	31			5 160							5 160
	31				4 268						4 268
	31					4 600					4 600
	31						1 400				1 400
	31							1 000			1 000
	31								2 200		2 200
	31									1 372	1 372
	31		本月合计	5 160	4 268	4 600	1 400	1 000	2 200	1 372	20 000

表 2-10　辅助生产成本明细账

车间名称：运输车间　　20××年 8 月　　单位：元

20××年		凭证号数	摘要	材料费	人工费	水电费	折旧费	保险费	办公费	其他	合计
月	日										
8	31			8 230							8 230
	31				12 530						12 530
	31					5 690					5 690
	31						1 460				1 460
	31							1 190			1 190
	31								600		600
	31									300	300
	31		本月合计	8 230	12 530	5 690	1 460	1 190	600	300	30 000

二、辅助生产费用的分配

同样遵循“谁受益、谁负担、受益多负担多”的费用分配总原则。

首先应考虑辅助生产所生产的产品和劳务的不同对分配的影响：

（一）生产工具、模具、修理备用件（有实物形态）

归集的费用期末应在其完工和未完工产品（与基本车间产品的不同）之间进行分配——该内容将在本章第八节介绍。

（二）提供水、电、气产品（无实物形态）及运输、修理等劳务

这种情况下应将归集的全部费用在其受益对象之间分配。

1. 无交互提供产品、劳务

当企业仅有一个辅助生产车间，或虽有两个或两个以上辅助生产车间但无交互提供产品、劳务时，按前述其他费用分配的方法、思路即可解决，见以下例子：

【例 2-5】仍以荣达工厂为例，其供电、运输两个辅助车间分配前归集的费用分别为 20 000 元和 30 000 元，产品、劳务供应如表 2-11 和表 2-12 所示。

表 2-11　供电、运输车间产品和劳务供应表 1

项目	供电车间/度	运输车间/千米
产品、劳务总量	10 000	2 000
基本车间产品耗用	8 000	
基本车间一般性耗用	1 000	1 500
行政部门用	1 000	500
合计	10 000	2 000

表 2-12　辅助生产费用分配表 1（无交互提供产品、劳务）

项目	供电车间		运输车间		合计
	数量/度	金额/元	数量/千米	金额/元	
分配前费用		20 000		30 000	50 000
产品、劳务总量	10 000		2 000		
单位成本（分配率）		2		15	
基本车间产品耗用	8 000	16 000			16 000
基本车间一般性耗用	1 000	2 000	1 500	22 500	24 500
行政部门用	1 000	2 000	500	7 500	9 500
合计	10 000	20 000	2 000	30 000	50 000

单位成本：供电 = 20 000/10 000 = 2（元/度）

运输 = 30 000/2 000 = 15（元/千米）

借：生产成本——基本生产成本　　　　16 000

　　制造费用——基本车间　　　　　　24 500

管理费用　　9 500

贷：生产成本——辅助生产成本——供电车间　　20 000

——运输车间　　30 000

要求掌握的知识包括：分配结果计算，填制费用分配表，分录的编制。

【例 2-6】仍以荣达工厂为例，其供电、运输两个辅助车间分配前归集的费用分别为 20 000 元和 30 000 元，产品、劳务供应见表 2-13 和表 2-14。与【例 2-5】不同之处是运输车间耗用了供电车间提供的电，但供电车间未接受运输车间提供的服务，仍属无交互提供产品、劳务之情形。

表 2-13　供电、运输车间产品和劳务供应表 2

项目	供电车间/度	运输车间/千米
产品、劳务总量	10 000	2 000
基本车间产品耗用	8 000	
基本车间一般性耗用	1 000	1 500
行政部门耗用	500	500
运输车间耗用	500	
合计	10 000	2 000

表 2-14　辅助生产费用分配表 2（无交互提供产品、劳务）

受益对象	供电车间		运输车间		合计
	数量/度	金额/元	数量/千米	金额/元	
待分配费用		20 000		30 000+1 000	51 000
产品、劳务总量	10 000		2 000		
单位成本		2		15.5	
基本车间产品耗用	8 000	16 000			16 000
基本车间一般性耗用	1 000	2 000	1 500	23 250	25 250
行政部门耗用	500	1 000	500	7 750	8 750
运输车间耗用	500	1 000			1 000
合计	10 000	20 000	2 000	31 000	51 000

单位成本：供电＝20 000/10 000＝2（元/度）

运输＝（30 000+1 000）/2 000＝15.5（元/千米）

提示：先分配供电车间费用可以减少分配的工作量。

（1）供电车间费用分配的会计处理：本例中辅助生产采用不单独归集制造费用的处理办法，后续相应内容若无特别指明，均按此处理。

借：生产成本——基本生产成本　　16 000

——辅助生产成本——运输车间　　1 000

制造费用——基本车间　　2 000

管理费用　　　　　　　　　　　　　　　　　　　　　　1 000

贷：生产成本——辅助生产成本——供电车间　　　　　　　　　　20 000

运输车间由于接受了供电车间提供的电500度从而使其费用总额由分配前的30 000元增加到31 000元，具体见表2-15。

表2-15　辅助生产成本明细账

车间名称：运输车间　　　　　　20××年8月　　　　　　单位：元

20××年		凭证号数	摘要	材料费	人工费	水电费	折旧费	保险费	办公费	其他	合计
月	日										
8	31			8 230							8 230
	31				12 530						12 530
	31					5 690					5 690
	31						1 460				1 460
	31							1 190			1 190
	31								600		600
	31									300	300
	31		合计	8 230	12 350	5 690	1 460	1 190	600	300	30 000
	31		供电车间分配转入费用			1 000					31 000
	31		分配转出	8 230	12 350	6 690	1 460	1 190	600	300	31 000

（2）运输车间的会计处理：

借：制造费用——基本车间　　　　　　　　　　　　23 250

管理费用　　　　　　　　　　　　　　　　　　7 750

贷：生产成本——辅助生产成本——运输车间　　　　　　31 000

（3）以上两组分录合编：

借：生产成本——基本生产成本　　　　　　　　　　16 000

——辅助生产成本——运输车间　　　　　　1 000

制造费用——基本车间　　　　　　　　　　　　25 250

管理费用　　　　　　　　　　　　　　　　　　8 750

贷：生产成本——辅助生产成本——供电车间　　　　　　20 000

——运输车间　　　　　　31 000

2. 交互提供产品、劳务

当企业有两个或两个以上辅助生产车间且相互提供产品、劳务时，将引起辅助生产费用分配上的相互牵制，使费用分配变得复杂和困难，从而使辅助生产费用分配与前述其他费用分配形成差异，进而成为辅助生产费用分配关注的重点。解决这种分配上的相互牵制的途径主要有以下四种办法：

（1）直接分配法——只对外分、不对内分。

直接分配法是将各辅助生产成本明细账中归集的费用总额，仅在辅助生产以外的受益部门之间按受益数量进行分配，对于各辅助生产车间之间相互提供的产品或劳务不在辅助生产内部进行分配的一种分配方法。简言之，直接分配法就是直接将全部费用分配给辅助生产以外的受益对象的分配方法。

注意：这里所指的内外以辅助生产为分界线。

【特点】直接将全部费用分配给辅助生产以外的受益对象，忽视交互提供产品、劳务的事实，将事实上存在的交互提供产品、劳务视同无交互提供产品、劳务，从而使复杂问题得以简单处理。

【公式】分配率（单位成本）= 分配前费用÷外部耗用量

值得注意的是，该方法计算出来的单位成本比实际单位成本（实际总费用/总耗用量）可能要高或低。

【评价】优点：简单。缺点：分配结果不合理、不准确。

【适用范围】仅适用于交互提供产品、劳务不多的辅助生产费用分配。

【例 2-7】在【例 2-4】、【例 2-5】、【例 2-6】无交互提供产品、劳务基础上调整为两个辅助生产车间彼此交互提供产品、劳务，采用直接分配法进行分配。具体见表 2-16和表 2-17。

表 2-16　供电、运输车间产品和劳务供应表 3

项目	供电车间/度	运输车间/千米
分配前费用/元	20 000	30 000
产品、劳务总量	10 000	2 000
单位成本	x	y
基本车间产品耗用	8 000	
基本车间一般性耗用	1 000	1 000
行政部门用	500	500
运输车间用	500	
供电车间用		500
合计	10 000	2 000

表 2-17　辅助生产费用分配表（直接分配法）

项　目	供电车间		运输车间		合计
	数量/度	金额/元	数量/千米	金额/元	
待分配费用		20 000		30 000	50 000
产品、劳务总量	10 000		2 000		
单位成本		2. 105 3		20	
基本车间产品耗用	8 000	16 842. 4			16 842. 4
基本车间一般性耗用	1 000	2 105. 3	1 000	20 000	22 105. 3
行政部门用	500	1 052. 3	500	10 000	11 052. 3

表2-17（续）

项 目	供电车间		运输车间		合计
	数量/度	金额/元	数量/千米	金额/元	
运输车间用	(500)	0			
供电车间用			(500)	0	
合计	9 500	20 000	1 500	30 000	50 000

单位成本：供电=20 000/9 500=2.105 3（元/度）

运输=30 000/1 500=20（元/千米）

借：生产成本——基本生产成本　　16 842.4

　　制造费用——基本车间　　22 105.3

　　管理费用　　11 052.3

　贷：生产成本——辅助生产成本——供电车间　　20 000

　　　　　　　　　　　　　　　——运输车间　　30 000

（2）代数分配法 —— 内、外同时分。

代数分配法是运用代数中建立多元一次方程组的方法，计算出各辅助生产车间提供产品或劳务的实际单位成本，然后再按各车间、部门（包括辅助生产车间内部）耗用辅助生产车间产品或劳务的数量计算应分配的辅助生产费用的一种分配方法。

【特点】根据数学上解联立方程式的原理，立足于“辅助生产费用总额”来建立方程式计算出实际单位成本，再按照劳务耗用量和实际单位成本在全部受益对象之间分配。

【评价】优点：分配结果最准确。缺点：比直接分配法复杂，计算量大。

【适用范围】已实现会计电算化的单位。

【例2-8】资料同【例2-7】，采用代数分配法进行分配，具体分配过程见表2-18。

建立方程组：

$10\ 000x=20\ 000+500y$

$2\ 000y=30\ 000+500x$

求解后得：$x=2.784\ 8$；$y=15.696\ 2$

表2-18　辅助生产费用分配表（代数分配法）

项 目	供电车间		运输车间		合计
	数量/度	金额/元	数量/千米	金额/元	
待分配费用		20 000		30 000	50 000
产品、劳务总量	10 000		2 000		
单位成本（分配率）		2.784 8		15.696 2	
基本车间产品耗用	8 000	22 278.4			22 278.4
基本车间一般性耗用	1 000	2 784.8	1 000	15 696.2	18 481

表2-18(续)

项　目	供电车间		运输车间		合计
	数量/度	金额/元	数量/千米	金额/元	
行政部门用	500	1 392.4	500	7 848.1	9 240.4
运输车间用	500	1 392.4			1 392.4
供电车间用			500	7 848.	7 848.1
合计	10 000	27 848	2 000	31 392.3	59 240.3

①供电车间会计处理。

借：生产成本——基本生产成本　　22 278.4
　　　　——辅助生产成本——运输车间　　1 392.4
　制造费用——基本车间　　2 784.8
　管理费用　　1 392.4
　贷：生产成本——辅助生产成本——供电车间　　27 848

②运输车间会计处理。

借：生产成本 ——辅助生产成本——供电车间　　7 848.1
　制造费用——基本车间　　15 696.2
　管理费用　　7 848.1
　贷：生产成本——辅助生产成本 ——运输车间　　31 392.4

③两个辅助车间合在一起会计处理。

借：生产成本——基本生产成本　　22 278.4
　　　　——辅助生产成本——供电车间　　7 848.1
　　　　——辅助生产成本——运输车间　　1 392.4
　制造费用——基本车间　　18 481
　管理费用　　9 240.5
　贷：生产成本——辅助生产成本——供电车间　　27 848
　　　　　　　　　　　——运输车间　　31 392.4

(3)（一次）交互分配法 ——先对内分后对外分（选学）。

一次交互分配法是指将辅助生产车间的费用分两次进行，第一次对内分：只限于各辅助生产车间之间根据相互提供的产品或劳务进行交互分配费用，辅助生产以外的受益对象不参加分配。第二次对外分：是将辅助生产分配前的费用，加上交互分配转入费用，减去交互分配转出费用，计算出各辅助生产车间的实际对外分配费用后，分配给辅助生产以外的受益单位。

【特点】先在辅助生产之间进行交互分配；调整后再向外部受益对象分配。需进行两次分配。

【公式】①交互分配率=分配前费用÷产品、劳务总量　（小于实际单位成本）

②某辅助车间负担的费用=该辅助车间耗用量×交互分配率

③对外分配费用=分配前费用+交互分配转入费用-交互分配转出费用

④对外分配率=对外分配费用÷外部耗用量

⑤某外部受益对象负担的费用=该对象耗用量×对外分配率

【评价】优点：分配结果比直接分配法合理、准确。缺点：分配过程较复杂、计算工作量大。

【例2-9】资料同【例2-7】，采用一次交互分配法进行分配，分配率保留小数点后四位。具体分配过程见表2-19。

表2-19 辅助生产费用分配表

（一次交互分配法） 单位：元

项目	交互分配				对外分配				金额合计
	供电车间		运输车间		供电车间		运输车间		
	数量	金额	数量	金额	数量	金额	数量	金额	
待分配费用		20 000		30 000		26 500		23 500	50 000
产品、劳务总量	10 000		2 000		9 500		1 500		
费用分配率		2		15		2.789 5		15.666 7	
受益对象									
供电车间			500	7 500					7 500
运输车间	500	1 000							1 000
基本车间产品生产耗用					8 000	22 316			22 316
基本车间一般性消耗					1 000	2 789.5	1 000	15 666.7	18 456.2
行政部门用					500	1 394.5	500	7 833.3	9 227.8
合计	500	1 000	500	7 500	9 500	26 500	2 000	23 500	58 500

①交互分配率：供电=20 000/10 000=2（元/度）；

运输=30 000/2 000=15（元/度）

②对外分配费用：供电=20 000+7 500-1 000=26 500（元）

运输=30 000+1 000-7 500=23 500（元）

③对外分配率：供电=26 500/9 500=2.789 5（元/度）

运输=23 500/1 500=15.666 7（元/度）

交互分配分录：

借：生产成本——辅助生产成本——供电车间 7 500

生产成本——辅助生产成本——运输车间 1 000

贷：生产成本——辅助生产成本——运输车间 7 500

生产成本——辅助生产成本——供电车间 1 000

对外分配分录：

借：生产成本——基本生产成本 22 316

制造费用——基本车间 18 456.2（2 789.5+15 666.77）

管理费用　　　　　　　　　　9 221.73（1 394.5+7 833.23）

贷：生产成本——辅助生产成本——供电车间　　　　　　　　　26 500

——运输车间　　　　　　　　　23 500

（4）计划成本分配法 ——内、外同时分。

计划成本分配法是指按事先确定的辅助生产车间提供的产品或劳务的计划单位成本和各车间、部门耗用的数量，计算各车间、部门应分配的辅助生产费用的一种方法。对于按计划成本计算的分配额和各辅助生产车间实际发生费用之间的差额，为了简化核算，可列入“管理费用”科目中。如果是超支差，应增加管理费用，如果是节约差，则应冲减管理费用。

【特点】①先根据劳务的计划单位成本和各受益对象（含辅助生产单位）的受益量进行分配。②再将计划成本分配额与“实际”费用（待分配费用+按计划单位成本分入的费用）之间的差额进行调整分配，为简化起见，差异可全部计入管理费用。

【公式】①“实际”费用=分配前费用+按计划单位成本分配的费用

②差异=“实际”费用-按计划单位成本分配转出的费用

=（分配前费用+按计划成本分入的费用）-按计划单位成本分配转出的费用

【适用范围】适用于计划成本资料较准确的单位。

提示：差异为正数，属超支；为负数，属节约。

【例 2-10】资料同【例 2-7】，采用计划成本分配法进行分配，假设供电车间的每度电计划成本为 2.8 元；运输车间每千米计划成本为 15.6 元。分配表见表 2-20、表 2-21。

表 2-20　辅助生产费用分配表 1（计划成本分配法）

项目	供电车间		运输车间		成本差异		合计
	数量/度	金额/元	数量/千米	金额/元	供电	运输	
分配前费用		20 000		30 000			50 000
产品、劳务总量	10 000		2 000				
计划单位成本		2.8		15.6			
基本车间产品耗用	8 000	22 400					22 400
基本车间一般性耗用	1 000	2 800	1 000	15 600			18 400
行政部门用	500	1 400	500	7 800	-200	200	9 200
运输车间用	500	1 400					1 400
供电车间用			500	7 800			7 800
合计	10 000	28 000	2 000	31 200	-200	200	59 200

表 2-21　辅助生产费用分配表 2（计划成本分配法）

项　目	供电车间		运输车间		合计
	数量/度	金额/元	数量/千米	金额/元	
分配前费用		20 000		30 000	50 000
产品、劳务总量	10 000		2 000		
计划单位成本		2.8		15.6	
基本车间产品耗用	8 000	22 400			22 400
基本车间一般性耗用	1 000	2 800	1 000	15 600	18 400
行政部门用	500	1 400	500	7 800	9 200
运输车间用	500	1 400			1 400
供电车间用			500	7 800	7 800
合计	10 000	28 000	2 000	31 200	59 200（计）

供电车间实际成本＝20 000+7 800＝27 800（元）

运输车间实际成本＝30 000+1 400＝31 400（元）

供电车间成本差异＝27 800−28 000 ＝−200（元）——节约差异

运输车间成本差异＝31 400−31 200＝200（元）——超支差异

①按计划单位成本分配的会计处理。

借：生产成本——基本生产成本　　22 400
　　　　　　——辅助生产成本——供电车间　　7 800
　　　　　　——辅助生产成本——运输车间　　1 400
　　制造费用——基本车间　　18 400
　　管理费用　　9 200
　贷：生产成本——辅助生产成本——供电车间　　28 000
　　　　　　　　　　　　　　——运输车间　　31 200

②调整成本差异的会计处理。

借：管理费用　　200
　贷：生产成本——辅助生产成本——供电车间　　200

借：管理费用　　200
　贷：生产成本——辅助生产成本——运输车间　　200

供电

前：20000（实）	28000（计）
7800（计）	200（差异）

第七节　制造费用的归集和分配

一、制造费用的归集

（一）制造费用的概念和构成

制造费用是指工业企业的各个生产单位（分厂、车间）为生产产品或提供劳务而发生的，应计入产品成本但没有专设成本项目的各项生产费用，包括各项间接生产费用及不便于专设成本项目的直接生产费用。

制造费用大部分是间接用于产品生产的费用，比如机物料消耗、辅助人员的职工薪酬，车间房屋及建筑物的折旧费、保险费、租赁费，车间生产用的照明费、取暖费、劳动保护费以及季节性停工和生产用固定资产修理期间的停工损失等。制造费用中还有一部分直接用于产品生产的直接生产费用，但管理上不要求或者核算上不便于单独核算，因而没有专设成本项目的生产费用，如机器设备的折旧费、租赁费、保险费、生产工具摊销费、设计制图费和试验检验费等。制造费用还包括车间用于组织和管理生产的费用，这些费用的性质本属于管理费用，但由于它们是生产车间的管理费用，与生产车间的制造费用很难严格划分，为简化核算工作，也将它们作为制造费用核算，如生产车间管理人员职工薪酬，车间管理用房屋和设备的折旧费、租赁费、保险费、车间管理用具摊销，车间管理用的照明费、水费、取暖费、差旅费、办公费、电话费等。如果企业的组织机构分为车间、分厂和总厂等若干层次，企业的分厂与企业的生产车间相似，也是企业的生产单位，因而其发生的用于组织和管理生产的费用，也作为制造费用核算。

制造费用的内容比较复杂，为了减少费用项目，简化制造费用的核算工作，通常将上述相同性质的费用合并设立相应的费用项目，如将生产工具和管理用具的摊销合并设立“低值易耗品摊销”项目，将辅助生产人员和管理人员职工薪酬合并设立“职工薪酬”项目，将车间用于生产的房屋租赁费与用于车间管理的房屋租赁费合并设立“租赁费”项目等。一般而言制造费用的项目包括：机物料消耗、职工薪酬、折旧费、租赁费（不包括融资租赁费）、保险费、低值易耗品摊销、水电费、取暖费、劳动保护费、设计制图费、试验检验费、差旅费、办公费和在产品盘亏、毁损和报废，以及季节性及修理期间停工损失等。制造费用项目可以根据工业企业自己的生产特点和管理上的要求进行调整，既可以合并或进一步细分，也可以另行设立制造费用项目。但是，制造费用项目一经确定，不应任意变更。

（二）制造费用的归集

制造费用的归集应通过“制造费用”“生产成本——辅助生产成本”（规模较小的辅助生产可以不单独归集制造费用）科目的借方进行。

1. 基本生产的制造费用

基本生产的制造费用应通过“制造费用——基本车间”科目借方进行归集。该科目的借方用于归集企业在一定时期内发生的全部基本生产的制造费用，贷方反映全部基本生产制造费用的分配，月末一般无余额。

2. 辅助生产的制造费用

辅助生产的制造费用应通过“制造费用——辅助车间”科目或“生产成本——辅助生产成本”科目的借方进行归集。“制造费用——辅助车间”二级账的结构与“制造费用——基本车间”二级账相同。

“制造费用”科目应按不同的车间、部门设立明细账，账内按照费用项目设立专栏或专户，分别反映各车间、部门各项制造费用的发生情况，便于进行成本管理，一般是通过“制造费用”明细账归集费用（见表2-22）。

表2-22 制造费用的明细账

车间名称：

摘要	机物料消耗	外购动力	职工薪酬	折旧费	水电费	保险费	办公费	其他	合计
（略）									
合计									

二、制造费用的分配

为了正确计算产品成本，必须合理地分配制造费用。由于各车间的制造费用水平不同，制造费用的分配应该按照车间分别进行，而不应将各车间的制造费用汇总起来，在整个企业范围内统一分配。

在生产一种产品的车间、部门中，发生的制造费用应直接计入该种产品的成本。在生产多种产品的车间、部门中，就存在多个成本对象，发生的制造费用则属于间接计入费用；应采用适当的分配方法，分配计入各成本对象的成本中。在生产多种产品的车间、部门共同发生的制造费用，才出现分配问题。下面以成本对象是产品品种为代表介绍。

（一）实际分配率分配法

该方法按实际发生的制造费用总额分配，分配后“制造费用”账户期末无余额。由于采用的具体分配标准不同而形成不同的分配方法：

1. 生产工人工时比例分配法

生产工人工时比例法简称生产工时比例法，是按照各种产品所用生产工人实际工时的比例分配费用的方法。其计算公式如下：

$$\text{制造费用分配率}=\frac{\text{制造费用总额}}{\text{各种产品实际(或定额)工时之和}}$$

$$\begin{matrix}\text{某产品应分配}\\\text{的制造费用}\end{matrix}=\begin{matrix}\text{该产品实际}\\\text{(或定额)工时}\end{matrix}\times\text{制造费用分配率}$$

这种分配方法的优点是资料容易取得，方法比较简单。在原始记录和生产工时统计资料比较健全的车间，都可以采用这种方法来分配制造费用。

2. 生产工人工资比例分配法

生产工人工资比例法简称生产工资比例法，是按照计入各种产品成本的生产工人实际工资的比例分配制造费用的方法。其计算公式如下：

$$\begin{matrix}\text{制造费用}\\\text{分配率}\end{matrix}=\frac{\text{制造费用总额}}{\text{生产产品生产工人工资总额}}$$

$$\begin{matrix}\text{某产品应分配}\\\text{的制造费用}\end{matrix}=\begin{matrix}\text{该种产品生产}\\\text{工人工资}\end{matrix}\times\text{制造费用分配率}$$

3. 机器工时比例分配法

机器工时比例法是按照各种产品生产所用机器设备运转时间的比例分配制造费用的一种方法。其计算公式如下：

$$\text{制造费用分配率}=\frac{\text{制造费用总额}}{\text{各种产品耗用机器工时之和}}$$

$$\begin{matrix}\text{某产品应分配}\\\text{的制造费用}\end{matrix}=\begin{matrix}\text{该产品耗用}\\\text{的机器工时}\end{matrix}\times\text{制造费用分配率}$$

这种方法适用于机械化程度较高的车间，因为在这种车间中，折旧费、修理费的大小与机器运转的时间密切相关。采用这种方法，必须正确组织各种产品所耗用机器工时的记录数，以保证工时的准确性。

（二）年度计划分配率分配法

年度计划分配率分配法是指按照年度开始前确定的全年度适用的计划分配率，分配制造费用的一种方法。采用这种方法，不论各月实际发生的制造费用是多少，每月各种产品中的制造费用都按年度计划分配率分配，从而使1—11月的“制造费用”账户可能出现借方或贷方余额。

如果年度内发现全年的制造费用实际数和产品的实际产量与计划分配率计算的分配数之间存在差额，一般只在年末调整并计入12月份的产品成本中，借记“基本生产成本”二级账，贷记“制造费用”账户。如果实际发生额大于计划分配额，用蓝字补加，否则用红字冲减。在分配中如果发现年内分配的计划数与实际数差额较大，则应及时调整计划分配率，以便达到分配额相对准确。计算公式如下：

$$年度计划分配率 = \frac{年度制造费用计划总数}{年度各产品计划产量的定额工时总数}$$

某月某产品应负担的制造费用=该月该产品实际产量的定额工时×年度计划分配率

【例 2-11】荣达工厂基本生产车间生产甲、乙两种产品。本月已归集在“制造费用——基本车间”账户借方的制造费用合计为 76 776 元（见表 2-23）。甲产品生产工时为 15 000 小时，乙产品生产工时为 10 000 小时，要求按生产工人工时比例分配制造费用。

表 2-23　制造费用的明细账

（基本生产车间）

20××年 8 月 31 日　　单位：元

摘要	机物料消耗	外购动力	职工薪酬	折旧费	水电费	保险费	劳保费	其他	合计	转出
（略）	3 160								3 160	
		4 400							4 400	
			55 896						55 896	
				3 480					3 480	
					3 240				3 240	
						4 000			4 000	
							2 000		2 000	
								600	600	
合计	3 160	4 400	55 896	3 480	3 240	4 000	2 000	600	76 776	76 776
期末分配转出	3 160	4 400	55 896	3 480	3 240	4 000	2 000	600	76 776	76 776

解：

$$制造费用分配率 = \frac{76\ 776}{15\ 000 + 10\ 000} = 3.071\ 04$$

甲产品应负担的制造费用 = 15 000×3.071 04 = 46 065.60（元）

乙产品应负担的制造费用 = 76 776−46 065.60 = 30 710.40（元）

将计算结果填入表 2-24：

表 2-24　制造费用分配表　　单位：元

产品名称	分配标准（生产工时）	分配率	分配额
甲产品	15 000		46 065.60
乙产品	10 000		30 710.40
合计	25 000	3.071 04	76 776

会计分录：

借：生产成本——基本生产成本——甲产品　　46 065.60

生产成本——基本生产成本——乙产品　　30 710.40

贷：制造费用——基本车间　　76 776

【例 2-12】荣达工厂基本生产车间生产甲、乙两种产品。20××年 8 月末已归集在"制造费用——基本车间"账户借方的制造费用合计为 76 776 元（见表 2-23）。20××年 8 月份甲产品生产工时为 15 000 小时，乙产品生产工时为 10 000 小时，已知该企业年度计划分配率为 3 元/工时。20××年 8 月初"制造费用"余额为贷方 150 元（1~7 月制造费用累计的节约差）。

要求：(1) 按年度计划分配率分配 8 月份的制造费用并编制相应的会计分录；

(2) 计算 8 月末"制造费用"期末余额并确定其余额方向。

解：(1) 甲产品负担的制造费用＝15 000×3＝45 000（元）

乙产品负担的制造费用＝10 000×3＝30 000（元）

借：生产成本——基本生产成本——甲产品　　45 000

生产成本——基本生产成本——乙产品　　30 000

贷：制造费用——基本车间　　75 000

(2) 期末借方余额＝76 776－75 000－150＝1 626（1—8 月的累计超支数）

提示：如果将【例 2-12】中的月份改为 12 月末，其他不改，如何分配 12 月份的制造费用，与上述处理有何区别？

第八节　生产费用在完工产品与在产品之间的归集和分配

一、在产品数量的确定

（一）在产品和完工产品的含义

企业的在产品是指没有完成全部生产过程，不能作为商品销售的产品。在产品有狭义和广义之分。狭义在产品是指在某一生产车间或某一生产步骤内进行加工的在制品，以及正在返修的废品和已完成本步骤生产但尚未验收入库的半成品。广义在产品是从整个企业范围来定义的，是指从材料投入生产开始，到最后制成产品验收入库等待出售前的一切未完工产品，不仅包括狭义在产品，还包括已经完成部分加工阶段，已由仓库验收，但还需继续加工的半成品、未验收入库的产成品以及等待返修的废品。对于不准备在本企业继续加工，等待对外销售的自制半成品，应作为商品产品，不应列入在产品范围之内。不可修复的废品也不应列入在产品之内。本节述及的在产品为狭义在产品。

（二）在产品收发结存数量的确定

在产品数量的核算，主要有两项工作：一是在产品收发结存的日常核算工作，二是在产品的清查工作。做好这两项工作，不仅可以从账面上随时掌握在产品的动态情况，还可以查清在产品的实际数量，对于正确计算产品成本，加强生产资金管理和保护企业财产的安全，都具有十分重要的意义。

1. 在产品日常收发结存的核算工作

在产品收发结存的日常核算，通常是在车间内按产品品种和在产品的名称（如零件、部件的名称）设置"在产品收发结存账"（也叫在产品台账）进行核算，以便用来反映各种在产品的收入、发出、结存的数量。根据生产工艺特点与管理要求，可进一步按加工工序、工艺流程分设栏目来反映在产品的数量。在产品台账应根据在产品内部转移凭证、废品返修单、产品检验凭证以及产成品、自制半成品的交库单等进行登记。简化的在产品台账格式如表 2-25 所示。

表 2-25 在产品收发结存账（在产品台账）

车间名称：第一生产车间　　　　20××年 8 月　　　　在产品名称：乙零件

单位：件

日期	摘要	收入		转出			结存	
		凭证号	数量	凭证号	合格品	废品	完工	未完工
1/8	结存						20	200
10/8	发出			201	100	2		118
22/8	入库	101	125				31	212
25/8	发出			212	102	1		140

2. 在产品定期盘点清查工作

为了核实在产品数量，在进行在产品收发结存数量核算的同时，必须对在产品进行定期或不定期的清查盘点，以保护在产品的安全完整。在产品清查后，应根据盘点结果，编制在产品盘存表，与"在产品收发结存账"进行核对，如有不符，应填写"在产品盘点报告单"，说明盘盈、盘亏的数量及发生盘盈、盘亏的原因，并报经批准，及时处理。

（三）在产品数量的盘存制度

无论采用哪一种方法，各月末在产品的数量和费用的大小以及数量和费用的变化，对于完工产品成本计算都有很大影响。欲计算完工产品的成本，需取得在产品增减动态和实际结存的数量资料，因而须正确组织在产品收发结存的数量核算。为了确保在产品的安全、完整，在产品的盘存制度应尽可能采用连续记录法（永续盘存制），平时设置"在产品收发结存账"（也叫在产品台账）进行收发结存的日常核算。

（四）在产品清查的核算

为了核实在产品的数量，保护在产品的安全完整，企业必须认真做好在产品的清查工作。清查可以定期进行，也可以不定期进行。清查时，应根据盘点结果和账面资料编制在产品盘存表，填制在产品的账面数、实存数和盘盈数、盘亏数，以及盈亏的原因和处理意见等；对于报废和毁损的在产品，还应登记其残值。成本核算人员应对在产品的清查结果进行审核，并进行如下账务处理：

1. 在产品盘盈的账务处理

对清查中发现的在产品盘盈，应按定额成本（或同类或类似产品的市场价格）入账，编制如下会计分录：

借：生产成本——基本生产成本

贷：待处理财产损溢——待处理流动资产损溢

经批准后对盘盈的在产品进行处理时，一般是冲减“管理费用”，编制如下的会计分录：

借：待处理财产损溢——待处理流动资产损溢

贷：管理费用

2. 在产品盘亏的账务处理

对清查中发现在产品盘亏时，应根据账面的实际成本，编制如下的会计分录：

借：待处理财产损溢——待处理流动资产损溢

贷：生产成本——基本生产成本

在产品毁损时入库的残值，要根据估计的成本入账，冲减在产品的损失，编制如下的会计分录：

借：原材料

贷：待处理财产损溢——待处理流动资产损溢

在产品盘亏的净损失，应根据不同的情况作不同的账务处理，分别列入不同的会计科目中。对于因管理不善造成的在产品盘亏，应借记“管理费用”科目；应由责任人或保险公司赔偿的部分，应转入“其他应收款”科目的借方；由不可抗拒力造成的在产品非常损失，应转入“营业外支出”借方，等等。一般编制如下会计分录：

借：管理费用

其他应收款

营业外支出

……

贷：待处理财产损溢——待处理流动资产损溢

二、生产费用在完工产品和在产品之间的分配

本章 3~7 节介绍了生产费用在各种成本对象之间的横向费用分配，确定出了某一成本对象应负担的本月的各项生产费用，由于该成本对象所对应的产品本月不一定全部完工，为了确定本月完工产品的成本，需要将该产品所耗的月初在产品成本和本月生产费用合计在完工产品和在产品之间进行分配，即进行生产费用的纵向划分。

（一）生产费用在完工产品和在产品之间的归集

企业在生产过程中发生的生产费用，经过在各种产品之间进行分配和归集，应计入本月各种产品成本的生产费用，都已集中反映在“基本生产成本”二级账户和所属各种产品成本明细账中。月末，企业生产的产品有三种情况：

（1）产品已全部完工，产品成本明细账中归集的生产费用（如果有月初在产品，还包括月初在产品成本）之和，就是该完工产品的成本；

（2）如果当月全部产品都没有完工，产品成本明细账中归集的生产费用之和，就是该种在产品的成本；

（3）如果既有完工产品又有在产品，产品成本明细账中归集的生产费用之和，应在完工产品和月末在产品之间采用适当的分配方法，进行生产费用的归集和分配，以

计算完工产品和月末在产品的成本。

月初在产品成本、本月生产费用与本月完工产品成本、月末在产品成本之间的关系，可以用下列公式表达：

月初在产品成本+本月生产费用=本月完工产品成本+月末在产品成本

公式的前两项是已知数，后两项是未知数，前两项的费用之和，在完工产品和月末在产品之间采用一定的方法进行分配。按分配计算的程序不同可为两大类：一是先计算确定月末在产品成本，然后倒算出完工产品成本，如月末在产品按定额成本计价法等；二是将公式前两项之和按照一定比例在完工产品和月末在产品之间进行分配，同时求得完工产品成本和月末在产品成本，如约当产量法、定额比例法等。

（二）生产费用在完工产品和在产品之间的分配方法

生产费用在完工产品与在产品之间分配的方法主要有七种：不计算在产品成本法、按年初数固定计算在产品成本法、在产品成本按所耗原材料费用计价法、约当产量比例法、在产品按完工产品成本计算法、在产品按定额成本计价法和定额比例法。企业应根据其在产品数量的多少、各月在产品数量变化的大小、各种费用比重的大小，以及定额管理基础的好坏等具体条件和实际情况，选择既合理又简便的分配方法。

根据分配过程中对费用分配是否适当减少分配工作量，分为两大类：

1. 简化法：

（1）不计算在产品成本法。

不计算在产品成本法，是指虽然月末有结存在产品，但月末在产品数量很少，价值很低，并且各月份在产品数量比较稳定，从而可对月末在产品成本忽略不计的一种分配方法。

为简化产品成本计算工作，根据重要性原则，可以不计算月末在产品成本，本月生产费用全部视为完工产品成本，将本月各产品发生的生产耗费全部由完工产品负担。例如：自来水生产、发电、采掘等单位都可采用这种成本核算方法。

计算公式：本月生产费用=本月完工产品成本

（2）按年初数固定计算在产品成本法。

按年初数固定计算在产品成本法，是对各月在产品成本按年初在产品成本计价的一种方法。这种方法适用于各月月末在产品结存数量较少，或者虽然在产品结存数量较多，但各月月末在产品数量稳定、起伏不大的产品。

采用在产品按年初数固定计算的方法，对于每年年末在产品，则需要根据实际盘存资料，采用其他方法计算在产品成本，以免在产品以固定不变的成本计价延续时间太长，使在产品成本与实际出入过大而影响产品成本计算的正确性从而导致企业存货资产反映失实。例如：冶炼企业和化工企业由于高炉和化学反应装置的容积固定，可以采用这种方法计算在产品成本。

计算公式如下：

1~11 月：完工产品成本=本月生产费用

月初在产品成本=月末在产品成本

12 月：完工产品成本 =年初在产品成本+本月生产费用−年末在产品成本

【例 2−13】某企业生产 A 产品，月初在生产成本为 2 400 元，其中：直接材料费用

1 200 元，直接人工 560 元，制造费用 640 元；本月发生各项生产费用合计 53 400 元，其中：直接材料费用 36 800 元，直接人工 9 560 元，制造费用 7 040 元，本月完工品 400 件，月末在产品 50 件。采用在产品按固定成本计算法进行产品成本计算，计算结果如表 2-26 所示。

表 2-26　产品成本计算单

产品名称：A 产品　　　　20××年 3 月　　　　单位：元

项目	直接材料	直接人工	制造费用	合计
月初在产品成本	1 200	560	640	2 400
本月发生生产费用	36 800	9 560	7 040	53 400
合　计	38 000	10 120	7 680	55 800
完工产品成本	36 800	9 560	7 040	53 400
月末在产品成本	1 200	560	640	2 400
完工产品单位成本	92	23. 90	17. 60	133. 50

（3）在产品成本按所耗原材料费用计价法。

这种方法是指月末在产品成本只计算其所耗用的原材料费用，不计算直接人工及制造费用等加工费用的一种方法。如果企业各月末在产品数量较多，而且在产品数量变化较大，但原材料费用在产品成本中占有较大比重时，为简化核算工作，在产品成本可以只计算原材料费用，不计算其他费用，其他费用全部由完工产品成本负担。这样全部生产费用减去按直接材料费用计算的在产品成本后的余额，即完工产品成本。它适用于各月在产品数量较多且比较均衡，同时直接材料费用占其成本的比重较大的企业，如纺织、造纸、酿酒等企业。

计算公式：

完工产品成本＝期初在产品的原材料费用+本期生产费用－期末在产品的原材料费用

【例 2-14】某企业生产甲产品，月初在产品成本为 4 400 元，本月发生各项生产费用合计 83 400 元，其中：直接材料费用 76 800 元，直接人工 4 560 元，制造费用 2 040 元。原材料在生产开始时一次投入。本月完工产品 200 件，月末在产品 80 件。采用在产品成本按所耗原材料费用计价法计算完工产品和在产品成本。

$$\text{直接材料费用分配率}=\frac{4\ 400+76\ 800}{200+80}=290$$

月末在产品成本＝290×80＝23 200（元）

完工产品直接材料成本＝290×200＝58 000（元）

完工产品总成本＝58 000+4 560+2 040＝64 600（元）

或：完工产品总成本＝4 400+83 400－23 200＝64 600（元）

根据上述计算结果，编制“产品成本计算单”，如表 2-27 所示。

表 2-27　产品成本计算单

产品名称：甲产品　　　　　　　　20××年 3 月　　　　　　　　　　　　单位：元

项目	直接材料	直接人工	制造费用	合计
月初在产品成本	4 400	—	—	4 400
本月发生生产费用	76 800	4 560	2 040	83 400
合计	81 200	4 560	2 040	87 800
完工产品成本	58 000	4 560	2 040	64 600
月末在产品成本	23 200	—	—	23 200
完工产品单位成本	290	22.80	10.20	323

（4）在产品按完工产品成本计算法。

在产品按完工产品成本计算法是将在产品视同完工产品计算、分配生产费用。这种分配方法适用于月末在产品已接近完工，或产品已经加工完毕但尚未验收或包装入库的产品。这是因为在这种情况下，在产品成本已接近完工产品成本。为了简化产品成本计算工作，将在产品视同完工产品，按两者数量比例分配生产费用。

2. 非简化法

前述简化法均有特定的使用条件，当企业期末在产品不具备相应条件时，可依据实际情况选择更恰当的方法。

（1）在产品按定额成本计价法。

在产品按定额成本计价法是按照预先制定的有关定额资料计算月末在产品成本，即月末在产品成本按其数量和单位定额成本计算。产品的月初在产品费用加本月生产费用，减月末在产品的定额成本，其余额即完工产品成本。每月生产费用脱离定额的差异，全部由完工产品负担。这种方法适用于定额管理基础较好，各项消耗定额或费用定额比较准确、稳定，而且各月在产品数量变动不大的产品。采用这种方法，应根据各种在产品有关定额资料，以及在产品月末结存数量，计算各种月末在产品的定额成本。

①在产品定额成本的计算公式为（分成本项目分别计算）：

直接材料=在产品数量×材料消耗定额×材料计划单价

直接人工=在产品数量×工时定额×计划小时工资率

制造费用=在产品数量×工时定额×计划小时费用率

在产品定额成本=（直接材料+直接人工+制造费用）定额成本

②完工产品某成本项目金额=该项目费用合计-在产品相应项目定额成本。

【例 2-15】某企业 B 产品的生产分两道工序，原材料在各道工序开始时一次投入，各道工序内在产品的平均加工程度为 50%，在产品的产量和定额消耗资料如表 2-28 所示。

表 2-28　在产品的产量和定额消耗

工序	月末在产品数量/件	单位产品原材料消耗定额/千克	单位产品工时定额/小时
1	300	25	5

表2-28（续）

工序	月末在产品数量/件	单位产品原材料消耗定额/千克	单位产品工时定额/小时
2	200	15	3
合计	500	40	8

直接材料计划单价 1.20 元，单位产品工时定额 8 小时，计划每工时费用分配率为：直接人工 2 元/小时，制造费用 2.5 元/小时。B 产品月初在产品和本月生产费用合计为：直接材料 26 500 元，直接人工 9 480 元，制造费用 11 875 元。

要求：按月末在产品按定额成本计价法分配计算本月完工产品和月末在产品成本（见表 2-29、表 2-30）。

表 2-29　月末在产品定额成本计算表

产品名称：B 产品　　20××年 3 月　　单位：元

工序	在产品数量	直接材料费用	定额工时	直接人工	制造费用	定额成本合计
1	300	300×25×1.2＝9 000	300×5×50%＝750	1 500	1 875	12 375
2	200	200×40×1.2＝9 600	200×（5+3×50%）＝1 300	2 600	3 250	15 450
合计	500	18 600	2 050	4 100	5 125	27 825

表 2-30　产品成本计算单

产品名称：B 产品　　20××年 3 月　　单位：元

摘要	直接材料	直接人工	制造费用	合计
月初和本月生产费用合计	26 500	9 480	11 875	47 855
完工产品成本	7 900	5 380	6 750	20 030
月末在产品定额成本	18 600	4 100	5 125	27 825

（2）约当产量比例法。

约当产量比例法是指生产费用以完工产品数量与月末在产品约当产量为比例，分配计算完工产品成本与月末在产品成本的一种方法。所谓约当产量，是指将月末在产品数量按其完工程度折算为相当于完工产品的数量。其中，完工产品可以是产成品，也可以是半成品。本月完工产品数量与月末在产品约当产量之和，称为约当总产量，简称约当产量。

约当产量比例法适用范围较广，特别适用于月末在产品数量较大，各月末在产品数量变化也较大，产品成本中直接材料费用和直接人工费等加工费用所占的比重相差不多的产品。

约当产量比例法计算公式如下：

月末在产品约当产量＝月末在产品产量×在产品完工程度

$$费用分配率=\frac{本月某项生产费用合计}{完工产品数量+月末在产品约当产量}$$

完工产品某成本项目金额=完工产品数量×费用分配率

月末在产品某成本项目金额=月末在产品约当产量×费用分配率

=该项目费用合计-完工产品该项目金额

采用约当产量比例法，必须正确计算月末在产品的约当产量；而在产品约当产量正确与否，主要取决于对在产品完工程度的测定。

①完工程度含义：完工程度是将在产品折合为完工产品的标准，是在产品与完工产品比较的结果。又可称为完工率，也可进一步具体化为投料程度及加工程度。

公式：$完工程度=\frac{单位在产品（累计）定额}{单位完工产品定额}$

其中，定额包括：工时定额（单位产品的定额工时），消耗定额（单位产品的定额消耗量），定额费用（成本）。

值得注意的是，分子中的“单位在产品（累计）定额”远比分母难以把握和确定，因为在产品分布在各工序，加工程度、投料程度各异，情况复杂多样，故只能以平均化形式计量。

②在产品加工程度的计算。

采用约当产量比例法，在产品加工程度的测定对于费用分配的正确性有很大影响。一般而言，可用以下两种方法计算在产品加工程度。

一种方法是平均计算，即一律按50%作为各工序在产品的加工程度。

另一种方法是各工序分别测算，可以按照各工序的累计工时定额占完工产品工时定额的比率计算，事前确定各工序在产品的完工程度。具体如下：

A. 按50%计算。如果企业生产进度比较均衡，各工序在产品数量和单位产品在各工序的加工量都相差不多，后面各工序在产品多加工的程度可以抵补前面各工序少加工的程度，则全部在产品加工程度均可按50%平均计算。

B. 按工序分别测定。如果月末在产品各工序加工数量不均衡，则必须根据各工序在产品的累计工时定额占完工产品工时定额的比率，分别计算各工序在产品的加工程度。

当各工序全过程的完工程度确定以后，每月计算产品成本时，根据各工序的月末在产品数量和确定的完工程度，就可计算出各工序月末在产品相当于最终产成品的约当产量，据以分配费用。

③在产品投料程度的计算。

直接材料项目月末在产品的约当产量应根据月末在产品所耗直接材料的投入程度计算。在实际工作中，需要根据投料方式的不同分别计算投料程度。一般有以下四种情况：

第一，原材料在生产开始时一次投入，则单位在产品与完工产品消耗的原材料相同，即投料程度为100%。不论在产品完工程度如何，直接材料成本项目可直接按完工产品数量和在产品实际数量的比例分配。

第二，原材料随生产加工进度陆续投入，原材料投入的进度与加工进度完全一致或基本一致，则单位完工产品与不同加工程度的在产品所耗用的原材料费用不相等。此时，由于在产品的投料程度与加工程度一致，原材料费用的约当产量可以按加工程度确定。

第三，原材料随生产加工进度陆续投入，但投料进度与加工进度不一致，则必须按投料进度计算分配原材料费用。在这种情况下，投料程度应按每一工序在产品的原材料消耗定额计算。

第四，原材料分工序投入，并且在每道工序开始时一次投入，其投料进度应按每一工序的原材料消耗定额计算，但是在同一工序内所有在产品的消耗定额均为该工序的消耗定额；最后一道工序所有在产品的消耗定额与该种完工产品的消耗定额相同，其投料程度为100%。

【例2-16】某企业生产A产品，本月完工产品产量为400件，月末在产品80件，加工程度为50%。本月生产费用资料如表2-31所示。

表2-31　生产费用资料　　单位：元

摘要	直接材料	直接人工	制造费用	合计
月初在产品成本	757	142	139	1 038
本月生产费用	8 523	2 058	3 381	13 962
合计	9 280	2 200	3 520	15 000

要求：采用约当产量比例法计算分配本月生产费用。

（1）A产品所耗原材料于生产开始时一次投入；

（2）A产品所耗原材料于生产开始时投入全部材料的80%，当产品加工到达60%时，再投入其余的20%。

解：（1）A产品所耗原材料于生产开始时一次投入。计算见表2-32。

表2-32　产品成本计算表

产品名称：A产品　　20××年3月

项目	直接材料	直接人工	制造费用	合计
月初在产品成本/元	757	142	139	1 038
本月生产费用/元	8 523	2 058	3 381	13 962
生产费用合计/元	9 280	2 200	3 520	15 000
完工产品产量/件	400	400	400	
月末在产品约当产量/件	80	40	40	
约当总产量/件	480	440	440	
费用分配率/（元/件）	19. 33	5	8	32. 33
完工产品成本/元	7 732	2 000	3 200	12 932
月末在产品成本/元	1 548	200	320	2 068

（2）A产品所耗原材料于生产开始时投入全部材料的80%，当产品加工到达60%时，再投入其余的20%。计算见表2-33。

表 2-33　产品成本计算表

产品名称：A 产品　　　　　　　　20××年 3 月

项目	直接材料	直接人工	制造费用	合计
月初在产品成本/元	757	142	139	1 038
本月生产费用/元	8 523	2 058	3 381	13 962
生产费用合计/元	9 280	2 200	3 520	15 000
完工产品产量/件	400	400	400	
月末在产品约当产量/件	64	40	40	
约当总产量/件	464	440	440	
费用分配率/（元/件）	20	5	8	
完工产品成本/元	8 000	2 000	3 200	13 200
月末在产品成本/元	1 280	200	320	1 800

【例 2-17】某产品经过三道工序加工完成。月末在产品数量及原材料消耗定额资料如表 2-34 所示。

表 2-34　月末在产品数量及原材料消耗定额资料

工序	月末在产品数量/件	单位产品原材料消耗定额/千克
1	100	70
2	120	80
3	140	100
合计	360	250

要求：根据下列情况计算各工序在产品的投料程度及月末在产品直接材料成本项目的约当产量。

（1）原材料于每个工序一开始时投入；

（2）原材料于每个工序开始以后逐步投入，假设各工序在产品在本工序的投料程度为 50%。

解：（1）原材料于每个工序一开始时投入，见表 2-35。

表 2-35　月末在产品直接材料约当产量计算

工序	月末在产品数量/件	单位产品原材料消耗定额/千克	投料程度/%	在产品约当产量/件
1	100	70	70÷250＝28	28
2	120	80	（70+80）÷250＝60	72
3	140	100	（70+80+100）÷250＝100	140
合计	360	250		240

（2）原材料于每个工序开始以后逐步投入，见表2-36。

表2-36　月末在产品直接材料约当产量计算

工序	月末在产品数量/件	单位产品原材料消耗定额/千克	投料程度/%	在产品约当产量/件
1	100	70	70×50%÷250＝14	14
2	120	80	（70+80×50%）÷250＝44	52. 80
3	140	100	（70+80+100×50%）÷250＝80	112
合计	360	250		178. 80

【例2-18】某企业生产甲产品，需要经过三道工序加工制成，原材料于每个工序一开始时投入。本月有关生产费用资料如表2-37所示。

表2-37　生产费用资料　　单位：元

项目	直接材料	直接人工	制造费用	合计
月初在产品成本	15 000	6 000	4 160	25 160
本月生产费用	80 000	29 235	25 000	134 235
合计	95 000	35 235	29 160	159 395

本月完工产品数量为1 000件，月末在产品数量450件，在产品结存于各工序及定额资料如表2-38所示。

表2-38　在产品结存于各工序及定额资料

工序	月末在产品数量/件	单位产品原材料消耗定额/千克	单位产品工时定额/小时
1	100	60	40
2	200	60	30
3	150	80	30
合计	450	200	100

要求：采用约当产量法计算完工产品与月末在产品的成本（假设各工序在产品在本工序的加工程度为50%）。计算见表2-39和表2-40。

解：

表2-39　月末在产品数量约当产量计算表

工序	在产品数量/件	材料消耗定额/千克	工时定额/小时	直接材料约当产量		加工费约当产量	
				投料率/%	约当产量/件	完工率/%	约当产量/件
1	100	60	40	30	30	20	20
2	200	60	30	60	120	55	110
3	150	80	30	100	150	85	127. 50
合计	450	200	100		300		257. 50

表 2-40 产品成本计算表

产品名称：甲产品　　　　　　　　20××年 3 月

项目	直接材料	直接人工	制造费用	合计
月初在产品成本/元	15 000	6 000	4 160	25 160
本月生产费用/元	80 000	29 235	25 000	134 235
生产费用合计/元	95 000	35 235	29 160	159 395
完工产品产量/件	1 000	1 000	1 000	
月末在产品约当产量/件	300	257. 50	257. 50	
约当总产量/件	1 300	1 257. 50	1 257. 50	
费用分配率/（元/件）	73. 08	28	23. 18	
完工产品成本/元	73 080	28 000	23 180	124 260
月末在产品成本/元	21 920	7 235	5 980	35 135

（3）定额比例分配法。

定额比例分配法是产品的生产费用按完工产品和月末在产品的定额为比例，分配计算完工产品和月末在产品成本的一种方法。其中，原材料费用按原材料定额消耗量或原材料定额费用比例分配；直接人工、制造费用等各项加工费用，按定额工时或定额费用比例分配。这种方法适用于各项消耗定额或费用定额比较准确、稳定，但各月末在产品数量变化较大的产品。

定额比例法分配的计算公式如下：

$$费用分配率=\frac{本月某项生产费用合计}{完工产品定额+月末在产品定额}$$

$$或：费用分配率=\frac{本月某项生产费用合计}{月初在产品定额+本月投入定额}$$

注意：公式中的定额包括定额消耗量、定额费用及定额工时。直接材料成本项目一般选择定额消耗量或定额费用为分配标准；加工费用一般选择定额工时或定额费用为分配标准。

完工产品成本 = ∑完工产品定额×费用分配率

月末在产品成本 = ∑月末在产品定额×费用分配率

=月初在产品成本+本月生产费用-完工产品成本

【例 2-19】某产品采用定额比例法计算在产品成本，有关资料如表 2-41 所示。

要求：确定该产品月末在产品和本月完工产品成本。计算见表 2-42。

表 2-41 产品成本计算单　　　　单位：元

项目	直接材料	直接人工	制造费用	合计
月初在产品成本	2 000	800	200	3 000
本月生产费用	10 000	4 000	800	14 800
生产费用合计	12 000	4 800	1 000	17 800

表2-41(续)

项目		直接材料	直接人工	制造费用	合计
分配率					
完工产品	定额	8 000	4 000/小时	4 000/小时	
	实际成本				
月末在产品	定额	2 000	1 000/小时	1 000/小时	
	实际成本				

解：

表 2-42　产品成本计算单　　单位：元

项目		直接材料	直接人工	制造费用	合计
月初在产品成本		2 000	800	200	3 000
本月生产费用		10 000	4 000	800	14 800
生产费用合计		12 000	4 800	1 000	17 800
分配率		12 000÷10 000 =1.2	4 800÷5 000 =0.96	1 000÷5 000 =0.2	—
完工产品	定额	8 000	4 000/小时	4 000/小时	—
	实际成本	9 600	3 840	800	14 240
月末在产品	定额	2 000	1 000/小时	1 000/小时	—
	实际成本	2 400	960	200	3 560

【例 2-20】某企业生产的丁产品是定型产品，有比较健全的定额资料和定额管理制度。丁产品单位产品原材料消耗定额为200元，工时消耗定额为100小时。本月完工丁产品2 000件。月末盘点停留在各工序的在产品为400件，其中，第一道工序在产品为300件，单位在产品原材料消耗定额150元，工时消耗定额25小时；第二道工序在产品为100件，单位在产品原材料消耗定额200元，工时消耗定额65小时。月初在产品成本和本月生产费用见表2-43。

要求：采用定额比例法计算完工产品成本和在产品成本（分配率保留小数点后四位）。

解：

表 2-43　产品成本计算单

产品：丁产品　　产量：2 000 件　　单位：元

项目	直接材料	直接人工	制造费用	合计
月初在产品成本	130 000	40 000	56 000	226 000
本月生产费用	560 000	440 000	544 000	1 544 000
生产费用合计	690 000	480 000	600 000	1 770 000
本月完工产品总定额	400 000	200 000/小时	200 000/小时	

表2-43(续)

项目	直接材料	直接人工	制造费用	合计
月末在产品总定额	65 000	14 000/小时	140 000/小时	
定额合计	465 000	214 000/小时	214 000/小时	
费用分配率	1. 483 9	2. 243	2. 803 7	
完工产品成本	593 560	448 600	560 740	1 602 900
月末在产品成本	96 440	31 400	39 260	167 100

（三）完工产品成本结转

制造企业生产产品发生的各项生产费用，在各种产品之间进行了分配，并在此基础上，又在同种产品的完工产品与月末在产品之间进行了分配，至此就可以计算出各种完工产品的实际总成本和单位成本了。

制造业的完工产品，包括产成品、自制材料、自制工具和模具等，经仓库验收入库后，其成本应从“生产成本”账户的贷方转入各有关账户的借方，其中完工入库的产成品成本，应转入“库存商品”账户的借方；完工入库自制半成品、自制材料、自制工具、模具的成本，应分别转入“自制半成品”“原材料”和“周转材料”账户的借方。“基本生产成本”二级账户的期末余额是基本生产尚未加工完成的各种在产品的成本，即占用在基本生产过程中的生产资金。“基本生产成本”二级账户的期末余额应与所属各种产品成本明细账中月末在产品成本之和核对相符。制造企业结转完工产品的会计处理如下：

借：库存商品
　　自制半成品
　　原材料
　　周转材料
……
　贷：生产成本——基本生产成本
　　　　　　——辅助生产成本

本章思考题

1. 产品成本核算应如何开设账户？相应说明各账户的结构和用途。

2. 辅助生产费用应如何归集？分别适用于何种情形？

3. 影响辅助生产费用分配的因素有哪些？有哪些具体影响？

4. 辅助生产之间交互提供产品或劳务对辅助生产费用的分配产生何影响？

5. 如何选择制造费用的分配标准才更为合适？

6. 生产费用在完工产品与在产品之间的分配方法有哪些？在选择时应考虑哪些因素？

7. 单工序和多工序下约当产量的计算有何不同？为什么？

本章练习题

1. 某企生产甲、乙两种产品，共耗用 A 材料 4 000 千克，每千克 120 元，甲产品重 1 500 千克，乙产品重 2 500 千克。

要求：根据上述资料，采用产品重量比例法分配材料费用并填制共耗材料费用分配表（见表 2-44）。

表 2-44　共耗材料费用分配表

20××年 8 月 31 日

受益对象	分配标准	分配率	分配金额/元
合计			

2. 某企业生产甲、乙两种产品，耗用原材料费用共计 62 400 元。本月投产甲产品 220 件，乙产品 256 件。单件原材料费用定额：甲产品 120 元，乙产品 100 元。

要求：采用原材料定额费用比例分配甲、乙产品实际耗用原材料费用并填制共耗材料费用分配表（见表 2-45）。

表 2-45　共耗材料费用分配表

20××年 8 月 31 日

受益对象	分配标准	分配率	分配金额/元
合计			

3. 某企业生产丙、乙两种产品领用 C 、D 两种材料，实际成本总计 83 100 元。本月投产丙产品 200 件，丁产品 100 件，丙产品消耗定额为：C 材料 5 千克，D 材料 8 千克。丁产品的材料消耗定额为：C 材料 7 千克，D 材料 9 千克。C、D 两种材料的计划单价分别是 12 元和 14 元。

要求：采用产品定额成本比例分配各种产品应负担的材料费用。

4. 某企业本月共耗费原材料 7 200 千克，每千克 1.5 元，共计 10 800 元。其中，基本车间生产甲、乙产品共领用 6 000 千克；辅助生产车间消耗 600 千克；行政管理机构消耗 600 千克。当月生产甲、乙产品分别为 1 200 件和 800 件，单件甲、乙产品原材料消耗定额分别为 3 千克、1.5 千克。

要求：（1）对甲、乙产品共同耗用的原材料费用按定额耗用量比例法进行分配；

（2）将计算结果填入表 2-46；

（3）编制原材料费用分配的会计分录。

表 2-46　材料费用归集分配汇总表

20××年 8 月 31 日　　　　单位：元

受益对象	直接计入	分配计入			实际成本
		分配标准（定额消耗量）	分配率	分配金额	
小计					
合计					

5. 某工业企业某月生产甲、乙两种产品，共同耗用 A 原材料，耗用量无法按产品直接划分。甲产品投产 100 件，原材料消耗定额为 5 千克；乙产品投产 150 件，原材料消耗定额为 2 千克。A 原材料的计划单价为 3 元/千克，成本差异率为超支 2%。甲、乙两种产品实际消耗 A 原材料总量为 320 千克。

要求：(1) 分别计算甲、乙产品的原材料定额消耗量；

(2) 按原材料定额消耗量比例分配甲、乙产品应负担的 A 原材料计划成本；

(3) 计算甲、乙产品应负担的 A 原材料实际费用；

(4) 将计算结果填入表 2-47。

表 2-47　材料费用归集分配表

年　月　日　　　　单位：元

受益对象	分配计入			差异率	差异额	实际成本
	分配标准	分配率	分配金额			
合计						

6. 某车间本月份生产工人工资总额 91 800 元，是为生产甲、乙、丙三种产品发生的，共耗用生产工时 40 800 小时。其中甲产品实际耗用 13 000 工时，乙产品实际耗用 18 000 工时，丙产品实际耗用 9 800 工时。要求：计算工资费用分配率，将结果填入薪酬费用分配表（见表 2-48）。

表 2-48　薪酬费用分配表

年　月　日

分配对象	分配标准	分配率	分配金额/元

表2-48(续)

分配对象	分配标准	分配率	分配金额/元
合计			

7. 某工业企业 9 月 26 日通过银行支付外购动力费用 4 800 元，9 月末查明各车间、部门耗电度数为：基本生产车间耗电 7 000 度，其中车间照明用电 1 000 度；辅助生产车间耗电 1 780 度，其中车间照明用电 380 度；企业管理部门耗电 1 200 度。该月总共应付外购电力费共计 4 990 元。

要求：(1) 按所耗电度数分配电力费用，A、B 产品按生产工时分配电费，A 产品生产工时为 7 200 小时，B 产品生产工时为 4 800 小时；(2) 将结果填入“动力费用归集分配汇总表”(见表 2-49)；(3) 编制该月分配外购电费的会计分录。

表 2-49　动力费用归集分配汇总表

年　月　日　　　　单位：元

<table>
<tr><td colspan="4" rowspan="2">应借科目</td><td colspan="2">分配标准</td><td rowspan="2">金额合计</td></tr>
<tr><td>生产工时</td><td>分配率</td></tr>
<tr><td rowspan="4">生产成本</td><td rowspan="2">基本生产成本</td><td>A 产品</td><td>燃料和动力</td><td></td><td></td><td></td></tr>
<tr><td>B 产品</td><td>燃料和动力</td><td></td><td></td><td></td></tr>
<tr><td colspan="3">小计</td><td></td><td></td><td></td></tr>
<tr><td colspan="2">辅助生产成本</td><td>燃料和动力</td><td></td><td></td><td></td></tr>
<tr><td rowspan="3">制造费用</td><td colspan="2">基本生产车间</td><td>水电费</td><td></td><td></td><td></td></tr>
<tr><td colspan="2">辅助生产车间</td><td>水电费</td><td></td><td></td><td></td></tr>
<tr><td colspan="6"></td></tr>
<tr><td colspan="3">管理费用</td><td>水电费</td><td></td><td></td><td></td></tr>
<tr><td colspan="4">合计</td><td></td><td></td><td></td></tr>
</table>

8. 某企业基本生产车间生产工人的计时工资共计 16 620 元，规定按定额工时比例在 A、B 两种产品之间进行分配。这两种产品的工时定额为：A 产品 30 分钟，B 产品 15 分钟。投产的产品数量为：A 产品 9 500 件，B 产品 8 700 件。辅助生产车间（只提供一种劳务）生产工人工资 4 890 元；基本生产车间管理人员工资 2 790 元，辅助生产车间管理人员工资 1 340 元；行政管理部门人员工资 3 120 元，专设销售机构人员工资 970 元。应付工资总额 29 730 元。

要求：根据以上资料，填制薪酬费用分配表（见表 2-50），并编制分配工资费用的会计分录。

表 2-50　薪酬费用归集分配表

年　月　日　　　　　　　　　　　　　单位：元

应借科目				直接计入	分配计入			金额合计
总账科目	一级明细科目	二级明细科目	成本费用科目		分配标准（生产工时）	分配率	分配金额	
生产成本	基本生产成本	A 产品	直接人工					
		B 产品	直接人工					
	小计							
	辅助生产成本	辅助车间	直接人工					
制造费用	基本生产车间		薪酬费					
	辅助生产车间		薪酬费					
管理费用			薪酬费					
销售费用			薪酬费					
合计								

9. 某工业企业辅助生产不单独归集制造费用，设有供电、运输两个辅助生产单位，本月发生辅助生产费用、提供劳务量见表 2-51。

表 2-51　辅助生产费用资料

辅助生产车间名称		供电车间	运输车间
待分配费用/元		8 000	9 000
劳务供应数量		4 100/度	7 500/千米
耗用劳务数量	供电车间		300
	运输车间	100	
	基本车间产品耗用	2 000	
	基本车间一般耗用	800	6 600
	管理部门耗用	1 200	600

要求：（1）分别采用直接分配法、一次交互分配法、计划成本分配法、代数分配法计算分配电费和运输费，并将计算结果填入相关费用分配表（见表 2-52 至表 2-55）。

（2）编制辅助生产费用分配时的会计分录（费用分配率保留 4 位小数）。

（3）根据上述资料，采用计划成本分配法分配辅助生产费用，每度电的计划成本为 2 元，每千米计划成本为 1.5 元，并编制相应的会计分录。

表 2-52　辅助生产费用分配表（直接分配法）

项目	供电车间		运输车间		合计
	数量/度	金额/元	数量/千米	金额/元	
待分配费用					
产品、劳务总量					
单位成本					
受益对象：					
供电车间					
运输车间					
基本车间产品耗用					
基本车间一般性耗用					
行政部门耗用					
合计					

表 2-53　辅助生产费用分配表（一次交互分配法）

项目	交互分配				对外分配				金额合计
	供电车间		运输车间		供电车间		运输车间		
	数量/度	金额/元	数量/千米	金额/元	数量/度	金额/元	数量/千米	金额/元	
待分配费用									
产品、劳务量									
费用分配率									
受益对象：									
供电车间									
运输车间									
基本车间产品生产耗用									
基本车间一般性消耗									
行政部门耗用									
合计									

表 2-54　辅助生产费用分配表（计划成本分配法）

项目	供电车间		运输车间		成本差异		合计
	数量/度	金额/元	数量/千米	金额/元	供电	运输	
分配前费用							
产品、劳务总量							

表2-54(续)

项目	供电车间		运输车间		成本差异		合计
	数量/度	金额/元	数量/千米	金额/元	供电	运输	
计划单位成本							
受益对象:							
供电车间							
运输车间							
基本车间产品耗用							
基本车间一般性耗用							
行政部门耗用							
合计							

表 2-55 辅助生产费用分配表（代数分配法）

项目	供电车间		运输车间		合计
	数量/度	金额/元	数量/千米	金额/元	
待分配费用					
产品、劳务总量					
单位成本（分配率）					
受益对象:					
供电车间					
运输车间					
基本车间产品耗用					
基本车间一般性耗用					
行政部门耗用					
合计					

10. 某企业基本生产车间生产甲、乙、丙三种产品。本月已归集在“制造费用——基本车间”账户借方的制造费用合计为 22 000 元。甲产品生产工时为 3 000 小时，乙产品生产工时为 8 000 小时，丙产品生产工时为 5 000 小时。

要求：按生产工人工时比例分配制造费用，完成制造费用分配表的填制并编制费用分配的会计分录（见表 2-56）。

表 2-56 制造费用分配表

年 月 日

分配对象	分配标准/工时	分配率	分配金额/元
甲产品 乙产品 丙产品			
合计			

11. 某企业生产 E 产品，原材料是在生产开始时一次投入的。7 月初在产品费用为：直接材料 2 800 元，直接人工 5 200 元，制造费用 1 200 元。7 月份发生的生产费用为：直接材料 16 400 元，直接人工 16 000 元，制造费用 5 040 元。7 月份完工产品 800 件，月末在产品 200 件，完工程度 80%。该企业库存商品的定额如下：单件原材料耗用量 5 千克，每千克计划成本 4 元；单件定额工时 2.5 小时，每小时人工费用定额为 9 元，每小时制造费用定额为 2.5 元。

要求：(1) 采用在产品按定额成本计价法分配完工产品成本和月末在产品成本。

(2) 采用定额比例法分配完工产品成本和月末在产品成本。

12. 某企业生产的丁产品分三道工序制成，各工序的原材料消耗定额为：第一道工序 100 千克，第二道工序 60 千克，第三道工序 40 千克。在产品数量：第一道工序 150 件，第二道工序 200 件，第三道工序 250 件。

要求：(1) 假设该产品原材料在生产开始时一次投入，要求计算各工序完工程度和约当产量；(2) 假设该产品原材料随着生产进度陆续投入，要求计算各工序完工程度及约当产量。

13. 某企业生产 A 产品，分三道工序制成，A 产品工时定额为 100 小时，其中：第一道工序 40 小时，第二道工序 30 小时，第三道工序 30 小时，每道工序按本道工序工时定额的 50%计算，在产品数量：第一道工序 1 000 件，第二道工序 1 200 件，第三道工序 1 500 件。

要求：计算各工序在产品全过程的完工程度和约当产量（相当于产成品的数量）。

14. 某企业生产的甲种产品的原材料在生产开始时一次投入，产品成本中的原材料费用所占比重很大，月末在产品按其所耗原材料费用计价。该种产品月初原材料费用 2 000元，本月原材料费用 15 000 元，人工费用 1 500 元，制造费用 1 000 元，本月完工产品 150 件，月末在产品 50 件。

要求：在产品按所耗原材料费用计价法分配计算甲产品完工产品成本和月末在产品成本。

15. 某企业甲产品原材料费用定额 6 元，原材料在投产时一次投入。该产品各项消耗定额比较准确、稳定，各月在产品数量变化不大，月末在产品按定额成本计价。该种产品各工序工时定额和月末在产品数量如表 2-57 所示。

表 2-57　甲产品各工序工时定额和月末在产品数量

产品名称	所在工序号	本工序工时定额	在产品数量/件
甲产品	1	1	400
	2	4	250
	小计	5	650

每道工序在产品的累计工时定额，按上道工序累计工时定额，加上本工序工时定额的50%计算。每小时费用定额为：直接人工25元，制造费用20元。该种产品9月初在产品和9月份生产费用累计数为：直接材料100 000元，直接人工90 000元，制造费用120 000元，共计202 000元。

要求：(1) 计算月末在产品的定额原材料费用；

(2) 计算在产品各工序的累计工时定额；

(3) 计算月末在产品的定额工时；

(4) 计算月末在产品的定额直接人工和定额制造费用；

(5) 计算月末在产品定额成本；

(6) 计算完工产品成本。

本章参考文献

[1] 李定安. 成本会计研究 [M]. 北京：经济科学出版社，2002.

[2] 罗绍德. 成本会计学 [M]. 成都：西南财经大学出版社，2002.

[3] 孙茂竹. 成本管理学 [M]. 北京：中国人民大学出版社，2003.

[4] 谢灵. 成本会计学 [M]. 北京：中国人民大学出版社，2004.

[5] 王立彦. 成本管理会计 [M]. 北京：经济科学出版社，2005.

[6] 胡国强. 成本管理会计 [M]. 4版. 成都：西南财经大学出版社，2015.

第三章　产品成本核算的基本方法

【学习目标】

（1）了解品种法的概念、适用范围、特点和计算程序，掌握品种法的计算。

（2）了解分批法的概念、适用范围、特点和计算程序，掌握分批法的计算和简化分批法的特点、计算程序、计算方法、优缺点及应用条件。

（3）了解分步法的概念、适用范围、特点和计算程序，掌握分步法的计算方法，包括逐步结转分步法和平行结转分步法。

【关键术语】

品种法　分批法　简化分批法　累计间接计入费用分配率　分步法　逐步结转分步法　综合逐步结转　成本还原　分项逐步结转　平行结转分步法

制造企业产品成本计算的过程，就是对生产产品过程中所发生的生产费用，按照一定的成本对象进行归集和分配，计算出产品总成本和单位成本的过程，也就是生产费用对象化的过程。由于产品成本是在生产过程中形成的，不同企业的生产过程不尽相同，具有不同的生产特点，在成本管理的要求上也各有差别。为了正确计算产品成本，企业必须根据其生产特点，并考虑成本管理的要求，选择适当的成本计算方法。本章重点介绍品种法、分批法和分步法三个基本方法在产品成本计算中的应用。

第一节　产品成本核算方法概述

一、产品成本计算方法的选择

（一）企业的生产类型及其特点

制造企业的产品生产特点不同，成本核算的组织方式和成本计算方法也不相同。制造企业生产一般可做如下分类：

1. 按生产工艺过程的特点分类

产品生产工艺过程是指产品从投料到完工的生产工艺、加工制造的全过程。按生产工艺过程的特点，可将制造企业的生产分为单步骤生产和多步骤生产。

（1）单步骤生产也称简单生产，是指产品生产工艺过程不能间断，不能分散在不同工作地点进行的生产。例如发电、采煤、采矿以及铸造等企业的生产，其生产过程不可能或者不需要划分为几个生产步骤，其产品的生产周期一般比较短，通常没有自制半成品或其他中间产品。

（2）多步骤生产也称复杂生产，是指生产工艺过程是由可间断的若干生产步骤所组成的生产，它既可以在一个企业或生产车间内独立进行，也可以由几个企业或车间在不同的工作地点协作进行生产。多步骤生产按产品加工方式的不同，又可分为连续式多步骤生产和装配式多步骤生产。连续式多步骤生产是指原材料要经过若干个连续的加工步骤，才能制成产成品的生产。例如纺织、造纸等产品的生产。装配式多步骤生产是指各种原材料经过若干个平行的加工过程，生产出各种零部件，然后由装配步骤将零部件装配成产成品的生产方式，如电视机、电冰箱、手表等产品的生产。

2. 按生产的组织方式分类

生产组织方式是指企业生产的专业化程度，具体是指在一定时期内生产产品品种的数量、同种类产品的数量以及生产的重复程度。制造企业的生产，按生产组织方式的不同可以分为大量生产、成批生产和单件生产。

（1）大量生产是指不断地重复生产一种或几种品种相同产品，其主要特点是：企业生产产品的品种较少，产量较大且比较稳定，生产专业化程度较高，如化肥、面粉、食糖、化工等产品的生产。

（2）成批生产是指按照预先确定的产品批别和数量，重复生产若干种产品。其主要特点是：企业生产产品的品种较多，各品种产品的数量不等，每隔一定时期按企业的生产计划重复生产，如服装、塑料制品、药品等产品的生产。成批生产按照批量的大小又可分为大批生产和小批生产。大批生产类似于大量生产，小批生产类似于单件生产。

（3）单件生产，是指根据购货单位的特定要求，按个别、单件产品进行生产。其主要特点是：产品的品种较多，每一种产品的数量较少，生产周期长，很少进行重复生产，如船舶、重型机械、专用设备等产品的生产。

上述两种分类是对同一生产从不同角度进行的分类。一般而言，单步骤生产和多步骤生产中的连续式生产，多为大量、大批生产，多步骤生产中的装配式生产则可能是大量生产、成批生产或单件生产。此外，在同一企业内，也可能存在不同生产组织形式和不同工艺特点的生产。

（二）生产类型的特点及成本管理要求对成本计算方法的影响

企业采用什么成本计算方法，在很大程度上是由产品的生产特点决定的；而生产特点不同，对成本管理的要求也不一样。生产特点和管理要求必然对产品成本计算产生影响。这一影响主要表现在成本计算对象、成本计算期、生产费用在完工产品与在产品之间的分配等三个方面。

1. 对成本计算对象的影响

计算产品成本，首先要确定成本计算对象。所谓成本计算对象，就是成本的受益者和承担者，也就是为计算产品成本而确定的归集和分配生产费用的特定对象。生产特点和管理要求对于产品成本计算的影响，主要表现在成本计算对象的确定上。确定成本计算对象，是设置产品生产成本明细账、计算产品成本的前提。

一般而言，成本计算的最终对象是各种产品，但由于产品生产特点和管理要求不同，成本计算对象也不相同，既可以按照产品品种计算成本，也可以按照产品生产的批别或产品生产的各个加工步骤计算成本。例如，在单件或成批生产情况下，由于产品生产是按客户的订单或批别组织的，所以要求计算各订单或各批别产品的总成本和单位成本，具体的成本计算对象就应是产品的订单或批别；在加工装配式大量生产的情况下，由于完工产品是由各零部件装配而成的，而且有个别零部件直接对外销售，所以既要计算各种零部件的成本，还要计算完工产品的成本，具体的成本计算对象就确定为零部件及完工产品；在连续加工式大量、大批生产的情况下，如各步骤有半成品需单独计算成本，则具体成本计算对象就确定为各加工步骤的每一种产品。成本计算对象的确定还要适应成本管理的要求，如对连续加工式大量大批生产的情况，如果管理上因自制半成品不对外销售而不要求计算半成品成本，就可直接将各种产品作为成本计算对象，对某些规格不同但生产工艺过程、耗用的原材料、性能结构基本相同的产品，可以合并为一类，作为一个具体的成本计算对象来归集生产费用。

2. 对成本计算期的影响

成本计算期是指多长时间计算一次成本，也就是对生产费用计入产品成本所规定的起止日期。企业生产特点和成本管理要求的不同对成本计算期的确定同样有不同的影响。例如，在单件小批生产的情况下，由于产品品种多，一批产品往往同时投产同时完工，且各批产品的生产周期不同，其产品成本一般要等到某件或某批产品完工以后才能计算，因此成本计算是不定期的，一般与生产周期一致，与会计报告期不一致。但在大量、大批生产情况下，由于生产活动连续不断地进行，即不断地投入材料、不断地生产出产品，月内一般都有大量的完工产品，所以不可能等生产过程终止后再计算产品成本，因而产品成本要定期在每月月末进行计算，成本计算期则与生产周期不一致，而与会计报告期一致。

3. 对生产费用在完工产品与在产品之间分配的影响

企业生产的特点，还影响到月末是否需要在完工产品与在产品之间分配生产费用，即是否需要计算在产品成本。①在单步骤大量生产单一产品情况下，生产过程不能中断，生产周期也很短，一般没有在产品，或者在产品数量很少，是否计算在产品成本对完工产品成本影响不大，因此也就不需要将生产费用在完工产品和月末在产品之间进行分配。②在多步骤大量、大批生产情况下，由于生产连续不断地进行，产品的生产周期都较长，月末有在产品存在，并且在产品数量较多，同时管理上也要求分步骤计算产品成本，因此必须采用适当的方法，将生产费用在完工产品与月末在产品之间进行分配。③在单件、小批生产情况下，由于是以批别或订单为成本计算对象的，成本计算期与产品生产周期相一致，在产品尚未完工时，该批（件）产品成本明细账中所归集的生产费用就是在产品的成本；当产品全部完工时，该批（件）产品成本明细账中所归集的生产费用就是完工产成品的成本，因此，不需要将生产费用在完工产品与在产品之间进行分配。但是在同批产品分期完工分别对外销售时，就有必要计算在产品成本，以便反映完工产成品的成本。

生产特点和管理要求对上述三方面的影响是相互联系的，不同的成本对象、不同的成本计算期以及生产费用在完工产品和在产品之间的分配方法决定了成本核算采用不同的方法。其中对成本对象的影响是主要的，成本对象的不同决定了成本计算方法也不相同，因此，正确确定产品成本计算对象是正确计算产品成本的前提，而成本计算对象也是区别各种成本计算方法的主要标志。

（三）各种产品成本计算方法的实际运用

实际工作中，在同一个企业或同一个生产车间里，可能同时采用几种方法计算产品成本。这是由于企业各个车间的生产特点和成本管理的要求并不完全相同，有时在生产一种产品时，在该产品的各个生产步骤以及各种半成品，其生产的特点和管理的要求也不一样。这样，在生产同一种产品时，就有可能同时采用几种成本计算方法计算产品成本。

1. 同时使用几种成本计算方法计算成本

由于企业内生产的产品种类很多，生产车间也很多，因此，就有可能产生几种成本计算方法同时使用的情况。

有的企业生产的产品品种不止一种，而由于各种产品的特点不同，其生产类型就可能不一样，这样就应采用不同的成本计算方法。例如，在重型机械厂，一般采用分批法计算产品成本，但是，如果该种类型企业有传统产品，而产品已经定性，属于大量生产，就可以采用品种法或分步法计算产品成本。

企业一般都设有基本生产车间和辅助生产车间，基本生产车间和辅助生产车间产品生产的特点和管理的要求也是不一样的，应该采用不同的成本计算方法进行成本计算。例如，在钢铁企业里，其基本生产车间是炼铁、炼钢和轧钢，属于大量大批复杂生产，根据这一生产特点和成本管理的要求，可以采用分步法计算产品成本。但是，企业内部的供电、修理、供汽等辅助生产车间，则属于大量大批简单生产类型，根据这一特点，应该采用品种法计算其辅助生产的产品或劳务的成本。

一个企业可采用不同的成本计算方法计算产品成本。通常我们说某种类型的企业采用什么成本计算方法，主要是究其生产车间而言的，但这并不是说该企业就采用一种方法计算产品成本，而是可以同时采用几种成本计算方法。

2. 结合使用几种成本计算方法计算产品成本

由于企业生产产品的特点不同，所经过的生产步骤管理要求不同，所采用的成本计算方法也不一样，可同时结合使用几种成本计算方法。有的企业不止生产一种产品，这些产品的特点不同，其生产类型也可能不一样，应采用不同的成本计算方法计算产品成本。例如在小型机械厂，一般应采用分批法计算产品成本，但由于企业设置有不同的生产车间，如铸造、加工、装配等，因而应采用不同的成本计算方法。铸造车间应采用品种法计算铸铁件的成本，加工车间、装配车间应采用分批法计算成本，而铸造车间将其铸铁件转入加工和装配车间时，则应采用分步法进行结转。这样，在一个企业里，就结合使用了品种法、分步法和分批法三种成本计算方法。

二、产品成本计算方法的种类

在企业中存在着各种不同类型的生产，为了适应不同的生产特点和管理要求，企业需要采用不同的成本计算方法。成本计算方法的区别在于如何确定成本计算对象、如何确定成本计算期，以及生产费用在完工产品和期末在产品之间是否分配及如何分配。其中主要区别在于成本计算对象的不同，并一般以此命名。

（一）基本方法

1. 品种法

品种法是以产品品种作为成本计算对象计算产品成本的方法。它的基本特点是：以产品品种作为成本计算对象；以会计报告期为成本计算期；期末一般需要在完工产品和期末在产品之间分配生产费用。品种法适用于大量、大批单步骤生产的企业，如发电、采掘等企业；也适用于管理上不要求分步计算产品成本的大量大批多步骤生产的企业，如水泥厂等。

2. 分批法

分批法是以产品的批别作为成本计算对象计算产品成本的方法。它的基本特点是：以产品的批别作为成本计算对象；以生产周期为成本计算期；一般情况下，期末不需要在完工产品和期末在产品之间分配生产费用。分批法适用于单件小批单步骤生产的企业和管理上不要求分步计算产品成本的单件小批多步骤生产的企业，如重型机械、船舶制造等企业。

3. 分步法

分步法是以产品的生产步骤为成本计算对象计算产品成本的方法。它的基本特点是：以产品的生产步骤为成本计算对象；以会计报告期为成本计算期；期末一般需要在完工产品和期末在产品之间分配生产费用。分步法适用于管理上要求分步计算产品成本的大量大批多步骤生产的企业，如纺织、冶金等企业。分步法又可分为逐步结转分步法和平行结转分步法。

以上三种成本计算方法的特点比较如表 3-1 所示。

表 3-1　成本计算基本方法比较

成本计算方法	成本计算对象	成本计算期	期末在产品成本的计算	适用范围	
				生产特点	管理要求
品种法	产品品种	按月计算，与会计报告期一致	单步骤生产下一般不需计算；多步骤生产下一般需计算	大量大批单步骤或多步骤生产	管理上不要求分步计算产品成本
分批法	产品批别	不定期计算，与生产周期一致	一般不需要计算	单件小批单步骤或多步骤生产	管理上不要求分步计算成本
分步法	生产步骤	按月计算，与会计报告期一致	需要计算	大量大批多步骤生产	管理上要求分步计算成本

（二）辅助方法

在实际工作中，由于产品生产情况复杂多样，企业管理条件差异有别，为了简化成本计算工作或较好地利用管理条件，还需采用一些其他成本计算方法，称为成本计算的辅助方法。

1. 分类法

分类法是为了适应一些企业产品品种规格繁多，成本核算工作量繁重的情况而设计的一种简化的成本计算方法。它的基本特点是：以产品类别为成本计算对象，将生产费用先按产品的类别进行归集，计算出各类产品成本，然后再按照一定的分配标准在类内各种产品之间分配，进而计算出各种产品的成本。它主要适用于品种规格多，但每类产品的结构、所用原材料、生产工艺过程都基本相同的企业，如针织厂、灯泡厂等企业。

2. 定额法

定额法是在定额管理基础较好的企业，为了加强生产费用和产品成本的定额管理，加强成本控制而采用的成本计算方法。它的基本特点是：以产品的定额成本为基础，加上或减去脱离定额差异以及定额变动差异来计算产品的实际成本。它适用于管理制度比较健全、定额管理基础工作较好、产品生产定型和消耗定额合理且稳定的企业。

3. 变动成本法

变动成本法，也称直接成本法，是在计算产品生产成本和存货成本时，只包括生产过程中产品所消耗的直接材料、直接人工和变动制造费用，而把固定制造费用视为期间成本全额计入当期损益的一种成本计算方法。它的基本特点是：把制造费用分为固定制造费用和变动制造费用，将固定制造费用从产品成本中剔除，只计算产品的变动成本。

4. 标准成本法

标准成本法，也称标准成本制度，是以预先制定的标准成本为基础，将实际发生的成本与标准成本进行比较，核算和分析成本差异的一种成本计算方法，也是加强成本控制，评价经营业绩的一种成本控制制度。它的基本特点是：预先制定产品各成本项目的标准成本，再按标准成本进行产品成本核算，最后计算各成本项目实际成本与标准成本的成本差异，借以对产品成本进行控制和考核。因此，标准成本法并不单纯是一种成本计算方法，而是将成本计算和成本控制相结合，由制定标准成本、计算和分析成本差异、处理成本差异三个环节所组成的一个集成本核算与成本控制相结合的完整系统。

5. 作业成本法

作业成本法（ABC 法）是以作业为成本计算的最基本对象，以产量耗用作业，作业耗用资源为基础，通过计算产品制造和运输过程中所需要的全部作业的成本总和来计算产品成本的一种成本计算方法。它的基本特点是：价值研究着眼于“资源—作业—产品”的过程，而不是传统的“资源—产品”的过程；并以作业作为确定分配间接费用的基础，引导管理人员将注意力集中在成本发生的原因及成本动因上，较好地克服了传统制造成本法中间接费用责任不清的缺点，并使以往一些不可控的间接费用在 ABC 系统中变为可控。所以，ABC 法不仅仅是一种成本计算方法，更是一种成本控制和企业管理手段。

需要指出的是：

第一，目前，产品成本计算的三种基本方法和辅助方法中的分类法、定额法在我国实践中广泛应用，而变动成本法、标准成本法、作业成本法由于条件限制，只在少数企业中使用。

第二，分类法和定额法一般应与各种类型生产中采用的基本方法结合起来使用，而不能单独使用。

第三，产品成本计算的基本方法和辅助方法的划分，是从计算产品实际成本角度考虑的，并不是因为辅助方法不重要；相反，有的辅助方法，如定额法，对于控制生产费用、降低产品成本具有重要作用。

第四，按照产品品种计算成本，是产品成本计算的最一般、最起码的要求，不论什么生产类型企业，不论采用什么成本计算方法，最终都必须按照产品品种算出产品成本，因此，品种法是工业企业所有成本计算方法中最基本的成本计算方法。

第二节　品种法

一、品种法的特点及适用范围

产品成本计算的品种法，是以产品品种作为成本计算对象来归集和分配生产费用，计算产品成本的一种方法，是最基本的产品成本计算方法。其主要特点如下：

（一）成本计算对象

品种法的成本计算对象是产品品种，该法按产品品种设置生产成本明细账及产品成本计算单，账单内按成本项目设置专栏，归集发生的各项生产费用。如果企业只生产一种产品，这时只需设置一个生产成本明细账及一张产品成本计算单，发生的生产费用全部都是直接计入费用，可以直接计入该种产品的成本，生产费用不需要在各种产品之间进行分配，即不用进行生产费用的横向划分。如果企业同时生产多种产品，则应按产品品种设置生产成本明细账及产品成本计算单，发生的直接计入费用应直接计入各种产品的生产成本明细账中，产品共耗的生产费用则要采用适当的分配方法，在各种产品之间进行分配，然后计入各产品生产成本明细账的相关成本项目。

（二）成本计算期

按月定期计算产品成本。大量、大批生产企业的生产过程是连续不断的，表现为不断投入原材料、不断生产出产品，很难确定产品的生产周期，不可能在产品陆续完工时随时计算产品成本，因而一般在月末计算当月的生产成本，进行定期核算。

（三）生产费用在完工产品和期末在产品之间的分配

大量、大批的单步骤生产企业，月末一般没有在产品或者在产品数量很少，不需要计算月末在产品成本。这样，产品成本计算单上所归集的生产费用全部是各该产品的完工产成品成本；将其除以完工产品数量，就是各该产品品种的单位成本。大量、大批多步骤生产且管理上不要求按步骤计算成本的企业，月末一般有在产品，而且数量较多，生产成本明细账上所归集的生产费用，要采用适当的分配方法在产成品与月末在产品之间进行分配，从而计算出完工产品与月末在产品的成本。

品种法适用于大量、大批的单步骤生产企业，如发电、采掘、供水等生产企业，以及大量、大批多步骤生产且管理上不要求按生产步骤计算产品成本的生产，如小型水泥厂、小造纸厂、玻璃制品厂和糖果厂等。

二、品种法的成本计算程序

成本计算程序是根据企业会计准则或制度的规定，对企业生产过程中发生的各项生产费用进行审核、归集和分配，最终计算出完工产品成本的过程。作为成本计算的基本方法，品种法下成本计算的具体程序如下：

（1）按产品品种开设生产（产品）成本明细账及产品成本计算单，账单内按“成本项目”设置专栏。

（2）将生产费用在各种产品之间进行归集和分配——横向划分（外部划分）。

不考虑废品损失的步骤如下：

①归集和分配各项实际发生的费用（分散在平时及月末）。

根据各项要素费用分配表及其他有关费用的原始凭证及填制的记账凭证，登记生产（产品）成本明细账、制造费用明细账，以及管理费用、销售费用和财务费用的明细账等。

②（月末）分配、结转辅助生产费用（如单独归集制造费用下应先结转制造费用至“辅助生产成本”二级账）。

根据辅助生产成本明细账编制辅助生产成本分配表，将辅助生产费用按适当的方法进行分配。

③（月末）分配、结转基本车间的制造费用。

至此，已经归集计算出某一产品品种本月应负担的生产费用。

（3）月末将生产费用在同一产品的完工与在产品之间进行分配——纵向划分（内部划分）。

实际工作中，该项生产费用的划分是在“产品成本计算单”上进行。

上述成本核算程序是典型品种法下的成本计算程序，如图 3-1 所示。

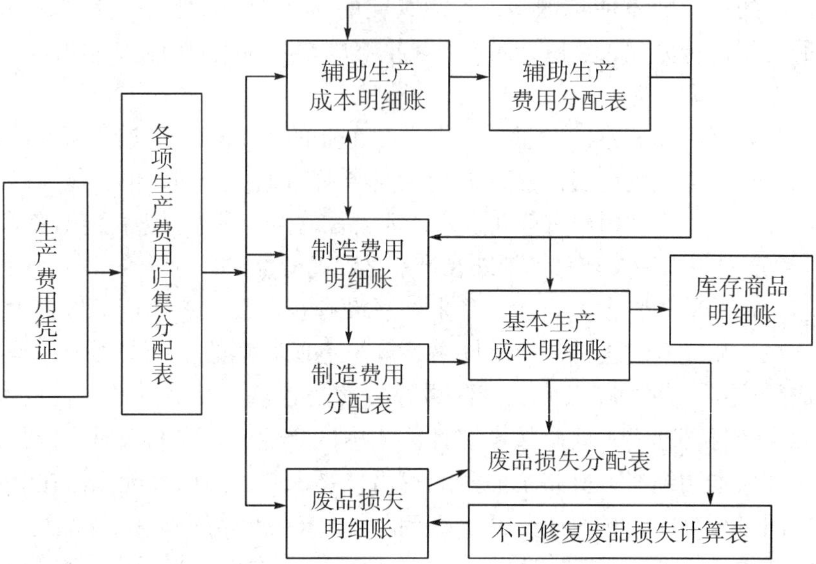

图 3-1　品种法成本核算程序

三、品种法举例

【例 3-1】某厂为大量、大批单步骤生产的企业，采用品种法计算产品成本。企业设有一个基本生产车间，生产甲、乙两种产品，还设有一个辅助生产车间——运输车间，由于辅助生产规模较小，故采用不单独归集制造费用方式核算。该厂 20××年 5 月份有关产品成本核算资料如下：

（一）产量资料如表 3-2 所示

表 3-2　产量资料　　单位：件

产品名称	月初在产品	本月投产	完工产品	月末在产品	完工程度/%
甲	800	7 200	6 500	1 500	60
乙	320	3 680	3 200	800	40

（二）月初在产品成本如表 3-3 所示

表 3-3　月初在产品成本　　单位：元

产品名称	直接材料	直接人工	制造费用	合计
甲	8 090	5 860	6 810	20 760
乙	6 176	2 948	2 728	11 852

（三）该月发生生产费用

1. 材料费用

生产甲产品耗用材料 4 410 元，生产乙产品耗用材料 3 704 元，生产甲乙产品共同耗用材料 9 000 元（甲产品材料定额耗用量为 3 000 千克，乙产品材料定额耗用量为 1 500千克）。运输车间耗用材料 900 元，基本生产车间耗用消耗性材料 1 938 元。

2. 人工费用

基本车间生产工人工资 10 000 元，运输车间人员工资 800 元，基本生产车间管理人员工资 1 600 元，行政部门人员的工资 2 000 元。

3. 其他费用发生

（1）本月计提折旧费：运输车间固定资产折旧费为 200 元，基本生产车间厂房、机器设备折旧费为 5 800 元，行政部门固定资产折旧费为 500 元。

（2）本月发生水电费：运输车间 160 元，基本生产车间 260 元，行政部门 200 元。

（3）本月发生办公费：运输车间 40 元，基本生产车间 402 元，行政部门 2 000 元。

（四）工时记录

甲产品耗用实际工时为 1 800 小时，乙产品耗用实际工时为 2 200 小时。

（五）本月运输车间工作量

本月运输车间共完成 1 050 千米运输工作量，其中：基本生产车间耗用 1 000 千米，企业管理部门耗用 50 千米。

（六）该厂有关费用分配方法

（1）甲、乙产品共同耗用材料按定额耗用量比例分配。

（2）生产工人工资按甲、乙产品工时比例分配。

（3）辅助生产费用按运输千米比例分配。

（4）制造费用按甲、乙产品工时比例分配。

（5）按约当产量法分配计算甲、乙完工产品和月末在产品成本。甲产品耗用的材料随加工程度陆续投入，乙产品耗用的材料于生产开始时一次投入。

解：采用品种法计算产品成本的过程如下：

（1）根据领用材料情况编制材料费用分配表，如表 3-4 所示。

表 3-4　材料费用归集分配表　　单位：元

应借账户		成本项目	直接计入金额	分配计入			合计
				分配标准	分配率	分配金额	
生产成本——基本生产成本	甲产品	直接材料	4 410	3 000		6 000	10 410
	乙产品	直接材料	3 704	1 500		3 000	6 704
	小计		8 114	4 500	2	9 000	17 114
辅助生产成本	运输车间	机物料消耗	900				900
制造费用	基本车间	机物料消耗	1 938				1 938
合计			10 952				19 952

根据材料费用归集分配表填制记账凭证并逐笔登记有关费用、成本明细账：

借：生产成本

——基本生产成本——甲产品　　10 410

——乙产品　　6 704

——辅助生产成本——运输车间　　900

制造费用——基本车间　　1 938

贷：原材料　　19 952

（2）根据薪酬资料编制薪酬费用分配表，如表 3-5 所示。

表 3-5　薪酬费用归集分配表　　单位：元

应借账户		成本或费用项目	直接计入金额	分配计入			合计
				分配标准	分配率	分配金额	
生产成本——基本生产成本	甲产品	直接人工		1 800		4 500	4 500
	乙产品	直接人工		2 200		5 500	5 500
	小计			4 000	2.5	10 000	10 000
辅助生产成本	运输车间	人工费	800				800
制造费用	基本车间	人工费	1 600				1 600
管理费用		人工费	2 000				2 000
合计			4 400				14 400

根据薪酬费用归集分配表填制记账凭证并逐笔登记有关费用、成本明细账：

借：生产成本——基本生产成本——甲产品　　4 500

——乙产品　　5 500

——辅助生产成本——运输车间　　800

制造费用——基本车间（人工费）　　1 600

管理费用（人工费）　　2 000

贷：应付职工薪酬——工资　　14 400

（3）编制的其他费用汇总表，如表 3-6 所示。

表 3-6　其他费用汇总表　　单位：元

应借账户	折旧费	水电费	办公费	合计
生产成本——辅助生产成本	200	160	40	400
制造费用——基本车间	5 800	260	402	6 462
管理费用	500	200	2 000	2 700
合计	6 500	620	2 442	9 562

根据其他费用汇总表填制记账凭证并逐笔登记有关费用、成本明细账：

①借：生产成本——辅助生产成本——运输车间　　200

制造费用——基本车间（折旧费）　　5 800

管理费用（折旧费）　　500

贷：累计折旧　　6 500

②借：生产成本——辅助生产成本——运输车间　　160

制造费用——基本车间（水电费）　　260

管理费用（水电费）　　200

贷：应付账款　　620

③借：生产成本——辅助生产成本——运输车间　　40

制造费用——基本车间（办公费）　　402

管理费用（办公费）　　2 000

贷：银行存款　　2 442

（4）汇总归集出本月辅助生产费用并予以分配转出，如表3-7、表3-8所示。

表3-7　辅助生产成本明细账

运输车间　　20××年5月　　单位：元

月	日	摘要	机物料消耗	人工费	折旧费	水电费	办公费	合计
5	31	材料费用归集分配表	900					900
	31	人工费用归集分配表		800				800
	31	计提折旧费			200			200
	31	发生水电费				160		160
	31	发生办公费					40	40
	31	合计	900	800	200	160	40	2 100
	31	分配转出	900	800	200	160	40	2 100

表3-8　辅助生产费用分配表　　单位：元

应借账户	费用项目	耗用劳务数量	分配率	分配额
制造费用	运输费	1 000		2 000
管理费用	运输费	50		100
合计		1 050	2	2 100

根据辅助生产费用分配表填制记账凭证并逐笔登记有关费用、成本明细账：

借：制造费用——基本车间（运输费）　　2 000

管理费用（运输费）　　100

贷：生产成本

——辅助生产成本——运输车间　　2 100

（5）汇总归集出本月制造费用并予以分配转出，如表3-9、表3-10所示。

表3-9　制造费用明细账

车间名称：基本生产车间　　20××年5月　　单位：元

月	日	摘要	机物料消耗	人工费	折旧费	水电费	办公费	运输费	合计
5	31	材料费用分配表	1 938						1 938
	31	人工费用分配表		1 600					1 600

表3-9(续)

月	日	摘要	机物料消耗	人工费	折旧费	水电费	办公费	运输费	合计
	31	计提折旧费			5 800				5 800
	31	发生水电费				260			260
	31	发生办公费					402		402
	31	分配转入的运输费						2 000	2 000
	31	合计	1 938	1 600	5 800	260	402	2 000	12 000
	31	分配转出	1 938	1 600	5 800	260	402	2 000	12 000

表 3-10 制造费用分配表

20××年 5 月　　　　单位：元

应借账户	成本项目	生产工时	分配率	分配金额
生产成本——基本生产成本——甲产品	制造费用	1 800		5 400
生产成本——基本生产成本——乙产品	制造费用	2 200		6 600
合计		4 000	3	12 000

根据制造费用分配表填制记账凭证并逐笔登记有关费用、成本明细账：

借：生产成本——基本生产成本——甲产品　　5 400

　　　　　　　　　　　　　——乙产品　　6 600

　贷：制造费用——基本车间　　12 000

（6）编制甲、乙产品成本计算单，计算完工产品与在产品成本，如表 3-11、表 3-12 所示。

表 3-11 产品成本计算单

产品：甲产品　　　　20××年 5 月　　　　单位：元

项目	直接材料	直接人工	制造费用	合计
月初在产品成本	8 090	5 860	6 810	20 760
本月生产费用	10 410	4 500	5 400	20 310
合计	18 500	10 360	12 210	41 070
完工产品数量	6 500	6 500	6 500	
在产品约当产量	900	900	900	
约当总产量	7 400	7 400	7 400	
费用分配率	2.5	1.4	1.65	
完工产品成本	16 250	9 100	10 725	36 075
月末在产品成本	2 250	1 260	1 485	4 995

表 3-12　产品成本计算单

产品：乙产品　　　　　　　　　20××年 5 月　　　　　　　　　单位：元

项目	直接材料	直接人工	制造费用	合计
月初在产品成本	6 176	2 948	2 728	11 852
本月生产费用	6 704	5 500	6 600	18 804
合计	12 880	8 448	9 328	30 656
完工产品数量	3 200	3 200	3 200	
在产品约当产量	800	320	320	
约当总产量	4 000	3 520	3 520	
费用分配率	3. 22	2. 4	2. 65	
完工产品成本	10 304	7 680	8 480	26 464
月末在产品成本	2 576	768	848	4 192

根据产品成本计算单填制记账凭证并逐笔登记有关费用、成本明细账：

借：库存商品——甲产品　　　　　　　　　　　　　36 075

　　　　　　——乙产品　　　　　　　　　　　　　26 464

　贷：生产成本——基本生产成本——甲产品　　　　　　36 075

　　　　　　　　　　　　　　　——乙产品　　　　　　26 464

生产成本明细账如表 3-13、表 3-14 所示。

表 3-13　生产成本明细账

产品：甲产品　　　　　　　　　20××年 5 月　　　　　　　　　单位：元

月	日	凭证号	摘要	直接材料	直接人工	制造费用	合计
5	1		月初在产品成本	8 090	5 860	6 810	20 760
	31		产品生产耗用材料	10 410			10 410
	31		分配转入直接人工		4 500		4 500
	31		期末转入制造费用			5 400	5 400
	31		生产费用合计	18 500	10 360	12 210	41 070
	31		结转完工产品成本	16 250	9 100	10 725	36 075
	31		月末在产品成本	2 250	1 260	1 485	4 995

表 3-14　生产成本明细账

产品：乙产品　　　　　　　　　20××年 5 月　　　　　　　　　单位：元

月	日	凭证号	摘 要	直接材料	直接人工	制造费用	合计
5	1		月初在产品成本	6 176	2 948	2 728	11 852
	31		产品生产耗用材料	6 704			6 704
	31		分配转入直接人工		5 500		5 500

表3-14(续)

月	日	凭证号	摘 要	直接材料	直接人工	制造费用	合计
	31		期末转入制造费用			6 600	6 600
	31		生产费用合计	12 880	8 448	9 328	30 656
	31		结转完工产品成本	10 304	7 680	8 480	26 464
	31		月末在产品成本	2 576	768	848	4 192

提示：上述费用、成本明细账中有关费用、成本转出的金额应用红字登记入账。

第三节 分批法

一、分批法的适用范围及特点

产品成本计算的分批法也称订单法，它是以产品的批别或订单为成本对象，归集和分配生产费用，计算产品成本的一种方法。分批法的主要特点如下：

1. 成本计算对象

分批法的成本计算对象是产品的批别或订单。该法按产品的批别或订单设置生产成本明细账，账内按成本项目设置专栏，归集发生的各项生产费用。按照产品批别组织生产时，生产计划部门应根据批别或订单所要求的产品品种、数量、投产日期、完成日期，签发生产通知单，下达到车间并通知会计部门。在通知单中，对该批生产任务进行编号，成本会计根据生产批号开立生产成本明细账，对能按订单或批次划分的直接计入费用，需在费用原始凭证上注明订单号码或产品批次，既可防止串工串料，也便于据此直接计入该批号或订单的生产成本明细账中有关成本项目；对于不能明确订单或批次的间接计入费用，先按发生地点归集，然后按一定的标准在受益的批次之间进行分配。

2. 成本计算期

分批法的成本计算是不定期的。在分批法下，批内产品一般都能同时完工，产品的实际成本要到订单完工后才计算。也就是产品成本负担的起止日期是从订单开工到订单完工，其成本计算期与生产周期是一致的，而与会计核算期不一致。

3. 生产费用在完工产品和期末在产品之间的分配

分批法通常不存在将生产费用在完工产品和期末在产品之间的分配。在单件生产的情况下，产品完工前，所归集的生产费用就是在产品成本，产品完工后，所归集的全部生产费用就是完工产品成本。在小批量生产的情况下，在月末计算产品成本时，往往已经全部完工形成完工产品成本，或者全部没有完工形成期末在产品成本。因此，分批法一般（主要是指整批交货情形）不存在完工产品和在产品成本之间分配的问题。但在批量较大的情况下，出现批内产品跨月陆续完工交货的（分批交货），为了使收入与费用相配比，也需要将所归集的生产费用在完工产品与在产品之间进行分配，以便计算完工产品和月末在产品成本。

为了简化核算手续，对于同一批次内先完工的产品，可以按计划单位成本、定额单位成本，或最近一期相同产品的实际单位成本计价，从该批产品的成本计算单中转出，剩下的即该批产品的在产品成本。当该批产品全部完工时，另行计算该批产品实际总成本和单位成本，但对原来计算并转出的前期完工产品成本，不做账面调整。如果同一批次产品跨月完工的数量较多，为正确计算产品成本，应采用适当的方法，在完工产品和在产品之间分配生产费用。完工产品的成本不仅包括本月发生的还包括以前月份所发生的生产费用。

分批法主要适用于单件、小批量生产的企业和车间，如专用设备、重型机械、船舶及精密仪器、服装、家具的制造等企业。在某些单步骤生产企业，生产按小批量单件组织生产，如新产品的试制也可以采用分批法。

二、分批法的计算程序

（1）财会部门根据生产计划部门下达的“生产任务通知单”中注明的工作令号，开设各批别或订单的产品成本明细账，并根据生产费用发生的用途确定成本项目，设置产品成本明细账的专栏。

（2）根据各项生产费用发生的原始凭证等资料，编制要素费用分配表。

（3）期末，将辅助生产车间归集的制造费用分配转入辅助生产成本明细账，再汇集辅助生产车间发生的费用，按其提供的劳务数量，在各受益对象之间进行分配；对于辅助生产车间生产的产品，应计算其完工产品成本，从辅助生产成本明细账中转出。

（4）将基本生产车间“制造费用明细账”中归集的制造费用进行汇总，分配结转给车间的各批产品成本。

（5）当某批产品批量较大，又存在跨月陆续完工或分次交货情况时，应在批内计算完工产品成本和月末在产品成本。

（6）月末将各批完工产品成本以及批内陆续完工产品的成本加以汇总，编制“完工产品成本汇总表”，结转完工入库产品的成本。

上述成本核算程序是一般分批法下的成本计算程序，如图 3-2 所示。

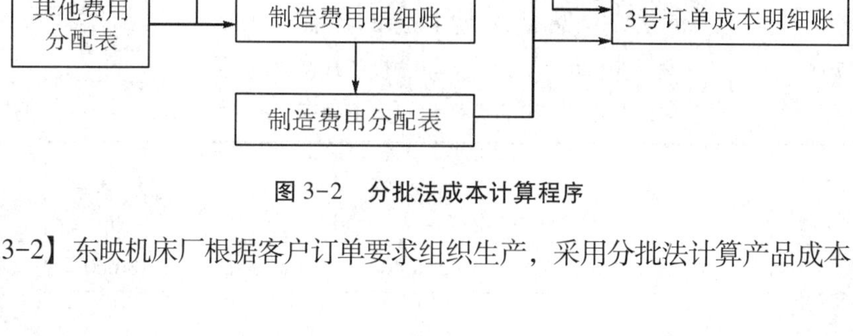

图 3-2　分批法成本计算程序

【例 3-2】东映机床厂根据客户订单要求组织生产，采用分批法计算产品成本。20××年

9 月生产产品的情况如下：

（1）车床 20 台，批号 703 号，7 月份投产，本月份全部完工。

（2）铣床 40 台，批号 901 号，本月份投产，月末尚未完工。

（3）刨床 60 台，批号 902 号，本月份投产，当月完工 10 台，完工产品数量占该批产品比重较小，为简化核算，对完工 10 台的产品成本，按定额单位成本计价结转。刨床的定额单位成本为：直接材料 11 000 元，直接人工 6 200 元，制造费用 3 300 元，合计 41 000 元。

（4）磨床 120 台，批号 509 号，5 月份投产，本月完工 90 台，其余尚未完工。因完工产品数量较大，生产费用要求在完工产品和在产品之间按约当产量法进行分配。产品的原材料在生产开始时一次投入，月末在产品完工程度为 60%。

9 月份的其他有关资料如下：

（1）月初在产品成本如表 3-15 所示。

表 3-15　各批产品月初在产品成本　　单位：元

摘要	直接材料	直接人工	制造费用	合计
703 号车床	318 400	20 000	18 060	356 460
509 号磨床	2 330 400	200 000	354 200	2 884 600
合计	2 648 800	220 000	372 260	3 241 060

（2）根据各种费用分配表，汇总本月发生的生产费用，如表 3-16 所示。

表 3-16　各项费用汇总分配表

20××年 9 月　　单位：元

批号	直接材料	直接人工	制造费用	合计
703	300 000	12 800	11 920	324 720
901	100 000	7 200	4 340	111 540
902	340 000	108 600	124 200	572 800
509		16 000	104 800	120 800
合计	740 000	144 600	245 260	1 129 860

要求：根据上述资料，登记产品成本明细账及计算完工产品成本。

解：根据月初在产品成本、生产费用汇总分配表登记基本生产成本明细账，并计算完工产品成本和在产品成本，如表 3-17、表 3-18、表 3-19 和表 3-20 所示。

表 3-17　生产成本明细账

批号：703　　批量：20 台　　投产日期：7 月

产品名称：车床　　本月完工：20 台　　完工日期：9 月　　单位：元

年		凭证		摘要	直接材料	直接人工	制造费用	合计
月	日	号	数					
9	1			月初在产品成本	318 400	20 000	18 060	356 460

表3-17(续)

年		凭证		摘要	直接材料	直接人工	制造费用	合计
月	日	号	数					
	30			本月发生材料费用	300 000			300 000
	30			本月发生人工费用		12 800		12 800
	30			月末转入制造费用			11 920	11 920
	30			生产费用累计	618 400	32 800	29 980	681 180
	30	记	x	结转完工产品成本	618 400	32 800	29 980	681 180
				单位成本	30 920	1 640	1 499	34 059

表 3-18　生产成本明细账

批号：901　　　　投产日期：9月　　　　产品名称：铣床

批量：40 台　　　　完工日期：　　　　单位：元

年		凭证		摘要	直接材料	直接人工	制造费用	合计
月	日	号	数					
9	1			本月发生材料费用	100 000			100 000
	30			本月发生人工费用		7 200		7 200
	30			月末转入制造费用			4 340	4 340
	30			生产费用累计	100 000	7 200	4 340	111 540
	30			月末在产品成本	100 000	7 200	4 340	111 540

表 3-19　生产成本明细账

批号：902　　　　投产日期：9月　　　　产品名称：刨床

批量：60 台　　　　本月完工：10 台　　　　完工日期：　　　　单位：元

年		凭证		摘要	直接材料	直接人工	制造费用	合计
月	日	号	数					
9	1			本月发生材料费用	340 000			340 000
	30			本月发生人工费用		108 600		108 600
	30			月末转入制造费用			124 200	124 200
	30			生产费用累计	340 000	108 600	124 200	572 800
	30			单台定额成本	11 000	6 200	3 300	20 500
	30			结转完工产品成本	110 000	62 000	33 000	205 000
	30			月末在产品成本	230 000	46 600	91 200	367 800

根据单位定额成本转出完工 10 台的成本：

借：库存商品——刨床　　　　205 000

贷：生产成本——基本生产成本——902号批次（刨床）　　205 000

表3-20　产品成本计算单

批号：509　　投产日期：5月　　产品名称：磨床

批量：120台　　本月完工：90台　　完工日期：　　单位：元

项目	直接材料	直接人工	制造费用	合计
月初在产品成本	2 330 400	200 000	354 200	2 884 600
本月生产费用		16 000	104 800	120 800
本月生产费用累计	2 330 400	216 000	459 000	3 005 400
完工产品数量	90	90	90	
月末在产品约当产量	30	30×0.6=18	30×0.6=18	
约当总产量	120	108	108	
完工产品单位成本	19 420	2 000	4 250	25 670
完工产品成本	1 747 800	180 000	382 500	2 310 300
月末在产品成本	582 600	36 000	76 500	695 100

表3-20中，完工产品单位成本（费用分配率）计算如下：

$$原材料费用分配率=\frac{2\ 330\ 400}{90+30}=19\ 420$$

$$直接人工分配率=\frac{216\ 000}{90+30\times 60\%}=2\ 000$$

$$制造费用分配率=\frac{459\ 000}{90+30\times 60\%}=4\ 250$$

注：完工产品成本用完工产品数量乘以各成本项目的分配率求得。生产成本明细账见表3-21。

借：库存商品——磨床　　2 310 300

贷：生产成本——基本生产成本——509号批次（磨床）　　2 310 300

表3-21　生产成本明细账

批号：509　　投产日期：5月　　产品名称：磨床

批量：120台　　本月完工：90台　　完工日期：　　单位：元

年		凭证		摘要	直接材料	直接人工	制造费用	合计
月	日	号	数					
9	1			月初在产品成本	2 330 400	200 000	354 200	2 884 600
	30			本月发生人工费用		16 000		16 000
	30			月末转入制造费用			104 800	104 800
	30			生产费用累计	2 330 400	216 000	459 000	3 005 400
	30	记	x	结转完工产品成本	1 747 800	180 000	382 500	2 310 300

表3-21(续)

年		凭证		摘要	直接材料	直接人工	制造费用	合计
月	日	号	数					
	30			单位成本	19 420	2 000	4 250	25 670
	30			月末在产品成本	582 600	36 000	76 500	695 100

【例 3-3】某工厂属于小批生产，采用分批法计算产品成本。材料分批次领用，故直接材料费用为直接计入费用；无法直接划分批次的直接人工和制造费用按工时比例在各批次之间进行分配。20××年 4 月份生产情况如下：

（1）月初在产品成本：101 批号，直接材料 3 750 元；102 批号，直接材料 2 200 元；103 批号，直接材料 1 600 元。月初直接人工 1 725 元，制造费用 2 350 元。

（2）月初在产品耗用累计工时为 3 350 小时，其中 101 批号 1 800 小时；102 批号 590 小时；103 批号 960 小时。

（3）本月的生产情况，发生的工时和直接材料如表 3-22 所示。

表 3-22　发生的工时和直接材料

产品名称	批号	批量（件）	投产日期	完工日期	本月发生工时	本月发生直接材料
甲	101	10	2 月	4 月	450	250
乙	102	5	3 月	4 月	810	300
丙	103	4	3 月	6 月	1 640	300

（4）本月发生的各项间接计入费用为：直接人工 1 400 元，制造费用 2 025 元。

要求：根据上述资料计算各批次产品成本。

解：累计直接人工费用分配率 =（1 725+1 400）/（3 350+450+810+1 640）

= 3 125/6 250 = 0. 5（元/小时）

累计制造费用分配率 =（2 350+2 025）/（3 350+450+810+1 640）

= 4 375/6 250 = 0. 7（元/小时）

生产成本明细账见表 3-23、表 3-24 和表 3-25。

表 3-23　生产成本明细账

批号：101　　产品名称：甲　　产量：10 件　　完工日期：4 月　　单位：元

20××年		摘要	直接材料	工时	直接人工	制造费用	合计
月	日						
3	31	累计发生	3 750	1 800	926. 82	1 262. 7	5 939. 52
4	30	本月发生	250	450	0. 5	0. 7	
	30	累计发生数	4 000	2 250	1 125	1 575	6 700
	30	转出完工产品成本	4 000	2 250	1 125	1 575	6 700
	30	单位成本	400		112. 5	157. 5	670

表 3-24 生产成本明细账

批号：102 投产日期：3 月

产品名称：乙 产量：5 件 完工日期：4 月 单位：元

20××年		摘要	直接材料	工时	直接人工	制造费用	合计
月	日						
3	31	累计发生	2 200	590	303.79	413.88	2 917.67
4	30	本月发生	300	810	0.5	0.7	
	30	累计发生数	2 500	1 400	700	980	4 180
	30	转出完工产品成本	2 500	1 400	700	980	4 180
	30	单位成本	500		140	196	836

表 3-25 生产成本明细账

批号：103 投产日期：3 月

产品名称：丙 产量：4 件 完工日期：6 月 单位：元

20××年		摘要	直接材料	工时	直接人工	制造费用	合计
月	日						
3	31	累计发生	1 600	960	494.39	673.42	2 767.81
4	30	本月发生	300	1 640	0.5	0.7	
	30	累计发生数	1 900	2 600	1 300	1 820	5 020

三、简化的分批法

简化分批法又称为间接计入费用累计分批法，是指通过对间接计入费用采用累计分配率进行分配，以减少成本计算工作量的分批法。这种方法将每月发生的人工费用和制造费用等间接计入费用，不再按月在各批产品之间进行分配，而是将这些间接计入费用累计起来，待某批产品完工时，根据完工产品工时占累计总工时的比例，确认完工产品应负担的间接计入费用，据以计算完工批次的产品成本。

简化分批法适用于投产批次众多，而每月完工批次较少的企业。

（一）简化分批法的特点

简化分批法与一般意义上的分批法相比较，具有如下特点：

1. 要增设“基本生产成本二级账”

采用简化分批法时，企业在按批次设置基本生产成本明细账的同时，还要设置基本生产成本二级账。该明细账在平时只登记直接记入的原材料费用和生产工时，二级账则归集企业投产的所有批次产品的各项费用和累计的全部生产工时。

2. 在有完工产品的月份要计算累计间接计入费用分配率

在没有完工产品的月份，不分配发生的间接计入费用；只有在出现完工产品的月份，才分配发生的间接计入费用。累计间接计入费用分配率，既是在各批完工产品之间分配各项间接计入费用的依据，也是某批产品的完工产品与月末在产品之间分配各项间接计入费用的依据。其计算公式是：

累计间接计入分配率 = 累计间接计入费用÷累计工时

完工批别应负担的间接计入费用 = 该批产品的累计工时×累计间接计入费用分配率

在实际工作中，间接计入费用一般包括薪酬费用与制造费用，因此通常要分别计算累计人工费用分配率和累计制造费用分配率，分别计算完工批次产品应负担的人工费用与制造费用。

3. 对当月完工的不同批次的产品均按同一个累计间接计入费用分配率进行分配

在有完工产品批次的月份，不论完工批次多少，都只计算统一的累计分配率进行间接计入费用的分配。这样，不仅简化了间接计入费用的分配工作，还简化了对未完工批别产品成本明细账的登记工作，因此，企业未完工的批数越多，核算就越简化。

采用简化分批法的不足之处：一是未完工批别的基本生产成本明细账不能完整地反映其在产品的成本；二是如果各月发生的间接计入费用相差悬殊，会影响各月产品成本计算的正确性。例如，前几个月的间接计入费用较多，本月的间接计入费用较少，而某批产品本月投产本月完工，这样，按累计间接计入费用分配率计算的该批完工产品成本就会发生不应有的偏高。反之，会造成不应有的偏低。此外，如果月末未完工产品的批数不多，也不宜采用这种方法。因为，一方面仍要对完工产品分配登记各项间接计入费用，不能简化核算工作；另一方面又在一定程度上影响产品成本计算的正确性。

因此，应用简化的分批法必须具备两个条件：一是各个月份的间接计入费用水平比较均衡，二是月末未完工产品的批数较多。这样才能保证既简化产品成本的核算工作又确保产品成本计算的正确。

（二）简化分批法的成本计算程序

（1）设置基本生产成本二级账，账内除成本项目外，增设生产工时专栏，登记全部产品（各批产品）各成本项目累计生产费用和累计工时。

（2）按批号设产品成本明细账，账内按成本项目登记该批产品的月初及本月累计直接计入费用和生产工时，并与二级账平行登记。间接计入费用不按月登记分配，登记依据是各种费用分配明细表和有关的工时记录。

（3）月末如有完工产品，应根据基本生产成本二级账中的累计间接计入费用和累计生产工时，计算累计间接计入费用分配率并确定完工产品应负担的累计间接计入费用。

上述成本核算程序是简化分批法下的成本计算程序，如图 3-3 所示。

提示：分批法的重要性

正确计算各批产品成本，对企业管理者而言是至关重要的。管理者们利用他们掌握的分配成本知识来正确预计未来各批产品的成本，有助于他们制定正确的竞价策略，也有助于企业控制成本，以获取更多的利润。

【例 3-4】资料同【例 3-3】，采用简化的分批法计算产品成本。为了便于阅读，资料再次列出。4 月份生产情况如下：

（1）月初在产品成本：101 批号，直接材料 3 750 元；102 批号，直接材料 2 200

元；103 批号，直接材料 1 600 元。月初直接人工 1 725 元，制造费用 2 350 元。

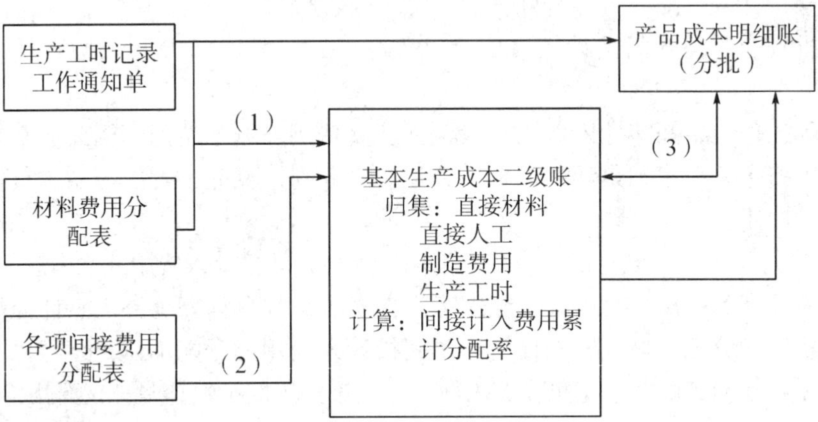

图 3-3　简化分批法成本计算程序

（2）月初在产品耗用累计工时为 3 350 小时，其中 101 批号 1 800 小时；102 批号 590 小时；103 批号 960 小时。

（3）本月的生产情况，发生的工时和直接材料如表 3-26 所示。

表 3-26　工时和直接材料

产品名称	批号	批量（件）	投产日期	完工日期	本月发生工时	本月发生直接材料
甲	101	10	2 月	4 月	450	250
乙	102	5	3 月	4 月	810	300
丙	103	4	3 月	6 月	1 640	300

（4）本月发生的各项间接计入费用为：直接人工 1 400 元，制造费用 2 025 元。

要求：根据上述资料，登记基本生产成本二级账和产品成本明细账；计算完工产品成本。

解（见表 3-27—表 3-30）：

表 3-27　基本生产成本二级账　　单位：元

20××年		摘要	直接材料	工时	直接人工	制造费用	合计
月	日						
3	31	累计发生	7 550	3 350	1 725	2 350	11 625
4	30	本月发生	850	2 900	1 400	2 025	4 275
	30	累计发生数	8 400	6 250	3 125	4 375	15 900
	30	累计间接计入费用分配率			0.5	0.7	
	30	转出完工产品成本	6 500	3 650	1 825	2 555	10 880
	30	月末在产品成本	1 900	2 600	1 300	1 820	5 020

提示：根据二级账的数据，可以计算累计间接计入费用分配率如下：

直接人工=3 125/6 250=0.5（元/小时）

制造费用=4 375/6 250=0.7（元/小时）

表 3-28 产品成本明细账

批号：101　　产品名称：甲　　产量：10 件　　完工日期：4 月　　单位：元

20××年		摘要	直接材料	工时	直接人工	制造费用	合计
月	日						
3	31	累计发生	3 750	1 800			
4	30	本月发生	250	450	0.5	0.7	
	30	累计发生数	4 000	2 250	1 125	1 575	6 700
	30	转出完工产品成本	4 000	2 250	1 125	1 575	6 700
	30	单位成本	400		112.5	157.5	670

表 3-29 产品成本明细账

批号：102　　投产日期：3 月

产品名称：乙　　产量：5 件　　完工日期：4 月　　单位：元

20××年		摘要	直接材料	工时	直接人工	制造费用	合计
月	日						
3	31	累计发生	2 200	590			
4	30	本月发生	300	810	0.5	0.7	
	30	累计发生数	2 500	1 400	700	980	4 180
	30	转出完工产品成本	2 500	1 400	700	980	4 180
	30	单位成本	500		140	196	836

表 3-30 产品成本明细账

批号：103　　投产日期：3 月

产品名称：丙　　产量：4 件　　完工日期：6 月

20××年		摘要	直接材料	工时	直接人工	制造费用	合计
月	日						
3	31	累计发生	1 600	960			
4	30	本月发生	300	1 640			
	30	累计发生数	1 900	2 600			

思考题：

你认为【例 3-4】中的小批生产企业采用简化分批法能起到简化成本计算的目的吗？其适合采用简化分批法吗？为什么？

第四节　逐步结转分步法

一、分步法的适用范围和基本特点

（一）分步法的适用范围

分步法是以产品的生产步骤作为成本对象，归集和分配生产费用，计算产品成本的一种方法。

分步法主要适用于大量、大批多步骤生产的企业，其生产过程由若干个在技术上可以间断的生产步骤所组成，每个生产步骤除了生产出半成品（最后步骤为产成品）外，还有一些加工中的在产品。已经生产出来的半成品既可以用于下一生产步骤进行进一步的加工，也可以对外销售。为了适应生产的这一特点，企业不仅要计算每一种产品的成本，还要按产品的生产步骤计算出各步骤的成本。

（二）分步法的基本特点

1. 成本（计算）对象

分步法的成本对象是各种产品的生产步骤。因此，在计算产品成本时，应按照产品的生产步骤结合产品品种设置基本生产成本明细账。在实际工作中，作为产品成本计算的步骤并不直接等同于产品的实际生产步骤。为了简化成本计算工作，可以只对管理上有必要分步计算成本的生产步骤单独设置生产成本明细账，单独计算成本；管理上不要求单独计算成本的生产步骤，则可以与其他生产步骤合并设置生产成本明细账，合并计算成本。

2. 成本计算期

分步法的成本计算期是每月固定计算成本。这是因为分步法适用于多步骤的大量、大批生产。大量、大批生产意味着不断投入原材料、同时不断有产品完工，难以按生产周期计算成本，只能把按月份确定的会计报告期作为成本计算期。

3. 生产费用在完工产品与在产品之间分配

在大量、大批的多步骤生产中，由于生产过程较长且可以间断，产品往往都是跨月陆续完工，月末各步骤一般都存在一定数量的在产品。因此，在成本计算时，还需要采用适当的分配方法，将汇集在基本生产成本明细账中的生产费用，在完工产品与在产品之间进行分配。

（三）分步法种类

根据成本管理对各生产步骤成本资料的不同要求（要不要计算半成品的成本）和简化成本计算工作的需要，以及各生产步骤成本计算和结转方式的不同，分步法可分为逐步结转分步法（计列半成品成本分步法）和平行结转分步法（不计列半成品成本分步法）。

二、逐步结转分步法

（一）逐步结转分步法的概念和种类

逐步结转分步法，是指按照产品生产加工步骤的先后顺序，分步骤逐步计算并结转半成品成本，各步骤半成品成本由本步骤发生的费用和上一步骤转入半成品成本构成，依次直至最后步骤累计计算出产成品成本的一种成本计算方法，又称为顺序结转分步法、滚动计算分步法。由于该法逐步计算并结转各步骤半成品成本，故也称为计列半成品成本分步法。

逐步结转分步法按具体结转半成品成本方式的不同，又分为综合结转法和分项结转法。

（二）逐步结转分步法的适用范围

通过前述内容我们知道，多步骤生产是指生产工艺过程由若干个可以间断的、分散在不同地点、分别在不同时间进行的生产步骤所组成的生产。多步骤生产按其产品的加工方式，还可以分为连续式生产和装配式生产。

逐步结转分步法主要适用于大量、大批多步骤连续式生产的企业，产品制造要经过若干生产步骤的逐步加工才能完成，前面各步骤生产的都是半成品，只有最后步骤生产的才是产成品。如钢铁厂生产的钢锭、生铁，纺织厂生产的棉纱等。为加强成本管理，企业往往不仅要计算各种产成品成本，而且要计算各步骤的半成品成本。逐步结转分步法通常适用于连续加工式多步骤生产产品的成本计算。

（三）逐步结转分步法的特点

（1）成本对象是各生产步骤及各步骤完工产品（包括半成品及最终产成品）。

（2）逐步计算并结转半成品成本，故半成品的成本要随着半成品的实物转移而结转。在逐步结转分步法下，当某一步骤半成品完工，实物转入半成品仓库或直接转入下一步骤加工时，其成本也随之转入“自制半成品明细账”或下一步骤“基本生产明细账”。

（3）各步骤“基本生产明细账”归集的费用，包括本步骤发生的费用和上一步骤完工的半成品成本。只就某一步骤的成本计算方法而言，其实就是品种法，所以逐步结转分步法实际上就是品种法的多次连续应用。

（4）各步骤的生产费用合计是在本步骤完工产品（包括半成品及最终产成品）和该步骤狭义在产品之间进行分配。

三、综合结转分步法

综合结转分步法是指上一生产步骤的半成品成本转入下一生产步骤时，是以“自制半成品”或“直接材料”（必须是本步骤未耗用材料下）综合项目记入下一生产步骤产品成本明细账的方法。

采用这种方法，各步骤所耗上一步骤的半成品费用，可以按实际成本结转，也可以按计划成本结转，即综合结转分步法包括实际成本综合结转和计划成本综合结转，这里仅介绍实际成本综合结转法。

实际成本综合结转法下，各步骤所耗上一步骤的半成品费用，应根据所耗半成品的实际数量乘以半成品的实际单位成本计算。由于各月所产半成品的实际单位成本不同，因而所耗半成品实际单位成本的计算，可根据企业的实际情况，选择使用先进先出法、加权平均法等方法。

采用综合结转分步法计算产品成本的成本计算程序如下：

（1）根据产品的各生产步骤及各步骤完工产品设置“产品成本明细账”及相应的产品成本计算单；

（2）第一步骤根据本步骤发生的各种生产费用，计算该步骤完工半成品成本，直接转入下一步骤或半成品仓库；

（3）第二步骤以后的各生产步骤，将从上一步骤或半成品库转入的半成品成本，以“自制半成品”或“直接材料”综合项目计入本步骤产品成本明细账中，再加上本步骤发生的费用，计算出本步骤完工的半成品成本，再以综合项目转入下一步骤产品成本明细账中或半成品仓库；

（4）最后步骤计算出完工产成品的成本。

综合结转分步法的优点是：可以在各生产步骤的基本生产成本明细账中反映各该步骤完工产品所耗半成品费用的水平和本步骤加工费用的水平，有利于各个生产步骤的成本管理。其缺点是：为了从整个企业的角度反映产品成本的构成，加强企业综合成本管理，必须进行成本还原，从而增加核算工作量。因此，这种结转方法适宜在半成品具有独立的国民经济意义，管理上要求计算各步骤完工产品所耗半成品费用，但不要求进行成本还原的情况下采用。

【例3-5】某企业大量生产甲产品，顺序经过三个生产步骤，分别由三个车间连续加工制成。第一车间完工的A半成品，交半成品库验收；第二车间按照所需半成品数量向半成品库领用，第二车间生产出B半成品直接交第三车间加工生产出甲产品。第二车间所耗半成品费用按全月一次加权平均单位成本计算。有关资料如下：

（1）产量记录见表3-31。

（2）原材料在生产开始时一次全部投入，各车间（步骤）在产品加工程度均为50%。

（3）本月已根据各种费用分配表等填制记账凭证，并逐笔登记第一车间（第一步骤）生产成本明细账（见表3-32）、第二车间（第二步骤）生产成本明细账（见表3-35）和第三车间（第三步骤）生产成本明细账（见表3-37）。

要求：采用综合结转分步法计算A半成品、B半成品和完工甲产品的成本（其中，各步骤完工半成品、产成品与月末在产品的分配均采用约当产量法）。

表3-31　产量记录　　单位：件

项目	第一车间（A半成品）	第二车间（B半成品）	第三车间（甲产品）
月初在产品数量	150	250	120
本月投入产品数量	850	950	1 000
本月完工产品数量	900	1 000	800
月末在产品数量	100	200	320

解：1. 第一车间A半成品成本计算

（1）登记第一车间甲产品基本生产成本明细账，月初在产品成本应根据上月有关数据计算登记，本月生产费用应根据本月各种费用分配表等进行登记，为了节约篇幅，本月生产费用在此作为已分配好的已知数。

（2）采用约当产量法分配计算完工A半成品和第一车间在产品成本。

表3-32　第一车间生产成本明细账

车间名称：第一车间　　　　产品：A半成品　　　　单位：元

月	日	摘要	数量/件	直接材料/元	直接人工/元	制造费用/元	成本合计/元
6	1	月初在产品成本	150	36 000	10 500	15 000	61 500
	30	本月材料费用		84 000			84 000
	30	本月人工费			18 000		18 000
	30	月末转入制造费用				27 750	27 750
	30	生产费用累计	1 000	120 000	28 500	42 750	191 250
	30	完工半成品成本转出	900	108 000	27 000	40 500	175 500
	30	半成品单位成本		120	30	45	195
	30	月末在产品成本	100	12 000	1 500	2 250	15 750

①分配直接材料费用。

约当总产量=完工产品产量+在产品约当产量=900+100=1 000（件）

半成品单位成本（费用分配率）= 120 000÷1 000=120（元/件）

完工半成品=900×120=108 000（元）

月末在产品=100×120=12 000（元）

②分配直接人工费用。

约当总产量=完工产品产量+在产品约当产量=900+100×50%=950（件）

半成品单位成本（费用分配率）= 28 500÷950=30（元/件）

完工半成品=900×30=27 000（元）

月末在产品=100×50%×30=1 500（元）

③分配制造费用。

约当总产量=完工产品产量+在产品约当产量=900+100×50%=950（件）

半成品单位成本（费用分配率）= 42 750÷950=45（元/件）

完工半成品=900×45=40 500（元）

月末在产品=100×50%×45=2 250（元）

以上分配工作在会计实务中是在相应的“产品成本计算单”上进行（见表3-33）。

表 3-33　产品成本计算单

20××年 6 月 30 日

车间名称：第一车间　　　　　　　　产品：A 半成品

项目	数量/件	直接材料/元	直接人工/元	制造费用/元	成本合计/元
月初在产品成本	150	36 000	10 500	15 000	61 500
本月生产费用	850	84 000	18 000	27 750	129 750
生产费用累计	1 000	120 000	28 500	42 750	191 250
月末在产品约当产量		100	50	50	
约当总产量		1 000	950	950	
半成品单位成本		120	30	45	195
完工半成品成本	900	108 000	27 000	40 500	175 500
月末在产品成本	100	12 000	1 500	2 250	15 750

2. 第一车间半成品完工验收入库，第二车间领出半成品

（1）根据第一车间的半成品交库单，填制如下记账凭证并登记相应明细账：

借：自制半成品——A 半成品　　　　　　　　　　　　　　175 500

　贷：生产成本——基本生产成本——第一车间（A 半成品）　　　175 500

（2）根据第一车间半成品交库单和第二车间领用半成品的领用单等凭证，登记自制半成品明细账，见表 3-34。

表 3-34　自制半成品明细账

半成品：A 半成品

摘要	收入			发出			结存		
	数量/件	单位成本/元	金额/元	数量/件	单位成本/元	金额/元	数量/件	单位成本/元	金额/元
期初结存							200	178. 5	35 700
本期入库	900	195	175 500						
本期发出				950	192	182 400			
期末结存							150	192	28 800

（3）根据第二车间领用半成品的领用单，填制如下记账凭证并登记相应明细账：

借：生产成本——基本生产成本——第二车间（B 半成品）　　182 400

　贷：自制半成品——A 半成品　　　　　　　　　　　　　　　182 400

3. 第二车间 B 半成品成本计算及账务处理

（1）根据各种费用分配表、半成品领用单等登记的第二车间生产成本明细账见表3-35。

表 3-35　第二车间生产成本明细账

车间名称：第二车间　　　　　　　　　　产品：B 半成品

月	日	摘要	数量/件	半成品成本/元	直接人工/元	制造费用/元	成本合计/元
6	1	月初在产品成本	250	9 600	12 000	18 000	39 600
	30	本月转入半成品	950	182 400			182 400
	30	本月人工费			30 900		30 900
	30	月末转入制造费用				41 400	41 400
	30	生产费用累计	1 200	192 000	42 900	59 400	294 300
	30	半成品单位成本		160	39	54	253
	30	完工半成品成本转出	1 000	160 000	39 000	54 000	253 000
	30	月末在产品成本	200	32 000	3 900	5 400	41 300

（2）分配计算完工 B 半成品和第二车间在产品成本（见表 3-36）。

表 3-36　产品成本计算单

20××年 6 月 30 日

车间名称：第二车间　　　　　　　　　　产品：B 半成品

项目	数量/件	半成品成本/元	直接人工/元	制造费用/元	成本合计/元
月初在产品成本	250	9 600	12 000	18 000	39 600
本月生产费用	950	182 400	30 900	41 400	254 700
生产费用累计	1 200	192 000	42 900	59 400	294 300
月末在产品约当产量		200	100	100	
约当总产量		1 200	1 100	1 100	
半成品单位成本		160	39	54	253
完工半成品成本	1 000	160 000	39 000	54 000	253 000
月末在产品成本	200	32 000	3 900	5 400	41 300

①分配直接材料费用。

约当总产量＝完工产品产量+在产品约当产量＝1 000+200＝1 200（件）

单位成本（费用分配率）＝192 000÷1 200＝160（元/件）

完工半成品＝1 000×160＝160 000（元）

月末在产品＝200×160＝41 300（元）

②分配直接人工费用。

约当总产量＝完工产品产量+在产品约当产量＝1 000+200×50%＝1 100（件）

单位成本（费用分配率）＝42 900÷1 100＝39（元/件）

完工半成品＝1 000×39＝39 000（元）

月末在产品 = 200×50%×39 = 3 900（元）

③分配制造费用。

约当总产量 = 完工产品产量+在产品约当产量 = 1 000+200×50% = 1 100（件）

单位成本（费用分配率）= 59 400÷1 100 = 54（元/件）

完工半成品 = 1 000×54 = 54 000（元）

月末在产品 = 200×50%×54 = 5 400（元）

4. 第二车间完工 B 半成品转入第三车间加工

借：生产成本——基本生产成本——第三车间（甲成品）　253 000

　贷：生产成本——基本生产成本——第二车间（B 半成品）　253 000

提示：值得关注的是，实际工作中，为了减少填制记账凭证的数量，半成品不经半成品库收发直接转入下一步骤加工时往往不编制上述会计分录，而是采用直接在账簿上对转的方式进行。

5. 第三车间甲产品成本计算及账务处理

（1）根据各种费用分配表、半成品领用单等登记的第三车间生产成本明细账，见表 3-37。

表 3-37　第三车间生产成本明细账

车间名称：第三车间　　　　　　　　产品：甲产品

月	日	摘要	数量/件	半成品成本/元	直接人工/元	制造费用/元	成本合计/元
6	1	月初在产品成本	120	52 984	11 120	6 760	70 864
	30	本月转入半成品	1 000	253 000			253 000
	30	本月人工费			58 000		58 000
	30	月末转入制造费用				47 000	47 000
	30	生产费用累计		305 984	69 120	53 760	428 864
	30	甲产品单位成本		273. 2	72	56	401. 2
	30	转出完工甲产品成本	800	218 560	57 600	44 800	320 960
	30	月末在产品成本	320	87 424	11 520	8 960	107 904

（2）分配计算完工甲产品和第三车间在产品成本（见表 3-38）。

表 3-38　产品成本计算单

20××年 6 月 30 日

车间名称：第三车间　　　　　　　　产品：甲产品

项目	数量/件	半成品成本/元	直接人工/元	制造费用/元	成本合计/元
月初在产品成本	120	52 984	11 120	6 760	70 864
本月生产费用	1 000	253 000	58 000	47 000	358 000
生产费用累计		305 984	69 120	53 760	428 864
月末在产品约当产量		320	160	160	

表3-38(续)

项目	数量/件	半成品成本/元	直接人工/元	制造费用/元	成本合计/元
约当总产量		1 120	960	960	
完工甲产品单位成本		273. 2	72	56	401. 2
完工甲产品成本	800	218 560	57 600	44 800	320 960
月末在产品成本	320	87 424	11 520	8 960	107 904

①分配直接材料费用。

约当总产量=完工产品产量+在产品约当产量=800+320=1 120（件）

单位成本（费用分配率）= 305 984÷1 120=273. 20（元/件）

完工产成品=800×273. 20=218 560（元）

月末在产品=320×273. 20=87 424（元）

②分配直接人工费用。

约当总产量=完工产品产量+在产品约当产量=800+320×50%=960（件）

单位成本（费用分配率）= 69 120÷960=72（元/件）

完工产成品=800×72=57 600（元）

月末在产品=320×50%×72=11 520（元）

③分配制造费用。

约当总产量=完工产品产量+在产品约当产量=800+320×50%=960（件）

单位成本（费用分配率）= 53 760÷960=56（元/件）

完工产成品=800×56=44 800（元）

月末在产品=320×50%×56=8 960（元）

6. 根据第三车间完工甲产品验收入库填制如下记账凭证并登记相应明细账

借：库存商品——甲产品　　320 960

　贷：生产成本——基本生产成本——第三车间（甲产品）　　320 960

四、成本还原

按综合结转分步法计算出来的各步骤半成品成本和最后步骤计算出来的产成品成本，不能真正体现产品成本的实际构成情况。因此，在管理上要求从整个企业角度考核和分析产品成本的构成和水平时，还应将综合结转分步法算出的产成品成本进行成本还原。

（一）概念和程序

成本还原，就是把本月产成品成本中所耗上一步骤半成品的综合成本，还原成直接材料、直接人工和制造费用等原始成本项目，从而求得按原始成本项目反映的产成品成本资料的成本分解过程。成本还原程序是从最后步骤起，将产成品成本中所耗上一步骤半成品的综合成本，按照上一步骤本月所产完工半成品的成本项目的比例分解还原；如此自后向前逐步分解还原，直到第一步骤为止；然后再将相同成本项目的金额加以汇总，即可求得按原始成本项目反映的产成品成本资料。

（二）假设前提

由于各步骤所耗上一步骤半成品既可能有本月生产的、也可能有以前各月份生产的，而不同月份生产的半成品成本构成不尽相同，若完全依实际的成本构成进行分解是无法进行成本还原的。为了实现成本还原，有必要将复杂问题进行简单化处理，即假设各步骤所耗上一步骤半成品均为本月所产的半成品，即本月各步骤所耗上一步骤半成品构成与本月所产半成品成本构成相同，而本月所产半成品成本构成根据各步骤生产成本明细账可以计算得出，从而实现成本还原的目标。可以这么说，本月所产半成品成本构成是本月所耗的相应半成品成本还原的依据。

（三）还原方法

方法有两种：一种是构成比例还原法，另一种是成本还原分配率法。

1. 构成比例还原法

构成比例还原法，是按照本月所产上一步骤完工半成品的各成本项目成本结构比例进行分解还原。计算程序如下：

（1）计算本月所产上一步骤完工半成品的各成本项目构成比例，即各成本项目占全部成本的比重；根据假设可知，等于计算了本月产成品所耗该半成品的成本构成比例。

（2）计算半成品各成本项目还原值。将半成品的综合成本进行分解。分解的方法是用产成品成本中半成品的综合成本乘以上一步骤生产的该种半成品的各成本项目的比重。其计算公式如下：

$$\text{半成品某成本项目还原值}=\text{本月产成品耗用上一步骤半成品成本}\times\text{上一步骤完工半成品某成本项目比重}$$

（3）计算产成品还原后各成本项目金额。

在成本还原的基础上，将各步骤还原前和还原后相同的成本项目金额相加，即可计算出产成品还原后各成本项目金额，从而求得按原始成本项目反映的产成品成本资料。其计算公式如下：

还原后产品成本=还原前产品成本+半成品成本还原

（4）如果成本计算有两个以上的步骤，第一次成本还原后，还有未还原的半成品成本。这时，还应将未还原的半成品成本进行还原，即用未还原的半成品成本，乘以前一步骤该种半成品的各个成本项目的比重。后面的还原步骤和方法同上。直至还原到第一步骤为止，才能将半成品成本还原为原来的成本项目。

【例3-6】相关资料参照本节【例3-5】的表3-32、表3-35和表3-37。

要求：对本节【例3-6】的计算结果采用构成比例还原法进行成本还原（见表3-39）。

表3-39　成本还原计算表　　单位：元

项目	B半成品	A半成品	直接材料	直接人工	制造费用	合计
①还原前产成品总成本	218 560			57 600	44 800	320 960
②B半成品成本比重		160 000÷253 000=0.632 4		39 000÷253 000=0.154 2	54 000÷253 000=0.213 4	100%

表3-39(续)

项目	B半成品	A半成品	直接材料	直接人工	制造费用	合计
③B半成品成本还原	-218 560	138 217.34		33 701.95	46 640.71	
④A半成品成本比重			108 000÷175 500 =0.615 4	27 000÷175 500 =0.153 8	40 500÷175 500 =0.230 8	100%
⑤A半成品成本还原		-138 217.34	85 058.95	21 257.83	31 900.56	
⑥还原后产成品总成本（①+③+⑤）			85 058.95	112 559.78	123 341.27	320 960

2. 成本还原分配率法

成本还原分配率法，是按照本月产成品所耗上一步骤半成品总成本占本月所产该种半成品总成本的比例（成本还原分配率）进行成本还原的方法。

（1）计算成本还原分配率，分子是待分配费用（本月完工产品所耗上一步骤半成品总成本），分母是分配标准之和（本月所产该种半成品总成本），注意联系还原假设进行理解。

还原率=本月完工产品所耗上一步骤半成品总成本÷本月所产该种半成品总成本

（2）计算半成品各成本项目还原值，它是用成本还原分配率乘以本月生产该种半成品成本项目的金额，其计算公式如下：

$$\text{半成品某成本项目还原值}=\frac{\text{上一步骤完工半成品}}{\text{该成本项目金额}}\times\text{还原分配率}$$

（3）计算产成品还原后各成本项目金额。

在成本还原的基础上，将各步骤还原前和还原后相同的成本项目金额相加，即可计算出产成品还原后各成本项目金额，从而求得按原始成本项目反映的产成品成本资料，其计算公式如下：

还原后产品成本=还原前产品成本+半成品成本还原

（4）如果成本计算需经两个以上的步骤，则需重复①~③步骤进行再次的还原，直至还原到第一步骤为止。

【例3-7】相关资料参照本节【例3-5】的表3-32、表3-35和表3-37。

要求：对本节【例3-4】的计算结果采用成本还原分配率法进行成本还原。

解：计算过程及结果见表3-40。

表3-40　产品成本还原计算表

20××年6月　　　　单位：元

项目	B半成品	A半成品	直接材料	直接人工	制造费用	合计
①还原前产成品成本	218 560			57 600	44 800	320 960
②本月所产B半成品的成本		160 000		39 000	54 000	253 000
③B半成品成本还原	-218 560	138 224		33 692.1	46 643.9	

表3-40(续)

项目	B半成品	A半成品	直接材料	直接人工	制造费用	合计
④本月所产A半成品的成本			108 000	27 000	40 500	175 500
⑤A半成品成本还原		-138 224	85 060.8	21 265.2	31 898	
⑥还原后产成品总成本（①+③+⑤)			85 060.8	112 557.3	123 341.9	320 960

B半成品还原率=218 560/253 000=0.863 9

A半成品还原率=138 244/175 500=0.787 6

【例3-8】某企业生产B产品，经过三个生产步骤连续加工。第一步骤生产的半成品直接交给第二步骤加工，第二步骤生产的半成品直接交给第三步骤加工为产成品，原材料在各工序开始时一次投入，各工序在产品的加工费用在本工序的完工程度按50%计算。各工序完工产品和月末在产品之间的费用分配，均采用约当产量法。假设某月该产品各步骤均无月初在产品，其他资料如下：

（1）产量记录如表3-41所示：

表3-41　产量记录　　单位：件

项目	第一步骤	第二步骤	第三步骤
本月投入数量	156	132	120
本月完工数量	132	120	110
月末在产品数量	24	12	10

（2）成本资料见各步骤产品成本计算单。

要求：①用逐步综合结转分步法计算产品成本，并填列各步骤产品成本计算单（见表3-42至表3-44）；

②编制完工产品入库的会计分录。

解：

表3-42　产品成本计算单1

步骤：第一步骤　　产品名称：半成品1　　完工量：132件

项目	直接材料	直接人工	制造费用	合计
本月发生生产费用/元	70 200	14 400	17 280	101 880
合计/元	70 200	14 400	17 280	101 880
约当总产量/件	132+24	132+24×0.5	132+24×0.5	
分配率/（元/件）	450	100	120	670
本步骤完工半成品成本/元	132×450 =59 400	132×100 =13 200	132×120 =15 840	132×670 =88 440
月末狭义在产品成本/元	10 800	1 200	1 440	13 440

直接材料分配率＝70 200÷（132+24）＝450（元/件）

直接人工分配率＝14 400÷（132+24×50%）＝100（元/件）

制造费用分配率＝17 280÷（132+24×50%）＝120（元/件）

表 3-43　产品成本计算单 2

步骤：第二步骤　　产品名称：半成品 2　　完工量：120 件

项目	半成品 1	直接材料	直接人工	制造费用	合计
本月发生生产费用/元	88 440	13 200	17 640	18 900	138 180
合计/元	88 440	13 200	17 640	18 900	138 180
约当总产量/件	120+12	120+12	120+12×0. 5	120+12×0. 5	
分配率/（元/件）	670	100	140	150	1 060
本步骤完工半成品成本/元	120×670 ＝80 400	120×100 ＝12 000	120×140 ＝16 800	120×150 ＝18 000	120×1 060 ＝127 200
月末狭义在产品成本/元	8 040	1 200	840	900	10 980

直接材料分配率＝13 200÷（120+12）＝100（元/件）

直接人工分配率＝17 640÷（120+12×50%）＝140（元/件）

制造费用分配率＝18 900÷（120+12×50%）＝150（元/件）

半成品 1 分配率＝88 440÷（120+12）＝670（元/件）

表 3-44　产品成本计算单 3

步骤：第三步骤　　产品名称：B 产品　　完工量：110 件

项目	半成品 2	直接材料	直接人工	制造费用	合计
本月发生生产费用/元	127 200	14 400	20 700	23 000	185 300
合计/元	127 200	14 400	20 700	23 000	185 300
约当总产量/件	110+10	110+10	110+10×0. 5	110+10×0. 5	
分配率/（元/件）	1 060	120	180	200	1 560
完工产成品成本/元	110×1 060 ＝116 600	110×120 ＝13 200	110×180 ＝19 800	110×200 ＝22 000	110×1 560 ＝171 600
月末狭义在产品成本/元	10 600	1 200	900	1 000	13 700

直接材料分配率＝14 400÷（110+10）＝120（元/件）

直接人工分配率＝20 700÷（110+10×50%）＝180（元/件）

制造费用分配率＝23 000÷（110+10×50%）＝200（元/件）

半成品 2 分配率＝127 200÷（120+12）＝1 060（元/件）

（3）产品成本还原（见表 3-45）。

表 3-45　产品成本还原计算表

20××年×月　　　　单位：元

项目	半成品 2	半成品 1	直接材料	直接人工	制造费用	合计
①还原前产成品成本	116 600		13 200	19 800	22 000	171 600
②本月所产半成品 2 的成本		80 400	12 000	16 800	18 000	127 200
③半成品 2 成本还原	-116 600	73 698.44	11 000.40	15 400.56	16 500.60	
④本月所产半成品 1 的成本			59 400	13 200	15 840	88 440
⑤半成品 1 成本还原		-73 698.44	49 498.02	10 999.56	13 200.86	
⑥还原后产成品总成本（①+③+⑤）			73 698.42	46 200.12	51 701.46	171 600

半成品 2 还原率＝116 600/127 200＝0.916 7

半成品 1 还原率＝73 698.44/88 440＝0.833 3

（4）产成品入库分录。

借：库存商品——B 产品　　171 600

　贷：生产成本——基本生产成本——第三步骤（B 产品）　　171 600

五、分项结转分步法

分项结转分步法是指上一步骤转入下一步骤的半成品成本，不是以“半成品”或“直接材料”成本项目进行反映的，而是将成本项目记入下一步骤产品成本明细账的相关成本项目中。采用分项结转分步法计算出来的产品成本，能直接提供按原始成本项目反映的产品成本结构，不需要进行成本还原。分项结转分步法包括实际成本分项结转和计划成本分项结转，这里仅以实际成本分项结转为例介绍。

采用分项结转分步法结转半成品成本，可以直接、如实地提供按原始成本项目反映的企业产品成本资料，便于从整个企业的角度考核和分析产品成本计划的执行情况，不需要进行成本还原。但是，这一方法的成本结转工作比较复杂，而且在各步骤完工产品成本中无法看出所耗上一步骤半成品费用是多少，本步骤加工费用是多少，不便于进行各步骤完工产品的成本分析。

例如，钢铁工业企业的炼钢步骤所生产半成品钢锭的成本，如果分项转入轧钢步骤基本生产成本明细账各个成本项目，则在其完工转出的产成品钢材成本中就看不出所耗钢锭费用有多少，本步骤的轧钢费用有多少，因而不便于进行轧钢步骤的成本管理。因此，分项结转分步法一般适用在管理上不要求计算各步骤完工产品所耗半成品费用和本步骤加工费用，而要求按原始成本项目计算产品成本的企业。这类企业，各生产步骤的成本管理要求不高，实际上只是按生产步骤分工计算成本，其目的主要是编制按原始成本项目反映的企业产品成本报表。

【例3-9】某企业大量生产乙产品分两个步骤，分别由两个车间连续加工制成。第一车间完工的乙半成品，交半成品库验收；第二车间按照所需半成品数量向半成品库领用继续加工生产出乙产品，第二车间所耗半成品费用按全月一次加权平均单位成本计算；两步骤完工产成品与月末在产品的分配采用定额成本法。

（1）产量资料，第一车间月末完工500件，在产品100件；第二车间月末完工550件，在产品90件。

（2）原材料在生产开始时，一次全部投入；两车间在产品的加工程度均为50%。

（3）本月已根据各种费用分配表等凭证登记第一车间（第一步骤）乙产品成本计算单（见表3-46），第二车间（第二步骤）乙产品成本计算单（见表3-49）。

（4）定额资料：单位产成品材料费用定额为122.40元；第一车间单位半成品工时定额为3小时，每小时人工费用4.8元，每小时制造费用9.6元；第二车间单位产品在本步骤工时定额为7小时，每小时人工费用4.8元，每小时制造费用10元。

要求：采用分项结转分步法计算乙半成品和完工乙产品的成本。

解：（1）第一车间（第一步骤）乙半成品成本计算。

①登记第一车间乙半成品产品成本计算单（见表3-46）。

表3-46　产品成本计算单

步骤：第一车间　　　　　　　　产品名称：乙半成品

项目	数量/件	直接材料/元	直接人工/元	制造费用/元	成本合计/元
月初在产品成本（定额成本）		10 200	600	1 200	12 000
本月生产费用		63 240	9 120	20 040	92 400
生产费用累计		73 440	9 720	21 240	104 400
完工半成品成本	500	61 200	9 000	19 800	90 000
完工半成品单位成本		122.4	18	39.6	180
月末在产品成本（定额成本）	100	12 240	720	1 440	14 400

②采用定额成本法分配计算完工乙半成品成本（见表3-47）。

表3-47　月末在产品定额成本计算表

步骤	在产品数量/件	直接材料费用/元	定额工时/小时	直接人工/元	制造费用/元	定额成本合计/元
1	100	100×（122.4×100%）= 12 240	100×（3×50%）= 150	150×4.8 =720	150×9.6 =1 440	14 400

（2）第一车间半成品完工验收入库，第二车间领出半成品。

①根据第一车间的半成品交库单，填制如下记账凭证并登记相应明细账（见表3-48）：

借：自制半成品——乙半成品　　　　　　　　　　　　　　　90 000

　贷：生产成本——基本生产成本——第一车间（乙半成品）　　　90 000

②根据第二车间领用半成品的领用单，填制如下记账凭证并登记相应明细账：

借：生产成本——基本生产成本——第二车间（乙产品）　　　96 200.3

　贷：自制半成品——乙半成品　　　　　　　　　　　　　　　96 200.3

表 3-48　自制半成品明细账

产品：乙半成品

月份	摘要	数量/件	实际成本/元			
			直接材料	直接人工	制造费用	成本合计
6	月初余额	100	12 850	1 894	4 156	18 900
6	本月增加	500	61 200	9 000	19 800	90 000
6	合计	600	74 050	10 894	23 956	108 900
6	单位成本		123.42	18.16	39.93	181.5
6	本月减少	530	65 412.6	9 624.8	21 162.9	96 200.3
6	月末余额	70	8 637.4	1 269.2	2 793.1	12 699.7

（3）第二车间（第二步骤）乙产品成本计算及账务处理。

①登记第二车间乙半成品产品成本计算单（见表 3-49）。

表 3-49　产品成本计算单

步骤：第二车间　　　　　　　　　产品名称：乙产品

项目	数量/件	直接材料/元	直接人工/元	制造费用/元	成本合计/元
在产品成本（定额成本）		12 920	4 108.5	4 471.5	21 500
本月本步加工费用			3 970	5 955	9 925
本月耗用半成品费用		65 412.6	9 624.8	21 162.9	96 200.3
生产费用累计		78 332.6	17 703.3	31 589.4	127 625.3
本月产成品成本	550	67 316.6	14 895.3	25 739.4	107 951.3
产成品单位成本		123.39	28.26	46.8	198.45
在产品成本（定额成本）	90	11 016	2 808	5 850	19 674

②采用定额成本法分配计算完工乙产品成本（见表 3-50）。

表 3-50　月末在产品定额成本计算表

步骤	在产品数量/件	直接材料费用/元	定额工时/小时	直接人工/元	制造费用/元	定额成本合计/元
2	90	90×（122.4×100%）= 11 016	90×（3+7×50%）= 585	585×4.8 =2 808	585×10 =5 850	19 674

③第二车间完工产成品验收入库。

根据第二车间产成品交库单，编制结转产成品成本的会计分录如下：

借：库存商品——乙产品　　107 951.3

　贷：生产成本——基本生产成本——第二车间（乙产品）　　107 951.3

第五节　平行结转分步法

平行结转分步法是指各生产步骤不计算也不结转本步骤完工半成品成本，只归集本步骤发生的费用和计算这些费用中应由最终完工产成品成本负担的部分（“份额”），最后将这些“份额”进行平行结转、汇总，从而计算出产品成本的方法。又称不顺序结转分步法、不滚动计算分步法；由于该法不计算也不结转各步骤完工半成品成本，故又称为不计列（算）半成品成本分步法。

一、适用范围和特点

从理论上讲，大量、大批地进行连续式、装配式多步骤生产的企业，均可以采用平行结转分步法来计算其成本。但平行结转分步法无法提供各步骤完工半成品成本，比如，当企业有半成品外售的情况，需要外销半成品成本时，就不宜采用平行结转分步法。平行结转分步法主要适用于在成本管理上要求分步归集生产费用，但不需要提供半成品成本的大量、大批多步骤生产的企业。

平行结转分步法的特点如下：

（1）成本对象是各生产步骤及最终产成品。

（2）不计算也不结转半成品成本，故半成品的成本不随实物移动而结转。在平行结转分步法下，当某一步骤半成品完工，其实物转入半成品仓库或直接转入下一步骤加工时，其成本不随之结转。

（3）各生产步骤不计算半成品成本，在各步骤“生产成本明细账”中只归集本步骤发生的费用，不归集从上一步骤转入的半成品费用。比如，当材料是一次投料时，除第一步骤生产费用中包括所耗用的直接材料、直接人工和制造费用外，其他各步骤只有本步骤发生的直接人工和制造费用等加工费用。

（4）各步骤的生产费用合计是在最终产成品和该步骤广义在产品之间进行分配。所谓广义在产品，即指尚未完成全部加工的在产品和半成品，包括：①尚在本步骤加工中的在产品，即狭义在产品；②本步骤已完工转入半成品库的半成品；③已从半成品库转到以后各步骤进一步加工、尚未最后完成的产品。因此，这里的在产品成本，是指包括这三个部分的广义在产品的成本。其中后两部分的实物已经从本步骤转出，但其成本仍留在本步骤生产成本明细账中尚未转出。

二、平行结转分步法的基本计算程序

（1）根据产品的各生产步骤及最终产成品设置“产品成本明细账”及相应的产品成本计算单；

（2）各步骤成本明细账分别按成本项目归集本步骤发生的生产费用（但不包括耗用的上一步骤半成品的成本）；

（3）月末将各步骤归集的生产费用在产成品与该步骤广义在产品之间进行分配，计算各步骤费用中应计入产成品成本的“份额”；

（4）将各步骤费用中应计入产成品成本的“份额”按成本项目平行结转，汇总计算出产成品的总成本及单位成本，如图 3-4 所示。

甲产品第一步骤成本计算单	
成本项目	生产费用合计/元
直接材料	12 516
直接人工	6 779
制造费用	5 320
合计	24 615
计入完工产品份额	21 538.13
月末在产品成本	3 076.87

甲产品第二步骤成本计算单	
成本项目	生产费用合计/元
直接材料	
直接人工	5 860
制造费用	5 140
合计	11 000
计入完工产品份额	9 625
月末在产品成本	1 375

甲产品第三步骤成本计算单	
成本项目	生产费用合计/元
直接材料	
直接人工	5 720
制造费用	4 986
合计	10 706
计入完工产品份额	9 367.75
月末在产品成本	1 338.25

甲产品成本汇总计算单	
第一步骤	21 538.13元
第二步骤	9 625元
第三步骤	9 367.75元
合计	40 530.88元

图 3-4　平行结转分步法的核算程序

三、各步骤费用中应计入产成品成本“份额”的确定

正确确定各步骤生产费用中应计入产成品成本的“份额”，即每一生产步骤的生产费用正确地在完工产成品和广义在产品之间进行分配，是采用这一方法时得以正确计算产成品成本的关键所在。在平行结转分步法下，通常采用约当产量法、定额比例分

配法进行费用的分配，以确定各步骤费用中应计入产成品成本的“份额”。

（一）采用定额比例分配法计算应计入产成品成本的“份额”

采用定额比例分配法计算应计入产成品成本的“份额”，就是将各步骤生产费用合计按照完工产成品与月末广义在产品定额消耗量或定额费用、定额工时的比例进行分配，以确定各步骤费用中应计入产成品成本的“份额”。其中直接材料费用，一般按材料的定额消耗量或定额费用的比例分配；直接人工等加工费用，一般按定额费用或定额工时比例分配。由于直接人工等加工费用的定额费用一般是根据定额工时乘以每小时的各该费用定额计算，因而这些费用一般按定额工时比例分配，以节省各项费用的计算工作。

应计入产成品成本的“份额”计算公式为：

广义在产品的实物分散在各个生产步骤和半成品仓库，具体的盘存、计算比较复杂，通常采用倒挤的方法计算。

（1）月末广义在产品定额=月初在产品定额+本月投入定额-本月完工产成品定额

其中，定额包括定额消耗量、定额费用或定额工时，应根据不同的成本项目选择合适的定额标准。

（2）分配率=某项生产费用合计÷（月初广义在产品定额+本月投入定额）

（3）计入产成品成本的“份额”=完工产成品定额×分配率

（二）采用约当产量法计算应计入产成品成本的“份额”

采用约当产量法计算应计入产成品成本的“份额”，就是将各步骤生产费用按照完工产成品所耗各步骤半成品的数量与月末广义在产品约当产量的比例进行分配，以确定各步骤费用中应计入产成品成本的“份额”。计算公式为：

$$\text{某步骤应计入产成品成本的份额}=\text{产成品的数量}\times\frac{\text{单位产成品耗用}}{\text{该步骤半成品数量}}\times\text{该步骤半成品单位成本}$$

上式中“该步骤半成品单位成本”，按下列公式计算：

$$\text{某步骤半成品单位成本}=\frac{\text{该步骤月初广义在产品成本}+\text{该步骤本月发生费用}}{\text{完工产成品所耗该步骤半成品的数量}+\text{该步骤月末广义在产品约当产量}}$$

上式中“月末该步骤广义在产品约当产量”，按下述公式计算：

$$\text{某步骤月末广义在产品约当产量}=\text{该步骤完工存入半成品仓库半成品数量}+\text{该步骤完工转入以后各步骤正在加工半成品数量}+\text{该步骤月末狭义在产品约当产量}$$

上式中各步骤完工产品总数量（总约当产量）是由三部分组成的，即本月完工产成品数量、各步骤月末尚未完工的在产品数量以及本步骤已经加工完成转到半成品库和以后各步骤尚未制成为产成品的半成品数量。

提示：不滚动计算的分步法

1950年，华东纺织管理局财务处成本科的工作人员研究出了一种新的不滚动计算的分步法。纺织工业部财务司将其收入各类《纺织企业成本计算规程》，推介到全国纺织企业。随后又经财政部会计司向全国各行业推广，被称为平行结转分步法。

四、平行结转分步法的优缺点

采用平行结转分步法计算产品成本，由于各步骤不计算所耗上一步骤半成品的成本，只计算本步骤所发生的费用应计入产成品成本中的“份额”，将每一步骤应计入产成品成本的“份额”平行汇总即可计算出产成品成本。因此，各生产步骤月末可以同时进行成本计算，不必等待上一步骤半成品成本的结转，从而加快了成本计算工作的速度，缩短了成本计算的时间；同时，采用平行结转分步法，能直接、准确提供按原始成本项目反映的产品成本的资料，有助于进行成本分析和成本考核。

半成品成本的结转同其实物结转相脱节，各步骤月末在产品成本不仅包括本步骤正在加工中的在产品，而且也包括转入下一步骤但尚未最后制成为产成品的那些半成品在本步骤中发生的费用，这样，各步骤成本计算单上的月末在产品成本与实际结存在该步骤的在产品成本就不一致，因而，不利于加强对生产资金的管理。

所以，平行结转分步法一般适用于不需要提供各步骤半成品成本资料的企业。

五、逐步结转分步法和平行结转分步法的比较

（一）成本管理的要求不同

逐步结转分步法是计算半成品成本的分步法，平行结转分步法是不计算半成品成本的分步法。要不要计算半成品的成本取决于成本管理的要求。这两种计算方法的区别，首先表现在它们体现了不同的成本管理要求。

如果企业自制半成品对外销售，或半成品的成本是进行同行业成本评比的重要指标，或某种半成品为企业多种产品共同耗用时，在成本管理上就会要求计算半成品的成本，这样成本的计算就应采用逐步结转分步法。逐步结转分步法可以为分析和考核各生产步骤半成品成本计划的完成情况、为正确地计算半成品的销售成本提供资料。

如果企业半成品的种类较多，且不对外销售时，在成本管理上可以不要求计算半成品的成本。这样，采用平行结转分步法，各生产步骤可以同时计算应计入产成品成本的“份额”，无须逐步计算和结转半成品的成本。

（二）成本的计算方式不同

逐步结转分步法是按照生产步骤逐步计算和结转半成品成本，直到最后步骤计算出完工产品的成本。各生产步骤的成本核算需要等待上一步骤的成本核算结果。如果半成品采用综合结转时，为了全面反映企业产品成本的构成，还必须进行成本还原，增加了成本核算的工作量。而采用分项结转半成品成本，虽然可以直接提供按原始成本项目反映的成本构成，不需要进行成本还原，但各步骤成本结转比较复杂。逐步结转分步法核算工作量较大，不便于核算工作的分工，核算工作的效率也比较低。

平行结转分步法是将各生产步骤应计入产成品成本的“份额”平行结转加以汇总，来计算产成品成本的。各步骤应计入产成品成本的“份额”可以同时计算，无须等待，可以简化和加速成本核算工作。

（三）在产品的含义不同

在逐步结转分步法下，各步骤的完工产品包括完工半成品和产成品；而在产品是指各该步骤狭义的在产品，即正在各步骤加工的在产品。在逐步结转分步法下，半成品的成本随着半成品的实物移动而结转，各生产步骤在产品成本的发生地和在产品的所在地是一致的。这样，更有利于在产品和半成品的实物管理。

在平行结转分步法下，各生产步骤完工产品均是指最终的产成品；而在产品是指

广义的在产品，广义在产品包括：尚在本步骤加工的在产品（狭义在产品），及本步骤已完工转入半成品库的半成品或已从半成品库转到以后各步骤进一步加工尚未最后完工的产品。在平行结转分步法下，半成品的实物已经转移而半成品的成本仍留在各步骤，这样各生产步骤在产品成本的发生地和在产品的所在地往往是不一致的。这样，不利于在产品和半成品的实物管理。

【例 3-10】某企业生产甲产品，生产分两步进行，第一步骤为第二步骤提供半成品，第二步骤将其加工为产成品。材料在生产开始时一次投入，产成品和月末在产品之间分配费用的方法采用定额比例法：其中材料费用按定额材料费用比例分配，其他费用按定额工时比例分配。有关定额资料、月初在产品成本及本月发生的生产费用见各步骤的产品成本计算单。

要求：（1）采用平行结转分步法计算甲产品成本（完成各步骤产品成本计算单和产品成本汇总表的填制，列出每一步骤各成本项目分配率的计算过程，分配率保留小数点后两位）（见表 3-51 至表 3-56）；

（2）编制完工产成品入库的会计分录。

表 3-51　产品成本计算单

生产步骤：第一步骤　　　　20××年 8 月　　　　产品品种：甲产品

项目	直接材料		定额工时/小时	直接人工/元	制造费用/元	合计/元
	定额/元	实际/元				
月初在产品成本	67 000	62 000	2 700	7 200	10 000	79 200
本月生产费用	98 000	89 500	6 300	11 700	11 600	112 800
本月生产费用合计						
分配率						
应计入产成品成本的份额	125 000		5 000			
月末在产品成本						

表 3-52　产品成本计算单

生产步骤：第二步骤　　　　20××年 8 月　　　　产品品种：甲产品

项目	直接材料		定额工时/小时	直接人工/元	制造费用/元	合计/元
	定额/元	实际/元				
月初在产品成本			2 300	8 500	9 500	18 000
本月生产费用			9 300	20 500	22 980	43 480
本月生产费用合计						
分配率						
应计入产成品成本的份额			10 000			
月末在产品成本						

表 3-53　产品成本汇总计算表

产品品种：甲产品　　　　20××年 8 月　　　　单位：元

生产步骤	产成品数量	直接材料	直接人工	制造费用	合计
第一步骤份额					
第二步骤份额					
总成本	500				
单位成本					

解答：

表 3-54　产品成本计算单

生产步骤：第一步骤　　　　20××年 8 月　　　　产品品种：甲产品

项目	直接材料		定额工时/小时	直接人工/元	制造费用/元	合计/元
	定额/元	实际/元				
月初在产品成本	67 000	62 000	2 700	7 200	10 000	79 200
本月生产费用	98 000	89 500	6 300	11 700	11 600	112 800
合计	165 000	151 500	9 000	18 900	21 600	192 000
分配率		0. 92		2. 1	2. 4	
应计入产成品成本的份额	125 000	115 000	5 000	10 500	12 000	137 500
月末在产品成本	40 000	36 500	4 000	8 400	9 600	54 500

①直接材料分配率＝151 500/165 000＝0. 92（元/件）

②直接人工分配率＝18 900/9 000＝2. 1（元/件）

③制造费用分配率＝21 600/9 000＝2. 4（元/件）

表 3-55　产品成本计算单

生产步骤：第二步骤　　　　20××年 8 月　　　　产品品种：甲产品

项目	直接材料		定额工时/小时	直接人工/元	制造费用/元	金额合计/元
	定额/元	实际/元				
月初在产品成本			2 300	8 500	9 500	18 000
本月生产费用			9 300	20 500	22 980	43 480
合计			11 600	29 000	32 480	61 480
分配率				2. 5	2. 8	
应计入产成品成本的份额			10 000	25 000	28 000	53 000
月末在产品成本			1 600	4 000	4 480	8 480

①直接人工分配率＝29 000/11 600＝2. 5（元/件）

②制造费用分配率＝32 480/11 600＝2. 8（元/件）

表 3-56 产品成本汇总计算表

产品品种：甲产品　　　　　　　　20××年 8 月

生产步骤	完工产成品数量/件	直接材料/元	直接人工/元	制造费用/元	合计/元
第一步…		115 000	10 500	12 000	137 500
第二步…			25 000	28 000	53 000
总成本	500	115 000	35 500	40 000	190 500
单位成本		230	71	80	381

借：库存商品——甲产品　　　　　　　　　　　　　　　190 500

　贷：生产成本——基本生产成本——第一步（甲产品）　　　137 500

　　　　　　　　　　　　　　　——第二步（甲产品）　　　53 000

【例 3-11】资料同【例 3-8】，成本计算方法由原来的逐步综合结转分步法改为平行结转分步法，为了便于说明，资料再次列出。

某企业生产 B 产品，经过三个生产步骤连续加工。第一步骤生产的半成品直接交给第二步骤加工，第二步骤生产的半成品直接交给第三步骤加工为产成品，原材料在各步骤开始时一次投入，各步骤在产品的加工费用在本工序的完工程度均按 50%计算。各步骤完工产品和月末在产品之间的费用分配均采用约当产量法。假设某月该产品各步骤均无在产品，其他资料如下：

（1）产量记录如表 3-57 所示。

表 3-57 产量记录表　　　　　　　　单位：件

项目	第一步骤	第二步骤	第三步骤
本月投入数量	156	132	120
本月完工数量	132	120	110
月末在产品数量	24	12	10

（2）成本资料见各步骤产品成本计算单（见表 3-58 至表 3-61）。

要求：①采用平行结转分步法计算产品成本，并填列各步骤产品成本计算单；

②编制完工产品入库的会计分录。

解：

表 3-58 产品成本计算单 1

步骤：第一步骤　　　　　　产品名称：B 产品　　　　　　完工量：110 件

项目	直接材料	直接人工	制造费用	合计
本月发生生产费用/元	70 200	14 400	17 280	101 880
合计/元	70 200	14 400	17 280	101 880
月末广义在产品约当产量/件	12+10+24 =46	12+10+24×0. 5 =34	12+10+24×0. 5 =34	

表3-58(续)

项目	直接材料	直接人工	制造费用	合计
约当总产量/件	110+46	110+34	110+34	
分配率/（元/件）	450	100	120	670
计入产成品成本的份额/元	110×450 =49 500	110×100 =11 000	110×120 =13 200	110×670 =73 700
月末广义在产品成本/元	20 700	3 400	4 080	28 180

直接材料分配率=70 200÷（110+46）=450（元/件）

直接人工分配率=14 400÷（110+34）=100（元/件）

制造费用分配率=17 280÷（110+34）=120（元/件）

表 3-59　产品成本计算单 2

步骤：第二步骤　　产品名称：B 产品　　完工量：110 件

项目	直接材料	直接人工	制造费用	合计
本月发生生产费用/元	13 200	17 640	18 900	49 740
合计/元	13 200	17 640	18 900	49 740
月末广义在产品约当产量/件	10+12 =22	10+12×0. 5 =16	10+12×0. 5 =16	
约当总产量/件	110+22	110+16	110+16	
分配率/（元/件）	100	140	150	390
计入产成品成本的份额/元	110×100 =11 000	110×140 =15 400	110×150 =16 500	110×390 =42 900
月末广义在产品成本/元	2 200	2 240	2 400	6 840

直接材料分配率=13 200÷（110+22）=100（元/件）

直接人工分配率=17 640÷（110+16）=140（元/件）

制造费用分配率=18 900÷（110+16）=150（元/件）

表 3-60　产品成本计算单 3

步骤：第三步骤　　产品名称：B 产品　　完工量：110 件

项目	直接材料	直接人工	制造费用	合计
本月发生生产费用/元	14 400	20 700	23 000	58 100
合计/元	14 400	20 700	23 000	58 100
约当总产量/件	110+10	110+10×0. 5	110+10×0. 5	
分配率/（元/件）	120	180	200	500
计入产成品成本的份额/元	110×120 =13 200	110×180 =19 800	110×200 =22 000	110×500 =55 000
月末广义在产品成本/元	1 200	900	1 000	3 100

直接材料分配率=14 400÷（110+10）=120（元/件）

直接人工分配率=20 700÷（110+10×50%）=180（元/件）

制造费用分配率=23 000÷（110+10×50%）=200（元/件）

表 3-61　产品成本汇总表 4

产品名称：B 产品　　　　完工量：110 件　单位：元

项目		直接材料	直接人工	制造费用	合计
总成本	第一步骤	49 500	11 000	13 200	73 700
	第二步骤	11 000	15 400	16 500	42 900
	第三步骤	13 200	19 800	22 000	55 000
	合计	73 700	46 200	51 700	171 600
单位成本	第一步骤	450	100	120	670
	第二步骤	100	140	150	390
	第三步骤	120	180	200	500
	合计	670	420	470	1 560
B 产成品总成本		73 700	46 200	51 700	171 600
B 产成品单位成本		670	420	470	1 560

成本项目构成金额和例题【3-8】基本一致，差异主要是因为是计算还原时系数约等所致。

产成品入库分录：

借：库存商品——B 产品　　171 600

　贷：生产成本——基本生产成本——第一步骤（B 产品）　　73 700

　　　　　　　　　　　　　　——第二步骤（B 产品）　　42 900

　　　　　　　　　　　　　　——第三步骤（B 产品）　　55 000

本章思考题

1. 产品成本计算的主要方法和辅助方法有哪些？各种不同的方法最主要的区别是什么？

2. 简化的分批法，其“简化”之处表现在哪些方面？

3. 进行成本还原的前提条件是什么？如何理解？

4. 逐步结转分步法与平行结转分步法之间的比较。

5. 逐步综合结转和分项结转有何相同与不同之处？

6. 试述平行结转分步法的成本对象、特点及计算程序。

本章练习题

一、某厂设有一个基本生产车间，大量生产甲、乙两种产品。甲、乙两种产品属于单步骤生产，根据生产特点和管理要求，甲、乙两种产品采用品种法计算产品成本。该企业“生产成本”总账下分甲、乙产品设置产品成本计算单，下设“直接材料”“直接人工”和“制造费用”三个成本项目。“制造费用”核算基本生产车间发生的间接费用，按费用项目设专栏组织明细核算。2011 年 11 月有关成本计算资料如下：

1. 月初在产品成本。甲、乙两种产品的月初在产品成本已分别记入各该产品成本计算单。

2. 本月生产数量。甲产品本月完工 500 件，月末在产品 100 件，实际生产工时 100 000小时；乙产品本月完工 200 件，月末在产品 40 件，实际生产工时 50 000 小时。甲、乙两种产品的原材料都在生产开始时一次投入，加工费用发生比较均衡，月末在产品完工程度均为 50%。

3. 本月发生生产费用。

（1）本月发出材料汇总表见表 3-62。

表 3-62　发出材料汇总表　　单位：元

领料部门和用途	材料类别			合计
	原材料	包装物	低值易耗品	
基本生产车间				
甲产品耗用	800 000	10 000		810 000
乙产品耗用	600 000	4 000		604 000
甲、乙产品共同耗用	28 000			28 000
车间一般耗用	2 000		100	2 100
厂部管理部门耗用	1 200		400	1 600
合计	1 431 200	14 000	500	1 445 700

生产甲、乙两种产品共同耗用的材料按甲、乙两种产品直接耗用原材料的比例分配。

（2）本月工资结算汇总表及职工福利费用计算表（简化格式）见表 3-63。

表 3-63　工资及福利费汇总表　　单位：元

人员类别	应付工资总额	应计提福利费	合计
基本生产车间			
产品生产工人	420 000	58 800	478 800
车间管理人员	20 000	2 800	22 800
厂部管理人员	40 000	5 600	45 600
合计	480 000	67 200	547 200

（3）本月以库存现金支付的费用为 1 875 元，其中基本生产车间办公费 315 元；厂部管理部门办公费 1 560 元。

（4）本月以银行存款支付的费用为 12 000 元，其中基本生产车间办公费等 7 000 元；厂部管理部门办公费等 5 000 元。

（5）本月应计提固定资产折旧费16 000元，其中基本生产车间10 000元，厂部6 000元。

（6）本月应分摊财产保险费1 795元，其中基本生产车间1 195元，厂部管理部门600元。

要求：用品种法核算甲、乙两种产品的成本。具体要求附后。

（一）根据各项生产费用发生的原始凭证和其他有关资料，编制各项要素费用分配表，分配各项要素费用并编制相关会计分录。

1. 分配材料费用，其中生产甲、乙两种产品共同耗用材料按甲、乙两种产品直接耗用原材料的比例分配。

（1）完成分配表3-64、表3-65。

表3-64 甲、乙产品共耗材料分配表 单位：元

产品名称	直接耗用原材料	分配率	分配共耗材料
合计			

表3-65 材料费用归集分配表 单位：元

会计科目	明细科目	原材料	包装物	低值易耗品	合计
生产成本	甲产品				
	乙产品				
	小计				
制造费用	基本车间				
管理费用	修理费				
合计					

（2）编制会计分录。

2. 分配工资及福利费用，其中甲、乙两种产品应分配的工资及福利费按甲、乙两种产品的实际生产工时比例分配。

（1）完成分配表3-66。

表3-66 工资及福利费用分配表 单位：元

分配对象		工资			福利费	
会计科目	明细科目	分配标准（工时）	分配率	分配金额	分配率	分配金额
生产成本	甲产品	100 000				
	乙产品	50 000				
	小计					

表3-66(续)

分配对象		工资			福利费	
制造费用	基本生产车间					
管理费用	薪酬费					
合计						

（2）编制相应的会计分录。

3. 编制本月现金和银行存款支付费用的会计分录。

4. 根据固定资产折旧费用计算表及财产保险费分配表（见表3-67、表3-68）编制会计分录。

表3-67　折旧费用计算表　　单位：元

会计科目	明细科目	费用项目	分配金额
制造费用	基本车间	折旧费	10 000
管理费用		折旧费	6 000
合计			16 000

表3-68　财产保险费分配表　　单位：元

会计科目	明细科目	费用项目	分配金额
制造费用	基本车间	保险费	1 195
管理费用		保险费	600
合计			1 795

（二）按甲、乙两种产品的生产工时比例分配制造费用。

根据基本生产车间归集的制造费用总额43 410元，编制制造费用分配表（见表3-69）及会计分录。

1. 编制制造费用表。

表3-69　制造费用分配表

车间名称：基本生产车间　　单位：元

产品	生产工时	分配率	分配金额
合计			

2. 制造费用分配的会计分录。

（三）在完工产品与在产品之间分配生产费用。

1. 甲产品按约当产量法计算完工产品和月末在产品成本。编制甲产品月末在产品约当产量计算表（见表3-70），并完成甲产品的成本计算单（见表3-71）。

表 3-70　在产品约当产量计算表

产品名称：甲产品　　　　　　　　　　　　　　　　　　　　　　　　　　单位：件

成本项目	在产品数量	投料程度（加工程度）	约当产量
直接材料			
直接人工			
制造费用			

表 3-71　产品成本计算单

产品名称：甲产品　　　　　　20××年 11 月

项目	直接材料	直接人工	制造费用	合计
月初在产品成本/元	164 000	32 470	3 675	200 145
本月生产费用/元				
生产费用合计/元				
完工产品数量/件				
在产品约当量/件				
约当总产量/件				
分配率（单位成本）/（元/件）				
完工产品总成本/元				
月末在产品成本/元				

2. 乙产品按固定在产品成本法计算完工产品和月末在产品成本，完成乙产品的成本计算单（见表 3-72）。

表 3-72　产品成本计算单

产品名称：乙产品　　　　　　20××年 11 月　　　　　　　　　　　　单位：元

项目	直接材料	直接人工	制造费用	合计
月初在产品成本	123 740	16 400	3 350	143 490
本月生产费用				
生产费用合计				
完工产品总成本				
月末在产品成本				

（四）结转完工产品成本。

根据表 3-71、表 3-72 中的分配结果，编制完工产品成本汇总表（见表 3-73），结转完工入库产品成本。

表 3-73　完工产品成本汇总表

20××年 11 月　　单位：元

成本项目	甲产品（500 件）		乙产品（200 件）	
	总成本	单位成本	总成本	单位成本
直接材料				
直接人工				
制造费用				
合计				

二、东兴机床厂根据客户订单要求组织生产，采用分批法计算产品成本。20××年 9 月生产产品的情况如下：

（1）车床 20 台，批号 703 号，7 月份投产，本月份全部完工。

（2）机床 40 台，批号 901 号，本月份投产，月末尚未完工。

（3）磨床 120 台，批号 509 号，5 月份投产，本月完工 90 台，其余尚未完工。因完工产品数量较大，生产费用要求在完工产品和在产品之间按约当产量法进行分配。产品的原材料在生产开始时一次投入，月末在产品完工程度为 60%。

其他有关生产费用资料见产品成本明细账。

要求：完成三个批次产品成本明细账及产品成本计算单的填制（见表 3-74 至表 3-77）。

表 3-74　产品成本明细账 1

批号：703　　批量：20 台　　投产日期：7 月

产品名称：车床　　本月完工：20 台　　完工日期：9 月　　单位：元

摘要	直接材料	直接人工	制造费用	合计
月初在产品成本	100 000	20 000	18 000	138 000
本月发生材料费用	300 000			300 000
本月发生人工费		55 000		55 000
月末转入的制造费用			36 000	36 000
生产费用累计				
转出完工产品成本				
单位成本				

表 3-75　产品成本明细账 2

批号：901　　投产日期：9 月　　产品名称：机床

批量：40 台　　完工日期：　　单位：元

摘要	直接材料	直接人工	制造费用	合计
本月发生材料费用	100 000			100 000
本月发生人工费		80 000		80 000
月末转入的制造费用			20 000	20 000
生产费用累计				
月末在产品成本				

表 3-76　产品成本明细账 3

批号：509　　　　　　　　　投产日期：5 月　　　　　　　　　产品名称：磨床

批量：120 台　　本月完工：90 台　　完工日期：　　　　　　　　　单位：元

摘 要	直接材料	直接人工	制造费用	合计
月初在产品成本	2 330 400	200 000	354 200	2 884 600
本月发生人工费		16 000		16 000
月末转入的制造费用			104 800	104 800
生产费用累计				
转出完工产品成本				
月末在产品成本				

表 3-77　产品成本计算单

批号：509　　　　　　　　　投产日期：5 月　　　　　　　　　产品名称：磨床

批量：120 台　　本月完工：90 台　　完工日期：

项目	直接材料	直接人工	制造费用	合计
月初在产品成本/元				
本月生产费用/元				
生产费用累计/元				
在产品约当产量/件				
约当总产量/件				
分配率/（元/件）				
完工产品成本/元				
月末在产品成本/元				

三、某工业企业采用简化的分批法计算乙产品各批产品成本。

（1）5 月份生产批号有：

1028 号：4 月份投产 10 件，5 月 20 日全部完工。

1029 号：4 月份投产 20 件，5 月完工 10 件。

1030 号：本月投产 9 件，尚未完工。

（2）各批号 5 月末累计原材料费用（原材料在生产开始时一次投入）和工时为：

1028 号：原材料费用 1 000 元，工时 100 小时。

1029 号：原材料费用 2 000 元，工时 200 小时。

1030 号：原材料费用 1 500 元，工时 100 小时。

（3）5 月末，该企业乙产品所有批次的累计原材料费用 4 500 元，工时 400 小时，直接人工费用 2 000 元，制造费用 1 200 元。

（4）5 月末，完工产品工时 250 小时，其中 1029 号 150 小时。

要求：（1）计算累计间接计入费用分配率。

（2）计算各批完工产品成本。

（3）编写完工产品入库会计分录。

四、某企业甲产品生产分三个步骤，由第一、第二、第三三个生产车间顺序进行，第一车间生产A半成品完工后全部直接交第二车间继续加工，第二车间生产B半成品完工后全部交半成品库验收；第三车间按所需B半成品数量向半成品库领用，所耗半成品费用按全月一次加权平均单位成本计算。三个车间完工产品和月末在产品之间的费用分配，均采用约当产量法，原材料在生产开始时一次投入，各车间的工资和费用发生比较均衡，月末在产品完工程度均为50%，第一、第二、第三车间月末在产品数量分别为100件、100件、150件，完工产品数量分别为500件、500件、550件。该企业采用按实际成本综合逐步结转分步法计算甲产品成本，有关资料见“产品成本计算单”和“自制半成品明细账”。

要求：（1）计算填列“产品成本计算单”和“自制半成品明细账”（见表3-78至表3-81）。

（2）计算填列“产成品成本还原计算表”（见表3-82，还原分配率要求保留小数点后四位）。

（3）编制结转完工半成品和产成品入库的会计分录。

表3-78　产品成本计算单

车间名称：第一车间　　20××年11月　　产品名称：A半成品

项目	直接材料	直接人工	制造费用	合计
月初在产品成本/元	25 000	6 250	5 000	36 250
本月生产费用/元	275 000	131 250	105 000	
生产费用合计/元				
本月完工产品数量/件	500	500	500	500
月末在产品约当产量/件				
费用分配率/（元/件）				
完工A半成品成本/元				
月末在产品成本/元				

表3-79　产品成本计算单

车间名称：第二车间　　20××年11月　　产品名称：B半成品

项目	直接材料	直接人工	制造费用	合计
月初在产品成本/元	95 000	20 000	15 000	130 000
本月生产费用/元		200 000	150 000	
生产费用合计/元				
本月完工产品数量/件	500	500	500	500
月末在产品约当产量/件				
费用分配率/（元/件）				
完工B半成品成本/元				
月末在产品成本/元				

表 3-80 产品成本计算单

车间名称：第三车间　　20××年 11 月　　产品名称：甲产品

项　目	直接材料	直接人工	制造费用	合计
月初在产品成本/元	330 000	40 000	30 000	400 000
本月生产费用/元		210 000	157 500	
生产费用合计/元				
本月完工产品数量/件	550	550	550	550
月末在产品约当产量/件				
费用分配率/（元/件）				
完工甲产品成本/元				
月末在产品成本/元				

表 3-81 自制半成品明细账

品名：B 半成品　　20××年 11 月　　单位：件

20××年		收入		发出			结存	
月	日	数量	金额	数量	单价	金额	数量	金额
11	1						200	328 000
	2			200				
	10	200						
	13			200				
	23	200						
	25			200				
	30	100						
	30							

表 3-82 产成品成本还原计算表　　单位：元

摘要	成本项目					
	B 半成品	A 半成品	直接材料	直接人工	制造费用	合计
还原前甲产品成本						
本月所产 B 半成品成本						
B 半成品成本还原						
本月所产 A 半成品成本						
A 半成品成本还原						
还原后甲产品成本						

B 半成品还原分配率＝

A 半成品还原分配率＝

五、某企业生产 A 产品顺序经过两个生产步骤连续加工完成，第一步完工半成品直接投入第二步加工，不通过自制半成品库收发。各步骤月末在产品与完工产品之间的费用分配采用约当产量法。原材料于生产开始时一次投入，各步骤在产品在本步骤的完工程度为50%。

月初无在产品成本，本月有关生产费用见各步骤成本计算单。各步骤完工产品及月末在产品情况如表3-83所示。

表3-83 各步骤完工产品及月末在产品

项目	第一步	第二步
完工产品数量	400	300
月末在产品数量	200	100

要求：（1）采用逐步综合、分项结转分步法分别计算产品成本，并填列各步骤产品成本计算单（见表3-84至表3-87）；

（2）对逐步综合结转下计算出的产成品成本进行成本还原。

表3-84 产品成本计算单

生产步骤：第一步骤　　产品名称：X半成品

项目	直接材料	直接人工	制造费用	合计
本月发生生产费用/元	60 000	10 000	20 000	90 000
合计/元				
在产品约当产量/件				
总约当产量/件				
分配率（单位半成品成本）/（元/件）				
完工半成品成本（400件）/元				
月末在产品成本（200件）/元				

表3-85 产品成本计算单（综合结转）

生产步骤：第二步骤　　产品名称：A产品

项目	半成品成本	直接人工	制造费用	合计
本月发生生产费用/元		3 500	10 500	
合计/元				
在产品约当产量/件				
总约当产量/件				
分配率（单位产成品成本）/（元/件）				
完工产成品成本（300件）/元				
月末在产品成本（100件）/元				

表 3-86　产品成本计算单（分项结转）

生产步骤：第二步骤　　　　　　　　　　　　　　　　　　　　产品名称：A 产品

项目	直接材料	直接人工		制造费用		合计
		转入半成品	本步骤发生	转入半成品	本步骤发生	
本步骤发生/元			3 500		10 500	14 000
转入的半成品成本/元						
合计/元						
在产品约当产量/件						
总约当产量/件						
分配率（单位产成品成本）/（元/件）						
完工产成品成本（300 件）/元						
月末在产品成本（100 件）/元						

表 3-87　产成品成本还原计算表　　　　　　　　单位：元

项目	自制半成品	直接材料	直接人工	制造费用	合计
还原前产成品成本					
本月所产半成品成本					
产成品所耗半成品成本还原					
还原后产成品成本					

还原分配率＝

六、华鑫工厂生产 A 产品分别由两个步骤连续加工制成。第一步骤生产出 A 半成品，由第二步骤将 A 半成品加工生产出 A 产品。

（1）费用资料：本月已根据各种费用分配表，记入第一步骤、第二步骤 A 产品生产成本明细账及相应的产品成本计算单。

（2）产量资料和完工程度：A 产品有关产量资料和加工程度见表 3-88。各步骤所耗原材料在各步骤生产开始时一次全部投入。

表 3-88　产量记录和加工程度　　　　　　　　单位：件

生产步骤	月初在产品	本月投产	本月完工	月末在产品	加工程度
第一步骤	20	200	160	60	50%
第二步骤	60	160	180	40	50%

要求：（1）采用平行结转分步法计算产品成本并填制两个步骤的产品成本计算单和成本汇总表（见表 3-89 至表 3-91）；

（2）编制完工产成品入库的会计分录。

表 3-89 产品成本计算单

步骤：第一步骤　　产品品种：A 产品　　单位：元

项目	直接材料	直接人工	制造费用	成本合计
月初广义在产品成本	11 210	1 350	1 800	14 360
本月生产费用	35 830	5 150	7 200	48 180
生产费用累计				
产成品耗用第一步骤半成品数量				
月末广义在产品约当产量				
约当总产量				
半成品单位成本				
计入产成品成本份额				
月末广义在产品成本				

表 3-90 产品成本计算单

步骤：第二步骤　　产品品种：A 产品　　单位：元

项目	直接材料	直接人工	制造费用	成本合计
月初广义在产品成本/元	200	720	860	1 580
本月生产费用/元	2 000	2 880	4 340	7 220
生产费用累计/元				
约当总产量/件				
产成品数量/件				
月末广义在产品约当产量/件				
单位成本/元				
计入产成品成本份额/元				
月末广义在产品成本/元				

表 3-91 A 产成品成本汇总表

项目	数量/件	直接材料/元	直接人工/元	制造费用/元	成本合计/元
第一步骤份额					
第二步骤份额					
合计					
单位成本					

七、F 公司是一个服装生产企业，常年大批量生产甲、乙两种工作服。产品生产过程划分为裁剪、缝纫两个步骤，相应设置裁剪、缝纫两个车间。裁剪车间为缝纫车间提供半成品，经缝纫车间加工最终形成产成品。甲、乙两种产品耗用主要材料（布料）

相同，且在生产开始时一次投入。所耗辅助材料（缝纫线和扣子等）由于金额较小，不单独核算材料成本，而直接计入制造费用。

F公司采用平行结转分步法计算产品成本。实际发生生产费用在各种产品之间的分配方法是：材料费用按定额材料费用比例分配；生产工人薪酬和制造费用按实际生产工时分配。月末完工产品与在产品之间生产费用的分配方法是：材料费用按定额材料费用比例分配；生产工人薪酬和制造费用按定额工时比例分配。F公司8月份有关成本计算资料如下：

（1）甲、乙两种产品定额资料（见表3-92和表3-93）。

表3-92　甲产品定额资料

生产车间	单件产成品定额		本月（8月份投入）	
	材料费用/元	工时/小时	材料费用/元	工时/小时
裁剪车间	60	1.0	150 000	1 500
缝纫车间		2.0		4 000
合计	60	3.0	150 000	5 500

表3-93　乙产品定额资料

生产车间	单件产成品定额		本月（8月份投入）	
	材料费用/元	工时/小时	材料费用/元	工时/小时
裁剪车间	80	0.5	100 000	500
缝纫车间		1.5		2 500
合计	80	2.0	100 000	3 000

（2）8月份甲产品实际完工入库产成品2 000套。

（3）8月份裁剪车间、缝纫车间实际发生的原材料费用、生产工时数量以及生产工人薪酬、制造费用如表3-94和表3-95所示。

表3-94　8月份裁剪车间实际耗用生产工时和生产费用

产品名称	材料费用/元	生产工时/小时	生产工人薪酬/元	制造费用/元
甲产品		1 600		
乙产品		800		
合计	280 000	2 400	30 000	120 000

表3-95　8月份缝纫车间实际耗用生产工时和生产费用

产品名称	材料费用/元	生产工时/小时	生产工人薪酬/元	制造费用/元
甲产品		4 200		
乙产品		2 800		
合计		7 000	140 000	350 000

（4）裁剪车间和缝纫车间甲产品的期初在产品成本如表 3-96 所示。

表 3-96　裁剪车间和缝纫车间甲产品的期初在产品成本

项目	车间	直接材料/元		定额工时/小时	直接人工/元	制造费用/元
月初在产品成本	裁剪车间	30 000	30 000	2 000	18 500	60 000
	缝纫车间			800	7 200	15 600

要求：（1）将裁剪车间和缝纫车间 8 月份实际发生的材料费用、生产工人薪酬和制造费用在甲、乙两种产品之间分配。

（2）编制裁剪车间和缝纫车间的甲产品成本计算单，结果填入给定的“甲产品成本计算单”中（见表 3-97 和表 3-98）。

（3）编制甲产品的成本汇总计算表，结果填入给定的“甲产品成本汇总计算表”中（见表 3-99）。

表 3-97　甲产品成本计算单

裁剪车间

项目	产品产量/套	直接材料/元		定额工时/小时	直接人工/元	制造费用/元	合计/元
		定额	实际				
月初在产品成本							
本月生产费用							
生产费用合计							
分配率							
计入产成品份额	2 000						
月末在产品成本							

表 3-98　甲产品成本计算单

缝纫车间

项目	产品产量/套	直接材料/元		定额工时/小时	直接人工/元	制造费用/元	合计/元
		定额	实际				
月初在产品成本							
本月生产费用							
生产费用合计							
分配率							
计入产成品份额	2 000						
月末在产品成本							

表 3-99 甲产品成本汇总计算表

生产车间	产成品数量/套	直接材料费用/元	直接人工费用/元	制造费用/元	合计/元
裁剪车间					
缝纫车间					
合计	2 000				
单位成本					

本章参考文献

[1] 李定安. 成本会计研究 [M]. 北京：经济科学出版社，2002.

[2] 罗绍德. 成本会计学 [M]. 成都：西南财经大学出版社，2002.

[3] 孙茂竹. 成本管理学 [M]. 北京：中国人民大学出版社，2003.

[4] 谢灵. 成本会计学 [M]. 北京：中国人民大学出版社，2004.

[5] 王立彦. 成本管理会计 [M]. 北京：经济科学出版社，2005.

[6] 胡国强. 成本管理会计 [M]. 4 版. 成都：西南财经大学出版社，2015.

第四章　作业成本法

【学习目标】

（1）了解作业成本法产生的背景，理解作业成本法的意义。
（2）掌握作业成本法的概念，掌握作业成本法与传统成本核算方法的区别。
（3）掌握作业成本法的原理及进行作业成本法核算。
（4）理解作业成本法的应用，理解掌握作业成本法的局限性。

【关键术语】

作业成本法　资源　作业　作业中心　成本动因　成本对象

第一节　作业成本法概述

一、作业成本法的概念及产生背景

（一）作业成本法的概念

作业成本法（activity based costing），简称 ABC 成本法，又被称为作业成本分析法、作业成本计算法、作业成本核算法等，是一种基于作业的成本核算方法。是指以“作业消耗资源、产出消耗作业”为原则，按照资源动因将资源费用追溯或分配至各项作业，计算出作业成本，然后再根据作业动因，将作业成本追溯或分配至各成本对象，最终完成成本计算的成本管理方法。它的理论核心是在传统成本核算方法的基础之上，引入资源和作业的概念，通过资源动因将成本费用分配至作业，再通过作业动因将作业分配至成本核算对象，最终汇总到各种产品的总成本中去。

根据上述定义，我们可得出作业成本法定义的三个要点：①作业成本法是成本核算方法之一。属于成本管理会计范畴；②作业成本法的成本分配以“产品或服务消耗作业，作业消耗资源，即以作业为纽带进行共同、联合成本的分配”为原理；③定义揭示了作业成本法的一个发展趋势——作业管理，即以作业来管理成本。

（二）作业成本法产生的背景

在20世纪后期，现代管理会计出现了许多重大变革，并取得了引人注目的新进展。这些新进展都是围绕管理会计如何让为企业塑造核心竞争能力而展开的。以“作业”为核心的作业成本法便是其中之一。科学技术和社会经济环境发生的重大变化，必然会影响企业成本核算方法。

1. 技术背景和社会背景

20世纪70年代以来，高新技术和电子信息技术蓬勃发展，全球竞争压力日趋激烈。为提高生产率、降低成本、提升产品质量，企业的产品设计与制造工程师开始采用计算机辅助设计、辅助制造，最终发展为依托于计算机的一体化制造系统，实现了生产领域的高度计算机化和自动化。随后，计算机的应用延伸到了企业经营的各个方面，从订货开始，到设计、制造、销售等环节，均由计算机控制，企业成为受计算机控制的各个子系统的综合集合体。计算机化控制系统的建立，引发了管理观念和管理技术的巨大变革，准时制生产系统应运而生。准时制生产系统的实施，使传统成本计算与成本管理方法受到强烈的冲击，并直接导致了作业成本法的形成和发展。

高新技术在生产领域的广泛应用，极大地提高了劳动生产率，促进了社会经济的发展，人们的可支配收入随之增加，追求生活质量的要求也越来越高。人们不再热衷于大众型消费，转而追求彰显个性的差异化消费品。社会需求的变化，必然对企业提出新的、更高的要求。与此相适应，顾客化生产—柔性制造系统取代以“规模经济”为目标的大批量传统生产就成了历史的必然。这样，适应产品品种单一化、常规化和数量化、批量化的传统成本计算赖以存在的社会环境就不存在了，变革传统的成本管理方法已是大势所趋。

2. 传统成本计算方法的不适应性

传统成本核算中，产品生产成本主要由直接材料、直接人工、制造费用构成，其中制造费用属于间接费用，必须按一定标准将其分配计入有关产品。传统成本计算方法通常以直接人工成本、直接人工工时、机器工时等作为制造费用的分配标准。这种方法在过去的制造环境下是比较适宜的。20世纪70年代以后，生产过程高度自动化，制造费用构成内容和金额随之发生了较大变化，与直接人工成本逐渐失去了相关性。随着技术和社会环境的巨变，传统成本核算方法逐渐显现出固有的缺陷，变得越来越不合时宜了，主要体现在三个方面：①制造费用激增，直接人工费用下降，成本信息可信性受到质疑；②与工时无关的费用增加，歪曲了成本信息；③简单的分配标准导致成本转移问题出现，成本信息失真。

正是在上述因素的综合作用下，以作业为基础的成本计算方法——作业成本法应运而生，并引起了人们的极大关注。

二、作业成本法的概念体系

作业成本法引入了许多新的概念，它们共同构成了作业成本法的概念体系。作业成本法的概念包括：资源、作业、作业中心、成本对象、成本动因。

（一）资源

资源（resource）是指企业在生产经营过程中发生的成本、费用项目的来源；资源费用，是指企业在一定期间内开展经济活动所发生的各项资源耗费。资源费用既包括房屋及建筑物、设备、材料、商品等有形资源的耗费，也包括信息、知识产权、土地使用权等各种无形资源的耗费，还包括人力资源耗费以及其他各种税费支出等。

（二）作业及其分类

1. 作业的含义

作业（activity），是指企业基于特定目的重复执行的任务或活动，是连接资源和成本对象的桥梁。一项作业既可以是一项非常具体的任务或活动，也可以泛指一类任务或活动。

2. 按消耗对象分类

按消耗对象的不同，作业可分为主要作业和次要作业：

（1）主要作业是被产品、服务或客户等最终成本对象消耗的作业。

（2）次要作业是被原材料、主要作业等介于中间的成本对象消耗的作业。

3. 按照受益对象、层次和重要性分类

按照受益对象、层次和重要性，企业一般将作业分为以下五类，并分别设计相应的作业中心：

（1）产量级作业，是指明确地为个别产品（或服务）实施的、使单个产品（或服务）受益的作业。该类作业的数量与产品（或服务）的数量呈正比例变动，包括产品加工、检验等。

（2）批别级作业，是指为一组（或一批）产品（或服务）实施的、使该组（或批）产品（或服务）受益的作业。该类作业的发生是由生产的批量数而不是单个产品（或服务）引起的，其数量与产品（或服务）的批量数呈正比例变动，包括设备调试、生产准备等。

（3）品种级作业，是指为生产和销售某种产品（或服务）实施的、使该种产品（或服务）的每个单位都受益的作业。该类作业用于产品（或服务）的生产或销售，但独立于实际产量或批量，其数量与品种的多少呈正比例变动，包括新产品设计、现有产品质量与功能改进、生产流程监控、工艺变换需要的流程设计、产品广告等。

（4）客户级作业，是指为服务特定客户所实施的作业。该类作业保证企业将产品（或服务）销售给个别客户，但作业本身与产品（或服务）数量独立，包括向个别客户提供的技术支持活动、咨询活动、独特包装等。

（5）设施级作业，是指为提供生产产品（或服务）的基本能力而实施的作业。该类作业是开展业务的基本条件，其使所有产品（或服务）都受益，但与产量或销量无关，包括管理作业、针对企业整体的广告活动等。

（三）作业中心

作业中心（activity center）是一系列相互联系，能够实现某种特定功能的作业集合。作业中心提供有关每项作业的成本信息，每项作业所消耗资源的信息以及作业执行情况的信息。作业中心的划分遵循同质性原则，即性质相同的作业归并在一个作业中心，同时应考虑作业中心应具备一定的规模、企业对成本核算准确性的要求等因素。如果企业的作业流程比较清晰，且一个部门中的作业大多为同质性作业，那么可将企业中的每个部门作为一个作业中心。但考虑某些作业跨部门的特性，故还需单独将这些同质性相关作业从各部门中抽出，再根据作业中心划分的原则与应考虑的因素，归并形成有关新的作业中心。

通过把相关联或相类似的一系列作业合并为一个合适的作业中心，把这些作业所消耗的资源归集到这样的作业中心去，可以大幅减少成本计算的工作量，同时也可以保证最终计算结果的准确性。把相关的一系列作业消耗的资源费用归集到作业中心，就构成该作业中心的作业成本库，作业成本库是作业中心的货币表现形式。

（四）成本对象

成本对象（cost objects），是指企业追溯或分配资源费用、计算成本的对象物。成本对象可以是工艺、流程、零部件、产品、服务、分销渠道、客户、作业、作业链等需要计量和分配成本的项目。

（五）成本动因

成本动因（cost driver），又称为作业成本驱动因素，是指诱导成本发生的原因，是成本对象与其直接关联的作业和最终关联的资源之间的中介。成本动因是决定成本发生、资源消耗的真正原因，通常选择作业活动耗用资源的计量标准来进行度量。出于可操作性考虑，成本动因必须能够量化。可量化的成本动因包括生产准备次数、零部件数、不同的批量规模数、工程小时数等。

1. 成本动因的特征

成本动因具有以下基本特征：

（1）隐蔽性。成本动因是隐蔽在成本之后的驱动因素，一般不易直接识别。这种隐蔽性的特性要求对成本行为进行深入的分析，才能把隐蔽在其后的驱动因素识别出来。

（2）相关性。成本动因与引发成本发生和变动的价值活动高度相关，价值活动是引起资源耗费的直接原因，只有通过作业链分析其相关性，才能正确选择成本动因。

（3）适用性。成本动因寓于各种类型作业、各种资源流动和各类成本领域之中，它具有较强的适用性，它适用于分析各类作业、资源流动和成本领域的因果关系。

（4）可计量性。成本动因是成本驱动因素，是分配和分析成本的基础，一般易于量化。在作业成本法下，一切成本动因都可计量，因而可作为分配成本的标准。

2. 成本动因的分类

成本动因是引起成本发生的因素。成本动因可分为资源动因和作业动因。

（1）资源动因。资源动因是作业消耗资源的方式和原因，反映了作业和作业中心对资源的消耗情况，是资源成本分配到作业和作业中心的标准和依据。资源动因联系着资源和作业，反映作业量与资源消耗的因果关系，它把总分类账上的资源成本分配到作业。资源动因作为一种分配资源的标准，它反映了作业对资源的耗费情况，也是作业成本法第一步骤资源分配至作业的核心和关键。

（2）作业动因。作业动因是作业发生的原因，是将作业成本或作业中心的成本分配到产品、服务或顾客等成本对象的标准，它也是将资源消耗与最终产出相沟通的中介。它计量各成本对象对作业的需求，反映成本对象与作业消耗的逻辑关系，并用来分配作业成本。通过分析作业动因与最终产出之间的联系，可以判断出该作业是否对产品的增值起到了作用，如果该作业对产品的生产起到了不可替代或者决定性的作用，那么该作业是增值作业；反之，如果该作业在产品生产的过程中是可以被替代或者不必要的，那么该作业为非增值作业。

根据资源动因分配资源成本、根据作业动因分配作业成本的情况，如图 4-1 所示。

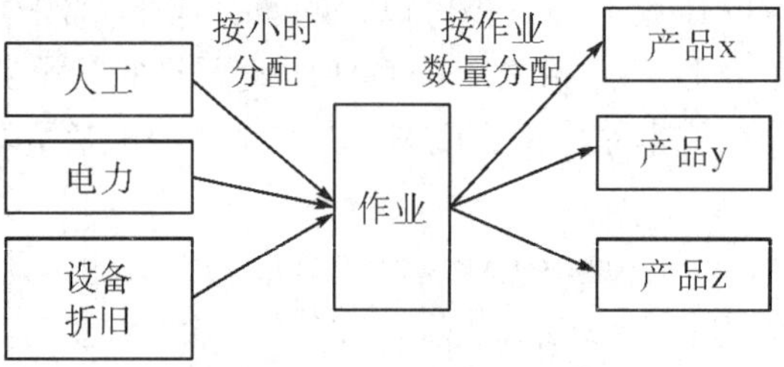

图 4-1　根据成本动因分配成本

成本动因改善了成本分摊方式，有利于更准确地计算成本，找到了成本动因也就找到了资源耗费的根本原因，因此有利于消除浪费，改进作业。

三、作业成本法与传统成本计算法的区别

1. 基本原理不同

传统成本核算方法的基本原理是企业所生产的产品按其消耗的时间或者产量线性的消耗所有成本费用，即计算的时候用生产总成本直接除以产品的总生产时间或者总产品数量来得到单位产品成本。因此，这样的计算方式导致其中的间接费用与直接费用在计算上没有直接的差别，也就是间接费用会按照与直接费用相同的比例平均分配到各产品的单位成本中。但在实际的生产过程中每一种产品并不一定都是按照同一标准消耗间接费用，每种产品的生产可能都有自己单独的间接费用消耗数量和配比。

作业成本法的基本原理是作业消耗资源，成本对象消耗作业。它是在成本核算过程中加入作业的概念，通过作业作为连接资源和产品的桥梁，从消耗资源开始，以资源动因为标准将成本归集到作业或作业中心，然后将作业中心按作业动因标准分配至各成本核算对象中，这样使得成本费用根据不同的产品的消耗标准进行分摊。这样的分配方式比传统成本核算方法在成本结果的可靠性上有了很大进步。

2. 适用企业类型不同

传统成本核算方法产生于 20 世纪的工业革命时期，由于当时正值大规模的工业化生产改革进行中，企业也以纺织、制造等以大批量连续的生产为主，产品种类往往比较单一，需要大量的工人参与直接生产，企业的成本主要集中于生产材料和直接人工，传统成本核算方法也正是基于此种生产经营方式而产生，它适用于产品结构简单且有大量直接人工参与的劳动密集型企业。而随着世界经济和科技的发展，各种有别于传统类型的企业逐渐诞生。

作业成本法的理论也随之在 20 世纪 80 年代诞生，它提出了企业生产过程中间接费用的分配方法，一般适用于具备以下特征的企业：作业类型较多且作业链较长，同一

生产线生产多种产品，企业规模较大且管理层对产品成本准确性要求较高，产品、客户和生产过程多样化程度较高，间接或辅助资源费用所占比重较大等。

3. 间接成本的认识和处理方法不同

这是传统成本核算方法和作业成本法最主要的不同之处。传统成本核算方法中，产品的成本一般包括与生产产品直接相关的人工、材料等的费用，对于组织、管理生产等的间接费用也采用与直接成本相同的标准平均计入单位产品成本，没有考虑不同产品对于间接费用耗用的不同，很容易造成成本的扭曲，严重影响成本信息的客观真实性。作业成本法则强调间接费用的分配而不是简易的分摊，虽然其核算过程相对复杂和烦琐，但是能提供更加真实准确的成本信息。

4. 成本信息结果存在差异

传统成本核算方法由于没有考虑实际生产中产品与成本的比例消耗问题，可能产生使人高度误解的成本信息。作业成本法分配间接费用时着眼于费用、成本的来源，将间接费用的分配与产生这些费用的原因联系起来。在分配间接费用时，按照多样化的分配和分摊标准，使最终得到的成本信息的准确性大大提高，降低了企业对成本信息错误解读的风险，为企业正确的管理决策提供数据支撑。

四、作业成本法的应用目标

从作业成本法产生的背景和作业成本法基本特征的分析中，我们可以看到作业成本对于企业经营管理的重要作用。

（1）通过追踪所有资源费用到作业，然后再到流程、产品、分销渠道或客户等成本对象，提供全口径、多维度的更加准确的成本信息；

（2）通过作业认定、成本动因分析以及对作业效率、质量和时间的计量，更真实地揭示资源、作业和成本之间的联动关系，为资源的合理配置以及作业、流程和作业链（或价值链）的持续优化提供依据；

（3）通过作业成本法提供的信息及其分析，为企业更有效地开展规划、决策、控制、评价等各种管理活动奠定坚实基础。

第二节　作业成本法的基本原理

一、作业成本法的原理、特征及优缺点

（一）作业成本法的原理

作业成本法的基本指导思想就是：作业消耗资源，产品消耗作业。因而作业成本法将着眼点和重点放在对作业的核算上。其基本思想是在资源和产品（服务）之间引入一个中介——作业，其关键是成本动因的选择和成本动因率的确定。

作业成本法相对于传统成本计算法，有着根本性的变革。传统成本计算法将作业这一关键环节给忽略了，直接把资源分配到产品上形成产品成本。作业成本法将成本计算的重点放在作业上，作业是资源和产品之间的桥梁。根据作业成本法的指导思想，

制造费用的分配过程可以分为两个阶段：第一阶段把有关生产或服务的制造费用按照资源动因归集到作业中心，形成作业成本；第二阶段通过作业动因将作业成本库中的成本分配到产品或服务中去。

与传统成本计算方法相比，作业成本法对直接成本的处理与其完全相同，但对间接成本按照成本动因进行了两次分配——先按资源动因分配到作业、再按作业动因分配到产品，这使得计算成本结果更为准确。作业成本法下，间接成本分配的两阶段，如图 4-2 所示。

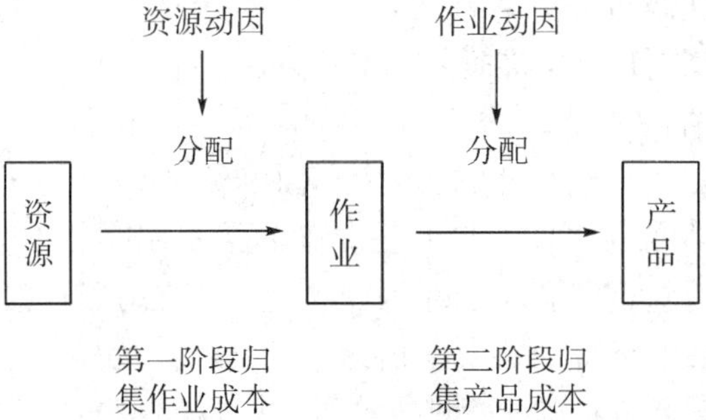

图 4-2　分配间接成本的两阶段

（二）作业成本法的特征

与单一的、直接的间接成本分配的传统成本计算方法相比，作业成本法具有以下特征：

1. 作业成本法是一种间接的间接成本分配方法

作业成本法在间接成本分配的过程中引入了“作业”这个分配中介，设计了先将消耗的资源分配给作业这个中间分配环节，再将作业成本库中的成本分配给产品的第二阶段间接成本分配程序，改变了传统成本法直接将间接成本分配给产品的做法。

2. 作业成本法是一种追本溯源的间接成本分配方法

作业成本法根据作业的资源消耗动因将作业所消耗的资源计入作业成本库，再根据产品的作业成本动因将产品所消耗的作业成本计入产品。也就是说，在被消耗的资源不能直接追溯于产品时，要寻找影响其消耗数量变化的关键因素作为分配基础；而作业和产品则需要根据它们所引起的动因数量来承担相应的间接成本，从而克服了传统的间接成本分配，人为地按照未必与产品所消耗的间接成本有关的产品的直接人工成本分配的主观性。

3. 作业成本法是一种成本计算与成本管理紧密结合的方法

当企业管理深入到作业时就形成了作业管理，作业管理需要作业成本的信息，作业成本法由于其间接成本分配的中间环节是以作业为对象进行成本归集的，因此可以提供作业管理所需要的成本信息。作业管理对作业链上的作业进行分析、改进与调整，尽可能消除非增值作业，同时尽可能减少增值作业的资源消耗，由此促进企业价值链的价值增值，提高企业整体的经济效益。作业成本法所发现的成本动因是作业成本和产品成本形成的原因与方式，是决定作业成本和产品成本高低的关键因素。把握了这些因素就控制了成本形成的根源，就找到了成本控制的方式。作业成本法在产品成本计量的同时也计量了作业的成本，在寻找间接成本分配依据的同时也找到了控制成本的措施，因此作业成本法是一种成本计量与成本管理相结合的方法。

（三）作业成本法的优缺点

1. 作业成本法的优点

①能够提供更加准确的各维度成本信息，有助于企业提高产品定价、作业与流程改进、客户服务等决策的准确性；②改善和强化成本控制，促进绩效管理的改进和完善；③推进作业基础预算，提高企业作业、流程、作业链（或价值链）管理的能力。

2. 作业成本法的缺点

部分作业的识别、划分、合并与认定，成本动因的选择以及成本动因计量方法的选择等均存在较大的主观性，操作较为复杂，开发和维护费用较高。

二、作业成本法计算程序

与传统的完全成本核算方法相比，作业成本法增加了作业层次，把间接成本的一次分配变为两次分配，将单一的数量分配标准改变为按照实际消耗情况确定的多种成本动因的分配标准，因而能够非常精细地核算产品成本，能够比较真实地反映产品和作业对于企业资源的实际消耗情况。

在作业成本法下，产品成本的形成过程如图 4-3 所示。

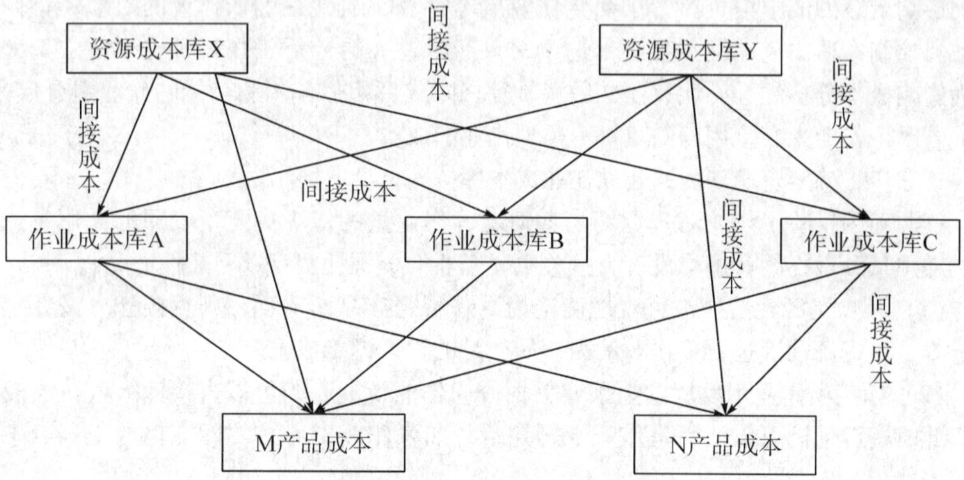

图 4-3　产品成本的形成过程

作业成本法下企业所耗费的资源计入产品的依据与程序如图 4-4 所示。

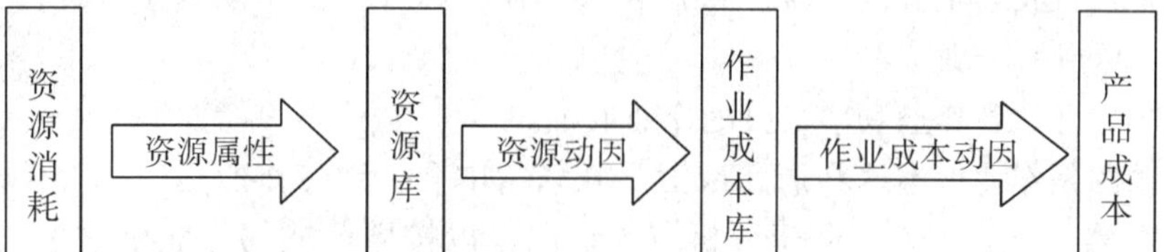

图 4-4　耗费资源计入产品的依据与程序

根据作业成本法的基本原理，作业成本法应用的一般程序步骤为：

第一步，确认和计量各类资源耗费，将资源耗费归集到各资源库。

每类资源都设立资源库，将一定会计期间所消耗的各类资源成本归集到相应的资源库中。企业的任何一项生产经营活动都必然会发生一定数量的成本，对资源的确认就需要对企业的全部生产经营活动进行梳理，通过分解每一项经营活动来明晰生产过程中各项成本费用的产生原因、用途和计量单位，区分出能够产生增值的成本消耗和不能够产生增值的成本消耗，并将相似用途的资源合并为资源库。

第二步，确认作业，划分作业中心。

为了对作业进行合理的确认和划分，可以将企业描述成为一个环环相扣、互相支持的作业链的集合，对企业的全部的组织架构、生产经营流程和产品服务进行梳理和分析，并从整体上进行观察，运用数学统计的方法对信息进行搜集和分析。

作业中心划分正确与否，是整个作业成本系统设计成功与否的关键。作业的划分和制定的详尽程度并没有统一的标准，这需要衡量企业的规模和管理者的需要等多方面因素而决定，一般认为作业划分得越细致，最后能够得到的成本信息也就更加真实。但是，同时根据作业成本法的计算原理，分解的作业数越多，分析计量的成本也就越高，作业数的增加会使得成本分配归集的工作量呈几何级数增长，所以作业划分过于细致不利于企业的成本管理。另外，作业与最终产品之间的关系也会变得异常复杂，从而影响最终的成本信息。为了简化作业成本计算，通常在确认作业的时候，将作业的数目控制在适中范围既不会由于过于细致产生过大的分析工作量，也不会由于太粗糙而影响成本分析的准确性；而之后将具有相同或者相似作用和功能的作业组合起来，形成若干个作业中心，用以归集每一类型作业的成本。

第三步，确定资源动因，建立作业成本库。

资源动因反映了作业对资源的消耗情况，作业量的多少决定了资源的耗用量，资源的耗用量和最终的产出量没有直接关系。企业的资源耗费有以下几种情况：

（1）某项资源耗费如被直观地确定为某一特定产品所消耗，则直接计入该特定产品成本，该资源动因也就是作业动因，如产品的设计图纸成本。

（2）如某项作业可以从发生领域上划分为作业消耗，则可以直接计入各作业成本库，此时资源动因可以认为是作业专属耗费，如各作业中心按实际支付的工资额来归集工资费用。

（3）如某项资源耗费从最初的消耗上呈混合耗费形态，则需要选择合适的量化依据。将资源耗费到各作业，这个量化的依据就是资源动因。例如企业车辆的折旧、保险费通过车辆行驶的里程来分配。根据各项作业所消耗的资源动因是，将各资源库汇集的价值分配到各作业成本库。

第四步，确认各作业动因，分配作业成本。

作业动因是作业成本库和产品或劳务联系的中介。选择作业动因要考虑作业动因的数据是否易于获得。为了便于分析成本动因可以按照前述的作业层次来进行分析。作业成本计算中最难的部分是确定和选择合适的成本动因。原因之一是作业动因并不是很明显。例如，电话联系客户这一作业动因可能是过期的发票数、电话次数，或其他的度量。进一步说，明显的动因可能是过期发票数，但根本原因可能是质次的货物，使客户延迟付款。另一原因是，动因是明显且重要的，但这个动因的数据却不容易取得。数据在任何地方都没有被记录，或是没有可以利用的资源，从现有的数据系统中无法提取这个动因数据，所以可能需要使用别的成本动因。选择作业动因应尽量限制动因数量，从10个或20个成本较大的作业中选择最合适的作业动因。对于一些低成本作业，花费大量时间和精力来获取这几个复杂的动因，其收益与麻烦相比是不划算的。对于这些作业，从作业列表的其他的作业中选个"最合适"的动因给它们，或者认为这些作业与客户或产品没有关系，并把它们作为不分配的作业成本来对待。

【例4-1】某企业生产A、B两种产品，有关产量、机器小时、直接成本、间接成本数据如表4-1所示，生产经营A、B两种产品的相关作业及其动因的数据如表4-2、表4-3所示。

表4-1　A、B两种产品的产量及成本资料

项目	A产品	B产品
产量/件	100	8 200
单位产品机器小时/（小时/件）	3	2
单位产品人工成本/（元/件）	50	55
单位产品材料成本/（元/件）	95	90
制作费用总额/元	395 800	

表4-2　制造费用作业资料

作业	作业动因	作业成本	成本动因		
			A	B	合计
机器调试	调试次数	16 000元	10次	6次	16次
签订订单	订单份数	62 000元	15份	10份	25份
机器运行	机器小时	233 800元	300小时	16 400小时	16 700小时
质量检查	检验次数	84 000元	30次	20次	50次
合计		395 800元			

表4-3　A、B两种产品作业成本法的制作费用分配

作业	作业动因分配率	作业动因量		制作费用分配/元		
		A	B	A	B	合计
机器调试	1 000元/次	10次	6次	10 000	6 000	16 000
签订订单	2 480元/份	15份	10份	37 200	24 800	62 000
机器运行	14元/小时	300小时	16 400小时	4 200	229 600	233 800
质量检查	1 680元/次	30次	20次	50 400	33 600	84 000
合计				101 800	294 000	395 800

上表采用作业成本法对A、B两种产品进行制造费用的分配，其具体计算如下：

机器调试作业动因分配率＝16 000÷（10+6）＝1 000（元/次）

分配给 A 产品的机器调试成本＝1 000×10＝10 000（元）

分配给 B 产品的机器调试成本＝1 000×6＝6 000（元）

签订订单作业动因分配率＝62 000÷（15+10）＝2 480（元/份）

分配给 A 产品的签订订单成本＝2 480×15＝37 200（元）

分配给 B 产品的签订订单成本＝2 480×10＝24 800（元）

机器运行作业动因分配率＝233 800÷（300+16 400）＝14（元/小时）

分配给 A 产品的机器运行成本＝14×300＝4 200（元）

分配给 B 产品的机器运行成本＝14×16 400＝229 600（元）

质量检查作业动因分配率＝84 000÷（30+20）＝1 680（元/次）

分配给 A 产品的质量检查成本＝1 680×30＝50 400（元）

分配给 B 产品的质量检查成本＝1 680×20＝33 600（元）

A 产品最终承担制造费用＝10 000+37 200+4 200+50 400＝101 800（元）

B 产品最终承担制造费用＝6 000+24 800+229 600+33 600＝294 000（元）

单位 A 产品承担制造费用＝101 800÷100＝1 018（元）

单位 B 产品承担制造费用＝294 000÷8 200＝35. 85（元）

传统制造费用以机器小时为数量基础将制造费用在 A、B 两种产品中分配。

传统制造费用分配率＝395 800÷（3×100+2×8 200）＝23. 7（元/小时）

分配给 A 产品的制造费用＝23. 7×（3×100）＝7 110（元）

分配给 B 产品的制造费用＝23. 7×（2×8 200）＝388 680（元）

单位 A 产品承担制造费用＝7 110÷100＝71. 1（元）

单位 B 产品承担制造费用＝388 680÷8 200＝47. 4（元）

于是作业成本法下：

A 产品的单位成本＝95+50+1 018＝1 163（元）

B 产品的单位成本＝90+55+35. 85＝180. 89 元≈181（元）

而传统成本法下：

A 产品的单位成本＝95+50+71. 1＝216. 1 元≈216（元）

B 产品的单位成本＝90+55+47. 4＝192. 5 元≈193（元）

从上例可看出不同的成本计算方法下小批量生产产品的产品成本相差悬殊，人为地按照单一的数量化分配基础进行间接制造费用的分配会带来巨大的产品成本。

【例 4-2】某企业生产 L、M、N 三种产品有关的间接成本按照资源属性分别计入不同的资源成本库，见表 4-4。

表 4-4　资源库与资源动因

资源库名称	电费	保险费	折旧费	一般管理
耗费资源金额/元	56 000	4 000	27 000	8 700
资源动因	用电度数	工资额	设备价值	作业成本

与 L、M、N 有关的作业见表 4-5。

表 4-5　资源库与资源动因

作业资源动因	备料	加工	组装	检验	合计
用电度数/度	5 000	54 000	17 000	4 000	80 000
工资额/元	3 000	5 000	11 000	1 000	20 000
设备价值/元	10 000	60 000	15 000	5 000	90 000

根据表 4-4、表 4-5 的数据可以确定各项资源动因率如下：

电费资源库的资源动因率＝56 000÷80 000＝0.7（元/度）

保险费资源库的资源动因率＝4 000÷20 000＝0.2（元/元）

折旧费资源库的资源动因率＝27 000÷90 000＝0.3（元/元）

再结合各作业消耗的资源动因数量可确定各作业成本库的成本，见表 4-6。

表 4-6　作业成本库的成本　　单位：元

作业成本	备料	加工	组装	检验	合计
电费	3 500	37 800	11 900	2 800	56 000
保险费	600	1 000	2 200	200	4 000
折旧费	3 000	18 000	4 500	1 500	27 000
合计	7 100	56 800	18 600	4 500	87 000

再将一般管理费用按照各项作业的成本总额分配计入各项作业，见表 4-7。

表 4-7　资源库与资源动因　　单位：元

作业	备料	加工	组装	检验
作业成本	7 100	56 800	18 600	4 500
一般管理动因率	8 700÷87 000＝0.1（元/元）			
一般管理分配	710	5 680	1 860	450
作业成本合计	7 810	62 480	20 460	4 950

又已知各项作业的成本动因及各种产品的作业成本动因率如表 4-8 所示。

表 4-8　各项的作业成本动因及各种产品的成本动因率

产品	成本动因			
	备料	加工	组装	检验
	材料成本/元	机器小时/小时	产品数量/件	抽样件数/件
L 产品	55 000	2 800	700	33
M 产品	65 000	3 200	900	36
N 产品	36 200	1 810	446	30
合计	156 200	7 810	2 046	99
成本动因率	0.05 元/元	8 元/小时	10 元/件	50 元/件

由表 4-8 的成本动因率及各产品的成本动因数量最后计算出各产品应承担的间接成本，见表 4-9。

表 4-9　各产品间接成本分担　　单位：元

产品	间接成本				
	备料	加工	组装	检验	合计
	7 810	62 480	20 460	4 950	95 700
L 产品	2 750	22 400	7 000	1 650	33 800
M 产品	3 250	25 600	9 000	1 800	39 650
N 产品	1 810	14 480	4 460	1 500	22 250

第三节　作业成本法的应用

一、作业成本法在企业的实际应用

作业成本法的产生，标志着成本管理告别了传统的成本管理模式，向现代成本管理模式迈出了关键性的一步。作业成本法在美国兴起后，也得到了实践的验证，迅速在其他欧美国家得到了发展。一些知名的跨国公司如通用电气、国际商用机器公司、福特、惠普、宝洁、西门子等公司已经采用了作业成本法，此外在美国的一些商业银行、快递公司等也得到了应用。

作业成本法在 20 世纪 90 年代之后，得到了实务界的大力推广，不仅用于成本核算，还应用于企业管理中的其他领域。许多企业应用作业成本法进行库存估价、产品定价、制造或采购决策、预算、产品设计、业绩评价及客户赢利性分析等方面。

（一）应用案例

【案例一】某农机厂作业成本法实施案例。

该企业是典型的国有企业，属多品种小批量生产模式，产品以销定产，传统成本法下制造费用超过人工费用的 200%，成本控制不力，企业决定实施作业成本法。根据工艺流程，企业确定了 32 个作业以及各作业的作业动因。作业动因主要是人工工时，其他作业动因有运输距离、准备次数、零件种类数、订单数、机器小时、客户数。通过计算，企业发现了传统成本法的成本扭曲：最大差异率达到 46. 5%。根据作业成本法提供的信息，为加强成本控制，企业针对每个作业制定目标成本，使得目标成本可以细化到班组，增加了成本控制的有效性。通过对成本信息的分析，企业发现生产协调、检测、修理和运输作业不增加顾客价值，这些作业的执行人员归属一个分厂管理，但是人员分布在各个车间。通过作业分析，企业发现大量的人力资源冗余，根据分析，可以裁减一半的人员，并减少相关的资源支出。通过分析，运输作业由各个车间分别提供，但是都存在能力剩余，将运输作业集中管理，可以减少三四台叉车。另外，正确的成本信息对于销售的决策也有重要的影响，根据作业成本信息以及市场行情，企业修订了部分产品的价格。

【案例二】某按键生产企业作业成本法实施案例。

1. 企业背景及问题的提出

某公司为生产硅橡胶按键的企业，主要给遥控器、普通电话、移动电话、计算器和电脑等电器设备提供按键。1985 年 11 月开始由新加坡厂商设厂生产，1999 年为美国 ITT 工业集团控股。该公司年总生产品种约 6 000 种，月总生产型号 300 多个，每月总生产数量多达 2 000 万件，月产值为人民币 1 500 万元，员工约 1 700 人。企业的生产特点为品种多、数量大、成本不易精确核算。

该公司在成本核算和成本管理方面大致经过两个阶段：

第一阶段（1980—1993 年）：无控制阶段。1994 年以前，国内外硅橡胶按键生产行业的竞争很少，基本上属于卖方市场，产品的质量和价格完全控制在生产商手里。厦门三德兴公司作为国内主要的硅橡胶按键的生产商之一，在生产管理上最主要的工作是如何尽可能地增加产量，基本上没有太多地考虑成本核算与成本管理的问题。

第二阶段（1994—2000 年年底）：传统成本核算阶段。从 1994 年开始，一方面，硅橡胶按键行业的竞争者增多，例如台湾大洋、旭利等企业的加入；另一方面，由于通信电子设备的价格下降，硅橡胶按键产品的价格也不断下降，1994 年硅橡胶按键价格跌了近 20%。硅橡胶按键行业逐渐变为买方市场。成本核算问题突出表现出来，此时公司才开始意识到成本核算问题的重要性。在这个阶段，公司主要采用传统成本法进行核算，即首先将直接人工和直接原材料等计入产品的生产成本，再将各项间接资源的耗费归集到制造费用账户，然后再以直接人工作为分配基础对整个制造过程进行成本分配。

分配率的计算公式为：分配率=单种产品当月所消耗的直接人工/当月公司消耗的总直接人工。

由此分配率可得到各产品当月被分配到的制造成本，再除以当月生产的产品数量，从中可以得到产品的单位制造成本，将单位制造成本与直接原材料和直接人工相加即得到产品的单位生产总成本。企业简单地将产品的单位总成本与产品单价进行比较，从中计算出产品的盈亏水平。

1997 年下半年的亚洲金融风暴造成整个硅橡胶按键市场需求量的大幅度下降，硅橡胶按键生产商之间的竞争变得异常激烈，产品价格一跌再跌，产品价格已经处在产品成本的边缘，稍不注意就会亏本，因此，对订单的选择也开始成为一项必要的决策。该公司的成本核算及管理变得非常重要和敏感。此时，硅橡胶按键已经从单纯的生产过程转向生产和经营过程，一方面，生产过程复杂化了，公司每月生产的产品型号多达数百个，且经常变化，每月不同，其中消耗物料达上千种，工时或机器台时在各生产车间很难精确界定，已经无法按照传统成本法对每个产品分别进行合理、准确的成本核算，也无法为企业生产决策提供准确的成本数据；另一方面，企业中的行政管理、技术研究、后勤保障、采购供应、营销推广和公关宣传等非生产性活动大大增加，此类活动的成本在总成本中所占的比重不断提高，而此类成本在传统成本法下又同样难以进行合理的分配。如此一来，以直接人工为基础来分配间接制造费用和非生产成本的传统成本法变得不适用，公司必须寻找更为合理的成本核算和成本管理方法。

2. 作业成本法在企业的实际运用

具体来说，公司实施的作业成本法包括以下三个步骤：

（1）确认主要作业，明确作业中心。

作业是于企业内与产品相关或对产品有影响的活动。企业的作业可能多达数百种，通常只能对企业的重点作业进行分析。根据公司产品的生产特点，从公司作业中划分出备料、油压、印刷、加硫和检查五种主要作业。其中，备料作业的制造成本主要是包装物，油压作业的制造成本主要是电力的消耗和机器的占用，印刷作业的成本大多为与印刷相关的成本与费用，加硫作业的制造成本则主要为电力消耗，而检查作业的成本主要是人工费用。各项制造成本先后被归集到上述五项作业中。

（2）选择成本动因，设立成本。

公司备料、油压、印刷、加硫和检查等五项主要作业的成本动因选择如下：

备料作业。该作业很多工作标准或时间的设定都是以重量为依据。因此，该作业的制造成本与该作业产出半成品的重量直接相关。也就是说，产品消耗该作业的量与产品的重量直接相关。所以笔者选择产品的重量作为该作业的成本动因。

油压作业。该作业的制造成本主要表现为电力的消耗和机器的占用，这主要与产品在该作业的生产时间有关，即与产品消耗该作业的时间有关。因此，笔者选择油压小时作为该作业的成本动因。

印刷作业。从工艺特点来看，该作业主要与印刷的道数有关。因此，笔者选择印刷道数作为该作业的成本动因。

加硫作业。该作业有两个特点：特点一，该作业的制造成本主要为电力消耗，而这与时间直接相关；特点二，该作业产品的加工形式为成批加工的形式。因此，笔者选择成批产品的加硫小时作为该作业的成本动因。

检查作业。该公司的工资以绩效时间为基础，因此选择检查小时作为该作业的成本动因。

此外，公司还有工程部、品管部以及电脑中心等基础作业。根据公司产品的特点，产品直接原材料的消耗往往与上述基础作业所发生的管理费用没有直接相关性，所以在基础作业的分配中没有选择直接原材料，而是以直接人工为基础予以分配。

（3）最终产品的成本分配。

根据所选择的成本动因，对各作业的动因量进行统计，再根据该作业的制造成本求出各作业的动因分配率，将制造成本分配到相应的各产品中去。然后根据各产品消耗的动因量算出各产品的总作业消耗及单位作业消耗。最后将所算出的单位作业消耗与直接原材料和直接人工相加得出各个产品的实际成本状况。

由于公司总生产品种约6 000种，月总生产型号达378种，所以主要列出该公司有代表性产品型号各自在传统成本法与作业成本法下分配制造成本上的差别。

3. 传统成本法与作业成本法实地研究结果的比较

根据上述步骤，选择公司在2000年9月份的生产数据，对378种型号的产品分别进行计算。可以看出：

（1）传统成本法对成本的核算与作业成本法对成本的核算有相当大的差异。作业成本法是根据成本动因将作业成本分配到产品中去，而传统成本法则是用数量动因将成本分配到产品里。按照传统成本法核算出来的成本，停止生产那些亏本产品事实上可能是一个错误的决策。

（2）在传统成本法下完全无法得到的各作业单位和各产品消耗作业的信息却可以在作业成本法中得到充分的反映。公司从而可以分析在那些亏本的产品中，究竟是哪些作业的使用偏多，进而探讨减少使用这些作业的可能。比如对于与传统成本法相比，成本较高的“20578940”型号产品，可以看出其主要的消耗在油压和加硫两项作业上，这样公司就可以考虑今后如何改善工艺，减少此类产品在这两项作业上的消耗，从而减少产品成本。

（3）对于在传统成本法中核算为亏本而在作业成本法下不亏本的产品型号，可以通过作业成本法来了解成本分配的信息。比如型号为“3DS06070ACAA”的产品在传统成本法中分配到的每单位制造成本为 0.014 99 美元，而在作业成本法中每单位制造成本却仅为 0.000 54 美元。从此型号的各项作业消耗实际上都很小，主要是直接人工消耗相对较大，但按照传统成本法以直接人工作为分配基础，就导致该型号产品分摊到过多的并非其所消耗的制造成本，因而出现成本虚增，传递了错误的成本信号，容易导致判断和决策上的失误。

（4）通过作业成本法的计算，我们还可以了解到在公司总的生产过程中，哪一类作业的消耗最多，哪一类作业的成本最高，从而知道从哪个途径来降低成本，提高生产效率。

油压作业的单位动因成本最高，其作业的总成本也最大。印刷作业的成本动因量及作业总成本次之。因此，今后应对这两个作业从不同的角度来考虑如何予以改善，比如通过增加保温，减少每小时电力消耗的方法来降低油压作业每小时作业的成本；通过合并工序来减少印刷作业的动因量。如此，通过加强成本核算与成本管理把企业的管理水平带动到作业管理层次上来。

【案例三】

S 公司的两条高产量生产线最近遇到了很强的竞争压力，迫使管理层将其产品价格降至目标价格以下。经研究发现，是传统的生产成本法扭曲了产品的价格，那具体问题出在什么地方？

S 公司制造三种复杂的阀门，这些产品分别被称为Ⅰ号、Ⅱ号、Ⅲ号阀门。Ⅰ号阀门是 3 种产品中最简单的，该公司每年销售 10 000 个Ⅰ号阀门；Ⅱ号阀门仅仅比Ⅰ号阀门复杂一点，公司每年销售 20 000 个Ⅱ号阀门；Ⅲ号阀门是最复杂的，且是低销量产品，每年仅销售 4 000 个。公司采用分批成本法计算每种产品的成本。相关的基础数据如表 4-10所示。

表 4-10　产品相关数据资料

	Ⅰ号阀门	Ⅱ号阀门	Ⅲ号阀门
生产：			
产量	10 000	20 000	4 000
批次	1 批，每批 10 000 个	4 批，每批 5 000 个	10 批，每批 400 个

表4-10(续)

	Ⅰ号阀门	Ⅱ号阀门	Ⅲ号阀门
直接材料	50元/个	90元/个	20元/个
直接人工	每个3小时	每个4小时	每个2小时
准备时间	每批10小时	每批10小时	每批10小时
机器时间	每个1小时	每个1.25小时	每个2小时

公司制造费用的预算额为3 894 000元，制造费用根据直接人工小时确定的预定分配率进行分配。直接人工和准备人工成本为每小时20元（见表4-11、表4-12）。①计算传统成本法下每种产品的单位成本。②如果公司的目标售价为单位成本的125%，每种产品的目标售价为多少？③假如市场上Ⅰ号阀门的售价为261.25元，Ⅱ号阀门的售价为328元，Ⅲ号阀门的售价为250元，对该公司有什么影响？④问题出在哪里？

表4-11　制造费用分配率

制造费用预算额/元	3 894 000
直接人工小时预算额：	
Ⅰ号阀门/元	30 000
Ⅱ号阀门/元	80 000
Ⅲ号阀门/元	8 000
合计/元	118 000
预定费用分配率/（元/小时）	33

表4-12　每种产品的单位成本、目标售价　　单位：元

	Ⅰ号阀门	Ⅱ号阀门	Ⅲ号阀门
直接材料	50	90	20
直接人工	60	80	40
制造费用	99	132	66
合计	209	302	126
目标售价	261.25	377.50	157.50
市场售价	261.25	328.00	250.00

S公司讨论了作业成本法，将制造费用（3 894 000元）进一步按作业进行细分，辨认了8个作业成本库，收集的相关数据如下：

机器成本库：共计1 212 600元，包括与机器有关的各种制造费用，如维护、折旧、计算机支持、润滑、电力、校准等，该成本与生产产品的机器小时有关。

生产准备成本库：共计3 000元，包括为产品制造进行准备的各种费用，生产准备成本与批次有关。

收货和验收成本库：共计200 000元，其中Ⅰ号阀门、Ⅱ号阀门、Ⅲ号阀门消耗的

比例分别为25%、45%、30%。

材料处理成本库：总计为600 000元，其中Ⅰ号阀门、Ⅱ号阀门、Ⅲ号阀门消耗的比例分别为7%、30%、63%。

质量保证成本库：共计421 000元，其中Ⅰ号阀门、Ⅱ号阀门、Ⅲ号阀门消耗的比例分别为20%、40%、40%。

包装和发货成本库：共计250 000元，其中Ⅰ号阀门、Ⅱ号阀门、Ⅲ号阀门消耗的比例分别为4%、30%、66%。

工程成本库：共计700 000元，包括工程师的薪水、工程用料、工程软件、工程设备折旧，该成本消耗比例同收货和验收成本。

机构（生产能力）成本库：共计507 400元，包括工厂折旧、工厂管理、工厂维护、财产税、保险费等，该成本与直接人工有关。

机器成本库成本的分配：

库分配率=机器成本预算总额/机器小时预算总额

=1 212 600/43 000=28.2（元/机器小时）

Ⅰ号阀门分配：28.2/机器小时×1小时/件=28.2（元/个）

Ⅱ号阀门分配：28.2/机器小时×1.25小时/件=35.25（元/个）

Ⅲ号阀门分配：28.2/机器小时×2小时/件=56.4（元/个）

生产准备成本库成本的分配：

库分配率=生产准备成本预算总额/批次预算总额

=3 000/15=200（元/批）

Ⅰ号阀门分配：200/批÷10 000个/批=0.02（元/个）

Ⅱ号阀门分配：200/批÷5 000个/批=0.04（元/个）

Ⅲ号阀门分配：200/批÷400个/批=0.50（元/个）

收货和检验成本库成本的分配：

I阀门分配：200 000×6%÷10 000个=1.20（元/个）

Ⅱ号阀门分配：200 000×24%÷20 000个=2.40（元/个）

Ⅲ号阀门分配：200 000×70%÷4 000个=35（元/个）

材料处理成本库成本的分配：

Ⅰ号阀门分配：600 000×7%÷10 000个=4.20（元/个）

Ⅱ号阀门分配：600 000×30%÷20 000个=9.00（元/个）

Ⅲ号阀门分配：600 000×63%÷4 000个=94.50（元/个）

质量保证成本库成本的分配：

Ⅰ号阀门分配：421 000×20%÷10 000个=8.42（元/个）

Ⅱ号阀门分配：421 000×40%÷20 000个=8.42（元/个）

Ⅲ号阀门分配：421 000×40%÷4 000个=42.10（元/个）

包装和发货成本库成本的分配：

Ⅰ号阀门分配：250 000×4%÷10 000个=1.00（元/个）

Ⅱ号阀门分配：250 000×30%÷20 000个=3.75（元/个）

Ⅲ号阀门分配：250 000×4%÷4 000个=41.25（元/个）

工程成本库成本的分配：

Ⅰ号阀门分配：700 000 ×25%÷10 000 个＝17. 50（元/个）

Ⅱ号阀门分配：700 000 ×45%÷20 000 个＝15. 75（元/个）

Ⅲ号阀门分配：700 000 ×30%÷4 000 个＝52. 50（元/个）

机构成本库成本的分配：

库分配率＝机构成本总额/直接人工小时总额

＝507 400/118 000＝12. 9（元/直接人工小时）

Ⅰ号阀门分配：12. 9/直接人工小时×3 直接人工小时/个＝12. 9（元/个）

Ⅱ号阀门分配：12. 9/直接人工小时×4 直接人工小时/个＝17. 2（元/个）

Ⅲ号阀门分配：12. 9/直接人工小时×2 直接人工小时/个＝8. 6（元/个）

根据以上的分配结果，将三种产品单位成本汇总，见表 4-13。

表 4-13　作业成本法下 M 公司三种产品的单位成本　　　单位：元

	Ⅰ号阀门	Ⅱ号阀门	Ⅲ号阀门
直接材料	50	90	20
直接人工	60	80	40
制造费用：			
机器	28. 20	35. 25	56. 40
生产准备	0. 02	0. 04	0. 50
收货和检验	1. 2	2. 40	35. 00
材料处理	4. 20	9. 00	94. 50
质量保证	8. 42	8. 42	42. 10
包装和发货	1. 00	3. 75	41. 25
工程	17. 50	15. 75	52. 50
机构	12. 90	17. 20	8. 60
制造费用合计	73. 44	91. 81	330. 85

三种产品的单位成本及目标售价见表 4-14。

表 4-14　每种产品的单位成本、目标售价　　　单位：元

	Ⅰ号阀门	Ⅱ号阀门	Ⅲ号阀门
直接材料	50	90	20
直接人工	60	80	40
制造费用	73. 44	91. 81	330. 85
单位成本	183. 44	261. 81	390. 85
目标售价	229. 30	327. 26	488. 56
市场售价	261. 25	328. 00	250. 00

通过以上的计算结果可知，Ⅲ号阀门的成本远远超出其售价，出售该产品会发生亏损。而采用传统的成本核算方法，出售Ⅲ号阀门会有 90 多元的毛利，与事实不符，成本失真较严重。可见，采用作业成本法可以真实反映产品的成本，为企业做出正确决策提供依据。比如本例，如果没有其他原因，S 企业可以停止Ⅲ号阀门的生产，因为它是亏损产品。

（二）作业成本法在我国的运用前景

作业成本法在国外应用已非常广泛。相关调查显示，美国有超过 50% 企业采用了作业成本法，中国香港也有超过 20% 的企业采用作业成本法。作业成本法不仅仅适用于制造行业，也适用于所有行业，如金融机构、保险机构、医疗卫生服务等公共部门，以及会计师事务所、财务公司、咨询类社会中介机构等。国内在非制造行业的典型应用案例就是计算铁路运输成本，随着我国一些先进的制造企业开始推广使用作业成本法，铁路运输、物流、教育、传媒、航空、医疗、保险等行业或部门的企业也开始展开试点并取得了一些成功的经验。作业成本法在企业具体应用过程中，也开始超越单一的精确计算成本的职能，在生产决策、企业定价决策、企业内部转移价格的制定、供应商的选择与评价、客户关系管理等方面发挥着管理的职能，开始了多方位的作业成本管理的实践探索。

随着我国企业现代化程度的提高，实施作业成本法的条件日趋成熟，这种先进的成本核算模式一定会有更加广阔的前景。

二、作业成本法的应用的关键点

1. 目标必须明确

作业成本法的目的就是能产生更精确的成本信息，所有作业成本法项目在实施过程中应牢记这一特殊目的。该目的能重新设计或改进生产过程，影响产品设计决定，使产品组合更合理，或更好地管理客户关系。通过预先定义的目的，系统将确定生产线经理或部门，他们的行为方式和决定被认为是改变信息的结果。作业成本法模式应当是较简单的，它的实施应当充分考虑成本效益关系。

2. 最高管理层统一指挥

作业成本法的实施也不能缺少最高管理层的支持。一个由各职能部门的主管所组成的最高管理层委员会能使这些支持制度化，每月定期开会讨论项目过程，提出如何改进模式的建议，一旦该模式固定时将会对决策的制定产生重要影响。除了会计人员之外，该部门还应包括生产、市场（销售）、工程和系统方面的人员。这样，成本动因组织的专家们能够合并于模式的设计和每一组织人员在他们的部门和组织内对项目进行支持。

3. 作业成本模式的设计要完善

一个既复杂又难以维护的作业成本法管理系统，对管理人员来说会难以理解和操作。因此，作业成本模式的设计应像任何其他设计和工程项目一样，持续适当的权衡会使系统的基本功能以最小的附加成本完成任务。完善的作业成本模式设计能避免过于复杂的系统问题或无法辨认出成本项目（产品和顾客）、作业和资源之间的因果关系。

4. 要赢得全面的支持

虽然作业成本法比原有成本系统产生更精确的成本信息，更能指导生产经营，但并非所有的管理人员都欢迎技术上的革新。个人和部门的抵制是因为害怕作业成本法的实施会暴露出无利润的产品、无利润的顾客、无效率的作业和过程、大量无用的生产能力。因此，赢得下属的广泛支持将是作业成本法能否顺利实施的关键。

5. 推广应用要个性化

经过多年的经济高速增长后，我国的企业无论从产品的数量、质量，还是技术含量，都得到了很大提高。但就总体而言，我国大部分企业还处于大批量、低技术含量的劳动密集型生产阶段。这些企业应用作业成本法的环境远未成熟，如果强行推广，必然是“拔苗助长”，欲速则不达。因此，作业成本法还只能在一些多品种、少批量生产的实行多元化经营的管理先进的企业推广。

三、作业成本法的适用与局限性

与传统成本计算方法相比，作业成本法的创新主要有两点：一是在成本分配方法上引入了成本动因概念，将传统的单一数量分配基准改为财务变量与非财务变量相结合的多元分配基准，增强了成本信息的准确性；二是它强调成本的全程战略管理，将成本控制事业延伸到市场需求和设计阶段，注重优化作业链和增加顾客价值，提升企业的管理层次。作业成本法的应用有其特定条件和环境，并非对每个企业都适宜。采用作业成本法时应注意以下几点：

1. 不是所有企业都适用作业成本法

作业成本法产生的背景是在新科技革命基础上的高度自动化的适时制采购与制造系统，以及与其密切相关的零库存、单元制造、全面质量管理等管理观念与技术。在现代化制造企业中，产品日趋多样化和小批量生产，直接人工成本大大下降，固定制造费用大幅度上升。传统的“数量基础成本计算”使产品成本信息严重失真，导致作业成本法的应运而生。因此，作业成本法的运用必须有一定的适用环境，并非适用于各种类型的企业，它的选择必须考虑企业的技术条件和成本架构。

2. 采用作业成本法时要考虑其实施成本

任何一个成本系统并不是越准确越好，除了考虑其适用范围，还须考虑其实施的成本和效益。作业成本法需要对大量的作业进行分析、确认、记录和计量，增加了成本动因的确定、作业成本库的选择和作业成本的分配等额外工作，因此其实施的成本是比较高的。从成本效益平衡的角度出发，并非任何企业采用作业成本法所增加的效益都会大于实施成本。另外，在生产工艺复杂的企业中，其作业通常多达几十种，甚至上百种、上千种，对这些作业意义进行分析是不必要的。如果企业打算实施作业成本法，根据成本效益原则和重要性原则，只能对那些相对于顾客价值和企业价值而言比较重要的作业进行分析，企图面面俱到只能得不偿失。

3. 作业成本法本身存在不完善

作业成本法的计量和分配带有一定的主观性。成本动因的选择并没有给出严谨的判断方法，需要靠执行者对作业理解的程度和经验判断加以确定，这不可避免地会影响成本信息的真实性：作业成本法并没有解决诸如厂房折旧费、行政性工资费用等与作业活动无关的间接费用分配问题，仍然采用按机器工时分配厂房折旧，按人工工时分配行政性工资，这实际上仍未避免生产量对产品成本的影响，仍未完全解决传统成本计算方法存在的问题。作业成本法所提供的历史性的、具有内部导向性的信息价值的利用还没有被揭示出来，该方法能否起到改善企业盈利水平的作用还未得到验证。并且，这种方法实施细节烦琐，计算结果又不见得与传统方法有太大差别，因此，其新颖性、有用性受到人们的质疑。

作业成本法的产生与发展适应高新技术制造环境下正确计算产品成本的要求，它为改革间接费用的分配等问题提供了新的思路和方法。随着我国企业的国际化经营，拓宽了企业价值链的空间范围，亦要求现代成本管理扩展空间范围，为企业价值链优化提供有用信息，作业成本法正适应了这种世界经济发展的需要。另外，作业成本法将成本分为增值作业和非增值作业，有利于我们树立顾客第一的经营思想。适时生产方式需要作业成本计算系统为其提供有效的相对准确的成本信息。多年来，我国成本会计学家始终在探索我国成本管理的模式，并取得了丰富的研究成果，有着深厚的理论积累。另外，通过近 20 年的教育和培养，我国会计人员的素质也在不断地提高，加之多年来先进管理思想的引入，企业会计人员能很快理解并运用作业成本法，为作业成本管理的推广打下了基础。

随着科学技术的飞速发展，我国企业的生产组织和生产技术条件正在发生着深刻变化，这就为企业采用适时制生产方式和弹性制造系统，实施全面质量管理提供了物质条件，从而也为作业成本的推行提供了现实基础。

本章思考题

1. 什么是作业成本法？运用作业成本法有什么意义？
2. 什么是成本动因？有哪些特征？
3. 应用作业成本法计算产品成本要经过哪些步骤？
4. 解释作业成本法的局限性

本章练习题

1. 某企业生产甲、乙两种产品，有关资料如表 4-15、表 4-16 所示。

表 4-15　产量及直接成本等资料表

项目	甲产品	乙产品
产量/件	20 000	50 000
定购次数/次	4	8
机器制造工时/小时	40 000	150 000
直接材料成本/元	2 200 000	2 500 000
直接人工成本/元	300 000	750 000

表 4-16　制造费用明细及成本动因表　　单位：元

项目	制造费用金额	成本动因
材料验收成本	36 000	定购次数
产品验收成本	42 000	定购次数
燃料与水电成本	43 700	机器制造工时
开工成本	21 000	定购次数
职工福利成本	25 200	直接人工成本
设备折旧	32 300	机器制造工时
厂房折旧	20 300	产量
材料储存成本	14 100	直接材料成本
车间管理人员工资	9 800	产量
合计	245 200	

要求：

（1）分别按传统成本计算法与作业成本法求出甲、乙两种产品所应负担的制造费用；

（2）分别按传统成本计算法与作业成本法计算甲、乙两种产品的总成本和单位成本；

（3）比较两种方法计算结果的差异，并说明其原因。

2. 某公司生产产品 X 使用的一种主要零部件 A 的价格上涨到每件 10.6 元，这种零件每年需要 10 000 件。由于公司有多余的生产能力且无其他用途，只需再租用一台设备即可制造这种零件，设备的年租金为 40 000 元。管理人员对零件自制或外购进行了决策分析。

（1）根据传统成本计算法提供的信息，这种零件的预计制造成本如表 4-17 所示。

表 4-17　预计制造成本　　单位：元

	单位零件成本	成本总额
直接材料	0.6	
直接人工	2.4	
变动制造费用	2.6	
共耗固定成本		30 000

（2）经过作业成本计算，管理人员发现有一部分共耗固定成本可以归属到这种零件，其预计制造成本如表 4-18 所示。

表 4-18　预计制造成本

	成本动因	单位作业成本	作业量
装配	机器小时/小时	28.22	800

表4-18(续)

	成本动因	单位作业成本	作业量
材料采购	订单数量/张	10.00	600
物料处理	材料移动/次数	60.00	120
起动准备	准备次数/次数	0.20	200
质量控制	检验小时/小时	21.05	100
产品包装	包装次数/次	25.00	20

要求：分别采用传统成本计算法和作业成本计算法对零件进行自制和外购的分析并做决策。

本章参考文献

[1] 李定安. 成本会计研究 [M]. 北京：经济科学出版社，2002.
[2] 万寿义. 成本管理研究 [M]. 大连：东北财经大学出版社，2007.
[3] 王立彦. 成本管理会计 [M]. 北京：经济科学出版社，2005.
[4] 胡国强. 成本管理会计 [M]. 4版. 成都：西南财经大学出版社，2012.
[5] 于富生. 成本会计学 [M]. 北京：中国人民大学出版社，2006.

第五章 产品成本核算的其他方法

【学习目标】

（1）掌握分类法的含义、特点及分类法的成本计算，了解分类法的适用范围。

（2）了解变动成本法的含义，掌握变动成本法与完全成本法的区别。

（3）了解定额法的含义、特点及适用范围，了解定额成本、脱离定额差异、材料成本差异、定额变动差异的含义，掌握定额法的成本计算程序。

【关键术语】

分类标准　变动成本　定额成本　脱离定额差异　材料成本差异　定额变动差异

实际工作中，由于企业情况复杂，管理基础和管理水平及要求不一，因此，有的企业还采用前述基本方法以外的一些其他成本计算方法。如在产品品种、规格繁多，但加工工艺基本相同的企业，为简化成本计算而采用的分类法；出于管理的需要，还需要计算产品的变动成本而采用的变动成本法。为了加强成本管理，进行成本控制而采用的一种成本计算与成本管理相结合的定额法。在此本章将重点介绍产品成本核算的三种其他方法：分类法、变动成本法与定额法。

第一节　分类法

一、分类法的特点、计算程序和适用范围

（一）分类法的特点

分类法是将企业生产的产品分为若干类别，以各产品类别作为成本计算对象，归

集生产费用，先计算各类别产品成本，然后再按一定的方法在类内各种产品之间进行分配，以计算出各种产品成本的一种成本计算方法。

分类法的特点可概括为如下三个方面：

（1）成本计算对象。是以每一类产品作为成本计算对象，按照产品的类别设立产品成本明细账归集生产费用，并结合企业的生产工艺过程和生产组织方式的特点，选择一定的方法计算出每类完工产品的总成本；然后再按照一定的方法在类内产品之间分配费用，从而计算出类内各种产品的成本。

（2）成本计算期。分类法不是一种独立的成本计算方法，它可以和品种法、分批法、分步法等结合起来应用。当分类法与品种法和分步法结合应用时，产品成本计算期与生产周期不一致，与会计核算的报告期一致；当分类法与分批法结合应用时，产品成本计算期与产品生产周期相一致，与会计核算的报告期不一致。

（3）生产费用在完工产品和期末在产品之间的分配。当其与品种法结合时，即把某类产品视为某一品种的产品；当其与分批法结合时，即把某类产品视为某一批产品；当其与分步法结合时，即把某类产品视为某一生产步骤的产品等。所以某类产品生产费用在完工产品与在产品之间的分配，要视其采用的基本方法而定。

（二）分类法成本计算的程序

1. 划分产品类别，计算类别产品成本

根据产品的结构、所用原材料和工艺过程的不同，将产品划分为几类，按照产品的类别设立产品成本明细账，归集生产费用，计算出各类别产品成本。

2. 计算类内各产品成本

同类产品内各种产品之间可选择合理的分配标准，如定额消耗量、定额费用、售价，以及产品的体积、长度和重量等，将生产费用在类内产品之间分配。分类法的成本计算程序如图 5-1 所示。

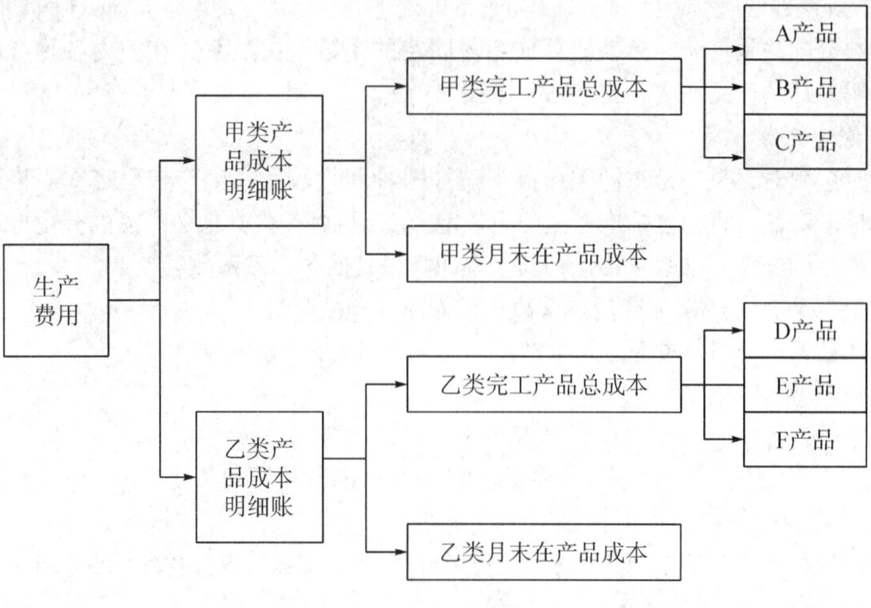

图 5-1　分类法的成本计算程序

（三）分类法的适用范围

凡是产品的品种繁多，而且可以按照前述要求划分为若干类别的企业或车间，均可采用分类法计算成本。分类法与产品生产的类型没有直接联系，因而可以在各种类型的生产中应用。例如：

（1）适用于用同样原材料、经过同样工艺过程生产出来的不同规格的产品。

（2）适用于用同一种原材料进行加工而同时生产出几种主要产品——联产品的成本计算。联产品耗用的原材料和生产工艺过程相同，只能归为一类计算成本。

（3）适用于由于内部结构、所耗原材料质量或工艺技术等客观因素发生变化而造成不同等级的产品。这些产品应是同一品种不同规格的产品，可以归为一类计算成本。但人为原因造成的等级品不能采用分类法计算成本。

（4）适用于除主要产品之外的零星产品生产成本的计算。

（5）适用于副产品的生产成本计算。将主副产品归为一类计算成本，然后将副产品成本按一定方法计价从总成本中扣除，余额即主产品成本。

二、分类法应用

在分类法下，合理划分产品类别，选择适当的类内成本分配标准，是影响分类法成本计算的关键。

一般应将产品的结构、生产工艺技术和所耗原材料基本相同或相近的产品归为一类。类距定得过大，会影响成本计算正确性；类距定得过小，会使成本计算工作复杂。而在选择类内产品费用分配标准时，应尽量选择与产品成本的高低关系较大的分配标准。

类内产品费用的分配方法常用的有系数分配法、实物量分配法、销售价值分配法和可实现净值分配法等，企业可根据实际情况选用。

（一）系数法

系数分配法是将分配标准折算成相对固定的系数，按照系数在类内各种产品之间分配费用，计算产品成本。其基本程序如下：

1. 确定系数

确定系数时，一般是在同类产品中选择一种产量较大、生产较稳定或规格适中的产品为标准产品。将单位标准产品的系数定为1，再将类内其他各产品的分配标准数量与标准产品的分配标准数量相比，其比率即类内其他各产品系数。

2. 将各种产品的实际产量按系数折算为标准产品产量

某产品标准产量（总系数）= 该产品实际产量×该产品系数

3. 计算费用分配率

$$某类产品某项费用分配率=\frac{该类完工产品该项费用总额}{该类内各种产品标准产量之和}$$

4. 计算类内各种产品成本

某种产品应负担的某项费用 = 该种产品标准产量（总系数）×该类产品该项费用分配率

【例5-1】立新公司产品品种规格繁多，成本计算采用分类法。现按产品结构和工艺过程将A、B、C三种产品归于一类——甲类产品计算成本。该类产品2009年10月的有关产品生产资料如下：

1. 产品产量：本月生产A产品4 000件，B产品1 500件，C产品2 400件；月末在产品，A产品160件，B产品240件。

2. 本月甲类产品的生产费用为：直接材料费21 030元，直接人工费7 428元，制造费用8 240元；月初在产品成本为：直接材料费720元，直接人工费240元，制造费用280元。

3. 各种产品成本的分配方法是：原材料费用按事先确定的耗料系数比例分配；其他费用按工时系数比例分配。耗料系数根据产品的材料消耗定额计算确定，工时系数根据产品的工时定额计算确定。材料消耗定额为：A产品1.2千克，B产品1.8千克，C产品0.24千克，以A产品为标准产品。工时定额为：A产品0.8小时，B产品1.6小时，C产品0.4小时。各种产品均是一次投料，月末在产品完工程度为50%。

根据上述资料，甲类产品成本计算如下：

（1）编制系数计算表（见表5-1），确定A、B、C三种产品的用料系数和工时系数。

表5-1 系数计算表

产品名称	原材料消耗定额/千克	耗料系数	工时消耗定额/小时	工时系数
A	1.2	1	0.8	1
B	1.8	1.5	1.6	2
C	0.24	0.2	0.4	0.5

（2）编制标准产品产量计算表（见表5-2），计算完工产品和月末在产品的标准产品产量（总系数）。

表5-2 标准产品产量计算表

项目	产成品产量/件	原材料				加工费			
		耗料系数	产成品折合标准产量	在产品实际数量	在产品折合标准产量	工时系数	产成品折合标准产量	在产品折合约当产量	在产品折合标准产量
A产品	4 000	1	4 000	160	160	1	4 000	80	80
B产品	1 500	1.5	2 250	240	360	2	3 000	120	240
C产品	2 400	0.2	480			0.5	1 200		
合计			6 730		520		8 200		320
标准产品产量（总系数）		7 250				8 520			

（3）编制类别成本计算单（见表5-3），计算类别完工产品成本和月末在产品成本。

表 5-3　类别产品成本计算单

产品类别：甲类　　　　　　　　　　　　　　　　　　　　　　　　　　单位：元

摘要	直接材料	直接人工	制造费用	合计
月初在产品成本	720	240	280	1 240
本月发生费用	21 030	7 428	8 240	36 698
费用合计	21 750	7 668	8 520	37 938
产成品标准产品产量	6 730	8 200	8 200	
在产品标准产品产量	520	320	320	
标准产品产量合计	7 250	8 520	8 520	
费用分配率	3	0.9	1	
完工产品成本	20 190	7 380	8 200	35 770
月末在产品成本	1 560	288	320	2 168

（4）编制产品成本计算表（见表 5-4），计算 A、B、C 完工产品成本。

表 5-4　类内各种产成品成本计算表

项目	产量/件	原材料标准产品产量（耗材总系数）/件	直接材料/元	工时标准产品产量（工时总系数）/件	直接人工/元	制造费用/元	合计/元
费用分配率			3		0.9	1	
A 产品	4 000	4 000	12 000	4 000	3 600	4 000	19 600
B 产品	1 500	2 250	6 750	3 000	2 700	3 000	12 450
C 产品	2 400	480	1 440	1 200	1 080	1 200	3 720
合计		6 730	20 190	8 200	7 380	8 200	35 770

表 5-4 中各种费用分配率的计算如下：

直接材料费用分配率 = 20 190÷6 730 = 3

直接人工费用分配率 = 7 380÷8 200 = 0.9

制造费用分配率 = 8 200÷8 200 = 1

（二）实物量分配法

实物量分配法是以产品在分离点处相应产出份额为基础来分配联合成本的方法。其实物量可采用产品总产量的重量或容积等。

【例 5-2】2014 年 10 月，某牛奶厂从各个畜牧场购入原奶 11 000 千克，买价 20 000元，加工生成奶油 2 000 千克和脱脂牛奶 8 000 千克；加工成本 8 000 元，其中人工成本 3 000 元，间接费用 5 000 元；奶油售价为 20 元/千克，脱脂牛奶 45 元/千克。

要求：用实物量分配法计算奶油和脱脂牛奶成本。

根据上述资料，奶油和脱脂牛奶成本计算如表 5-5 所示。

表 5-5　成本计算表

项目	产量/千克	比重/%	直接材料/元	直接人工/元	制造费用/元	产品成本合计/元
奶油	2 000	20	4 000	600	1 000	5 600
脱脂牛奶	8 000	80	16 000	2 400	4 000	22 400
合计	10 000	100	20 000	3 000	5 000	28 000

（三）销售价值分配法

销售价值分配法是按各联产品的销售价值的比例分配联合成本的方法。这种方法一般适用于分离后不再加工的联产品。

【例 5-3】仍以【例 5-2】的资料为例。

要求：用销售价值分配法计算奶油和脱脂牛奶成本。

根据上述资料，奶油和脱脂牛奶成本计算如表 5-6 所示。

表 5-6　成本计算表

项目	奶油	脱脂牛奶	合计
产量/千克	2 000	8 000	10 000
单价/（元/千克）	20	45	
销售额/元	40 000	360 000	400 000
比重/%	10	90	
直接材料/元	2 000	18 000	20 000
直接人工/元	300	2 700	3 000
制造费用/元	500	4 500	5 000
产品成本合计/元	2 800	25 200	28 000

（四）可实现净值分配法

可实现净值分配法就是按各联产品的可实现净值比例分配联合成本的方法。可实现净值是指产品的最终销售价值减去其可分成本的余额。

【例 5-4】以【例 5-2】的资料为例，假设：①奶油进一步加工可加工成 1 600 千克黄油，售价 40 元/千克，人工费用 5 000 元，间接费用 9 000 元；②脱脂牛奶进一步加工可加工成 7 500 千克浓缩奶，售价 64 元/千克，人工费用 10 000 元，间接费用 20 000元。

要求：用销售价值分配法计算奶油和脱脂牛奶成本。

根据上述资料，奶油和脱脂牛奶成本计算如表 5-7 所示。

表 5-7　成本计算表

项目	奶油	脱脂牛奶	合计
产量/千克	1 600	7 500	10 000
单价/（元/千克）	40	64	

表5-7(续)

项目		奶油	脱脂牛奶	合计	
销售额/元		64 000	480 000	544 000	
进一步加工成本/元	直接人工	5 000	10 000		
	间接费用	9 000	20 000		
净实现价值/元		50 000	450 000	500 000	
净实现价值比重/%		10	90		
联合成本/元	直接材料	2 000	18 000	20 000	
	直接人工	300	2 700	3 000	
	制造费用	500	4 500	5 000	
联合成本分配合计/元		2 800	25 200	28 000	
产品最终成本		直接材料	直接人工	制造费用	合计
黄油	联合成本/元	2 000	300	500	2 800
	深加工成本/元		5 000	9 000	14 000
	合计/元	2 000	5 300	9 500	16 800
浓缩奶	联合成本/元	18 000	2 700	4 500	25 200
	深加工成本/元		10 000	20 000	30 000
	合计/元	18 000	12 700	24 500	55 200

第二节　变动成本法

一、变动成本法

1. 变动成本法的概念

变动成本法，是指企业以成本性态分析为前提条件，仅将生产过程中消耗的变动生产成本作为产品成本的构成内容，而将固定生产成本和非生产成本作为期间成本，直接由当期收益予以补偿的一种成本管理方法。成本性态，是指成本与业务量之间的相互依存关系。按照成本性态，成本可划分为固定成本、变动成本和混合成本：固定成本，是指在一定范围内，其总额不随业务量变动而增减变动，但单位成本随业务量增加而相对减少的成本；变动成本，是指在一定范围内，其总额随业务量变动发生相应的正比例变动，而单位成本保持不变的成本；混合成本，是指总额随业务量变动但不成正比例变动的成本。

与变动成本法相对应的是传统成本计算方法，称为完全成本法。二者在成本计算上最主要的区别是产品成本的构成内容不同。对于完全成本法，固定制造费用归属于产品，是成本的组成部分；而对于变动成本法，固定制造费用不归属于产品，而是作为期间成本，全部计入当期损益。

2. 变动成本法的特征

成本按经济用途分类分为制造成本和非制造成本，它是财务会计按完全成本法进行成本核算的基础。其中制造成本也称生产成本，是指在产品制造过程中发生的成本，具体包括直接人工、直接材料和制造费用三类。制造成本的特点是成本项目可以直接或间接归属于某一特定产品。非制造成本，也称期间成本或期间费用，是指不能计入产品的生产成本，是直接计入当期损益的费用，具体包括销售费用、财务费用和管理费用。其特点是成本支出可以使企业整体受益，但是难以确定该项支出与特定产品之间的关系。

产品在采用变动成本法下，其主要特征是企业必须以成本性态分析为前提，将制造费用区分为变动性制造费用和固定性制造费用，然后才能将生产成本划分为变动性生产成本和固定性生产成本，最后计算变动成本法下的损益。

3. 变动成本法的理论依据

（1）产品成本只应该包括变动的生产成本。

在管理会计中，产品成本是指那些在生产过程中发生的，随产品实体流动而流动，随产量的变动而变动，只有当产品实现销售时才能与相关收入实现配比、得以补偿的成本。随产品实体流动而流动的“成本流动”是指构成产品成本的价值要素，最终要在广义产品的各种实体形态（包括本期销货、期末产成品和在产品存货）上得以体现，表现为本期销货成本与期末存货成本。由于产品成本只有在产品实现销售时才能转化为与相关收入相配比的费用，因此，本期发生的产品成本得以补偿的归属有两种可能：一是以销售成本的形式计入当期的损益表，成为与当期收入相配比的费用；二是以当期完工但尚未售出的产成品和当期在产品等存货成本的形式计入期末资产负债表递延下期，与在以后期间实现销售收入相配比。从定性的角度来看，产品是产品成本的物质承担者，若不存在产品的物质承担者，就不应当有产品成本存在。从定量的角度来看，产品成本必然与产品产量密切相关，在生产工艺没有发生实质性变化、成本水平不变的情况下，所发生的产品成本总额应当随所完成的产品产量呈正比例变动。显然，这比完全成本法仅从生产过程与产品之间的因果关系出发，将全部生产成本作为产品成本，将全部非生产成本作为期间成本的做法更加合理。

（2）固定生产成本应当作为期间成本处理。

在管理会计中，期间成本是指那些不随产品实体的流动而流动，而随企业生产经营持续期间长短而增减，其效益随期间的推移而消逝，不能递延到下期，只能在发生的当期计入损益表，为当期收入补偿的成本。这类成本的归属期只有一个，即在发生的当期直接转作本期费用，因而与产品实体流动的情况无关，不能计入期末存货。按照变动成本法的解释，并非在生产领域内发生的所有成本都是产品成本，如生产成本中的固定性制造费用，在相当范围内，它的发生与各期的实际产量的多少无关，它只是定期创造了可供企业利用的生产能量，因而与期间的关系更为密切。在这一点上，它与销售费用、管理费用和财务费用非生产成本只是定期地创造了维持企业经营的必要条件，一样具有时效性。因此，固定性制造费用（固定生产成本）应当与非生产成本同样作为期间成本处理。

二、变动成本法与完全成本法的比较与分析

变动成本法是与传统成本计算法相对应的一种成本计算法。变动成本法产生以后，传统的成本计算方法被称为完全成本法。这两种方法存在以下几个方面的区别。

（一）应用的前提条件不同

完全成本法首先要求把全部成本按其经济用途分类，以此为前提条件将全部生产成本作为产品成本的构成内容，将非生产成本作为期间成本。其中，生产成本包括直接材料、直接人工和制造费用，非生产成本包括销售和管理费用等期间费用。

变动成本法是在成本性态分析的基础上，对产品成本按其与产量变动间的线性关系划分为变动成本与固定成本并进行粗略估计。其中，变动成本包括直接材料、直接人工、变动性制造费用和变动性销售及管理费用，固定成本包括固定性制造费用和固定性销售及管理费用。

（二）产品成本、期间成本的构成内容不同

完全成本法下，产品成本是指全部制造成本，其内容主要包括直接材料、直接人工、制造费用；故在完全成本法下，期间费用则仅指全部非生产成本。

在变动成本法下，产品成本全部由变动生产成本构成，其内容主要包括直接材料、直接人工和变动性制造费用，而将固定性制造费用作为期间费用处理。这是因为固定性制造费用只是为企业提供了一定的生产经营条件，以便保持生产能力，并使企业处于准备状态而发生的成本，它同产品的实际产量没有直接联系，既不会由于产量的提高而增加，也不会因产量的下降而减少，其实质是联系会计期间所发生的费用，因此固定性制造费用不应递延到下一个会计期间，而应在其发生的当期计入当期损益。故在变动成本法下，期间费用由全部固定成本和全部变动非生产成本之和构成。这两种方法在产品成本与期间成本的构成内容上的区别见表5-8。

表5-8　产品成本及期间费用的构成内容区别

<table>
<tr><th>成本划分</th><th>完全成本法</th><th>变动成本法</th></tr>
<tr><td rowspan="3">产品成本</td><td>直接材料</td><td>直接材料</td></tr>
<tr><td>直接人工</td><td>直接人工</td></tr>
<tr><td>制造费用</td><td>变动制造费用</td></tr>
<tr><td rowspan="4">期间成本</td><td rowspan="2">管理费用</td><td>固定制造费用</td></tr>
<tr><td>管理费用</td></tr>
<tr><td>销售费用</td><td>销售费用</td></tr>
<tr><td>财务费用</td><td>财务费用</td></tr>
</table>

（三）存货成本、销货成本的水平不同

完全成本法下不仅包括变动性制造费用，还有固定性制造费用。当期末存货存在时，本期发生的固定性制造费用需要在本期已经销售的产成品成本和期末存货成本之间分配，从而导致被销货吸收的那部分固定性制造费用作为销货成本计入本期损益表，被期末存货吸收的另一部分固定性制造费用则随着期末存货成本递延到下期。

销货成本=期初存货成本+本期发生的产品成本-期末存货成本

变动成本法下无论是库存产成品、在产品还是已销产品，其成本中只包括变动性制造费用，固定性制造费用作为期间成本直接计入当期损益表，因而没有转化为销货成本或存货成本的可能。

销货成本=单位变动生产成本×本期销售量

所以，变动成本法下期末存货的成本必然小于完全成本法下的期末存货的成本。

（四）销货成本的计算公式不同

通常情况下销货成本的计算公式为本期销货成本=期初存货成本+本期发生的产品生产成本-期末存货成本。

完全成本法下，如果期初存货等于零，则单位期末存货成本、本期单位产品成本和本期单位销货成本这三个指标等于单位生产成本指标，可以用以下公式直接计算销货成本：本期销货成本=单位生产成本×本期销售量。但在前后期成本水平不变的情况下，除非产量也不变，否则应当按照各期的产量来分摊所负担的固定性制造费用。

变动成本法下，销货成本全部是由变动生产成本构成，当期初存货量为零时，单位期末存货成本、本期单位产品成本和本期单位销货成本这三个指标相等，或者前后期成本水平不变（单位变动生产成本不变，固定生产成本不变）的条件下，这时单位期初存货成本、单位期末存货成本、本期单位产品成本和本期单位销货成本可以用统一的单位变动生产成本来表示，可以用下面的公式直接计算：

本期销货成本=单位变动生产成本×本期销售量。

（五）损益确定程序不同

1. 完全成本法的损益确定程序

完全成本法的损益确定程序是传统式损益确定程序，它可分为两步：第一步是用营业收入补偿本期实现销售产品的营业成本，从而确定营业毛利，即营业收入-营业成本=营业毛利，其中：营业成本=本期销货成本=期初存货成本+本期发生的产品生产成本-期末存货成本。

第二步是用营业毛利补偿期间成本以确定当期营业利润，即营业毛利-期间成本=营业利润，其中：期间成本=销售费用+管理费用+财务费用。它侧重于为外部信息使用者提供企业经营成果的信息，其重点在于确定最终收益。

2. 变动成本法的损益确定程序

变动成本法的损益确定程序为贡献式损益确定程序。它分为两步：第一步是用营业收入补偿本期实现销售产品的变动成本，从而确定边际贡献，即营业收入-变动成本总额=边际贡献，其中：变动成本=变动生产成本+变动非生产变动成本=单位变动生产成本×本期销售量+单位变动非生产成本×本期销售量。第二步是用边际贡献补偿固定成本以确定当期营业利润，即边际贡献-固定成本总额=营业利润，其中：固定成本总额=固定生产成本+固定非生产成本=固定性制造费用+固定性销售费用+固定性财务费用+固定性管理费用。它侧重于为企业内部提供决策所需信息，其重点在于确定边际贡献。

（六）所提供信息的用途不同

这是变动成本法和完全成本法之间最本质的区别。变动成本法主要满足内部管理的需要，利润与销售量之间有一定规律性联系；完全成本法主要满足对外提供报表的需要，利润与销售量之间的联系缺乏规律性。

【例 5-5】某企业有关资料如下：

1. 201×年 4、5、6 月三个月的收入及成本数据（假定单价与单位成本未变）

单位产品销售价格 100 元，单位产品变动制造成本 38 元，月固定制造成本总额 80 000元，单位销售产品变动经营管理费用 5 元，月固定经营管理费用 120 000 元。

2. 产销情况（见表 5-9）

表 5-9　产销情况表　　单位：件

月份	4	5	6
期初库存产成品	50	50	20
当月产成品产量	8 000	8 300	8 500
当月销售量	8 000	8 330	8 490
期末库存产成品	50	20	30

3. 单位产品成本（见表 5-10）

表 5-10　单位产品成本表　　单位：元

月份	4	5	6
变动成本法 变动制造成本	 38	 38	 38
完全成本法 其中：变动制造成本 固定制造成本 合计	 38 10 48	 38 9.64 47.64	 38 9.41 47.41

根据以上资料，分别采用上述两种成本计算法确定各月利润，见表 5-11、表 5-12。

表 5-11　完全成本法　　单位：元

项目		4 月	5 月	6 月
销售收入		800 000	833 000.00	849 000.00
销售成本		384 000	396 841.20	402 510.90
销售毛利		416 000	436 158.80	446 489.10
非生产成本	变动非生产成本	40 000	41 650.00	42 450.00
	固定非生产成本	120 000	120 000.00	120 000.00
营业净利		256 000	274 508.80	284 039.10

表 5-12　变动成本法　　单位：元

项目	4 月	5 月	6 月
销售收入	800 000	833 000	849 000
销售成本	304 000	316 540	322 620
生产边际贡献	496 000	516 460	526 380

表5-12(续)

项目	4月	5月	6月
变动非生产成本	40 000	41 650	42 450
边际贡献	456 000	474 810	483 930
固定成本：			
固定生产成本	80 000	80 000	80 000
固定非生产成本	120 000	120 000	120 000
营业净利	256 000	274 810	283 930

两种成本法所确定的各月营业净利，可进一步通过表5-13比较。

表5-13 营业净利比较

月份	生产量/件		销售量/件	按完全成本法计算的营业净利/元		按变动成本法计算的营业净利/元
4	8 000	=	8 000	256 000	=	256 000
5	8 300	<	8 330	274 508.80	<	274 810
6	8 500	>	8 490	284 039.10	>	283 930

从表5-11、表5-12、表5-13可以看出，在各期单位变动成本、固定制造费用相同的情况下：当生产量等于销售量时，两种成本法所确定的营业净利润相等（表中4月份的情况）；当生产量小于销售量时，采用完全成本法所确定的营业净利润小于采用变动成本法所确定的营业净利润（表中5月份的情况）；当生产量大于销售量时，采用完全成本法所确定的营业净利润大于采用变动成本法所确定的营业净利润（表中6月份的情况）。这是因为，在变动成本法下，计入当期损益表的是当期发生的全部固定性制造费用；而采用完全成本法时，产成品成本中包括固定制造费用，当存在有期初、期末库存产成品存货时，这些存货会释放或吸收固定制造费用，即计入当期损益表的固定性制造费用数额，不仅受到当期发生的全部固定性制造费用水平的影响，而且还要受到期初、期末存货水平的影响。

在其他条件不变的情况下，只要某期完全成本法下期末存货吸收的固定制造费用与期初存货释放的固定制造费用的水平相同，就意味着两种成本法计入当期损益表的固定制造费用的数额相同，两种成本法的当期营业净利润必然相等；如果某期完全成本法下期末存货吸收的固定制造费用与期初存货释放的固定制造费用的水平不同，就意味着两种成本法计入当期损益表的固定制造费用的数额不同，一定会使两种成本法的当期营业净利润不相等。用公式表示如下：

完全成本法计入当期损益表的固定制造费用=期初存货释放的固定制造费用+本期发生的固定制造费用-期末存货吸收的固定制造费用

变动成本法计入当期损益表的固定制造费用=本期发生的固定制造费用

两种成本法计入当期损益表固定制造费用的差额=完全成本法下期初存货释放的固定制造费用-完全成本法下期末存货吸收的固定制造费用

两种成本法计入当期营业净利润的差额=完全成本法下期初存货释放的固定制造费用-完全成本法下期末存货吸收的固定制造费用

三、变动成本法的优缺点

（一）变动成本法的优点

（1）变动成本法能够揭示利润和业务量之间的正常关系，有利于促使企业重视销售工作，防止盲目生产。

（2）变动成本法可以提供有用的成本信息，便于科学的成本分析和成本控制。

（3）变动成本法提供的成本、收益资料，便于企业进行短期经营决策。

（4）变动成本法更符合“配比原则”（固定性制造费用因为与产销量无关，应全部由当期收入中扣除）。

（5）变动成本法便于进行各部门的业绩评价。

（6）采用变动成本法简化了成本核算工作。

（二）变动成本法的缺点

（1）变动成本法所计算出来的单位产品成本，不符合传统的成本观念及对外报告的要求。

（2）变动成本法不能适应长期决策的需要。

（3）固定成本与变动成本本身在划分上存在假定性，影响变动成本法提供资料的准确程度。

（4）采用变动成本法会对所得税产生一定的影响。

四、变动成本法的适用范围

变动成本法一般适用于同时具备以下特征的企业：

（1）企业固定成本比重较大，当产品更新换代的速度较快时，分摊计入产品成本中的固定成本比重大，采用变动成本法可以正确反映产品盈利状况；

（2）企业规模大，产品或服务的种类多，固定成本分摊存在较大困难；

（3）企业作业保持相对稳定。

五、变动成本法与完全成本法的结合

由上述介绍已知，变动成本法是侧重于“对内”服务的一种成本计算方法，而完全成本法是侧重于“对外”服务的一种成本计算方法，两种成本计算方法各有其优缺点。如何将两种方法结合起来，满足企业管理的不同需要呢？在实际工作中常采用以下三种方法处理这两种成本计算方法之间的关系。

第一种观点是采用“双轨制”。这是指在完全成本法核算资料之外，另外设置一套变动成本法的核算系统，提供两套平行的成本核算资料，对外报告按完全成本法进行，对内管理采用变动成本法，分别满足不同的需要。

第二种观点是采用“单轨制”。这是以变动成本法完全取代完全成本法，最大限度地发挥变动成本法的优点。

第三种观点是采用“结合制”。这是将变动成本法与完全成本法结合使用，日常核算建立在变动成本法的基础上，以满足企业内部经营管理的需要；期末对需要按完全成本法反映的有关项目进行调整，以满足对外报告的需要。

第三节 定额法

一、定额法的特点和适用范围

（一）定额法的含义与特点

产品成本计算的定额法，是以产品的定额成本为基础，加减脱离定额差异、材料成本差异和定额变动差异，进而计算产品实际成本的一种方法。这种方法是为了加强成本管理，进行成本控制而采用的一种成本计算与成本管理相结合的方法。

在前面所讲述的成本计算方法中，无论是品种法、分批法还是分步法，成本计算都是在实际发生额的基础上进行的，成本计算工作完成后才能分析原因，找出问题进行事后分析控制。针对上述缺陷，定额法为了及时反映和监督生产费用的发生和脱离定额差异，在计算方法上独具特征。具体表现如下：

（1）事前制定产品的各项定额标准。由于定额法是以产品的定额成本为基础来计算产品的实际成本，因此，构成产品定额成本的各项内容都应事先制定好，包括产品的消耗定额、费用定额和定额成本。

（2）在生产费用发生的当时，将其划分为符合定额的部分和脱离定额的差异部分，分别核算，及时反映实际生产费用脱离定额的程度。

（3）月末在定额成本的基础上加减各种成本差异，计算产品的实际成本。其计算公式如下：

产品实际成本=产品定额成本±脱离定额差异±材料成本差异±定额变动差异

（二）定额法的适用范围

定额法与企业生产类型没有直接联系。凡是定额管理制度比较健全，定额管理工作基础较好，产品生产已定型，各项消耗定额比较准确、稳定的企业，均可采用定额法。

二、定额法的成本计算程序

在定额成本制度下，产品实际成本的计算可遵照以下程序进行：

（1）按产品编制月初产品定额成本表，若定额有修订，应在该表中注明。

（2）按成本计算对象设置成本明细账，按成本项目设“期初在产品成本”“本月产品费用”“生产费用累计”“完工产品成本”和“月末在产品成本”等专栏，各栏又分为“定额成本”“脱离定额差异”“定额变动差异”“材料成本差异”各小栏。

（3）编制费用分配明细表，各项费用应按定额成本和脱离定额差异进行汇总和分配。

（4）登记各产品成本明细账。产品明细账中的期初在产品成本各栏目可根据上月成本明细账中的期末在产品各栏目填列。若月初定额有降低，可在“月初在产品定额成本变动”栏中的“定额成本调整”栏用“-”号表示，同时，在“定额变动差异”栏用“+”符号表示；若定额成本有提高，则在“定额成本调整”栏用“+”号表示，同时，在“定额变动差异”栏用“-”号表示。

（5）分配计算完工产品和月末在产品成本。产成品的定额成本应根据事先编制好的产品定额成本表中产品月初成本定额乘上产成品数量求得，然后，根据“生产费用累计”中的定额成本合计减去产成品的定额成本，就是月末在产品的定额成本。

（6）如果有不可修复废品，应按成本项目计算其定额成本，并按定额成本分配计算定额差异或定额变动差异以及材料成本差异，但若不可修复废品不多时，也可不承担这些差异。废品成本计算出来后，连同可修复废品的修复费用记入“废品损失”成本项目的“本月产品费用”中的“脱离定额差异”小栏内，并全部由产成品负担。

（7）产成品的实际成本由产成品的定额成本加减脱离定额差异和定额变动差异等求得，并可进行成本的事后分析。

（8）最后，成本核算人员应将成本核算、分析结果及改进建议上报单位负责人，由单位负责人对成本控制做出最后的决策和评价。

三、定额成本的制定

产品的定额成本包括直接材料定额成本、直接人工定额成本、制造费用定额成本，其计算公式分别为：

直接材料定额成本=直接材料定额耗用量×材料计划单价

=本月投产量×单位产品材料消耗定额×材料计划单价

直接人工定额成本=产品定额工时×计划小时工资率

=产品约当产量×单位产品工时定额×计划小时工资率

制造费用定额成本=产品定额工时×计划小时费用率

=产品约当产量×单位产品工时定额×计划小时费用率

定额成本的制定一般是通过编制“产品定额成本计算表”的方式进行的。该表可先按零件编制，然后汇总编制部件。若产品零部件较多，也可以不编制零部件定额成本表而直接编制产品定额成本表。

【例5-6】立新公司生产的甲产品由A、B两个部件组成，其中部件A包括两个零件L6201、L6202，定额成本制定程序如表5-14、表5-15、表5-16所示。

表5-14　零件定额卡

零件编号：L6201　　　　零件名称：××

材料编号	材料名称	计量单位	材料消耗定额
C8201	××	千克	6

工序	工时定额	累计工时定额
1	2	2
2	3	5
3	1.5	6.5
4	3.5	10

表 5-15　部件定额成本计算表

部件编号：B9201　　　　　　　　　　部件名称：A

所用零件编号或名称	所用零件数量/件	部件材料费用定额							部件工时定额/小时
		C8201			C8202			金额合计/元	
		消耗定额/千克	计划单价/元	金额/元	消耗定额/千克	计划单价/元	金额/元		
L6201	1	6	4.2	25.2				25.2	10
L6202	2				13.8	3.5	48.30	48.3	16
装配									4
合计				25.2			48.30	73.5	30

定额成本项目					定额成本合计/元
直接材料	直接人工		制造费用		
	每小时定额/元	金额	每小时定额/元	金额	
73.5	2.3	69	5.2	156	298.5

表 5-16　产品定额成本计算表

产品编码：×××　　　　　　　　　　产品名称：甲

所用部件编号名称	所用部件数量/件	材料费用定额		工时定额	
		计划单价/元	产品/元	单位工时定额/小时	产品/小时
B9201	2	298.5	597	30	60
B9202	3	202	606	20	60
装配					6
合计			1 203		126

产品定额成本项目					定额成本合计/元
直接材料	直接人工		制造费用		
	每小时定额/元	金额/元	每小时定额/元	金额/元	
1 203	2.3	289.8	5.2	655.2	2 148

四、脱离定额差异的计算

脱离定额差异是指在生产过程中，各项生产费用的实际支出脱离现行定额或预算的数额，包括直接材料脱离定额差异的计算、直接人工脱离定额差异的计算、制造费用脱离定额差异的计算，现分述如下。

1. 直接材料脱离定额差异的计算

直接材料脱离定额差异是指生产过程中产品实际耗用材料数量与其定额耗用量之间的差异，其计算公式为：

直接材料脱离定额差异=∑［（材料实际耗用量-材料定额耗用量）×材料计划单价］

在实际工作中，计算直接材料脱离定额差异的方法，一般有限额法、切割法和盘存法。

（1）限额法。在定额法中，原材料的领用一般实行限额领料制度，符合定额规定的领料应根据领料单等定额凭证发放，若由于增加产量而追加领料，必须办理追加限额的手续。由于其他原因发生的超额用料属于材料脱离定额的差异，应当用专设的超额材料领料单（用不同颜色的领料单或加盖专用戳记予以区别）等差异凭证，经过一定的审批后方可领料。采用代用材料或利用废料时，应在限额领料单中注明，并从原定限额中扣除。生产任务结束后，应当根据车间余料填制退料单，办理退料手续。限额领料单中的余额及退料单中的数额，都属于材料脱离定额的节约差异，超额材料领料单中的数额，属于材料脱离定额的超支差异。以上做法如图 5-2 所示。

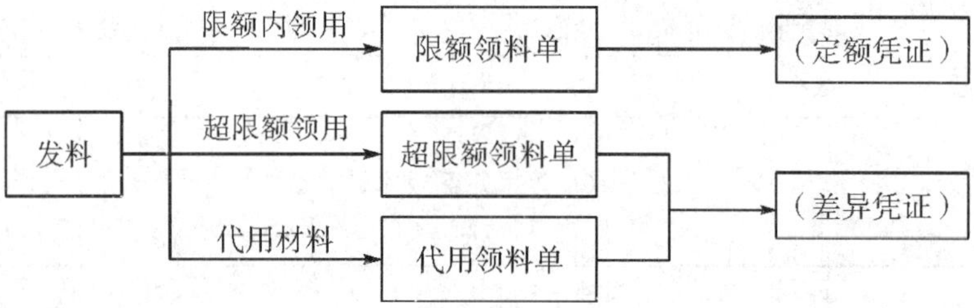

图 5-2　限额领料制度

【例 5-7】假定某企业限额领料单规定的产品数量为 2 000 件，每件产品的原材料消耗定额为 5 千克，则领料限额为 10 000 千克；本月实际领料 9 500 千克。

①若本月投产产品数量符合限额领料单规定的产品数量，即 2 000 件，且期初期末均无余料，则少领 500 千克的领料差异就是用料脱离定额的节约差异。

②若本期投产产品的数量为 2 000 件，但车间期初余料为 100 千克，期末余料为 110 千克。则：

原材料实际消耗量为：9 500+100-110=9 490（千克）

原材料脱离定额差异为：9 490-10 000=-510（千克）（节约）

③若本月投产产品数量为 1 800 件，车间期初余料为 100 千克，期末余料为 110 千克。则：

原材料脱离定额差异为：（9 500+100-110）-1 800×5=490（千克）（超支）

（2）切割法。在定额法中，若材料需要切割以后才能领用，如板材等，则通过材料切割核算单来计算材料脱离定额差异。材料切割核算单应按切割材料的批别设立，单中应注明切割材料的种类、数量、消耗定额以及应切割的毛坯数量，切割完成后，再填实际切割的毛坯数量和材料的实际消耗量，根据切割的毛坯数量和消耗定额，就可计算出材料的定额耗用量，与实际数量相比，可计算出脱离定额的差异。

（3）盘存法。主要是通过定期盘存的方法来核算材料脱离定额的差异，具体程序如下：

①根据完工产品数量和在产品盘存数量算出投产产品数量，乘以原材料消耗定额，计算原材料定额消耗量。②根据限额领料单和超额领料单等领、退料凭证和车间余料的盘存数量，计算原材料实际消耗量。③将原材料的实际消耗量与定额消耗量相比较，计算原材料脱离定额差异。

【例 5-8】假定某企业生产乙产品耗用 B 材料，材料系生产开始时一次投入。期初在产品为 100 件，本期完工产品为 1 000 件，期末在产品为 200 件。乙产品的原材料消耗定额为 5 千克，原材料的计划单价为 8 元。限额领料单中载明的本期已实际领料数量为 5 000 千克。车间期初余料为 50 千克，期末余料为 30 千克。

材料脱离定额差异计算如下：

材料定额消耗量=（1 000+200-100）×5=5 500（千克）

材料实际消耗量=5 000+50-30=5 020（千克）

材料脱离定额差异=（5 020-5 500）×8=-3 840（元）（节约）

需要指出的是，不论采用哪一种方法，核算材料定额消耗量和脱离定额差异，都应分批或定期地将这些核算资料按照成本计算对象汇总，编制材料定额费用和脱离定额差异汇总表，其格式如表 5-17 所示。

表 5-17　原材料定额费用和脱离定额差异汇总表

产品名称：　　　　　　　　　　年　月　日　　　　　　　　　　单位：

原材料类别	材料编号	计量单位	计划单价	定额费用		计划价格费用		脱离定额差异		差异原因
				数量	金额	数量	金额	数量	金额	
原材料										
主要材料										
辅助材料										
合计										

2. 直接人工脱离定额差异的计算

人工费用脱离定额差异的计算因采用的工资制度不同而有所区别。

在计件工资制度下，直接人工费用属于直接计入费用，按计件单价支付的生产工人工资及福利费就是定额工资，没有脱离定额差异。因此，在计件工资制下，脱离定额的差异往往只指因工作条件变化而在计件单价之外支付的工资、津贴、补贴等。符合定额的生产工人工资，应该反映在产量记录中，脱离定额的差异通常反映在专设的补付单等差异凭证中。

在计时工资形式下，生产工人工资属于间接计入费用，其脱离定额的差异不能在平时按照产品直接计算，只有在月末实际生产工人工资总额确定以后，才能按照下列公式计算：

计划小时工资率=计划产量的定额直接工人费用÷计划产量的定额生产工时

实际小时工资率=实际直接人工费用总额÷实际生产工时总额

某产品定额直接人工费用=该产品定额生产工时×计划小时工资率

某产品实际直接人工费用=该产品实际生产工时×实际小时工资率

某产品直接人工脱离定额的差异=该产品实际直接人工费用-该产品定额直接人工费用

不论采用哪种工资形式，都应根据上述核算资料，按照成本计算对象汇编定额直接人工费用定额和脱离定额差异汇总表。

【例5-9】某厂生产甲、乙、丙三种产品，本月三种产品实际生产工时为3 850小时，其中甲产品1 650小时、乙产品900小时、丙产品1 300小时；三种产品定额生产工时为3 980小时，其中甲产品1 700小时、乙产品1 000小时、丙产品1 280小时；本月计划直接人工费用合计为15 920元，实际产品直接人工费用合计为16 170元；本月计划小时工资率为4元（15 920÷3 980），实际工资率为4.2元（16 170÷3 850）。根据以上资料编制直接人工费用定额和脱离定额差异汇总表（见表5-18）。

表5-18　直接人工费用定额和脱离定额差异汇总表

201×年×月　　　　单位：元

产品名称	人工费用定额			实际人工费用			脱离定额差异
	定额工时	计划小时工资	定额工资	实际工时	实际小时工资	实际工资	
甲产品	1 700		6 800	1 650		6 930	130
乙产品	1 000		4 000	900		3 780	-220
丙产品	1 280		5 120	1 300		5 460	340
合计	3 980	4	15 920	3 850	4.2	16 170	250

3. 制造费用脱离定额差异的计算

制造费用差异的日常核算，通常是指脱离制造费用计划的差异核算。各种产品所应负担的定额制造费用和脱离定额的差异，只有在月末时才能比照上述计时工资的计算公式确定。

【例5-10】某厂生产甲、乙、丙三种产品，本月各种产品实际生产工时和定额生产工时见【例5-9】资料。本月计划制造费用总额为7 960元，实际制造费用总额为8 085元，本月制造费用计划分配率为每小时2元（7 960÷3 980），实际分配率为2.1元（8 085÷3 850）。根据以上资料编制制造费用定额和脱离定额差异汇总表（见表5-19）。

表5-19　制造费用定额和脱离定额差异汇总表

201×年×月　　　　单位：元

产品名称	制造费用定额			实际人工费用			脱离定额差异
	定额工时	计划小时费用率	定额制造费用	实际工时	实际小时费用率	实际制造费用	
甲产品	1 700		3 400	1 650		3 465	65
乙产品	1 000		2 000	900		1 890	-110
丙产品	1 280		2 560	1 300		2 730	170
合计	3 980	2	7 960	3 850	2.1	8 085	125

五、定额变动差异的计算

由于生产技术的进步和劳动生产率的提高，原来制定的消耗定额或费用定额一定时期后需要修订，修订后的新定额与修订前的旧定额之间的差异，就是定额变动差异。

定额的修订一般在月初进行。因而，根据一致性原则，必须将月初在产品旧定额成本按新定额进行调整，计算月初在产品由于定额本身变动而产生的定额变动差异。可以按照定额变动系数进行计算，其公式如下：

定额变动系数=按新定额计算的单位产品成本÷按旧定额计算的单位产品成本

月初在产品定额变动差异=按旧定额计算的月初在产品成本×（1-定额变动系数）

【例 5-11】某厂生产的甲产品从本月 1 日开始实行新的材料消耗定额，单位产品新的直接材料消耗定额为40 元，旧的直接材料消耗定额为50 元，该产品月初在产品按旧定额计算的直接材料定额成本为 18 000 元。其月初在产品定额变动差异计算如下：

定额变动系数=40÷50=0. 8

月初在产品定额变动差异=18 000×（1-0. 8）=3 600（元）

需要说明的是，计算定额变动只是为了统一计量基础，并不改变产品成本总额。因此，在定额降低时，应同金额减少定额成本和增加定额变动；在定额提高时，应同金额增加定额成本和减少定额变动。

六、材料成本差异的计算

定额法下，材料的日常核算一般按计划成本进行，材料脱离定额差异只是以计划单价反映的消耗量上的差异（量差），未包括价格因素。因此，月末计算产品的实际材料费用时，需计算所耗材料应分摊的成本差异，即所耗材料的价格差异（价差）。公式如下：

某产品应分配的材料成本差异 =（该产品材料定额成本 ±材料脱离定额差异）×材料成本差异率

【例 5-12】乙产品本月所耗直接材料定额成本为 50 000 元，材料脱离定额的差异为节约 2 000 元，本月材料成本差异率为超支 2%。该产品本月应负担的材料成本差异可计算如下：

（50 000-2 000）×2%=960（元）

七、完工产品与在产品成本的计算

定额法下，分配成本差异时，应按脱离定额差异、材料成本差异和月初在产品定额变动差异分别进行。差异金额不大，或者差异金额虽大但各月在产品数量变动不大的，可以由完工产品成本负担；差异金额较大而且各月在产品数量变动也较大的，应在完工产品与月末在产品之间按定额成本比例分配。

分配各种成本差异以后，根据完工产品的定额成本，加减应负担的各种成本差异，即可计算完工产品的实际成本；根据月末在产品的定额成本，加减应负担的各种成本差异，即可计算月末在产品的实际成本。

产品实际成本的计算公式为：

完工产品实际成本 = 完工产品定额成本 ± 脱离定额差异 ± 定额变动差异 ± 材料成本差异

八、定额法综合应用

【例 5-13】鹭江有限责任公司的乙产品是由一个封闭式的车间生产的，该产品的各项消耗定额比较准确、稳定，成本计算采用定额法。20×9 年 7 月份，乙产品投产 400 件，月初在产品 50 件，本月完工 420 件，月末在产品 30 件，原材料在生产开始时一次投入。该企业为了简化核算工作，规定产品的定额变动差异和材料成本差异全部由完工产品成本负担，脱离定额差异按定额成本比例，在完工产品与在产品之间进行分配。其他资料如表 5-20、表 5-21 所示。

表 5-20　乙产品单位定额成本计算表

产品名称：乙产品　　　　20×9 年 7 月　　　　单位：元

产品成本项目	定额耗用量	计划单价	定额成本
直接材料	90 千克	5	450
直接人工	10 小时	6	60
制造费用	10 小时	4	40
合计			550

表 5-21　月初在产品成本

产品名称：乙产品　　　　20×9 年 7 月　　　　单位：元

产品成本项目	定额成本	脱离定额差异
直接材料	25 000	+2 000
直接人工	3 000	+100
制造费用	2 000	+80
合计	30 000	+2 180

该公司本月实际发生的费用及定额变动资料如下：

本月实际发生的直接材料 200 000 元，直接人工 26 000 元，制造费用 16 500 元；材料成本差异率为-1%。该企业从本月起将材料定额消耗量由原来的每件 100 千克，修订为 90 千克，其余各项定额不变。

1. 根据上述资料计算乙产品定额成本及各种差异

（1）本月投入 400 件乙产品的定额成本。

直接材料定额成本 = 400×450 = 180 000（元）

直接人工定额成本 = 400×60 = 24 000（元）

制造费用定额成本 = 400×40 = 16 000（元）

（2）本月完工 420 件乙产品的定额成本。

直接材料定额成本 = 420×450 = 189 000（元）

直接人工定额成本 = 420×60 = 25 200（元）

制造费用定额成本=420×40=16 800（元）

（3）计算脱离定额差异。

直接材料定额差异=200 000-180 000=20 000（元）

直接人工定额差异=26 000-24 000=2 000（元）

制造费用定额差异=16 500-16 000=500（元）

（4）计算材料成本差异。

（180 000+20 000）×（-1%）=-2 000（元）

（5）计算月初在产品的定额变动差异

（100-90）×5×50=2 500（元）

2. 编制乙产品成本计算单（见表 5-22）

表 5-22　产品成本计算单

产品：乙产品　　2009 年 7 月　　产量：420 件

项目	直接材料	直接人工	制造费用	合计
一、月初在产品成本				
定额成本	25 000	3 000	2 000	30 000
脱离定额差异	+2 000	+100	+80	+2 180
二、月初在产品定额调整				
定额成本调整	-2 500			-2 500
定额变动差异	+2 500			+2 500
三、本月发生生产费用				
定额成本	180 000	24 000	16 000	220 000
脱离定额差异	+20 000	+2 000	+500	+22 500
材料成本差异	-2 000			-2 000
四、生产费用合计				
定额成本	202 500	27 000	18 000	247 500
脱离定额差异	+22 000	+2 100	+580	+24 680
材料成本差异	-2 000			-2 000
定额变动差异	+2 500			+2 500
五、差异分配率	10. 864 2%	7. 777 8%	3. 222 2%	—
六、完工产品成本				
定额成本	189 000	25 200	16 800	231 000
脱离定额差异	+20 533	+1 960	+541. 33	+23 034. 33
材料成本差异	-2 000			-2 000
定额变动差异	+2 500			+2 500
实际成本	210 033	27 160	17 341. 33	254 534. 33

表5-22(续)

项目	直接材料	直接人工	制造费用	合计
七、在产品成本				
定额成本	13 500	1 800	1 200	16 500
脱离定额差异	+1 467	+140	+38.67	+1 645.67

本章思考题

1. 什么是分类法？有什么特点？
2. 简述分类法的适用范围。
3. 什么是变动成本法？变动成本法与完全成本法有什么区别？
4. 简述变动成本法的优缺点。
5. 什么是定额成本法？有什么特点？其适用范围如何？

本章练习题

1. 分类法产品成本的计算

某企业大量生产甲、乙、丙三种产品。这三种产品使用的原材料和工艺过程相似，因而归为一类（A类），采用分类法计算成本。类内各种产品之间分配费用的标准为：原材料费用按各种产品的原材料费用系数分配，原材料费用系数按原材料费用定额确定（以乙产品为标准产品）；其他费用按定额工时比例分配。甲、乙、丙三种产品的原材料费用定额为：甲产品270元、乙产品300元、丙产品450元；工时消耗定额分别为：甲产品10小时、乙产品12小时、丙产品15小时；本月的产量为：甲产品1 000件、乙产品1 200件、丙产品500件。本月A类产品成本明细见表5-23。

表5-23　产品成本明细表　　单位：元

项目	原材料	直接人工	制造费用	成本合计
月初在产品成本	40 000	3 000	5 000	48 000
本月费用	900 600	111 650	175 450	1 187 700
生产费用合计	940 600	114 650	180 450	1 235 700
产成品成本	900 600	111 650	175 450	1 187 700
月末在产品成本	40 000	3 000	5 000	48 000

要求：（1）编制原材料费用系数分配表。

（2）采用分类法分配计算甲、乙、丙三种产品的成本，编制产品成本计算表。

2. 变动成本法的成本计算

某厂生产甲产品，产品单价为10元/件，单位产品变动生产成本为4元，固定性制造费用总额为24 000元，销售及管理费用为6 000元，全部是固定性的。存货按先进先出法计价，最近三年的产销量见表 5-24。

表 5-24 近三年产销量 单位：件

资料	第一年	第二年	第三年
期初存货量	0	0	2 000
本期生产量	6 000	8 000	4 000
本期销货量	6 000	6 000	6 000
期末存货量	0	2 000	0

要求：(1) 分别按变动成本法和完全成本法计算单位产品成本。

(2) 分别按变动成本法和完全成本法计算第一年的营业利润。

3. 汇德公司甲产品采用定额法计算成本。本月份有关甲产品原材料费用资料如下：

(1) 月初在产品定额费用为 2 000 元，月初在产品脱离定额的差异为节约 50 元，月初在产品定额费用调整为降低 20 元。定额变动差异全部由完工产品负担。

(2) 本月定额费用为 24 000 元，本月脱离定额的差异为节约 500 元。

(3) 本月原材料成本差异为节约 2%，材料成本差异全部由完工产成品成本负担。

(4) 本月完工产品的定额费用为 23 000 元。

要求：(1) 计算月末在产品的原材料定额费用。

(2) 计算完工产品和月末在产品的原材料实际费用（定额差异，按定额成本比例在完工产品和月末在产品之间分配）。

本章参考文献

[1] 李定安. 成本会计研究 [M]. 北京：经济科学出版社，2002.

[2] 罗绍德. 成本会计学 [M]. 成都：西南财经大学出版社，2002.

[3] 孙茂竹. 成本管理学 [M]. 北京：中国人民大学出版社，2003.

[4] 谢灵. 成本会计学 [M]. 北京：中国人民大学出版社，2004.

[5] 王立彦. 成本管理会计 [M]. 北京：经济科学出版社，2005.

[6] 胡国强. 成本管理会计 [M]. 4 版. 成都：西南财经大学出版社，2015.

第六章 成本报表与成本分析

【学习目标】

（1）了解成本报表的种类、编制要求、作用。

（2）掌握成本报表的概念，以及产品生产成本表、主要产品单位成本表、制造费用明细表、期间费用明细表的编制。

（3）掌握产品生产成本表、主要产品单位成本表的分析。

【关键术语】

成本报表　产品生产成本表　主要产品单位成本表　制造费用明细表

第一节　成本报表概述

一、成本报表的含义

成本报表是根据日常成本核算资料及其他有关资料编制的，反映企业一定时期内产品成本水平和费用支出情况，据以分析企业成本计划执行情况和结果的报告文件。正确、及时地编制成本报表是成本会计的一项重要内容。

成本报表与财务报表同属于会计报表体系。财务报表主要包括资产负债表、利润表、现金流量表、所有者权益变动表及附注，构成提供企业财务状况、经营成果和现金流量等信息的对外报告体系；成本报表则主要为企业内部管理服务，属于内部报表，是商业机密。因此，成本报表在编报的时间、格式与内容上，相对于财务报表而言有一定的灵活性。一般地说，产品生产成本表等主要成本报表定期按一定格式编报，而其他成本报表则由企业根据生产类型和管理上的具体要求来确定编报时间、格式与内容。

二、成本报表的作用

正确、及时地编制成本报表，对加强成本管理和节约费用具有重要作用：

（1）企业和相关部门利用成本报表，可以检查企业（部门）成本预算的执行情况，考核企业（部门）成本工作绩效，对企业（部门）成本工作进行评价。

（2）成本报表分析可以揭示影响产品成本指标和费用项目变动的因素和原因，从生产技术、生产组织和经营管理等各方面挖掘节约费用支出和降低产品成本的潜力，提高企业的经济效益。

（3）成本报表提供的成本资料，不仅可以满足企业、车间和部门加强日常成本、费用管理的需要，而且是企业进行成本、利润的预测、决策，编制产品成本计划和各项费用计划，制定产品价格的重要依据。

三、成本报表的编制要求

为了使企业管理人员正确地运用成本报表提供的数据进行分析，并根据分析的结果做出正确的决策，编制成本报表时，必须遵循以下的要求：数字真实、计算准确、内容完整、报送及时。

（1）数字真实。它是编制成本报表的基本要求。就是指报表的数据必须如实地反映企业成本工作的实际情况，不得以估计数字、计划数字、定额数字代替实际数字，更不允许弄虚作假，篡改数字。因此，企业在编制成本报表前，所有经济业务都要登记入账，要调整不应列入成本的费用，做到先结账，后编表；应认真清查财产物资，做到账实相符；应核对各账簿的记录，做到账账相符。报表编制完毕，应检查各个报表中相关指标的数字是否一致，做到表表相符。只有报表的数字真实可靠，如实反映企业费用、成本的水平和构成，才有利于企业管理当局正确进行成本分析和成本决策。

（2）计算准确。它是指成本报表中的各项指标数据，必须按照企业在设置成本报表时规定的计算方法计算；报表中的各种相关数据，如本期报表与上期报表之间，同一时期不同报表之间，同一报表不同项目之间具有钩稽关系的数据，应当核对相符。

（3）内容完整。它是指企业成本报表的种类应当完整，能全面反映企业各种费用成本的水平以及构成情况；同一报表的各个项目内容应当完整，必须填报齐全；应填列的报告指标和文字说明必须全面；表内项目和表外补充资料，不论根据账簿资料直接填列，还是分析计算填列，都应当完整无缺，不得随意取舍。只有内容完整的报表，才能满足企业经营管理者对成本信息的需求。

（4）报送及时。它是指企业必须及时编制和报送成本报表，以充分发挥成本报表在指导生产经营活动中的作用。为了体现成本报表编制和报送的及时性，企业的成本报表，有的可以定期编报，有的可以不定期编报。例如反映费用支出和成本形成主要指标的报表，既可以按月编制，也可以按旬、按周，以至按日，按班编制，并及时提供给有关部门负责人和成本管理责任者，以及时采取措施，控制支出、节约费用、降低成本。

总之，企业只有精心设计好成本报表的种类和格式、指标内容和填制方法，合理规定好成本报表的编制时间和报送范围，及时提供内部管理必需的真实、准确、完整的，具有实用性和针对性的成本信息，才能充分发挥成本报表的作用。

四、成本报表的种类

成本报表的种类和格式不是由国家统一会计制度规定的，成本报表具有灵活性和多样性的特点。但就生产性企业来说，一般可以按以下标准分类：

1. 按报表反映的经济内容分类

成本报表按其反映的经济内容，一般可以分为反映企业费用水平及其构成情况的报表和反映企业产品成本水平及其构成情况的报表两类。

（1）反映企业生产经营过程中费用水平及其构成情况的报表，主要有制造费用明细表、管理费用明细表、销售费用明细表和财务费用明细表等。

（2）反映企业产品成本水平及其构成情况的报表，主要有产品生产和销售成本表、全部产品生产成本表、主要产品单位成本表等。

2. 按报表编制的时间分类

成本报表按编制的时间，可以分为年度报表、半年度报表、季度报表、月报以及旬报、周报、日报和班报。

为了及时向企业有关管理部门提供成本信息，以满足生产经营管理特别是成本控制和成本考核的需要，成本报表除了年度报表、半年度报表、季度报表和月报外，应更注重采用旬报、周报以至日报和班报等形式。

本教材只讲述全部产品生产成本表、主要产品单位成本表和制造费用明细表的编制。有关期间费用的报表，即产品销售费用、管理费用和财务费用的明细表，以及其他成本报表等的编制，可以参照上述报表的编制，本章不再赘述。

第二节　成本报表的编制

一、全部产品生产成本表的编制

全部产品生产成本表是反映企业在报告期内生产的全部产品（包括可比产品和不可比产品）的总成本以及各种主要产品的单位成本和总成本的报表。

根据全部产品成本表所提供的资料，可以考核全部产品和主要产品成本计划的执行结果，分析各种可比产品成本降低任务的完成情况。

1. 全部产品生产成本表的结构

企业一定会计期间全部产品的生产成本总额，可以按照产品品种和类别反映，也可以按照产品成本项目反映。

2. 全部产品生产成本表（按产品品种类别）的编制

将全部产品划分为可比产品和不可比产品两大类，并分别列出它们的单位成本、本月总成本、本年累计总成本。

所谓可比产品是指去年或者以前年度正式生产过，具有较完备成本资料的产品；不可比产品是指去年或以前年度未正式生产过的产品，因而没有成本资料。对于去年试制成功，今年正式投产的产品，也应作为不可比产品。

本报表中列出了可比产品的单位成本、本月总成本和本年累计总成本，又分别列出了上年实际平均数、本年计划数、本月实际数和本年累计实际平均数，这样做便于分析可比产品成本降低任务的完成情况。

本报表中列出了不可比产品的单位成本、本月总成本和本年总成本，以及全部产品的总成本，还同时列出本年计划数、本月实际数和本年累计实际平均数。这样做便于考核不可比产品以及全部产品成本计划的执行情况。

（1）“产品名称”项目，应填列主要的“可比产品”和“不可比产品”的名称，主要产品的品种要按规定填写。

（2）“实际产量”项目，反映本月和从年初起至本月末止各种主要产品的实际产量。应根据“成本计算单”或“产成品明细账”的记录计算填列。

（3）“单位成本”项目。

①“上年实际平均”，反映各种主要可比产品的上年实际平均单位成本。应分别根据上年度本表所列各种可比产品的全年实际平均单位成本填列。

②“本年计划”，反映各种主要商品产品的本年计划单位成本。应根据年度成本计划的有关数字填列。

③“本月实际”，反映本月生产的各种商品产品的实际单位成本。应根据有关产品成本计算单中的资料，按下列公式计算填列：

$$某产品本月实际单位成本=\frac{某产品本月实际总成本}{某产品本月实际产量}$$

④“本年累计实际平均”，反映从年初起至本月末止企业生产的各种商品产品的实际单位成本。应根据成本计算单的有关数字，按下列公式计算填列：

$$某产品本年累计实际平均单位成本=\frac{某产品本年累计实际总成本}{某产品本年累计实际产量}$$

（4）“本月总成本”项目。

①“按上年实际平均单位成本计算”，是用本月实际产量乘以上年实际平均单位成本计算填列。

②“按本年计划单位成本计算”，是用本月实际产量乘以本年计划单位成本计算填列。

③“本月实际”，是根据本月产品成本计算单的资料填列。

（5）“本年累计总成本”项目。

①“按上年实际平均单位成本计算”，是用本年累计实际产量乘以上年实际平均单位成本计算填列。

②“按本年计划单位成本计算”，是用本年累计实际产量乘以本年计划单位成本计算填列。

③“本年实际”，是根据本年成本计算单的资料填列。

【例 6-1】宏达公司根据 201×年 12 月份的相关资料，编制了报表（见表 6-1）。

表 6-1 产品生产成本表（按产品品种类别编制）

编制单位：宏达公司　　201×年 12 月　　单位：元

产品	计量单位	实际产量		单位成本				本月总成本			本年累计总成本		
		本月	本年累计	上年实际平均	本年计划	本月实际	本年累计实际平均	按上年实际平均单位成本计算	按本年计划单位成本计算	本月实际	按上年实际平均单位成本计算	按本年计划单位成本计算	本年实际
主要产品								91 000	88 520	89 125	100 000	972 500	969 250
甲产品	件	55	625	1 200	1 164	1 175	1 158	6 600	64 020	64 625	750 000	727 500	723 750
乙产品	件	25	250	1 000	980	980	982	25 000	24 500	24 500	250 000	245 000	245 500
非主要产品									27 750	26 625		277 500	265 500
丙产品	件	25	250		1 110	1 065	1 060		27 750	26 625		277 500	265 500
合计									116 270	115 750		1 250 000	1 234 250

3. 产品生产成本表（按成本项目）的编制

按成本项目编制的产品生产成本表，一般分为“生产费用总额”“产品生产成本”“在产品和自制半成品成本”等部分。生产费用总额按照费用的用途分为直接材料、直接人工和制造费用等成本项目。在产品和自制半成品成本按期初数、期末数分别反映；在经常有自制半成品对外销售的企业，在产品成本和自制半成品成本可以分别反映。产品生产成本总额应等于本期生产费用总额，加上在产品和自制半成品期初余额，减去在产品和自制半成品期末余额。为了便于分析，按成本项目编制的产品生产成本表各项目应反映上年实际、本月实际和本年累计实际等指标。

【例 6-2】仍以上例的资料为例，编制按成本项目反映的成本报表，见表 6-2。

表 6-2 产品生产成本表（按成本项目编制）

编制单位：宏达公司　　201×年 12 月　　单位：元

项目	行次	上年实际	本月实际	本年累计实际
生产费用				
1. 直接材料	1	415 550	44 000	475 475
其中：原材料	2	345 000	36 000	390 000
燃料及动力	3			
2. 直接人工	4	330 300	36 500	395 200
3. 制造费用	5	319 650	34 000	364 325
4. 其他直接费用	6			
生产费用合计	7	1 065 500	114 500	1 235 000
加：在产品、自制半成品期初余额	8	62 500	60 000	58 000
减：在产品、自制半成品期末余额	9	58 000	58 750	58 750
产品生产成本合计	10	1 070 000	115 750	1 234 250

二、主要产品单位成本表的编制

1. 主要产品单位成本表的结构

主要产品单位成本表是反映企业在报告期内生产的各种主要产品单位成本的构成情况和各项主要技术经济指标执行情况的报表。它是对商品产品成本表的有关单位成本做进一步补充说明的报表。

企业利用主要产品单位成本表所提供的资料，可以考核各种主要产品单位成本计划的执行结果，分析各成本项目和消耗定额的变化及其原因，并便于在生产同种产品的企业之间进行成本对比，以利于找出差距，挖掘潜力，降低产品成本。

主要产品单位成本表的结构可分为上半部和下半部。

上半部是反映单位产品的成本项目，并分别列出历史先进水平、上年实际平均、本年计划、本月实际和本年累计实际平均的单位成本。下半部是反映单位产品的主要技术经济指标，这些指标也分别列出了历史先进水平、上年实际平均、本年计划、本月实际和本年累计实际平均的单位用量。

主要产品单位成本表的格式和内容见表6-3。

表6-3　主要产品单位成本表

编制单位：××工厂　　　　201×年12月　　　　单位：元

产品名称	A产品		本月计划产量		2 000	
规格			本月实际产量		2 100	
计量单位	台		本年累计计划产量		25 000	
销售单价	168元		本年累计实际产量		26 000	
成本项目	行次	历史先进水平201×年	上年实际平均	本年计划	本月实际	本年累计实际平均
		1	3	3	4	5
直接材料	1	61.23	72.91	70	64.80	67.09
直接工资	2	40.57	41.48	40	42.00	45.89
制造费用	3	8.2	10.61	10	10.20	12.02
合计	4	110	125	120	117	125
主要技术经济指标	5	用量	用量	用量	用量	用量
1普通钢材	6	65	73	70	69.6	68.8
2工时	7	10	12	12	12.5	13

2. 主要产品单位成本表的编制

主要产品单位成本表应按每种主要产品分别编制。

（1）“本月计划产量”和“本年累计计划产量”项目，应根据本月和本年产品产量计划资料填列。

（2）“本月实际产量”和“本年累计实际产量”项目，应根据统计提供的产品产量资料或产品入库单填列。

（3）“成本项目”项目，应按规定进行填列。

（4）“主要技术经济指标”项目，是反映主要产品每一单位产量所消耗的主要原材料、燃料、工时等的数量。

（5）“历史先进水平”，是指本企业历史上该种产品成本最低年度的实际平均单位成本和实际单位用量，应根据历史成本资料填列。

（6）“上年实际平均”，是指上年实际平均单位成本和单位用量，应根据上年度本表的本年累计实际平均单位成本和单位用量的资料填列。

（7）“本年计划”，是指本年计划单位成本和单位用量，应根据年度成本计划中的资料填列。

（8）“本月实际”，是指本月实际单位成本和单位用量，应根据本月完工的该种产品成本资料填列。

（9）“本年累计实际平均”，是指本年年初至本月末止该种产品的实际平均单位成本和单位用量，应根据年初至本月末止的已完工产品成本计算单等有关资料，采用加权平均法计算后填列，其计算公式如下：

$$某产品的实际平均单位成本=\frac{该产品累计计划总成本}{该产品累计产量}$$

$$某产品的实际平均单位用量=\frac{该产品累计总用量}{该产品累计产量}$$

本报表对不可比产品，则不填列“历史先进水平”和“上年实际平均”的单位成本和单位用量。

由于本报表是商品产品成本表的补充，所以，该表中按成本项目反映的“上年实际平均”“本年计划”“本月实际”“本年累计实际平均”的单位成本合计，应与商品产品成本表中的各该单位成本的数字分别相等。

三、制造费用明细表的编制

制造费用明细表是反映企业在报告期内发生的各项制造费用的报表。

利用制造费用明细表所提供的资料，可以分析制造费用的构成和各项费用增减变动情况，考核制造费用预算的执行结果，以便进一步采取措施，节约开支，降低费用，从而降低产品的制造成本。

1. 制造费用明细表的结构

制造费用明细表的结构是按规定的制造费用项目，分别反映“本年计划数”“上年同期实际数”和“本年累计实际数”。这样做，便于用本年实际数分别同本年计划数和上年同期实际数进行比较，以便加强对制造费用的管理。其结构见表6-4。

表 6-4　制造费用明细表

编制单位：　　　　　　　　　　201×年 12 月　　　　　　　　　　单位：元

项目	行次	本年计划数	上年同期实际数	本年累计实际数
职工薪酬	1	110 000	90 000	115 000
折旧费	2	90 000	85 000	83 400
租赁费	3	12 000	11 600	13 200
培训费	4	45 000	45 000	41 100
机物料消耗	5	16 000	17 500	15 500
低值易耗品	6	23 000	23 100	22 800
取暖费	7	52 000	52 800	51 500
水电费	8	50 000	50 500	48 300
办公费	9	30 000	31 400	33 000
差旅费	10	40 000	38 000	37 900
保险费	11	50 000	62 000	50 300
设计制图费	12	18 000	18 200	18 100
检验试验费	13	30 000	32 000	31 700
劳动保护费	14	45 000	43 000	42 200
其他	15	20 000	20 800	21 000
合计	—	631 000	620 900	625 000

2. 制造费用明细表的编制

（1）“本年计划数”各项数字，根据制造费用的年度计划数填列。

（2）“上年同期实际数”各项数字，根据上年同期本表的“本年累计实际数”填列。如果表内所列项目和上年度的费用项目在名称或内容上不一致，应对上年度的各项数字按照表内规定的项目进行调整。

（3）“本年累计实际数”各项数字，填列自年初起至编报月月末止的累计实际数，应根据“制造费用明细账”的记录计算填列。

第三节　成本分析

一、成本分析的含义

成本分析是利用成本核算提供的成本信息及其他有关资料，分析成本水平与构成的变动情况，查明影响成本变动的各种因素和产生的原因，并采取有效措施控制成本的成本管理活动。

广义的成本分析可以在成本形成前后进行事前、事中、事后分析，而狭义的成本分析主要是指事后成本分析。事后成本分析是以成本核算提供的数据为主，结合有关的计划、定额、统计、技术和其他调查资料，按照一定的原则，应用一定的方法，对影响成本和成本效益升降的各种因素进行科学的分析，查明成本和成本效益变动的原因，制定降低成本的措施，以便充分挖掘企业内部降低成本和提高成本效益的潜力。

二、成本分析的意义

成本分析是成本会计的重要组成部分，它是以成本核算提供的数据为主，结合有关计划、定额、统计和技术资料，应用一定的方法对影响成本升降的各种因素进行科学的分析，查明成本变动的原因，以便进一步认识和掌握成本变动的规律，充分挖掘企业内部降低成本的潜力。

对于企业来说，进行成本分析主要有以下几方面的意义：

(1) 查明成本计划和费用预算的完成情况。通过成本分析，企业可以查明企业费用预算和成本计划的完成情况，找出影响计划（预算）完成的原因，分析影响成本计划和费用预算完成的各种因素的影响程度和影响方向（有利因素或不利因素），评价企业成本计划的先进性和可行性，总结成本管理工作中的经验教训，发现成本管理工作中的问题。

(2) 落实成本管理的责任制。通过成本分析，企业可以明确企业内部各个部门和单位以及责任人在成本管理方面的责任，有利于考核和评估成本管理工作的业绩，落实成本管理责任制。

(3) 挖掘内部增产节约潜力。通过成本分析，企业可以挖掘企业内部增加生产、节约费用、降低成本的潜力，促使企业改进生产经营管理和成本管理，提高经济效益。

三、成本分析的内容

产品成本分析的内容，通常包括以下三个方面：

第一，产品生产成本分析。它包括全部产品生产成本计划执行情况和可比产品成本降低任务计划执行情况的分析与评价。

第二，主要产品单位成本分析。重点分析企业经常生产的，在企业产品总成本中占较大比重且能代表企业生产全貌的主要产品。分析的内容，主要是各个成本项目执行计划的情况，并确定单位成本的升降原因。

第三，车间、班组成本分析。重点分析各班组的成本任务完成情况，作为评价班组工作成绩的标准。

四、成本分析的方法

(一) 比较分析法

比较分析法是通过成本指标的实际数与基数的对比来揭示实际数与基数之间的差异，借以了解成本管理的成绩和问题的一种分析方法。

对比的基数由于分析的目的不同各有所不同，一般有计划数、定额数、前期实际数、以往年度同期实际数以及本企业的历史先进水平和国内外同行业的先进水平等。

将成本指标的实际数与计划数或定额数对比，可以揭示计划或定额的执行情况。但在分析时还应检查计划或定额本身是否既先进又切实可行。因为实际数与计划数或定额之间差异的产生，除了成本管理水平的原因以外，还可能由于计划或定额太保守或不切实际。将成本指标的本期实际数与前期实际数或以往年度同期实际数对比，可以考察企业成本指标的发展变化情况。将成本指标的本期实际数与本企业的历史先进水平对比，将本企业实际数与国内外同行业的先进水平对比，可以发现与先进水平之间的差距，从而学习先进、赶超先进。

对比分析法只适用于同质指标的对比，例如产品实际成本与产品计划成本对比，实际原材料费用与定额原材料费用对比，本期实际制造费用与前期实际制造费用对比，等等。在采用这种分析方法时，应该注意对比指标的可比性。进行对比的各项指标，在经济内容、计算方法、计算期和影响指标形成的客观条件等方面，应有可比的共同基础。如果相比的指标之间有不可比因素，应先按可比的口径进行调整，然后再进行对比。

（二）比率分析法

比率分析法是指通过计算和对比经济指标的比率，进行数量分析的一种方法。采用这一方法，先要将对比的数值变成相对数，求出比率，然后再进行对比分析。具体形式有：

（1）相关指标比率分析：将两个性质不同但又相关的指标对比求出比率，然后再以实际数与计划（或前期实际）数进行对比分析，以便从经济活动的客观联系中更深入地认识企业的生产经营状况，例如将成本指标与反映生产、销售等生产经营成果的产值、销售收入、利润指标对比求出的产值成本率、销售成本率和成本利润率指标，就可据以分析和比较生产耗费的经济效益。

（2）构成比率分析：所谓构成比率，是指某项经济指标的各个组成部分与总体的比重。例如将构成产品成本的各个成本项目同产品成本总额相比，计算其占总成本的比重，确定成本的构成比率；然后将不同时期的成本构成比率相比较，通过观察产品成本构成的变动，掌握经济活动情况及其对产品成本的影响。

（3）动态比率分析：将不同时期同类指标的数值对比求出比率，进行动态比较，据以分析该项指标的增减速度和变动趋势，从中发现企业在生产经营方面的成绩或不足。

（三）因素分析法

因素分析法也称连环替代法，是用来计算几个相互联系的因素，对综合经济指标变动影响程度的一种分析方法。

这种分析方法的计算程序可以归纳为如下四个步骤。

（1）分解指标体系，确定分析对象。这是根据影响某项经济指标完成情况的因素，按其依存关系将经济指标的基数（计划数或上期数）和实际数分解为两个指标体系，并将该指标的实际数与基数进行比较，求出实际脱离基数的差异，就是分析对象。

（2）连环顺序替代，计算替代结果。这是以基数指标体系为计算基础，用实际指标体系中每项因素的实际数顺序地替代其基数；每次替代后，实际数就被保留下来，有几个因素就替换几次；每次替换后计算出由于该因素变动所得新的结果。

（3）比较替代结果，确定影响程度。这是将每次替换所计算的结果，与这一因素被替换前的结果进行比较，两者的差额，就是这一因素变化对经济指标差异的影响程度。

（4）加总影响数值，验算分析结果。这是将各个因素的影响数值相加，其代数和应与经济指标的实际数与基数的总差异数（即分析对象）相符，据此检验分析结果是否正确。

设某一经济指标 M 是由相互联系的 A、B、C 三因素组成，计划指标和实际指标的公式为：

计划指标　$M_0=A_0\times B_0\times C_0$（1）

第一次替代　$M_1=A_1\times B_0\times C_0$（2）

第二次替代　$M_2=A_1\times B_1\times C_0$　（3）

第三次替代　$M_3=A_1\times B_1\times C_1$（4）

（即实际指标）

据此测定的结果：

（2）－（1）＝M_1-M_0……是由于 $A_0\rightarrow A_1$ 变动的影响

（3）－（2）＝M_2-M_1……是由于 $B_0\rightarrow B_1$ 变动的影响

（4）－（3）＝M_3-M_2……是由于 $C_0\rightarrow C_1$ 变动的影响

【例 6-3】某企业 S 产品有关资料如表 6-5 所示。

运用连环替代法，可以计算各因素变动对材料费用总额的影响程度如下：

表 6-5　S 产品相关资料

项目	单位	计划数	实际数
产品产量	件	20	21
单位产品材料消耗量	千克	18	17
材 料 单 价	元	10	12
材料费用总额	元	3 600	4 284

根据表 6-5 资料，材料费用总额实际数较计划增加+684 元，这是分析对象。

计划指标：　20×18×10＝3 600（元）　　　　（1）

第一次替代：21×18×10＝3 780（元）　　　　（2）

第二次替代：21×17×10＝3 570（元）　　　　（3）

第三次替代：21×17×12＝4 284（元）　　　　（4）

（2）－（1）＝ 3 780－3 600＝+180（元）　产量增加的影响

（3）－（2）＝ 3 570－3 780 ＝－210（元）　材料节约的影响

（4）－（3）＝ 4 284－3 570＝+714（元）　价格提高的影响

180+714－210＝+684（元）全部因素的影响

应用连环替代法，必须注意以下几个问题：

（1）因素分解的关联性。这是指确定构成经济指标的因素，必须是客观上存在着因果关系，要能够反映形成该项指标差异的内在构成原因，否则就失去了其存在的价值。如影响某种产品某种材料的总消耗数额，只能是该产品的产量、单位产品材料耗用数量和材料单价，而不能确定为工人人数，每个工人平均用料量和材料单价。否则，就是毫无意义的分析。

（2）因素替代的顺序性。替代因素时，必须按照因素的依存关系，排列成一定的顺序并依次替代，不可随意加以颠倒，否则就会得出不同的计算结果。因此，在分析工作中必须从可能的替代顺序中确定正确的替代顺序。正确排列因素替代顺序的原则是：按分析对象的性质，从诸因素相互依存关系出发，并使分析结果有助于分清责任。实际工作中，往往将这一原则具体化为：先替代数量指标，后替代质量指标；先替代实物量指标，后替代货币量指标；先替代主要指标，后替代次要指标。

（3）顺序替代的连环性。连环替代在计算每一个因素变动的影响时，都是在前一次的基础上进行。并采用连环比较的方法确定因素变化影响结果。因为只有保持计算程度上的连环性，才能使各个因素影响数之和等于所分析指标变动的差异，以全面说明分析指标变动的原因。同时，各因素影响数之和等于分析指标变动的总差异，也是对分析计算的正确性进行检查验证的依据。

（4）计算结果的假定性。由于连环替代法计算的各因素变动影响数，因替代计算顺序的不同而有差别，因而计算结果不免带有假定性，即它不可能使每个因素计算的结果都达到绝对准确，它只能说是在某种假定前提下的影响结果，离开了这种假定前提条件，也就不会是这种影响结果。问题在于分析中应力求使这种假定合乎逻辑，是具有实际经济意义的假定。这样，计算结果的假定性，才不会妨碍分析的有效性。

认识上述连环替代法的性质，不仅是正确运用连环替代法的需要，也是根据分析计算结果对企业经济活动做出正确评价的需要。

（四）差额计算法

差额计算法是连环替代法的一种简化形式，它是利用各个因素的实际数与基数之间的差额，直接计算各个因素对综合指标差异的影响数值的一种技术方法。这一方法的特点在于运用数学提取公因数的原理，来简化连环替代法的计算程序。其他应遵循的原则、应注意的问题都与连环替代法相同，两种方法计算的结果也完全一样。

差额计算法的基本程序如下：

（1）确定各因素的实际数与基数的差额；

（2）以各因素的差额乘以计算公式中该因素前面的各因素的实际数，以及列在该因素后面的其余因素的基数，就可求得各因素的影响值；

（3）各个因素的影响值相加，其代数和应同该项经济指标的实际数与基数之差相符。

差额分析法的基本原理，仍用前例表示如下：

因素影响：

① $A_0 \to A_1$变动的影响：$\triangle A=(A_1-A_0)\times B_0\times C_0$

② $B_0 \to B_1$变动的影响：$\triangle B=A_1\times(B_1-B_0)\times C_0$

③ $C_0 \to C_1$变动的影响：$\triangle =A_1\times B_1\times(C_1-C_0)$

【例 6-4】仍采用前文的资料，代入表 6-5 的数据，分析计算如下：

分析对象为材料费用实际数与计划数的差异：4 284-3 600=+684（元）

因素分析：

①由于产量增加，对材料费用的影响：（21-20）×18×10=+180（元）

②由于材料消耗节约，对材料费用的影响：21×（17-18）×10 =-210（元）

③由于价格提高，对材料费用的影响：21×17×（12-10）= +714（元）

④全部因素对材料费用的影响：180+714-210=+684（元）

从以上实例可以看出，差额计算法比起连环替代法，具有简便、直接的优点，所以在实际工作中应用比较广泛。

五、成本分析

（一）产品生产成本分析

1. 全部产品成本计划完成情况分析

全部产品成本计划是按产品类别和成本项目分别编制的，全部产品成本计划完成情况的分析，也应当按照产品类别和成本项目分别进行。企业通过分析，查明全部产品和各种产品成本计划的完成情况：查明全部产品总成本中，各个成本项目的成本计划完成情况，同时还应找出成本超支或降低幅度较大的产品和成本项目，为进一步分析指明方向。

（1）按产品类别进行的成本计划完成情况分析。

全部产品按产品类别进行的成本计划完成情况的分析，依据是分析期产品生产成本表和按产品类别编制的全部产品成本计划表。下面举例说明分析方法。

【例 6-5】宏达公司本年产品实际生产成本的资料见表 6-6，本年产品成本计划资料见表 6-6。

表 6-6　产品成本计划表

编制单位：宏达公司　　　　201×年　　　　单位：元

产品名称	计量单位	计划产量	单位成本		计划产量的总成本		成本降低任务	
			上年实际	本年计划	按上年实际单位成本计算	本年计划	成本降低额	成本降低率/%
主要产品					900 000	875 520	24 480	2. 72
甲产品	件	540	1 200	1 164	648 000	628 560	19 440	3
乙产品	件	252	1 000	980	252 000	246 960	5 040	2
非主要产品								
丙产品	件	240		1 110		266 400		
合计						1 141 920		

根据本年成本报表（见表 6-1）和成本计划（见表 6-6）的有关资料，编制“全部产品成本计划完成情况分析表（按产品类别分析）”，见表 6-7。

表 6-7　全部产品成本计划完成情况分析表（按产品类别分析）

编制单位：宏达公司　　　　201×年

产品名称	计量单位	实际产量/件	单位成本/元			实际产量的总成本/元			与计划成本比		
			上年实际	本年计划	本年实际	按上年实际单位成本计算	按本年计划单位成本计算	本年实际	成本降低额/元	成本降低率/%	降低率的构成/%
主要产品						1 000 000	972 500	969 250	3 250	0. 334 2	0. 26
甲产品	件	625	1 200	1 164	1 158	750 000	727 500	723 750	3 750	0. 515 5	0. 3

表6-7(续)

产品名称	计量单位	实际产量/件	单位成本/元			实际产量的总成本/元			与计划成本比		
			上年实际	本年计划	本年实际	按上年实际单位成本计算	按本年计划单位成本计算	本年实际	成本降低额/元	成本降低率/%	降低率的构成/%
乙产品	件	250	1 000	980	982	250 000	245 000	245 500	-500	-0. 204 1	-0. 04
非主要产品											
丙产品	件	250		1 110	1 060		277 500	265 000	12 500	4. 504 5	1
合计							1 250 000	1 234 250	15 750	1. 26	1. 26

在全部产品成本计划完成情况分析表中（见表6-7），总成本都是按实际产量来计算的。因为只有同一实物量的总成本才可以比较。在公司全部产品中，有的以前年度没有正式生产过，没有上年成本资料，因此，公司全部产品成本计划完成情况的分析，是与计划比较，计算出全部产品的成本降低额和降低率，查明成本计划的完成情况。在本例中，该公司本年全部产品总成本完成了计划。实际成本与计划成本比较，成本降低额为15 750元，成本降低率为1. 26%。在全部产品中，非主要产品成本计划完成较好，实际成本较计划降低了4. 504 5%。成本降低额为12 500元；而主要产品虽然完成了成本计划，但仅降低了0. 334 2%，成本降低额为3 250元；在主要产品中，乙产品成本比计划还超支500元，超支0. 204 1%，应进一步查明原因。

（2）全部产品按成本项目分析。

全部产品总成本按成本项目进行的分析，其依据是企业编制的按成本项目反映的产品生产成本表和产品成本计划表。下面举例说明分析方法。

【例6-6】宏达公司根据本年成本计划和成本报表（见表6-6）的有关资料，编制按成本项目反映的全部产品总成本计划完成情况分析表（见表6-8）。

表6-8　全部产品成本计划完成情况分析表（按成本项目分析）

编制单位：宏达公司　　　　　　　　　　201×年

成本项目	实际产量的总成本/元		与计划比		
	按本年计划单位成本计算	本年实际	成本降低额/元	成本降低率/%	降低率的构成/%
直接材料	500 000	485 825	14 125	2. 825	1. 13
直接人工	362 500	363 625	-1 125	-3. 103	-0. 09
制造费用	387 500	384 750	2 750	0. 709 7	0. 22
合计	1 250 000	1 234 250	15 750	1. 26	1. 26

从表6-8中可以看到，该公司按成本项目反映的全部产品成本计划完成情况，与计划比较的成本降低额为15 750元，成本降低率为1. 26%，与该公司按产品类别反映的全部产品成本计划完成情况的分析计算结果相同（见表6-7合计数行）。进一步分析可以发现，构成产品总成本的三个成本项目，直接材料项目和制造费用项目完成了计划，与计划比较的降低率分别为2. 825%和0. 709 7%；但直接人工项目超支1 125元，超支3. 103%，对于直接人工项目超支的原因应当进一步分析。

2. 主要产品成本计划完成情况的分析

企业主要产品是指分析期正常生产、大量生产的产品，主要产品的产量、消耗、成本、收入、利润等都在企业全部产品中占很大的比重，是产品成本分析的重点。企业主要产品一般在上年生产过，通常有上年成本资料可以比较，因此，也称为可比产品。在企业产品成本计划中，除了规定主要产品的计划单位成本和计划总成本以外，还规定了与上年比较的成本降低任务，即可比产品计划成本降低额和降低率。因此，主要产品成本计划完成情况的分析，重点是主要产品成本降低任务完成情况的分析。分析主要产品成本降低任务的完成情况，根据因素分析法的原理，首先要确定分析对象，其次要确定影响成本降低任务完成的主要因素，最后要计算出各个因素变动对成本降低任务完成情况的影响程度。

（1）确定分析对象。

企业主要产品成本降低任务完成情况的分析，其分析对象是主要产品实际成本降低额与计划成本降低额的差额，以及主要产品实际成本降低率与计划成本降低率的差异。下面举例说明。

【例 6-7】宏达公司生产的甲产品和乙产品是主要产品，根据表 6-6 提供的资料，该公司主要产品计划产量按上年实际平均单位成本计算的总成本为 900 000 元，计划总成本 875 520 元，计划成本降低额为 24 480 元（900 000-875 520），计划成本降低率为 2. 72%（24 480÷900 000）。可见，主要产品的计划成本降低额和降低率，都是与上年比较计算的。因此，为了便于考核，主要产品实际成本降低额和降低率也应与上年比较计算。

根据表 6-7 提供的资料，该公司主要产品实际产量按上年平均单位成本计算的总成本为 1 000 000 元，实际总成本为 969 250 元，与上年比较，主要产品实际成本降低额为 30 750 元（1 000 000-969 250），实际成本降低率为 3. 075%（30 750÷1 000 000）。计算结果表明，企业主要产品实际成本降低额超计划 6 270 元（30 750-24 480），实际成本降低率超计划 0. 355%（3. 075%-2. 72%），企业较好地完成了主要产品成本降低目标。

（2）确定影响成本降低任务完成的因素。

影响主要产品成本降低任务完成的因素，从一种产品来看，影响成本降低率的，主要是产品单位成本一个因素；影响成本降低额的主要是产品单位成本和产品产量两个因素。从多种产品综合来看，由于各种产品的计划成本降低率不同，当各种产品产量在总产品中的比重发生变化时，会影响成本降低任务的完成程度。各种产品在总产品中的比重，称为产品品种结构。因此，影响产品成本降低率完成的因素，从多种产品综合分析来看，有产品单位成本和产品品种结构两个因素；影响产品成本降低额完成的因素，从多种产品综合分析来看，有产品单位成本、产品品种结构和产品产量三个因素。

（3）计算各个因素变动对成本降低任务完成的影响程度。

常规方法：

影响可比产品成本降低计划完成情况的因素概括地讲有三个：

①产品产量。

可比产品成本计划降低任务是按计划产量计算的，而实际降低额和降低率是按实际产量计算的，在产品品种结构和单位成本不变时，产量的增减就会使降低额发生同比例增减而降低率不会发生变化。这就是说，在其他因素不变条件下，产品产量的变化只影响降低额，不影响降低率。

产量变动对成本降低额的影响=［∑（实际产量×上年单位成本）-∑（计划产量×上年单位成本）］×计划降低率

∑（实际产量×上年单位成本）=1 000 000（见表6-7）

∑（计划产量×上年单位成本）=900 000（见表6-6）

计划降低率=2.72%（见表6-6）

降低额=（1 000 000-900 000）×2.72%=2 720（元）

②产品品种结构。

产品品种结构是指各种产品产量占总产量的比重。产品品种结构变动之所以影响降低额和降低率，是因为各种产品成本降低率不同的缘故，如果成本降低率高的产品在全部可比产品中所占的比重提高，据以计算的平均成本降低率就高，成本降低额就大，反之，降低率和降低额就小。因此，改变产品结构，多生产降低率高的产品，是提高成本降低额和降低率的一个重要途径。但是，改变产品结构不能是任意的，必须建立在完成各种产品产量计划的基础之上。

产品品种结构变动对降低额的影响=［∑（实际产量×上年单位成本）-∑（实际产量×计划单位成本）］-［∑（实际产量×上年单位成本）×计划降低率］

产品品种结构变动对降低率的影响=影响的降低额÷［∑（实际产量×上年单位成本）］

∑（实际产量×上年单位成本）=1 000 000（见表6-7）

∑（计划产量×上年单位成本）=900 000（见表6-6）

计划降低率=2.72%（见表6-6）

∑（实际产量×计划单位成本）=972 500（见表6-7）

降低额的影响=（1 000 000-972 500）-（1 000 000×2.72%）=300（元）

降低率的影响=300÷1 000 000×100%=0.03%

③单位成本。

可比产品成本降低计划和实际完成情况，都是以上年单位成本为基础计算的。这样，各种产品单位成本实际比计划多降低或升高，必然引起成本降低额和降低率实际比计划相应的降低或升高。

单位成本变动对降低额的影响=∑（实际产量×计划单位成本）-∑（实际产量×实际单位成本）

单位成本变动对降低率的影响=影响的降低额÷［∑（实际产量×上年单位成本）］

∑（实际产量×上年单位成本）=1 000 000（见表6-7）

∑（实际产量×实际单位成本）=969 250（见表6-7）

∑（实际产量×计划单位成本）=972 500（见表6-7）

降低额的影响=972 500-969 250=3 250（元）

降低率的影响=3 250÷1 000 000×100%=0.325%

实际超计划降低额 = 30 750 − 24 480 = 6 270（元）= 2 720 + 300 + 3 250

实际超计划降低率 = 3.075% − 2.72% = 0.355% = 0.03% + 0.325%

在以上三个因素中，成本降低是主要因素。企业在完成品种计划的前提下，根据社会需要努力增加产量，降低单位成本，才是完成可比产品成本降低任务的正确途径。

简化的方法：

可以用余额法，前提条件是实际超计划降低额和实际超计划降低率计算正确，因为产量不影响降低率，先计算单位成本影响的降低率和降低额，再用总的降低率减去单位成本影响的降低率推出产品结构影响的降低率和降低额，最后用总的降低额减去单位成本和产品结构影响的降低额即得产量影响的降低额。

资料见表 6-6 和表 6-7。

计划降低额 = 900 000 − 875 520 = 24 480（元）

计划降低率 = 24 480 ÷ 900 000 × 100% = 2.72%

实际降低额 = 1 000 000 − 969 250 = 30 750（元）

实际降低率 = 30 750 ÷ 1 000 000 × 100% = 3.075%

实际超计划降低额 = 30 750 − 24 480 = 6 270（元）

实际超计划降低率 = 3.075% − 2.72% = 0.355%

①单位成本。

降低额的影响 = Σ（实际产量×计划单位成本）− Σ（实际产量×实际单位成本）

降低率的影响 = 影响的降低额 ÷［Σ（实际产量×上年单位成本）］

Σ（实际产量×上年单位成本）= 1 000 000（见表 6-7）

Σ（实际产量×实际单位成本）= 969 250（见表 6-7）

Σ（实际产量×计划单位成本）= 972 500（见表 6-7）

降低额的影响 = 972 500 − 969 250 = 3 250（元）

降低率的影响 = 3 250 ÷ 1 000 000 × 100% = 0.325%

②产品品种结构。

降低率的影响 = 降低率的总差异 − 单位成本影响的降低率
= 0.355% − 0.325% = 0.03%

降低额的影响 = Σ（实际产量×上年单位成本）×产品品种结构降低率的影响
= 1 000 000 × 0.03% = 300（元）

③产品产量。

降低额的影响 = 降低额的总差异 − 单位成本的影响额 − 产品品种结构的影响额
= 6 270 − 3 250 − 300 = 2 720（元）

在计算确定各个因素变动的影响程度以后，要对企业主要产品成本降低任务的完成情况做出简要评价。本例中宏达公司主要产品成本降低任务的完成情况可以分析评价如下：宏达公司本年主要产品成本降低额和降低率都完成了计划。成本降低额比计划增加 6 270 元，成本降低率比计划增加 0.355 个百分点。该厂成本降低任务的超额完成，是产品单位成本、产品产量和产品品种结构三个因素共同影响的结果。在三个因素中，主要是产品单位成本和产品产量较好地完成计划的结果。由于产品单位成本的降低，使成本降低额增加 3 250 元，降低率增加 0.325 个百分点；由于产品产量的增加，使成本降低额增加 2 720 元，说明企业成本管理工作取得了一定成绩。但是在企业两种主要产品中，仅甲产品的单位成本和产品产量完成了计划；乙产品单位成本较计划超支 2 元、产量比计划减少 2 件，没有完成成本降低目标和产品产量计划，对乙产品成本超支的原因应进一步分析。

（二）主要产品单位成本分析

1. 产品单位成本计划完成情况的分析

在全部产品总成本计划完成情况的分析和主要产品成本降低任务完成情况的分析中，影响计划完成的主要因素都是单位成本。因此，应进一步分析产品单位成本计划的完成情况，查明产品单位成本升降的原因，寻求降低产品成本的途径。产品单位成本计划完成情况的分析，重点分析两类产品：一是单位成本升降幅度较大的产品，二是在企业全部产品中所占比重较大的产品。在这两类产品中，又应重点分析升降幅度较大的和所占比重较大的成本项目。

产品单位成本计划完成情况的分析，依据的是有关成本报表资料和成本计划资料，分析的方法是先运用比较分析法，查明产品单位成本计划的完成情况，即进行一般分析；再运用因素分析法，查明各个成本项目成本升降的具体原因，即进行因素分析。

（1）产品单位成本计划完成情况的一般分析。

【例 6-8】根据宏达公司主要产品单位成本表（见表 6-9）提供的资料和其他有关资料，运用比较分析法的原理，编制产品单位成本计划完成情况分析表（见表 6-10）。

表 6-9　主要产品单位成本表

编制单位：宏达公司　　　　201×年 12 月　　　　单位售价：1 350 元

产品名称：甲产品　　本月实际产量：55 件。本年累计产量：625 件　　　　单位：元

成本项目	历史先进水平	上年实际平均	本年计划	本月实际	本年累计实际平均
单位产品成本	1 080	1 200	1 164	1 175	1 158
其中：直接材料	420	470	439	450	445
直接人工	320	370	375	375	372
其他直接费用					
废品损失					
制造费用	340	360	350	350	341

表 6-10　产品单位成本计划完成情况分析表

编制单位：宏达公司　　　　201×年 12 月

成本项目	单位成本/元			与上年实际比		与本年计划比	
	上年实际	本年计划	本年实际	降低额/元	降低率/%	降低额/元	降低率/%
甲产品	1 200	1 164	1 158	42	3. 5	6	0. 515
直接材料	470	439	445	25	5. 319	−6	−1. 367
直接人工	370	375	372	−2	−0. 541	3	0. 8

表6-10(续)

成本项目	单位成本/元			与上年实际比		与本年计划比	
	上年实际	本年计划	本年实际	降低额/元	降低率/%	降低额/元	降低率/%
制造费用	360	350	341	19	5. 278	9	2. 571
乙产品	1 000	980	982	18	1. 8	-2	-0. 204
直接材料	400	385	371. 4	28. 6	7. 15	13. 6	3. 532
直接人工	250	255	258	-8	-3. 2	-3	-1. 176
制造费用	350	340	352. 6	-2. 6	-0. 743	-12. 6	-3. 706

根据表 6-10 的计算结果，可以对该公司主要产品单位成本计划的完成情况进行简要评价：与上年实际比较，宏达公司甲、乙两种主要产品的单位成本都有所降低，降低额分别为 42 元和 18 元，降低率分别为 3. 5%和 l. 80%；但与上年实际比较，两种产品的直接人工费用都有所增加，影响了产品单位成本的降低幅度。与本年计划比较，甲产品单位成本降低 6 元，降低率为 0. 515%；乙产品单位成本超支 2 元，超支 0. 204%。甲产品单位成本超额完成计划，主要是直接人工和制造费用完成计划较好，成本降低额分别为 3 元和 9 元；但直接材料项目较计划超支 6 元，超支 1. 367%，应当进一步分析原因。乙产品虽然直接材料项目超额完成计划，比计划降低 13. 6 元，降低 3. 532%；但直接人工和制造费用分别超支 3 元和 12. 6 元，超支 1. 176%和 3. 706%，使乙产品没有完成单位成本计划，对于乙产品直接人工和制造费用超计划的原因，应重点分析。

（2）产品单位成本计划完成情况的因素分析。

①直接材料项目的分析。

降低材料成本是降低产品成本的重要途径，特别是直接材料费用占产品成本比重较大的产品，直接材料项目更应作为产品单位成本分析的重点。影响产品单位成本中直接材料费用变动的因素，主要是单位产品材料消耗量（用量）和单位材料价格两个因素。分析这两个因素变动对材料成本的影响程度，根据连环替代法的原理，可以按下列公式计算：

用量变动对材料成本的影响=（单位产品材料本年实际用量-单位产品材料本年计划用量）×材料本年计划价格

价格变动对材料成本的影响=单位产品材料本年实际用量×（材料本年实际价格-材料本年计划价格）

上述公式中，本年材料计划用量和计划价格是比较的标准。如果与上年实际比较，则上年实际用量和上年材料价格是比较的标准，在计算材料用量和价格对材料成本的影响数额时，可将上述公式中的本年计划改为上年实际。分析产品单位成本中直接材料费用变动的原因，应当根据直接材料的具体组成内容以及各种材料消耗量和价格的资料，按照上述两个公式分别计算材料耗用量和价格变动对成本的影响，查明直接材料费用超支或节约的原因。

【例 6-9】根据表 6-10 提供的资料，宏达公司本年生产的甲产品与计划比较，直接材料费用超支 6 元，超支 1.367%。甲产品消耗 A，B，C，D 四种材料，根据各种材料耗用量和价格资料，编制直接材料费用分析表（见表 6-11）。

表 6-11　直接材料成本分析表

编制单位：宏达公司　　　　201×年年度　　　　单位：元

材料名称	计量单位	材料消耗量		材料价格		材料成本		成本差异		差异额分析	
		计划	实际	计划	实际	计划	实际	差异额	差异率/%	用量影响	价格影响
A 材料	千克	40	42	5	4.9	200	205.8	5.8	2.9	10	-4.2
B 材料	千克	33	35	3	3	99	105	6	6.06	6	0
C 材料	千克	20	18	4	4.2	80	75.6	-4.4	-5.5	-8	3.6
D 材料	千克	10	10	6	5.86	60	58.6	-1.4	-2.33	0	-1.4
合计						439	445	6	1.367	8	-2

表 6-11 的分析计算结果表明，宏达公司甲产品单位成本中，直接材料费用实际比计划超支 6 元，超支 1.367%，主要是 A、B 两种材料成本超支引起的。A、B 两种材料的实际成本比计划成本分别超支 5.8 元和 6 元，合计为 11.8 元。超支的主要原因是单位产品的材料消耗量没有完成计划。两种材料的消耗量增加使直接材料费用增加达 16 元（A 材料 10 元、B 材料 6 元）应当进一步查明原因。C、D 两种材料，实际成本比计划成本降低了 5.8 元（4.4+1.4），但由于 C 材料价格超计划，使 C 材料成本增加 3.6 元，应当进一步分析价格上升的原因。C 材料耗用量减少，使产品单位成本降低了 8 元，也应分析原因，以便总结经验，进一步挖掘企业内部降低成本的潜力。

②直接人工项目的分析。

产品单位成本中的直接人工费用，受工人劳动生产率和工人平均工资两个因素影响。这两个因素，也可以用单位产品生产工时消耗和小时平均工资（小时工资率）来表示。根据连环替代法的原理，分析单位产品工时消耗和小时工资率变动对成本的影响，计算公式如下：

单位产品消耗工时变动对成本的影响=（单位产品本年实际工时-单位产品本年计划工时）×本年计划小时工资率

小时工资率变动对成本的影响=单位产品本年实际工时×（本年实际小时工资率-本年计划小时工资率）

上述公式是以本年计划作为比较标准的，如果以上年实际作为比较标准，可将上述公式中的本年计划改为上年实际。

【例 6-10】根据表 6-10 提供的资料，宏达公司本年生产的乙产品单位产品成本中的直接人工费用实际比计划超支 3 元，超支 1.176%。为了分析成本超支的原因，收集整理有关乙产品产量、工时、工资等资料（见表 6-12）。

表 6-12 产品产量、工时、工资资料表

编制单位：宏达公司　　201×年年度　　产品：乙产品

项目	本年计划	本年实际	差异
产品产量/件	252	250	-2
产品生产总工时/小时	22 176	21 500	-676
产品生产工人工资及福利费/元	64 260	64 500	+240
单位产品直接人工成本/元	255	258	+3
单位产品工时消耗/小时	88	86	-2
小时工资率/（元/小时）	2. 898	3	+0. 102

根据表 6-12 提供的资料，分析宏达公司乙产品单位成本中直接人工费用超计划的原因，分析计算过程如下：

分析对象（乙产品单位成本中直接人工费用实际脱离计划的差异额）：

258-255=3（元）

由于乙产品单位产品工时消耗降低的影响：

（86-88）×2. 898=-5. 8（元）

由于小时工资率提高的影响：

86×（3-2. 898）=+8. 8（元）

两个因素共同影响数额=-5. 8+8. 8=3（元）

上述计算结果表明，宏达公司乙产品单位成本中直接人工费用实际比计划超支 3 元，主要是小时工资率超计划所造的。由于小时工资率实际比计划提高 0. 102 元，使乙产品单位成本增加 8. 8 元；而乙产品单位产品工时消耗实际比计划减少 2 小时，使产品单位成本降低 5. 8 元。这说明宏达公司工人劳动生产率（表现在单位产品工时消耗上）比计划有所提高，但由于工人平均工资（表现为小时工资率）的增长幅度超过了工人劳动生产率（表现为单位产品工时消耗）的增长幅度，单位成本中的直接人工费用仍超支 3 元。

③制造费用项目的分析。

制造费用是生产单位为生产产品和提供劳务所发生的各项间接费用，通常应当按照一定标准分配到该生产单位所生产的各种产品成本之中。根据制造费用计入产品成本的方式，分析各因素变动对单位产品成本中制造费用的影响时，可以分析产品产量和制造费用总额两个因素，也可以分析单位产品工时消耗和小时费用率两个因素。按照连环替代法的原理，分析单位产品工时消耗和小时费用率两个因素变动对单位产品成本中制造费用的影响，计算公式如下：

单位产品消耗工时变动对成本的影响=（单位产品本年实际工时-单位产品本年计划工时）×本年计划小时费用率

小时费用率变动对成本的影响=单位产品本年实际工时×（本年实际小时费用率-本年计划小时费用率）

上述公式是以本年计划作为比较标准的，比较标准为上年实际时，可将公式中的

本年计划改为上年实际。

【例 6-11】根据表 6-10 提供的资料，宏达公司本年生产的乙产品，单位成本中的制造费用实际比计划超支 12.6 元，超支 3.706%。表 6-12 提供的乙产品单位产品工时消耗本年实际为 86 小时，本年计划为 88 小时；根据制造费用总额资料，乙产品小时制造费用分配率本年实际为 4.1 元，本年计划为 3.864 元。分析乙产品单位成本中制造费用超 12.6 元的原因，计算过程如下：

分析对象（乙产品单位成本中制造费用实际脱离计划的差异）：

352.6−340＝12.6（元）

由于单位产品工时消耗降低对成本的影响：

（86−88）×3.864＝−7.7（元）

由于小时制造费用分配率提高对成本的影响：

86×（4.1−3.864）＝20.3（元）

两个因素共同影响数额＝−7.7+20.3＝12.6（元）

上述计算结果表明，宏达公司乙产品单位成本中制造费用实际比计划超支 12.6 元，主要是小时制造费用分配率超计划所造成的。由于小时制造费用分配率实际比计划超支 0.236 元（4.1−3.864），使乙产品单位成本超支 20.3 元。这说明该公司在控制制造费用总额和增加产品产量方面还大有潜力可挖。对企业制造费用总额增加和乙产品未完成产量计划的原因，还应进一步分析。

2. 制造费用预算执行情况的分析

在单位成本的制造费用项目的分析中，要了解制造费用节约或超支的原因，应当进一步分析制造费用总额及其构成项目。依据制造费用预算、制造费用明细表和其他有关资料对制造费用预算执行情况进行分析时，应当注意以下几点：

（1）运用比较分析法进行分析。将本年（或月、季）实际制造费用总额分别与上年实际制造费用总额和本年制造费用预算进行比较，查明两个年度制造费用总额的变化情况，查明制造费用预算执行情况。

（2）分别对固定费用和变动费用进行分析。根据费用与产品产量的关系，将制造费用划分为固定费用和变动费用。在一定产量（业务量）范围内，固定费用总额应是相对固定的；变动费用总额则随产品产量（业务量）的变化而变化。在运用比较分析法进行分析时，固定费用项目可以直接对比；变动费用项目可以先按产品产量（业务量）的变化情况，对本年预算数进行调整，再将本年实际数与调整后的预算数进行对比。

（3）分析重点费用项目。对制造费用各明细项目逐项分析，分析的重点是实际脱离预算较大（或与上年比较差异额较大）的费用项目，以及在制造费用总额中数额较大、比重较大的费用项目。

（4）分析费用项目的构成比例。在重点分析费用项目的数额变动的同时，应当进一步分析制造费用各明细项目构成比例（比重）的变化情况，检查费用构成变化的合理性。

（三）车间、班组成本分析

1. 车间成本分析

对车间成本计划的执行情况及其结果的分析，称为车间成本分析。企业的产品是由车间生产的，车间是生产费用发生的主要地点，其成本水平的高低，对成本计划执行的结果影响很大。企业车间成本分析主要包括如下几个方面的内容：

（1）考核各车间成本计划的执行结果。企业在编制成本计划时，除了按产品别编制外，为了考核各个车间的成本情况，实行厂内的经济核算，还要分车间别编制各个车间的成本计划。其分析对象也是将实际成本与计划成本进行对比。在进行比较分析时，应剔除一些车间不能控制的不可比的因素（如材料的价格、厂内的劳务结算价格等），从而分析出车间主观因素对成本计划执行结果的影响。

（2）分析影响车间成本计划的因素及其原因。在计算出各车间成本计划执行结果的基础上，还应分析影响车间成本计划的因素及其原因。车间在进行分析时，当然可以采用前面介绍的全厂成本分析中的一些方法进行分析，但由于车间是产品生产的基层单位，所以，在分析时，可比全厂成本分析更详细、具体，指标分解及因素可更细致一些。

（3）分清各车间的经济责任。在分析出实际成本与计划成本的差额后，应分清各车间的经济责任，以便采取相应的奖惩措施。车间成本差异产生的原因很多，有的是车间本身工作的结果，如材料消耗量等。当然也有其他车间和部门的因素，如材料价格、其他车间转入的半成品和劳务的价格等。这时，应将由各车间、部门负担的差异额进行相互的结转，从而确定出应由各车间负担的差异额。

（4）提出改进的措施。在车间成本分析时提出的问题及产生差异的原因，应采取相应的措施加以改进，取得的成绩应进一步巩固，使车间成本能进一步降低。

2. 班组成本分析

班组成本分析是对生产班组的生产经营活动进行记录，从而算出成本升降的数额并分析其产生的原因及过程。班组成本分析可由班组兼职的工人负责。班组成本分析的内容应根据班组的特点和经济核算的特点进行，主要对班组能控制的生产消耗因素进行分析，有的班组还可对其所生产的产品成本进行分析。

本章思考题

1. 什么是成本报表？为什么编制成本报表没有统一格式的要求？

2. 在全部产品成本表中，按品种反应的报表与按成本项目反应的报表，哪些数据存在钩稽关系？

3. 车间成本分析的内容是什么？

本章练习题

1. 某企业20××年8月份甲产品单位成本中的直接人工费用见表6-13。

表6-13　甲产品单位成本

项目	工时定额/小时	每小时工资率/（元/小时）	直接人工费用/元
计划	20	56	1 120
实际	22	55	1 210

要求：

（1）计算单位产品直接人工费用脱离计划的差异额。

（2）计算分析工时定额和工资率变动对直接人工费用的影响。

2. 某企业生产甲产品，材料项目的有关资料如表6-14所示。

表6-14　材料项目有关资料

材料名称	单位耗用量/千克		材料单价/元		材料成本/元		差异
	计划	实际	计划	实际	计划	实际	
A材料	100	95	10	8	1 000	760	-240
B材料	200	210	20	22	4 000	4 620	620
C材料	500	490	8	7	4 000	3 430	-570
合计	—	—	—	—	9 000	8 810	-190

要求：根据上述资料，计算材料耗用量和材料价格变动对材料费用的影响。

3. 华宝通用机械制造厂20××年生产甲、乙、丙三种产品，其中甲产品和乙产品为可比产品，丙产品为不可比产品；可比产品成本全年计划降低率为8%；甲产品销售单价为600元，乙产品销售单价为500元。

（1）该厂各种产品单位成本以及制造费用过去的和本年计划的有关资料分别见表6-15、表6-16。

表6-15　各种产品单位成本有关资料　　单位：元

成本项目	历史先进水平		上年实际平均		本年计划		
	甲产品	乙产品	甲产品	乙产品	甲产品	乙产品	丙产品
直接材料	310	250	320	280	330	260	340
直接人工	55	50	60	60	65	70	80
制造费用	65	40	70	50	65	50	60
产品生产成本	430	340	450	390	460	380	480

表 6-16　6 月份制造费用有关资料　　单位：元

费用项目	本月计划	上年同期实际
工资	890	858
办公费	1 200	1 120
折旧费	4 300	3 900
修理费	1 300	1 240
交通费	1 600	1 560
租赁费	400	450
保险费	800	730
水电费	500	440
劳动保护费	400	360
机物料消耗	200	180
其他	150	126
合计	11 740	10 964

（2）该厂 1~5 月份各种产品累计的产量、总成本、平均单位成本以及累计的制造费用资料分别见表 6-17、表 6-18。

表 6-17　1—5 月份各种产品累计产量及成本

产量、总成本、平均单位成本资料　　单位：元

成本项目	甲产品累计产量 150 台		乙产品累计产量 120 台		丙产品累计产量 50 台	
	累计总成本	平均单位成本	累计总成本	平均单位成本	累计总成本	平均单位成本
直接材料	48 150	321	31 680	264	15 500	310
直接人工	8 250	55	7 440	62	6 000	120
制造费用	7 800	52	5 280	44	3 500	70
产品生产成本	64 200	428	44 400	370	25 000	500

表 6-18　1—5 月份制造费用累计实际资料　　单位：元

费用项目	金额
工资	4 988
办公费	6 240
折旧费	22 060
交通费	6 460
运输费	8 000
租赁费	3 500
保险费	4 420
水电费	2 510
劳动保护费	2 350
机物料消耗	1 140
其他	660
合计	62 328

（3）该厂6月份各种产品产量、总成本、单位成本以及制造费用的资料分别见表6-19、表6-20。

表6-19 6月份产品产量、总成本、单位成本 单位：元

成本项目	甲产品实际产量30台		乙产品实际产量25台		丙产品实际产量10台	
	总成本	单位成本	总成本	单位成本	总成本	单位成本
直接材料	9 240	308	6 350	254	3 150	315
直接人工	1 680	56	1 425	57	1 250	125
制造费用	1 740	58	1 125	45	750	75
产品生产成本	12 660	422	8 900	356	5 150	515

表6-20 6月份制造费用资料 单位：元

费用项目	金额
工资	960
办公费	1 210
折旧费	4 320
交通费	1 350
运输费	1 520
租赁费	630
保险费	810
水电费	490
劳动保护费	440
机物料消耗	220
其他	160
合计	12 110

要求：根据以上资料编制产品生产成本表、主要产品单位成本表、制造费用明细表。

本章参考文献

［1］万寿义. 成本管理研究［M］. 大连：东北财经大学出版社，2007.

［2］胡国强. 成本管理会计［M］. 4版. 成都：西南财经大学出版社，2012.

第七章　成本预测与决策

【学习目标】

（1）了解成本预测与决策的定义、原则和程序。
（2）掌握与运用成本预测与决策中各种定性、定量预测的具体方法。
（3）理解目标成本、定额成本、计划成本三者之间的关系。
（4）了解成本预测与成本决策之间的关系。

【关键术语】

成本预测　成本决策　成本性态　变动成本　固定成本　贡献毛益　盈亏临界点　总额分析　差量损益分析　相关成本分析　成本无差别点

第一节　成本预测

一、成本预测概述

（一）成本预测的概念

预测是人们根据事物已知信息，预计和推测事物未来发展趋势和可能的结果的一种行为。成本预测是以现有条件为前提，在历史成本资料的基础上，根据未来可能发生的变化，利用科学的方法，对未来的成本水平及其发展趋势进行描述和判断的成本管理活动。成本预测既是成本管理工作的起点，也是成本事前控制成败的关键。合理有效的成本决策方案和先进可行的成本计划都必须建立在科学严密的成本预测基础之上。对不同决策方案中成本水平的测算和比较，可以从提高经济效益的角度，为企业选择最优成本决策和制定先进可行的成本计划提供依据。

（二）成本预测的作用

（1）搞好企业成本预测，可为企业成本决策提供足够多的可供选择的方案，从而保证企业成本决策的正确性。

（2）做好企业成本预测，可以为编制企业成本计划提供正确的依据，从而保证企业成本计划的正确性。

（3）做好企业成本预测，可以为企业成本控制和分析、考评提供正确的依据，从而保证企业成本控制的合理性和企业成本分析、考评的正确性。

（三）成本预测的原则

成本预测要遵循以下基本原则：

（1）充分性原则。由于成本预测具有一定的假设，为了保证预测的结果与实际发生的情况相吻合，提高预测的准确性，在进行成本预测时，必须充分考虑企业生产经营过程中各方面因素及可能遇见的多种情况，分析评价各因素的内在联系和对成本的影响。通过对它们的变动趋势及性质作合理的分析和取舍，建立实用的成本预测模型，并结合成本管理人员长期积累的实践经验，得出预测结果。

（2）相关性原则。预测结果的准确性在很大程度上取决于所选择的因素与成本之间的相关性。在进行成本预测时，有时所选的因素与成本有明显的因果关系，相关性较强；有时成本又受众多因素的影响，并无明显的相关因素。前者较适合采用因素分析等方法预测，后者一般采用趋势分析法预测。

（3）时间性原则。预测是对某一特定时点做出的，不同的时间范围有不同的预测内容，适用于不同的方法，其取得的结果也不一样。如月度、季度、年度、三年、五年预测。预测期越短，定量预测的精确度就越高；预测期越长，精确度就越差，不确定因素越多。因此，短期成本预测可以比较具体，采用的预测模型可简单些，考虑的因素可以相应少些；长期的成本预测一般不可能十分具体，要采用较为复杂的预测模型和多种预测方法，考虑的因素也多些。

（4）客观性原则。成本预测结果的正确与否，关键取决于所依据的统计资料是否完整、准确。在进行成本预测之前，必须广泛搜集客观、准确的成本资料信息，并给予认真的审查和必要的处理，尽可能排除统计资料中那些偶然因素对成本的影响，保证资料具有连续性、全面性和一般性，以真正反映成本变动的一般规律。

（5）可变性原则。客观条件是不断变化的。在未做出决策之前，预测结果应随着客观条件的变化做适当的修正。

（6）效益性原则。进行成本预测需要花费一定的人力、物力。但是为了获取较高的经济效益，只要可能取得的相关效益比预测本身所花的代价（费用）大，预测就有必要进行。但是如果预测本身所花代价大于可能取得的相关效益，预测就无必要了。

（四）成本预测的内容

成本预测的内容涉及宏观经济和微观经济两个方面：

宏观经济的成本预测，是为整个国民经济决策和计划服务的。它主要研究某部门（行业）、某类产品社会平均成本水平及其变动趋势，为国家制定价格政策，掌握社会生产各部门经济效益情况，进行国民经济产业结构调整以及重大投资项目的可行性研究提供依据。

微观经济的成本预测，即企业成本预测，是为企业经营决策和计划管理服务的。

在企业经营管理中，凡是与资金耗费有关的生产经营活动，都存在成本预测问题。

本教材只讨论企业成本预测，概括起来，包括下述两方面内容：

1. 生产经营规划中的长期成本预测

现代企业经营规模的快速增长和强劲发展，主要取决于高新技术和新产品的成功开发。用于企业规模扩充和新技术、新产品研究开发方面的投资，具有周期长、数额大、风险高的特点，稍有不慎，就可能产生巨大损失，但过于保守，也会丧失发展时机而遭到市场淘汰。因而，在一个较为长远的发展规划中，正确把握本专业领域的技术和产品生命周期，预测在生命周期的不同发展阶段中，由采取各种战略性生产经营规划所导致的企业成本水平变化，对于企业发展是至关重要的。

2. 生产过程中的短期成本预测

科学合理地制订一定时期（年、季、月）的企业成本计划，为有效地控制成本水平变动提供依据，必须对企业成本水平的发展趋势做出预测。一定时期的企业市场销售收入预测和成本预测，是企业利润预测和编制财务预算的基础。

生产经营规划中的长期成本预测往往是与成本决策同时进行，相互补充的；而生产过程中的短期成本预测以企业成本计划的制订和实施阶段的成本预测为主要内容，是企业的一项经常性的管理工作。

（五）成本预测的一般程序

（1）因素分析。开展成本预测，首先必须掌握预测对象的特征和要求。生产经营规划中的长期成本预测，需要分析投资项目的性质，各可行方案的基本情况，影响投资项目的外部经济条件以及投资项目完成投产后的生产经营能力等；生产过程中的短期成本预测，需要分析企业的生产工艺特点和生产组织形式，了解在生产经营活动中，生产要素投入与产出的关系以及资金耗费运动的规律，确定对企业成本产生重大影响的企业内部技术经济因素及其在未来时期可能发生变动的性质和程度。

（2）资料收集。按照因素分析的结果，收集并整理用于成本预测的各种成本信息，研究所收集的成本信息所反映的成本变动规律，大致判定所应采用的成本预测方法和所应建立的成本预测模型的类型。

（3）建立模型。在确定所应建立的成本预测模型后，应以所收集的资料为基础，通过计算，估计成本预测模型中的参数并做检测，尽可能使所建立的预测模型符合成本发展趋势。

（4）计算成本预测值。将所选定自变量在预测期的变动数值代入本预测模型之中，通过推算，得到成本预测值。

（5）定性预测与预测值修正。在成本预测中，要重视定性预测方法的运用，在广泛调查研究的基础上，运用定性方法判断成本发展趋势和可能结果，并对照成本定量预测值，做出必要的修正。

（六）成本预测的资料依据

成本预测值的可靠性，在很大程度上取决于所依据资料的真实性和代表性。在企业成本预测中所需收集的资料，主要包括：

（1）投资项目的投资总额、投资回收期及各年的现金净流量；

（2）投资项目的主要功能或生产能力；

（3）投资项目的外部经济条件；
（4）投资项目的技术程度和一般耗费水平；
（5）企业外部供销条件的变化；
（6）同类产品成本国内外先进水平；
（7）企业历年各类产品产量；
（8）企业历史产品总成本及单位成本水平；
（9）各类产品材料、燃料、动力及生产工时消耗定额；
（10）生产工人定员及历年生产工人工资支付数额；
（11）管理费用预算及历年执行情况；
（12）各类产品的废品损失率；
（13）预测期企业内部可能采取的技术改造、产品更新方案以及成本管理措施对产品产量、质量、消耗、管理费用等方面产生的影响情况。

二、成本预测的方法

成本预测既需要成本管理人员掌握一定的技术，也需要其具备丰富的实践经验和敏锐的观察判断能力，要求成本管理人员能在掌握企业生产经营活动的基础之上熟练运用科学的预测技术。一般来讲，成本预测的方法包括定性预测和定量预测两大类。

（一）定性预测法

成本的定性预测是成本管理人员根据专业知识和实践经验，对产品成本的发展趋势、性质以及可能达到的水平所做的分析和推断。由于定性预测主要依靠管理人员的素质和判断能力，因此，这种方法必须建立在对企业成本耗费历史资料、现状及影响因素深刻了解的基础之上。常用的定性预测方法有调查研究判断法、主观概率法和类推法。

1. 调查研究判断法

这是通过对事物历史与现状的调查了解，查阅有关资料和咨询专业人员，结合经验教训，对今后事物发展方向和程度做出推断的方法。这种方法在经济预测中得到较为广泛的应用。美国兰德公司提出的所谓“德尔菲法”就是一种调查研究判断法。该法采用函询调查的方式，向有关领域的专家提出所要预测的问题，请他们各自独立做出书面答复，然后将收集的意见进行综合、整理和归类，并匿名反馈给各个专家，再次征求意见。如此经过多次反复之后，往往会对所需预测的问题取得较为一致的意见，从而得出预测结果。

调查研究判断法具有以下优点：第一，经验是感性和理性的综合，它来自实践，具有一定的科学性。第二，简便易行。调查研究判断法只需根据人们所掌握的知识、经验和综合判断分析能力进行预测。只要人们的知识、经验、综合判断分析能力达到一定程度，对企业经济活动的未来状况做出正确的判断，就得心应手了。尤其是在需要当机立断的时候，这种方法更显示出它的优越性。

不过调查研究判断法也存在着很大的局限性，这主要表现在：第一，用于定量预测，其结果欠精确。第二，判断结果易受心理、情绪变化的影响，产生主观片面性。

2. 主观概率法

主观概率法是通过调查个人对事件信念程度的基础上，用数字说明人们对事件可能发生程度的主观估计。这种方法是对专家经验的一种量化定性分析方法。由于掌握相同情况的不同人很可能对同一事件提出不同的意见，因此，用主观概率法能够汇总并定量考虑不同专家的不同意见，从而得出一种量化的结果。

3. 类推法

类推法的理论依据是事物的类推性原理，即客观事物之间存在着某种类似的结构和发展模式，人们可以根据已知事物的某种类似的结构和发展模式来类推某个未知事物的结构和发展模式。企业经济活动亦如此。我们可以根据企业经济活动内部各组成部分之间的相似性，由一事物的结构和发展趋势类推另一事物的结构和发展趋势，这种定性方法称为类推法。

类推法的要点是：只要两个事件中存在某些基本相似性，就要尽力探求其他相似性。这样，要先确定前一个事件的先导模型曲线，再预测迟发生事件的模型曲线，以探求两个曲线间的收敛或扩散关系；然后，再根据先导模型的历史数据，预测迟发生事件的未来发展状况。如根据某种材料成本随生产规模扩大而降低，去预测另一种在性能、单耗等方面相似的材料的成本降低情况。

（二）定量预测法

定量预测方法是利用历史成本统计资料以及成本与影响因素之间的数量关系，通过一定的数学模型来推测、计算未来成本的可能结果。成本的定量预测法需以一定的数学模型为基础。所谓数学模型，是指在某些假定条件下，将影响经济活动变化的、相互制约、相互依存的几个主要因素，按一定的数量关系结合起来，借以描述某种经济活动变化规律的一组数学关系式。

1. 因果关系成本预测模型

成本是一个综合性价值指标，它与许多技术经济指标有着密切的内在联系。例如，采用先进技术、革新产品设计、改进生产工艺、合理调节生产组织、提高劳动生产率、降低材料和能源消耗、减少废品损失、有效利用生产设备、节省管理费用等，都有可能带来成本的下降。因此，进行成本预测需全面考虑生产经营过程中的多方面因素，从中选择几个有代表性的影响因素，按照生产耗费规律建立相应的因果关系成本预测模型。因果关系成本预测模型是建立成本 Y 与影响因素 x 之间的某种函数关系 $Y=F(x)$，式中 x 表示影响因素的集合。利用收集的统计资料，对函数 $Y=F(x)$ 中的参数进行估计和统计检验，从而得到与统计资料发展趋势大体相符的成本预测模型。在经济预测工作中广泛采用的回归分析法，就是一种从事物变化的因果关系出发进行预测的数学模型。其中，因所采用的自变量或预测的对象不同，又分为一元线性回归模型、二元线性回归模型、多元线性回归模型及非线性回归模型等。本教材只对一元线性回归模型进行阐述。

一元线性回归预测 $y=a+bx$

利用一元线性回归分析法时，首先要确定自变量 x 与因变量 y 之间是否线性相关及其相关程度，判别的方法主要有“散布图法”与“相关系数法”。所谓散布图法，就是将有关的数据绘制成散布图，然后依据散布图的分布情况判断 x 与 y 之间是否存在线性关系；所谓相关系数法，就是通过计算相关系数 r 判别 x 与 y 之间的关系。相关系数可按下列公式进行计算：

$$r = \frac{\sum x_i, \ y_i - n\bar{x}\bar{y}}{\sqrt{[\sum x_i^2 - n(\bar{x})^2][\sum y_i^2 - n(\bar{y})^2]}}$$

判断相关系数相关性标准如表 7-1 所示。

表 7-1 相关系数相关性判断表

相关系数的数值	|r| >0.7	0.3≤|r|≤0.7	|r| <0.3	|r| =0
因变量与自变量的关系	强相关	显著相关	弱相关	不相关

在确认因变量与自变量之间存在线性关系之后，便可建立回归直线方程。式中，y 为因变量，x 为自变量，a、b 为回归系数。

根据最小二乘法原理，可得到求 a、b 的公式：

$$a = \frac{\sum x_i^2 \sum y_i - \sum x_i \sum x_i y_i}{n\sum x_i^2 - (\sum x_i)^2}$$

$$b = \frac{n\sum x_i y_i - \sum x_i y_i}{n\sum x_i^2 - (\sum x_i)^2} \quad 或 \quad b = \frac{\sum y_i - na}{\sum x_i}$$

【例 7-1】某企业历年 A 产品产销量和成本变化情况如表 7-2 所示。2020 年 A 产品销售量为 1 500 万件，试计算 2020 年 A 产品的总成本。

表 7-2 产销量与总成本变化情况表

年度	产销量 X_i/万件	总成本 Y_i/万元
2014	1 200	1 000
2015	1 100	950
2016	1 000	900
2017	1 200	1 000
2018	1 300	1 050
2019	1 400	1 100

根据表 7-2 整理出表 7-3。

表 7-3 总成本预测表（按总额预测）

年度	产销量 X_i/万件	总成本 Y_i/万元	X_iY_i	X_i^2
2014	1 200	1 000	1 200 000	1 440 000
2015	1 100	950	1 045 000	1 210 000
2016	1 000	900	900 000	1 000 000
2017	1 200	1 000	1 200 000	1 440 000
2018	1 300	1 050	1 365 000	1 690 000
2019	1 400	1 100	1 540 000	1 960 000
合计 $n=6$	$\sum X_i = 7\ 200$	$\sum Y_i = 6\ 000$	$\sum X_iY_i = 7\ 250\ 000$	$\sum X_i^2 = 8\ 740\ 000$

将表 7-3 的数据代入公式，求得 $b=0.5$，$a=400$（万元）

则，$y=400+0.5x$

把 2020 年销售量 1 500 万件代入上式，得出 2020 年 A 产品总成本为：

400+0. 5×1 500＝1 150（万元）

2. 时间关系成本预测模型

时间关系成本预测模型是以时间为自变量，依据一系列统计资料建立的成本发展趋势预测模型。它假定在一定条件限制下，未来时期的成本情况将大致按这种趋势延续发展，从而得出预测结果。时间关系成本预测模型的一般形式是建立成本 Y 与时间 t 变量之间的某种函数关系 $Y=F(t)$，或直接利用收集的成本时间序列资料，借以描述成本依时间发展而变化的趋势，并通过趋势的外推预测成本。

3. 结构关系成本预测模型

结构关系成本预测模型即建立影响成本诸因素之间的某种比例关系，通过因素之间相互依存的结构比例变化，预测成本的数值。常用的结构关系模型为投入产出分析模型和经济计量模型。

（1）投入产出分析模型。

投入产出分析用于成本预测工作，是从资金耗费运动过程的整体出发，分析各个生产经营环节上资金的流入耗费与输出成果之间的数量关系，及其处于平衡状态的条件，从而达到预测各个环节上资金耗费状况的目的。

（2）经济计量模型。

经济计量模型是根据因素间客观的经济联系，利用各种经济因素之间的数量依存关系来建立基本数学模型，然后通过这个模型来分析各因素的变化规律，预测未来的经济变动趋势。经济计量模型的实质是进行因素测算，所以也称为因素测算法。最常用的经济计量模型是盈亏临界分析模型。

4. 本、量、利预测方法

成本、业务量、利润三因素之间存在密切的内在依存关系，本、量、利预测是在对三者内在联系进行分析的基础上所做的有关目标利润、目标销售量（额）及盈亏临界点等指标所做的预测分析。它是以成本性态分析为基础，预测和确定企业的盈亏临界点，进而分析有关因素变动对企业盈亏的影响。它可以为企业改善经营管理和正确地进行经营决策提供有用的资料。

成本性态，也称成本习性或成本特性，是指成本总额的变动与产量之间的依存关系，即产量变动与其相应的成本变动之间的内在联系。按照成本与产量的依存关系，可将成本分为固定成本、变动成本和半变动成本三类。固定成本是指在一定产量范围内与产量增减变化没有直接联系的成本，如厂房、机器设备的折旧等。变动成本是指在关联范围内，其成本总额随着产量的增减成比例增减。但是从产品的单位成本看，它却不受产量变动的影响。半变动成本是指总成本虽然受产量变动的影响，但是其变动的幅度与不同产量的变化保持严格的比例。这类成本由于同时包括固定成本与变动成本两种因素，因而实际上是一种混合成本。

（1）贡献毛益和贡献毛益率。

①贡献毛益。

贡献毛益是指产品的销售收入扣除变动成本后的余额。它首先应该用于补偿固定成本，补偿固定成本之后还有余额，才能为企业提供利润。如果贡献毛益不足以弥补固定成本，则企业将发生亏损。贡献毛益有两种表现形式：一是单位贡献毛益，也就是每种产品的销售单价减去该产品的单位变动成本；二是贡献毛益总额，也就是各种产品的销售收入总额减各种产品的变动成本总额。贡献毛益是反映各种产品盈利能力的一个重要指标，是管理人员进行决策分析的一项重要信息。现举例说明如下：

【例 7-2】假设某公司在某月只出售一单位产品，该产品单价为 10 元，单位产品变动成本 6 元，固定成本总额 2 000 元，该月销量为 1 000 件，则该公司的单位贡献毛益和贡献毛益总额计算如下：

单位贡献毛益=10-6=4（元）

贡献毛益总额=1 000×（10-6）=4 000（元）

净收益=4 000-2 000=2 000（元）

②贡献毛益率。

贡献毛益率是指以单位贡献毛益除以销售单价或者以贡献毛益总额除以销售收入总额。其计算公式如下：

$$贡献毛益率 = \frac{单位贡献毛益}{销售单价} \times 100\%$$

$$或贡献毛益率 = \frac{贡献毛益总额}{销售收入总额} \times 100\%$$

仍以上例资料为例，计算贡献毛益率如下：

$$贡献毛益率 = \frac{4}{10} \times 100\% = 40\% 或 = 4\ 000/10\ 000 \times 100\% = 40\%$$

上述计算结果可见该公司的贡献毛益率为 40%，它说明了如果固定成本保持不变，销售收入每增加 1 元，贡献毛益将增加 0. 4 元（1×40%），净收益也增加 0. 4 元。

（2）盈亏临界点的预测。

盈亏临界点，也称损益平衡点或保本点，它是指在一定销售量下，企业的销售收入和销售成本相等，不盈也不亏。盈亏临界点的预测是以盈亏临界点为基础，对成本、销售量、利润三者之间所进行的盈亏平衡预测分析。当实际销售量低于盈亏临界点的销售量时，将发生亏损；反之，当实际销售量高于盈亏临界点销售量时，则会获得利润。可见，盈亏临界点是一个很重要的数量指标，因为保本是获得利润的基础。任何一个企业要预测利润，首先要预测盈亏临界点，只有实际销售量超过临界点，企业才可能产生利润，从而把目标利润确定下来。

利润的计算公式可表述为：利润=销量×（单价-单位变动成本）-固定成本

而盈亏临界点是企业利润等于零时的销售量，即：

盈亏临界（保本）销售量=固定成本÷（单价-单位变动成本）

盈亏临界点的计算可以采用以下两种形式：

①按实物单位计算。

盈亏临界点销售量=固定成本÷（单价-单位变动成本）

=固定成本÷单位产品贡献毛益

如前所述，式中的贡献毛益是企业利润的源泉，它首先要用来补偿固定成本，补偿固定成本之后还有余额，才能为企业贡献最终的利润，否则，就会发生亏损。

②按金额计算。

因为：盈亏临界点销售量=固定成本÷单位产品贡献毛益

盈亏临界点销售量×单价=固定成本÷单位产品贡献毛益×单价

所以：盈亏临界点销售额=固定成本÷贡献毛益率

=固定成本÷（1-变动成本率）

【例7-3】假设甲产品单位售价为10元，单位产品的变动成本为6元，固定成本总额为2 000元，则：

盈亏临界点销售量=2 000÷（10-6）=500（件）

盈亏临界点销售额=2 000÷（10-6）÷10=2 000÷40%=5 000（元）

上述计算表明该企业的销售量要达到500件，或者销售收入要达到5 000元才能不盈不亏。

以上盈亏临界点分析是以企业只销售一种产品为前提。当企业生产、经营多种产品时，由于每种产品的实物计量单位和贡献毛益不同，因此，企业的盈亏临界点就不能以实物数量表示，而只能以销售额来表示。其计算步骤：

首先，计算各种产品销售额占全部产品总销售额的比重。其计算公式可表述如下：

各种产品的销售额比重=各种产品销售额÷全部产品总销售额

其次，以各种产品的贡献毛益率为基础，以该种产品销售额占销售总额的比重为权数进行加权平均计算，从而求出各种产品综合的加权贡献毛益率。其计算公式可表述如下：

综合贡献毛益率=∑（各种产品贡献毛益率×各种产品的销售额比重）

再次，计算整个企业综合的盈亏临界点销售额，即：

综合的盈亏临界点销售额=固定成本总额÷综合的加权贡献毛益率

最后，计算各种产品的盈亏临界点销售额，即：

各种产品的盈亏临界点销售额=综合盈亏临界点销售额×各种产品的销售额比重

【例7-4】某企业生产甲、乙、丙三种产品，销售单价分别为20元、10元、15元，单位变动成本分别为15元、7元、9元，固定成本总额为16 000元，预计销售量为甲产品1 000件、乙产品为5 000件、丙产品为2 000件。根据上述提供的资料，计算如下：

首先，必须计算各种产品销售额占全部产品总销售额的比重：

甲产品=（20×1 000）÷（20×1 000+10×5 000+15×2 000）×100%=20%

乙产品=（10×5 000）÷（20×1 000+10×5 000+15×2 000）×100%=50%

丙产品=（15×2 000）÷（20×1 000+10×5 000+15×2 000）×100%=30%

其次，计算企业综合加权贡献毛益率：

甲产品贡献毛益率=（20-15）÷20×100%=25%

乙产品贡献毛益率=（10-7）÷10×100%=30%

丙产品贡献毛益率=（15-9）÷15×100%=40%

综合的加权贡献毛益率=25%×20%+30%×50%+40%×30%=32%

再次，计算整个企业综合的盈亏临界点销售量：

综合的盈亏临界点销售额=16 000÷32%=50 000（元）

最后，计算各种产品盈亏临界点的销售额：

甲产品盈亏临界点的销售额＝50 000×20%＝10 000（元）

乙产品盈亏临界点的销售额＝50 000×50%＝25 000（元）

丙产品盈亏临界点的销售额＝50 000×30%＝15 000（元）

上述计算结果表明，该企业总的销售收入要达到50 000元，其中甲产品的销售收入要达到10 000元，乙产品的销售收入要达到25 000元，丙产品的销售收入要达到15 000元才可以保本。

（三）定性与定量成本预测方法的结合应用

在成本管理实践中，许多成本管理工作者都感到采用定量预测方法所得到的结果往往与实际情况相距甚远，缺乏可靠性。究其原因，在于成本预测模型是依据成本统计资料，对成本变动的历史发展趋势和规律所做的描述，没有充分考虑在生产经营条件发生变化下，各因素对成本的影响作用。对未来影响因素的变动及其作用，仍然要依靠成本管理人员的实践经验和职业判断能力。即使在定量预测方法和计算手段渐趋成熟和先进的条件下，定性预测方法及其与定量预测方法的结合应用，也是提高成本预测可靠性的重要方面。如何将定性预测和定量预测方法更好地结合起来，一般要考虑下述情况：

（1）影响成本变动因素的稳定性和可量化性。企业成本受到企业内部生产经营条件，管理水平以及市场状况，国家经济政策等众多复杂因素影响，在这些因素中，有的较为明确和稳定，有的却具有不确定性；有的可以量化，有的却不能量化。当影响成本变动的主要因素在一段时期内保持相对稳定，且便于定量化时，宜主要采用定量预测方法，否则以主要采用定性预测方法为好。

（2）预测期的长短。成本预测期的长短直接与影响因素的稳定性有关。在一个较短的时期内（如月度），未来成本水平状况能较好地保持历史趋势而递延发展，因而在做短期成本预测时，一般可以定量方法为主，并重视近期成本资料的作用。在一个较长的时期内（如年度）由于各种因素都有可能发生较大的变动，因而应在采用定量方法的基础上，运用定性预测加以修正，甚至更多要依靠成本管理人员对因素变动及其影响作用的职业判断，以防止某些重要因素发生较大变动而在预测模型中并未包含从而产生较大的误差。

（3）成本统计资料的完整性与可靠程度。采用定量方法建立成本预测模型，其计算结果是否可信，不仅取决于模型本身的合理性，更取决于成本统计资料的完整性和可靠程度。在成本统计资料较为完整、可靠时，往往可以从中找出规律性联系，从而建立定量预测模型。反之，如果成本统计资料不完整、不可靠，或者其中包含有许多偶然性因素产生的影响作用，甚至根本无成本统计资料可循，则应以采用定性预测方法为宜。

（4）预测模型类型的选择。通过对成本统计资料的分析，判断主要影响因素的性质及预测模型的类型，必须依赖定性分析。没有对影响因素的调查研究和对相互关系的分析，定量预测方法必然失误。

（5）预测结果的检验与修正。为了避免预测结果的片面性，在采用某种定量成本预测方法时，需要采用定性预测方法，或另一种定量成本预测方法对预测结果予以检验和修正。

（6）管理人员的专业水平和实践经验。定量预测方法和定性预测方法对管理人员的要求不同，如果管理人员理论水平较高，宜多考虑采用定量预测方法，如果管理人员实践经验较为丰富，宜多考虑采用定性预测方法，这样因人制宜，扬长避短，可以收到较好的效果。

三、目标成本、定额成本、计划成本与成本预测

目标成本、定额成本、计划成本与预测成本都是用于成本事前控制的成本管理指标，它们之间有着一定的内在联系，但在理论概念、编制依据、计算方法以及所起的作用等方面又有所区别。

（一）目标成本及其测定方法

目标成本是为实现未来一定时期的生产经营目标所规划的企业成本水平，是企业从事生产经营活动在成本管理方面所建立的奋斗目标。就某一产品而言，目标成本也是生产该种产品所预定达到一种先进的成本水平。目标成本是企业目标管理的构成内容之一，对于实现企业总体生产经营目标有着重要的作用。

实际上，目标成本反映了管理者的一种主观愿望，即管理者在全面综合分析企业的生产经营能力、外部条件、发展趋势和企业其他有关方面要求的基础上，对企业成本的一种期望值。目标成本一般用于企业设计新产品，投资项目或企业经过重大技术改造措施后对成本水平的测算。对于正常生产的企业，也可以将一定时期的目标成本通过层层分解，下达到各级生产经营单位，作为降低成本的努力方向。

目标成本的测算方法主要有：

1. 因素测算法

因素测算法是依据既定的产品销售价格、预计的期间费用水平和目标销售利润额（或销售利润率）推算目标成本的方法，一般计算公式如下：

设：计划销售量　　Q

　　目标销售利润　　SP

　　产品销售单价　　P

　　预计期间税费率　　K

　　单位产品目标成本　　AC

则：$AC=P\times(1-K)-SP\div Q$

上式中，单位产品售价是不含应计销项税金的无税价格，该价格是企业生产的某种在市场上最具竞争力的，可实现销售收入的产品价格，如果企业采取商业折扣等销售策略，则应从该价格中予以扣除。对于企业内部各单位制定目标成本时，该价格就是按市场售价在内部各单位按一定标准（通常是各生产阶段上的成本比率）分解后的结果。期间税费率是预计的管理费用、销售费用和财务费用占销售收入总额的比率，该比率可从企业财务预算中获得。目标销售利润总额是一定时期企业制定的生产经营目标。计划销售量是由一定时期企业的生产销售计划决定的。上述公式并未考虑在产销不平衡下，上期销售成本的变动及销售成本计价方法的影响。在更多情况下，目标成本可采用销售利润率测算，计算公式为：

设：目标销售利润率　R

则：$AC=P\times(1-K-R)$

如果采用成本利润率指标，则目标成本的计算公式为：

设：目标成本利润率 W

则：$AC=P\times(1-K)\div(1+W)$

【例 7-5】某企业大量生产甲、乙两种产品，预计明年的销售量及目标销售利润如表 7-4 所示。

表 7-4

产品	售价/（元/千克）	计划销售量/千克	目标利润率	预计期间税费率/%					目标销售利润/元	目标单位成本/（元/千克）
				管理费用	销售费用	财务费用	价内流转税	合计		
甲	50	2 000	20	3	6	1	10	20	20 000	30
乙	100	1 000	25	6	12	2	10	30	20 000	50
合计		3 000		9	18	3	20	50	40 000	

甲产品单位目标成本 = 50×（1-20%）-20 000÷2 000 = 30（元/千克）

或：= 50×［1-20%-20 000÷（2 000×50）×100%］= 50×［1-20%-20%］= 30（元/千克）

乙产品单位目标成本 = 100×（1-30%）-20 000÷1 000 = 50（元/千克）

或：= 100×［1-30%-20 000÷（1 000×100）×100%］= 100×［1-30%-20%］= 50（元/千克）

2. 量本利预测法

量本利预测法是依据成本性态及其与目标利润之间关系的原理，测算目标成本的方法。对于管理会计基础较好，采用变动成本法计算产品成本的企业，适宜利用有关固定成本、变动成本和目标利润资料，采用这种方法测算目标成本。

设：目标销售总成本　TC

预计总固定成本　FC

预计单位变动成本　V

则：$Q=(FC+SP)\div[P\times(1-K)-V]$

$AC=FC\div Q+V$

【例 7-6】某种产品单位售价 200 元/台，目标利润 20 000 元，预计固定成本 20 000元，预计单位变动成本 80 元/台，预计期间税费率 20%，计算该种产品目标单位成本为：

$Q=(FC+SP)\div[P\times(1-K)-V]$ =（20 000+20 000）÷［200×（1-20%）-80］= 500（台）

$AC=FC\div Q+V$ = 20 000÷500+80 = 120（元/台）

（二）定额成本及其测定方法

定额成本是对某一产品设计方案或在采取某项技术改造措施后，按产品生产的各种现行消耗定额和当期正常费用预算编制的成本限额。

定额成本的显著特征是：其水平直接受到企业现有技术经济水平和生产条件的制约，并随企业技术经济状况和生产条件的变更而变动。而且，定额成本的意义并不只在于某产品的成本水平，而是确定构成该产品的所有零部件，不同的生产加工工序以及各项耗费的定额标准，以用于产品生产过程中，各项耗费发生的控制。因而，定额成本包括产品零件定额成本、部件定额成本、工序定额成本、半成品定额成本、在产品定额成本以及某成本项目定额成本等。

定额成本的制定主要是按产品生产工艺过程和各成本项目逐个逐项测算的，具体方法有：

（1）按产品生产工艺过程分解法。这种方法是按产品工艺加工过程和产品结构，分成本项目分解计算在各工序上加工产品的定额成本，再按产品结构汇总为产品定额成本。运用这种方法制定定额成本较为准确，但计算过程也较为复杂，适于构成的零部件和加工工序较少的产品采用。

【例 7-7】甲产品由 1 套 A 部件和 2 套 B 部件所构成。A、B 部件由机加工车间生产，交装配车间组装为产成品。经对机加工车间各工序（车床、刨床、钻床、铣床等）和装配车间各工序（装配、调试等）材料和工时的测定，编制甲产品定额成本资料如表 7-5 所示。

表 7-5　定额成本测算表　　产品：甲

成本项目	机加工车间						装配车间		
	A 部件			B 部件					
	消耗定额	计划单价	定额成本/（元/套）	消耗定额	计划单价	定额成本/（元/套）	消耗定额	计划单价	定额成本/（元/台）
自制半成品	—	—	—	—	—	—	—	—	195
直接材料	6 千克/套	8 元/千克	48	4 千克/套	10 元/千克	40			
动力费用	15 度/套	0.2 元/度	3	10 度/套	0.2 元/度	2	5 度/台	0.2 元/度	1
直接工资	4 小时/套	4 元/小时	16	3 小时/套	4 元/小时	12	2 小时/台	5 元/小时	10
制造费用	4 小时/套	2 元/小时	8	3 小时/套	2 元/小时	6	2 小时/套	3 元/小时	6
合计	—	—	75	—	—	60	—	—	212

注：各工序加工工时测算表举例从略。

（2）按成本项目分解法。这种方法是按产品品种分成本项目制定定额成本，再将产品定额成本按产品工艺加工过程和产品结构，分解为各零部件的定额成本。通常采用的分解标准是产品各零部件的材料定额消耗比例和工时定额消耗比例。运用这种方法较为简便，但各零部件定额成本也较为粗略（因不是逐项测定消耗定额），适于产品种类较多，零部件构成和加工工序较为复杂的企业采用。

【例 7-8】某化工厂生产多种产品，其中甲产品由 A、B 两种半成品合成生产。A 种产品先由第一车间投料生产，完工产出后部分对市场销售，部分转入第二车间投入原材料继续加工；B 种产品由第三车间投料生产，完工产出后部分对市场销售。A、B 两种产品均转入第四车间合成为甲种产品。

经过技术测定，甲产品在第四车间、第三车间和第二车间的材料消耗定额比例为 20%、30%和 50%，动力消耗定额比例为 30%、25%和 45%，工时消耗定额比例为 25%、35%和 40%。A 种产品在第二车间和第一车间的材料消耗定额比例为 30%和 70%，动力消耗定额比例为 40%和 60%，工时消耗定额比例为 45%、55%。甲产品分成本项目测算的定额成本及其按定额比例分解情况如表 7-6 所示。

表 7-6　定额成本测算表

成本项目	第四车间			第三车间		A 产品			
						第二车间		第一车间	
	消耗定额	计划单价	定额成本/元	定额消耗比例/%	定额成本/元	定额消耗比例/%	定额成本/元	定额消耗比例/%	定额成本/元
直接材料	20 千克/袋	4 元/千克	80	30	24	50	40	70	28
其中：A 产品	10 千克/袋	4 元/千克	40	—	—	—	—	—	—
B 产品	8 千克/袋	3 元/千克	24	—	—	—	—	—	—
其他原料	2 千克/袋	8 元/千克	16	—	—	—	—	—	—
动力费用	20 度/袋	0.5 元/度	10	25	2.5	45	4.5	60	2.7
直接工资	4 小时/袋	5 元/小时	20	35	7	40	8	55	4.4
制造费用	4 小时/袋	2 元/小时	8	35	2.8	40	3.2	55	1.76
合计	—	—	118	—	36.3	—	55.7	—	38.86

（三）目标成本、定额成本、计划成本与预测成本的关系

目标成本、定额成本、计划成本与预测成本作为成本事前控制的成本管理指标，都是着眼于未来时期生产经营活动的资金耗费过程中，企业过去和现在的有关技术经济资料和成本信息，判断或限定今后生产经营活动中成本发展状态和可能结果。但是它们之间是有所区别的，表现在：

1. 制定的依据不同

目标成本制定的依据是企业的生产经营目标，具体地讲是目标利润（或目标利润率），以及既定的价格。尽管这种生产经营目标的建立与企业的经营现状有关，但更高程度上反映了企业管理决策者为适应市场同类产品竞争和满足企业效益目标而提出的主观要求。

定额成本制定的依据是企业生产技术状况、产品结构和消耗定额，它并不随时间的推移而变化，而是随生产技术和产品设计方案的变更而变动。

预测成本制定的依据是企业历史成本或投资项目可行方案的资料，以及成本管理人员对成本发展趋势的经验和判断能力。计划成本制定的依据是企业成本预测的结果、成本决策方案措施以及企业生产经营总体计划的要求。计划成本通常按年度编制并分解到各个月度。

2. 制定的方法不同

目标成本的制定主要采用因素测算法；定额成本的制定主要采用技术测定法；计划成本的制定需要考虑企业生产经营计划的综合平衡关系，依据预测成本情况而确定；预测成本是采用定量预测模型和定性预测方法结合而计算的。

3. 作用不同

目标成本对于企业在未来一定时期的成本发展趋势起着总体控制作用，它促使企业管理人员，通过各种途径去努力达到这一目标。以目标成本作为企业各个部门和各个生产环节上成本控制和考核标准，有利于将市场竞争机制引入企业内部，强制性地促使企业成本水平适应市场竞争的要求。但是，它作为一种努力目标，毕竟与某一具体时期和某一具体生产环节上的成本状况有可能存在较大差距。

定额成本是企业内部各个生产经营环节上各种产品成本的控制标准。定额成本需要根据不同时期的预测成本加以修订，在同行业同类产品社会平均成本基础之上，结合本企业管理状况制定，并根据生产经营措施方案实施后的预测成本加以修订的定额成本，称之为“现行定额成本”。现行定额成本是企业成正事中控制的标准。由于在一年的各个月份，企业都有可能实施某项生产经营措施方案而导致定额成本的变动；也有可能企业的生产技术和生产经营状况保持相对稳定，在一个较长的时间内不修订定额成本，因此，不宜以定额成本作为企业年度成本考核指标。

计划成本是企业年度成本考核指标，也是企业生产经营计划组成内容之一。由于产品的设计与改造，以及技术改造措施的实施一般都分散在各个月度进行，因而年度成本计划并不一定等于各月度的现行定额成本，但应与全年加权平均的现行定额成本相符。这样在一年内各月度的各生产经营环节上，一方面按现行定额成本控制企业的日常资金耗费，另一方面又能保证企业成本计划得以实现。计划成本法具有较强的综合性，不宜作为企业内部各生产经营环节上的成本控制标准。

预测成本作为对企业成本发展趋势的科学推断，其中不乏合理的估计成分。它是修订定额成本、编制企业成本计划的重要依据，但其本身对企业生产经营活动不具有约束力，既不宜作为成本控制标准，也不宜作为企业成本考核指标。

上述各成本概念之间的关系，如图 7-1 所示。

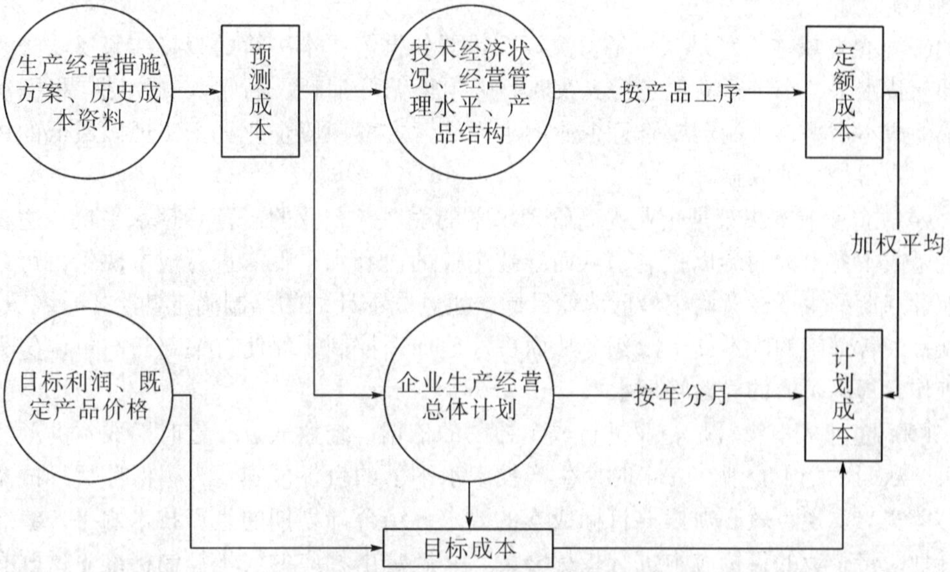

图 7-1 预测成本、目标成本、定额成本与计划成本的关系

第二节 成本决策

一、成本决策概述

（一）成本决策的定义

成本决策是在成本预测及有关成本资料的基础上，综合经济效益、质量、效率和规模等指标，运用定性和定量的方法对各个成本方案进行分析并选择最优方案的成本管理活动。

（二）企业成本决策的意义

企业成本决策是指在成本费用预测的基础上，从达到同一目标利润的不同成本预测方案中选择一个最优方案的科学方法。企业成本决策的最优化是实现同一目标利润的成本水平最低化，最优化成本决策在企业经营管理中具有重要的现实意义。

（1）企业成本决策是目标利润实现的保证。企业的利润水平在一定条件下受企业成本水平的制约。在其他因素不变的前提下，成本升高，利润就会相应降低；成本降低，利润就会相应增加。利润与成本呈反方向变动。因此，企业要实现未来的目标利润，就必须使未来的成本达到一个最优水平，没有最低成本作为保证，目标利润水平就不可能实现。

（2）企业成本决策是成本计划工作的前提条件。只有进行成本决策并选择出一个最可行的方案，才能在此基础上编制成本计划，并使所编制的成本计划能切实保证目标利润的实现。不通过成本决策而编制的成本计划，具有相当程度的盲目性。计划的盲目性会导致计划执行的不可控制性，不利于有效地控制成本支出，最终导致目标利润难以实现。

（3）企业成本决策是其他经营决策的重要依据。成本决策的直接结果反映未来成本的耗费水平，在进行其他经营决策时，必须遵循低消耗、高收入的原则，根据决策的最低成本水平，来制定或修订企业的生产经营方案，使企业真正实现以最低的成本支出，取得最大的收益。

（4）企业成本决策是企业提高管理水平的手段。企业的经营管理水平低，主要的表现是成本支出大而难以控制，从而导致企业的盈利水平低。进行成本决策，可以为企业计划期的生产经营确定最低消耗目标，通过成本计划的编制确定各阶段、各工序、各项目、各部门的成本支出限额，从而更好地加以控制，促使有关部门与单位努力改进工作，提高企业的经营管理水平。

（5）企业成本决策是企业进行成本控制的依据。企业通过一定时期成本的预测及决策，从而确定了企业在一定时期生产技术水平下的目标成本。为了保证目标成本的具体落实与实现，就必须根据目标成本的要求，结合计划期的生产技术水平，编制成本计划，将企业的目标成本进行指标分解，并制定出相应的成本控制标准。这既有利于保证目标成本的实现，又有利于促进合理配置和有效利用各种资源，进一步降低成本。成本决策有利于建立和健全企业内部的成本管理责任制度，实行归口分级管理，正确确定各部门、各生产环节、各加工工序的成本水平，有利于实行全面成本控制，并为成本分析与考核提供依据。

（三）成本决策的原则

（1）整体性原则。由于成本牵涉人、财、物和供、产、销各种生产要素以及各个生产经营环节，每个环节的成本支出都直接影响企业的成本水平。因此，在成本决策时要使各种生产要素和各个生产环节都要统一服从于企业的总体成本目标。从实现整体总目标出发，进行各个因素之间的综合平衡，以形成整体的经济效益。

（2）人本性原则。降低成本的因素（包括劳动、消耗、费用、管理、技术、环境等多方面）中，人是决定性因素，当客观的物质与环境条件处于既定情况时，人对系统控制的优劣，对整个系统的成败起着决定性作用。因此，在成本决策中，要充分重视人在系统中的能动性作用。

（3）相对性原则。成本是一个相对的概念，建立在现代成本决策的观念基础上。成本并非越低越好，当然更不是越高越好。标准是什么？标准是看综合效益如何？如果投入的成本能够带来更多效益，那么这种成本支出就是合理的。

（4）最优化原则。成本决策中，由于多种复杂因素的影响，往往是此消彼长。例如，为了扩大生产规模，投资于固定资产，从而增加了折旧成本和资金成本，但由于产量的增加，又相对降低了单位产品的固定成本；又例如，投入技术研究工作，增加了科技开发费用支出，但由于生产技术的改进，增加产品产量，提高了产品质量，减少了废品率从而降低了产品成本。所以，在成本决策时，要从多种因素多个方案中，权衡利弊，根据最优化原则，从中选择整体效益最优的方案。

（四）成本决策的内容

成本决策作为对未来资金耗费与所获效益关系的评价与研究，与成本预测密切相关。概括起来，其内容涉及生产经营规划与生产经营过程两个方面：

（1）生产经营规划中的成本决策。在企业生产经营规划中，为了从成本角度对各种生产经营方案做出评价和选择，需要在下述各方面做好成本决策工作。

①投资项目可行性研究中的成本决策。企业在新建、扩建、改建、实施技术改造、调整产品结构等工作中，必须对各种方案的可行性进行技术经济论证。这不仅需要从投资数额、投资回收期、技术先进程度等方面进行考察和论证，还需要从投资项目建成投产后的企业生产成本水平进行决策，拟定和选择优化方案，为企业成本管理工作奠定良好的基础。

②产品设计与改造成本决策。新产品研究开发与老产品改造，都需要在适应市场需要，保证产品质量的前提下，以生产成本最低，产品功能最大化为目标，对不同的产品设计与改造方案进行成本预测和决策，以确定最优的产品结构、性能、工艺技术要求、设备配置和原材料配比。

③生产组织成本决策。随着社会主义市场经济体制的建立与完善，市场经济格局正从卖方市场转向买方市场，激烈的市场竞争，要求产品不断更新换代，产品寿命周期趋于短期化。为适应市场个性化、多元化的需求趋势，生产者必须针对不同层次消费市场和需求特点，开发不同产品。多品种、小批量生产组织方式已成为当今制造业的主流。从成本决策的角度，选择与市场需求相适应的生产规模和生产组织方式，是生产经营决策的重要内容。

（2）生产过程中的成本决策。在产品生产过程中，为了有效地控制各种劳动耗费，需要随时针对生产过程中影响成本水平发生变动的各种技术经济因素以及在生产经营管理中所出现的各种问题，研究调节措施，以降低成本水平、提高效益为目的做出成本决策。

①成本降低决策。降低企业成本水平是成本管理所追求的，永无止境的目标。随着生产效率和成本管理水平的提高，企业成本水平将呈下降的趋势。但是，成本水平的变动必然受到经营环境和技术经济条件变化的影响，为此，需要从生产经营的各个方面寻求成本降低的途径，通过管理措施的优化与实施，确保成本降低计划得以实现。

②质量成本决策。从保证质量水平的投入与产生质量缺陷损失之间的相互关系中，研究最优符合性质量水平标准，做好质量成本决策工作，是质量成本管理的重要内容。

③成本目标动态决策。企业成本的形成是一个动态的发展过程。在这个过程中，为了保证目标成本的实现，需要以时间为变量，动态地追踪实际成本与目标成本的偏离波动状况，对下一时期所需采取的调节措施做出动态决策，使在整个目标成本执行期内所发生的实际成本低于预定的目标。

（五）成本决策的构成要素及类型

（1）成本决策的基本构成要素。任何一个决策问题，都必须掌握三个基本要素：一是决策的目标；二是所选择的方案在实施过程中可能出现的状态；三是当采用某一方案在出现某种状态时，该项决策的后果。目标、状态和效益（后果）是决策的三个基本要素。

（2）成本决策的类型。成本决策有下述几种主要类型：

①上层决策与基层决策。按照决策者在企业组织体系中的地位，可以分为上层和基层成本决策。成本决策的不同层次，应根据企业的组织结构而决定，以便与决策者

的权责相适应，并纳入责任成本管理制度的内容之中。

②战略性与经营性成本决策。按照决策涉及的时间范围，可以分为战略性与经营性成本决策。战略性成本决策是从投入耗费与产出效益相互作用的关系，对企业整体、长期生产经营规划方针所做的研究。它对企业的生产经营方向、企业组织构架、市场经营策略起着指导性作用，为现代企业经营管理所重视。经营性成本决策是在实施生产经营计划过程中，为控制资金耗费状况，对可能采取的调节措施所做的选择。它是实现战略性成本决策的具体保证。

③定量与定性成本决策。按照决策涉及的变量是否可以量化，可以分为定量与定性成本决策。定量成本决策所包含的决策变量及其方案效益均可以量化，因而有条件采用一定的数学模型进行计算，根据计算结果做出评价和判断；定性成本决策所包含的决策变量及其方案效益不便量化，只能根据决策者的工作经验，对方案效益做出某种性态和趋势性描述，并据以做出分析和判断。从表面上看，依据量化的计算结果，评价各方案的效益，并做出判断似乎更为“可靠”，但是，这种计算结果是基于对未来状态变量的估计而得出的，因而，定量与定性成本决策必须结合应用，才能减少决策的偏差和失误。

④经常性与一次性成本决策。按照决策问题出现的次数，可以分为经常性与一次性成本决策。对经常反复出现的同类性质的资金耗费问题（例如在生产过程中降低消耗）做出决策，可以积累经验，简化决策过程；一次性成本决策由于无历史资料和经验可循，风险较大，须谨慎从事。

⑤确定性与不确定性成本决策。按照状态变量的确定程度，可分为确定性、风险性和不确定性成本决策。确定性成本决策是在状态变量已知的条件下，采取一种方案，只有一种相应的确定结果的决策。这类决策较容易采用量化方法，求得优化解。风险性与不确定性成本决策都是在状态变量不明确或未知的条件下，采取一种方案，可能有多种结果出现的决策。在不确定性决策中，一种决策方案的结果，完全取决于状态变量的取值或性质。不同的是，在风险性成本决策中，某种状态变量的取值，可以给予一定的概率估计作为依据，当然，这种概率估计是有风险的。不确定性成本决策的状态变量则完全未知，只能凭借决策者的判断来决定。从信息论的角度上看，确定性决策是在相关信息充分和可靠的白色系统中做决策，不确定性决策是在相关信息不充分的灰色系统中做决策（风险性决策）和在相关信息完全未知的黑色系统中做决策（不确定性决策）。生产经营活动中的许多决策问题，尤其是涉及长远规划的战略性成本决策，都具有状态变量不确定的性质，因而是成本决策研究的重点。

⑥静态与动态成本决策。按照状态变量随时间而变动的情况，可分为静态与动态成本决策。静态成本决策是在所处理的问题中，状态变量一经确定，一般不再随时间而变化，或者为简化对问题的处理，认为其状态变量不随时间发生改变的决策。动态成本决策则是状态变量随时间而改变，因而，需要依据这种变化，采取一系列与之相适应的，相互关联方案的决策，以追踪状态变量的变化，调节决策变量取值，保证决策目标的实现。从理论上看，成本决策中的状态变量大多具有不确定和动态的性质，尤其是在执行目标成本计划的过程中，动态成本决策更符合对成本发展趋势进行调节的要求，具有较大的实用价值。

（六）成本决策的程序

决策过程一般有三个步骤：其一是确认问题的性质，建立决策目标；其二是分析决策变量和状态变量的取值及其确定程度，拟定各种可行方案；其三是计算或推断各种方案在一定状态下的效益，通过比较，从中择优。

（1）决策目标的建立。从成本决策的总体目标上看，成本决策就是要求所处理的生产经营问题中资金耗费水平达到最低，相应取得的效益最大。具体在某一经营问题中，成本决策的目标可以采取多种不同形式。建立成本决策目标的原则是：

①分析决策问题的性质，从所建立决策目标的性质上判断该决策问题是否属于成本决策的范畴，以及属于哪种类型的成本决策；

②所建立的成本决策目标，应以需要和可能为基础，兼顾企业目前利益与长远利益，使企业在当前技术经济条件和管理水平下通过自身努力能够得到实现；

③适当选择成本决策目标的约束条件，重视决策目标与约束条件之间的相互转换关系，正确处理可能出现的多重目标问题；

④决策目标必须具体明确，并能适应未来一段时间内，企业内部和外部生产经环境的改变与发展的要求。

（2）决策方案的拟定。成本决策的可行方案是保证决策目标的实现，具备实施条件的经营管理措施。进行决策时必须拟定多个可行方案，才能从中比较择优。方案必须合理有效。所谓“合理有效”包含两个原则：一是保持方案的全面性和完整性，尽可能避免遗漏可能存在的优化方案；二是要满足各方案之间的互斥性，如果方案之间相互包容，则方案的比较和选择将失去意义。一个成功的决策应当有一定数量和质量的可行方案作为保证。

（3）决策方案的选择。在决策方案的选择中，首先要建立评价方案的标准，其次要考虑选择方案的具体方法。

①成本决策方案的评价标准。由于生产经营问题的复杂性，评价标准不可能是绝对最优，例如，成本水平最低或损失费用为零，而只能从全局利益出发，全面权衡各方面的利弊得失，从中寻求在有限条件和在一定时间，空间范围内相比较而存在的“满意”方案，即遵循决策理论中的“满意原则”。如果所建立的决策目标不止一个，这就要根据决策问题的需要，分析决策目标的主从关系，在兼顾约束条件之下做出判断和选择。

②成本决策方案的选择方法。选择方案的方法一般有三类，即经验判断法、数学分析法和逐步试验法。

经验判断法以决策者的实践经验作为选择方案的依据，具有简明、迅速的优点，即使在数学分析方法得到广泛应用的今天，仍不失为一种重要的判断选择方案的基本方法。经验判断法以对方案性质的优劣判断做出取舍决策，在只存在两个方案的情况下，这种优劣判断较为可行。在可行方案较多，且方案结果之间在性质上存在优劣循环的情况下，往往很难直观地评价方案之间的优劣关系。为此，可以通过经验判断，先确定每两个方案结果之间的优劣关系。并按优劣顺序排队，再做出选择。

如果能够在决策目标与决策变量之间建立某种函数关系，在状态已知的情况下，通过计算得到目标函数的优化解，其对应的决策变量的取值，即意味着选择了某一优化方案，这就是数学分析法。

如果对决策问题既缺乏经验，又不便于采用数学分析方法时，可以对状态变量做出概率估计，通过逐步测试和探索，比较择优。这就是逐步试验法。

无论采用何种选择方案的方法，都应遵循下述原则：

第一，重视方案之间的差异性，相互趋同的方案将失去选择的意义；

第二，兼顾实施方案的措施，次优方案若能迅速得以实施见效，比最优方案但难以实施要现实可行；

第三，认识资料的可靠程度，资料的失实或片面，必将导致决策失误；

第四，进行敏感性分析，以把握当某种状态变量发生多大程度的变动时，足以影响对方案选择的判断；

第五，充分考虑方案的后果，从多方面相互制约的关系中，判断方案的优劣。

二、成本决策中的成本概念

在成本决策备选方案之间进行选择时不可避免地要考虑到成本，决策分析时所涉及的成本概念并不总是一般意义上的成本概念，还包括一些特殊的成本概念。

1. 差量成本

广义的差量成本是指决策各备选方案两者之间预测成本的差异数。两个备选方案的成本、费用支出之间不一致，就形成了备选方案之间的成本差异。备选方案两者之间成本差异额就是差量成本。狭义的差量成本（增量成本）是指不同产量水平下所形成的成本差异。这种差异是由生产能力利用程度的不同而形成的。不同产量水平下的差量成本既包括变动成本的差异数，也包括固定成本的差异数。

2. 边际成本

边际成本是指产品成本对业务量（产量或销售量等）无限小变化的变动部分。变动成本、狭义的差量成本均是边际成本的表现形式，而且，在相关范围内，三者取得一致。在经营决策中经常运用到边际成本、边际收入和边际利润等概念，边际收入是指产品销售收入对业务量无限小变化的变动部分，边际利润是指产品销售利润对业务量无限小变化的变动部分。

3. 付现成本

付现成本也称现金支出成本，是指由于某项决策而引起的需要在当时或最近期间用现金支付的成本。这是一个短期的概念，在使用中必须把它同过去支付的现金或已经据其支出额入账的成本区分开来。另外，付现成本还包括能用其他流动资产支付的成本。在短期决策中，付现成本主要是指直接材料、直接人工和变动性制造费用，特别是订货支付的现金。在企业资金比较紧张，而筹措资金又比较困难或资金成本较高时，付现成本往往被作为决策时重点考虑的对象，管理当局会选择付现成本较小的方案来代替总成本较低的方案。

4. 沉没成本

沉没成本是指由过去的决策行为决定的并已经发生的支出，不能为现在决策所改变的成本。由于此类成本已经支付完毕，不能由现在或将来的决策所决定，因而在分析未来经济活动并做出决策时不用考虑。

5. 历史成本

历史成本是指根据实际已经发生的支出而计算的成本。由于这一成本已经发生或支出，它对未来的决策不存在影响力，历史成本是财务会计中的一个重要概念。

6. 重置成本

重置成本是指当前从市场上取得同一资产时所需支付的成本。由于通货膨胀、技术进步等因素，某项资产的重置成本与历史成本差异较大。重置成本既可能高于历史成本，也可能低于历史成本。在决策分析时必须考虑到重置成本。

7. 机会成本

机会成本是指决策时由于选择某一方案而放弃另一方案所放弃的潜在利益。例如：某企业生产甲产品需要乙部件，乙部件可利用企业剩余生产能力制造，也可外购。如果外购乙部件，剩余生产能力可以出租，每年可取得租金 1 万元，这 1 万元的租金收入就是企业如果自制乙部件方案的机会成本。

8. 假计成本

假计成本是指对决策方案的机会成本难以准确计量而假计、估算的结果。假计成本是机会成本的特殊形态。例如：企业某投资项目，有若干可供选择的方案，各方案所需的投资额与投资时间不尽相同，在选择最优方案时，除了考虑直接投资外，还应考虑应计利息。把应计利息也包括在内，就是对利息进行假计。因此，利息就属于长期投资决策方案的一种假计的机会成本，即假计成本。

9. 可避免成本

可避免成本是指决策者的决策行为可以改变其发生额的成本。它是同决策某一备选方案直接关联的成本。

10. 不可避免成本

不可避免成本是指决策者的决策行为不可改变其发生额，与特定决策方案没有直接联系的成本。

11. 专属成本

专属成本是指可以明确归属某种（类或批）或某个部门的成本。例如：某种设备专门生产某一种产品，那么，这种设备的折旧就是该种产品的专属成本。

12. 共同成本

共同成本是指应由几种（类或批）或几个部门共同分摊的成本。例如：某种设备生产三种产品，那么，该设备的折旧是这三种产品的共同成本。

以上成本概念中，按它们与决策分析的关系，可划分为相关成本与无关成本。相关成本是指与决策相关联，决策分析时必须认真加以考虑的未来成本。相关成本通常随决策产生而产生，随决策改变而改变。并且这类成本都是目前尚未发生或支付的成本，但从根本上影响着决策方案的取舍。属于相关成本的有：差量成本、边际成本、机会成本、假计成本、付现成本、重置成本、专属成本和可避免成本等。无关成本是指已经发生，或虽未发生，但与决策不相关联，决策分析时也不用考虑的成本。这类成本不随决策产生而产生，也不随决策改变而改变，对决策方案不具影响力。属于无关成本的有：历史成本、沉没成本、共同成本和不可避免成本等。相关成本与无关成本的准确划分对决策分析至关重要。在决策分析时，人们总是将决策备选方案的相关收入与其相关成本进行对比，来确定其获利性。若将无关成本误作相关成本考虑，或者忽略相关成本，都将会影响决策的准确性，甚至会做出与正确结论完全相反的抉择。

三、成本决策方法

成本决策的方法很多，因成本决策的内容及目的不同而采用的方法也不同，常用的主要有总额分析法、差量损益分析法、相关成本分析法、成本无差别点法、线性规划法、边际分析法等。

1. 总额分析法

总额分析法以利润为最终的评价指标，按照“销售收入-变动成本-固定成本”的模式计算利润，由此决定方案取舍的一种决策方法。之所以称为总额分析法，是因为决策中涉及的收入和成本是指各方案的总收入和总成本，这里的总成本通常不考虑它们与决策的关系，不需要区分相关成本与无关成本。这种方法一般通过编制总额分析表进行决策。

此法便于理解，但由于将一些与决策无关的成本也加以考虑，计算中容易出错，从而会导致决策的失误，因此实际决策中不常使用。

2. 差量损益分析法

差量是指两个不同方案的差异额。差量损益分析法是以差量损益作为最终的评价指标，由差量损益决定方案取舍的一种决策方法。计算的差量损益如果大于零，则前一方案优于后一方案，接受前一方案；如果差量损益小于零，则后一方案为优，舍弃前一方案。

差量损益这一概念常常与差量收入、差量成本两个概念密切相关。差量收入是指两个不同备选方案预期相关收入的差异额，差量成本是指两个不同备选方案的预期相关成本之差，差量损益是指两个不同备选方案的预期相关损益之差。某方案的相关损益等于该方案的相关收入减去该方案的相关成本。

差量成本以及差量损益必须坚持相关性原则，凡与决策无关的收入、成本、损益均应予以剔除。

差量损益的计算有两个途径，一是依据定义计算，二是用差量收入减去差量成本计算，决策中多采用后一方式计算求得。差量损益分析法适用于同时涉及成本和收入的两个不同方案的决策分析，常常通过编制差量损益分析表进行分析评价。

决策中须注意的问题是，如果决策中的相关成本只有变动成本，在这种情况下，可以直接比较两个不同方案的贡献边际，贡献边际最大者为最优方案。

3. 相关成本分析法

相关成本分析法是以相关成本作为最终的评价指标，由相关成本决定方案取舍的一种决策方法。相关成本越小，说明企业所费成本越低，因此决策时应选择相关成本最低的方案为优选方案。

相关成本分析法适用于只涉及成本的方案决策，如果不同方案的收入相等，也可以视为此类问题的决策。这种方法可以通过编制相关成本分析表进行分析评价。

4. 成本无差别点法

成本无差别点法是以成本无差别点业务量作为最终的评价指标，根据成本无差别点所确定的业务量范围来决定方案取舍的一种决策方法。这种方法适用于只涉及成本，而且业务量未知的方案决策。

成本无差别业务量又称为成本分界点，是指两个不同备选方案总成本相等时的业务量。

如果业务量 X 的取值范围在 $0<X<X_0$ 时，则应选择固定成本较小的 Y_2 方案；如果业务量在 $X>X_0$ 的区域变动时，则应选择固定成本较大的 Y_1 方案；如果 $X=X_0$，说明两方案的成本相同，决策中选用其中之一即可。

应用此法值得注意的是，如果备选方案超过两个而进行决策时，应首先两两方案确定成本无差别点业务量，然后通过比较进行评价，比较时最好根据已知资料先作图。这样可以直观地进行判断，不容易失误，因为图中至少有一个成本无差别点业务量没有意义。通过作图，可以剔除不需要的点，在此基础上再进行综合判断分析。

5. 线性规划法

线性规划法是数学中的线性规划原理在成本决策中的应用，此法是依据所建立的约束条件及目标函数进行分析评价的一种决策方法。其目的在于利用有限的资源，解决具有线性关系的组合规划问题。基本程序如下：

①确定约束条件，即确定反映各项资源限制情况的系列不等式。

②确定目标函数。它是反映目标极大或极小的方程。

③确定可能极值点。为满足约束条件的两方程的交点，常常通过图示进行直观反映。

④进行决策。将可能极值点分别代入目标函数，使目标函数最优的极值点为最优方案。

6. 边际分析法

边际分析法是微分极值原理在成本决策中的应用，此法是依据微分求导结果进行分析评价的一种决策方法，主要用于成本最小化或利润最大化等问题的决策。

7. 投资回收期法

投资回收期，亦称投资偿还期，是对投资项目进行经济评价常用的方法之一。它是对一个项目偿还全部投资所需的时间进行粗略估算。在确定投资回收期时应以现金净流量作为年偿还金额。这一方法是以重新收回某项投资项目金额所需的时间长短来作为判断方案是否可行的依据。一般来说，投资回收期越短，表明该项投资项目的效果越好，所冒的风险也越小。投资回收期计算的基本公式如下：

投资回收期=原投资总额÷每年相等的现金净流量

如果每年的现金净流量不等，其投资回收期则可按各年年末累计现金净流量进行计算。

8. 净现值法

净现值法是把与某投资项目有关的现金流入量都按现值系数折现成现值，然后同原始投资额比较，就能求得净现值。其计算公式如下：

$$NPV = \sum_{t=m+1}^{n} \frac{NCF_t}{(1+k)^t} - \sum_{t=0}^{m} \frac{I_t}{(1+k)^t}$$

NPV 代表净现值；

NCF_t代表第 t 年税后净现金流量；

k 代表折现率（资本成本或投资者要求收益率）；

I_t代表第 t 期投资额；

n 代表项目计算期（包括建设期和经营期）；

m 代表项目的投资期限。

如果得到的净现值是正值，说明该投资项目所得大于所失，该投资项目为可行；反之，如果得到的净现值为负数，说明该投资项目所得小于所失，即发生了投资亏损，投资项目不可行。

四、成本决策方法的实际运用

（一）生产何种产品的决策

【例 7-9】某厂现有的生产能力为 30 000 机器工作小时，可用于生产甲产品，也可以用于生产乙产品，有关资料如表 7-7 所示。

表 7-7　甲产品和乙产品的有关资料

项目		甲产品	乙产品
可销售量/件		100 000	40 000
单位售价/元		10	20
制造成本/元	单位变动成本	6	10
	固定成本	30 000	30 000
销售与管理费用/元	单位变动成本	1	1
	固定成本	10 000	10 000

根据上述资料，由于甲、乙两种产品的制造成本中和销售与管理费用中的固定成本都一样，在决策中可以不用考虑。可通过计算两种产品的贡献毛益总额，考察其赢利性的大小，从中选择最优方案。

甲产品贡献毛益总额=（10-6-1）×100 000=300 000（元）

乙产品贡献毛益总额=（20-10-1）×40 000=360 000（元）

上述计算结果表明，该厂现有生产设备用于生产乙产品要比用于生产甲产品更为有利，前者可获得的利润要比后者多 60 000 元。所以，从经济上看，应以生产乙产品的方案作为最优的决策方案。

（二）亏损产品是否停产的决策分析

【例 7-10】某厂原生产甲、乙、丙三种产品，上年度有关资料如表 7-8 所示。

表 7-8　甲、乙、丙产品上年度有关资料　　单位：元

项目	甲产品	乙产品	丙产品	合计
销售收入	120 000	100 000	30 000	250 000
制造与管理成本	96 000	78 000	27 000	201 000

表7-8(续)

项目		甲产品	乙产品	丙产品	合计
其中	变动成本	72 000	60 000	21 000	153 000
	固定成本	24 000	18 000	6 000	48 000
毛利		24 000	22 000	3 000	49 000
销售费用		14 000	11 200	4 500	29 700
其中	变动费用	8 000	6 600	3 000	17 600
	固定费用	6 000	4 600	1 500	12 100
净收益		10 000	10 800	-1 500	19 300

根据上述资料，可见按完全成本法计算，丙产品亏损 1 500 元。为了提高企业整体的经济效益，该亏损产品（丙产品）是否应停产？乍看起来，如果丙产品停产，则企业可减少亏损 1 500 元。也就是说，丙产品停产后，企业的利润将是 20 800 元（19 300 +1 500），而不是现在的 19 300 元。似乎停止丙产品的生产对企业有利。然而，情况并非如此。因为产品丙之所以亏损 1 500 元，是因为它负担了分摊给它的固定成本 7 500 元（6 000+1 500）。但固定成本是一种已经存在的，不可避免的成本，与产品丙是否停产这一决策无关。也就是说，如果丙产品停产了，这部分固定成本将会转嫁给甲、乙两种产品负担，所以判断产品该不该停产，主要是取决于此产品最终能否提供贡献毛益。由于本例中丙产品的贡献毛益为 6 000 元（30 000-21 000-3 000），可见，丙产品不宜停产。这里还应特别注意的是，在社会主义社会里，我们在进行亏损产品是否停产的决策分析时，除了从经济上考虑外，还得考虑全局的利益，如果亏损产品是国家经济建设和人民生活所需要的，即使暂时发生了亏损，也必须继续生产，但可采取其他的措施力求少亏或尽量转亏为盈。

（三）亏损产品转产的决策分析

【例 7-11】仍按上例资料，假设丁产品预计年产量为 1 200 件（产销平衡），单位售价 40 元，单位变动成本 36 元。可通过表 7-9 的对比分析来确定是否可以转产。

表 7-9　丙、丁产品有关资料　　单位：元

项目	丙产品	丁产品
销售收入	30 000	48 000
变动成本	24 000	43 200
贡献毛益	6 000	4 800
固定成本	7 500	7 500
利润	-1 500	-2 700

上述计算表明，利用原来生产设备转产丁产品所获得的贡献毛益比丙产品少 1 200 元，从而使得企业的最终利润由原来的 19 300 元减少为 18 100 元（19 300-1 200）。所以，从经济上看，丙产品停产而转产丁产品是不合算的。

（四）接受追加订货的决策分析

【例 7-12】设某企业生产产品甲若干件，单位售价为 60 元，其正常的单位成本如表 7-10 所示。

表 7-10　甲产品成本资料　　单位：元

直接材料		20
直接人工		14
制造费用	变动费用	8
	固定费用	10
合计		52

据目前的生产状况，该企业的生产能力尚有一定的剩余，可以再接受一批订货。现正好有一购货单位要求再订购甲产品 800 件，但每件只出价 48 元。

上述资料表明，这批追加订货的价格不仅低于市价，而且低于甲产品的正常单位成本。所以从表面上看，接受这批订货似乎是不合算的。但如果进一步分析，就会发现接受这批订货对整个企业是有利的。这是因为，该企业尚有剩余生产能力，接受这批订货不仅不会导致原有固定成本的增加，还可以为企业带来一定的经济效益。其计算方法如表 7-11 所示。

表 7-11　差别损益计算表　　单位：元

差别收入（800×48）		38 400
差别成本		
直接材料（800×20）		16 000
直接人工（800×14）		11 200
制造费用	变动费用（800×8）	6 400
合计		33 600
差别收益		4 800

结论：可见这批订货是可以接受的。

（五）零（部）件自制或外购的决策分析

【例 7-13】某工厂制造某产品，每年需要甲零件 500 件，如果外购，其外购成本每件为 12 元。该厂有多余的生产能力，这剩余的生产能力亦无其他用途，可供制造此种部件，制造成本如下：直接材料 6 元，直接人工 3 元，变动性制造费用 2 元，固定性制造费用 4 元，合计 15 元。

乍看起来，零件自制的单位成本比外购单位价格高 3 元（15-12），似乎应选择外购合算。其实，这样的决策是错误的。因为在自制成本中包括了与决策无关的成本，为此，还必须对自制成本加以深入分析，剔除与决策无关的成本。在本例中，只有为制造零件而发生的直接原材料、直接人工、变动性制造费用是决策的相关成本，固定性制造费用为非相关成本，所以决策时可不予考虑。甲零件 500 件的自制与外购的相关成本的比较见表 7-12。

表 7-12　两种方案成本比较表　　　　单位：元

项目	自制方案差别成本	外购方案差别成本
直接材料	500×6=3 000	
直接人工	500×3=1 500	
变动性制造费用	500×2=1 000	
合计	5 500	500×12=6 000
差异	500	

上述计算分析表明，甲零件外购的差别成本比自制的差别成本高 500 元，甲零件以自制为宜。以上所进行的决策分析是假定用于制造甲零件的剩余生产能力（厂房设备）无其他用途。现假设其剩余生产能力不仅可用于自制甲零件 500 件，也可以用于生产丙产品 400 件，每件获利为 5 元。两者是相互排斥的。也就是用于自制甲零件，就不能用于生产丙产品。如果我们选择了自制甲零件，就放弃生产丙产品的机会，所以生产丙产品可获得的 2 000 元（400×5）的利润，就成为自制甲零件的机会成本，在决策时，应把它加到自制成本中。在这种情况下，零件自制的成本与外购成本的计算如表 7-13 所示。

表 7-13　两种方案成本比较表　　　　单位：元

项目	自制方案差别成本	外购方案差别成本
直接材料	500×6=3 000	
直接人工	500×3=1 500	
变动性制造费用	500×2=1 000	
机会成本	400×5=2 000	
合计	7 500	500×12=6 000
差异	1 500	

上述计算可见，若考虑了机会成本，甲零件外购比自制节省 1 500 元，应选择外购为宜，而所剩余的生产能力则用于生产丙产品。

【例 7-14】假设某厂生产中需用乙零件，每单位的外购价为 10 元。如自行制造，每单位的变动成本为 5 元，但零件若自制，需为此每年追加固定成本 10 000 元。要求据此对零件的外购或自制做出决策。

本例与上例有所不同，上例中，零件的自制不需要增加固定成本。本例在零件自制的方案中需为此而增加固定成本。在这种情况下，我们应采用本量利分析法来研究零件需用量在多少的情况下，哪个方案较优。设自制方案及外购方案的成本重合点为 X，则：

$0+10\times X=10\ 000+5\times X$

$X=2\ 000$（件）

说明零件需要量在 2 000 件以上，自制成本低于外购成本，应以自制为宜；若零件需要量在 2 000 件以下，自制成本高于外购成本，应以外购为宜。

（六）半成品、联产品立即出售或进一步加工的决策分析

【例 7-15】设南方棉纺织厂有一批半成品棉纱，完成了初步加工后，可以马上在市场上出售，也可以进一步加工为棉布再出售，其生产过程及有关资料如下：

纺纱阶段：直接材料 10 000 元，直接人工 4 500 元，变动性制造费用 4 000 元，固定性制造费用 1 500 元，合计 20 000 元；产量 40 件，单位成本 500 元，单位售价 600 元。

进一步加工：直接材料 20 000 元，直接人工 4 000 元，变动性制造费用 2 000 元，合计 26 000 元；产量 500 米，单位成本 52 元，单位售价 62 元。

由于企业当前的生产能力，除满足棉纱初步加工的需要外，还有一定的剩余，可用于对棉纱做进一步加工。因此，对棉纱进行继续加工，并不会引起制造费用中固定费用的增长。所以，继续加工对企业是否有利，可通过表 7-14 进行分析对比。

表 7-14　差别损益计算表　　单位：元

差别收入［（500×62）－（40×600）］	7 000
差别成本	
直接人工	4 000
变动性制造费用	2 000
差量收益	1 000

上述计算表明，若将棉纱马上出售，可得收入 24 000 元（40×600），若进一步加工成棉布后出售，可得收入 31 000（500×62）。可见将棉纱继续加工成棉布后出售可多得收入 7 000 元，扣除继续加工的追加成本 6 000 元（4 000+2 000），可得增长利润 1 000元。所以，在现有条件下，该厂应对棉纱继续加工，而不应立即出售。

（七）投资回收期的决策

【例 7-16】某公司有一拟建工程项目，其原始投资额为 60 000 元，现有甲、乙、丙三种投资方案，各方案的现金净流入量如表 7-15 所示。

表 7-15　甲、乙、丙各方案各年现金净流入量资料表　　单位：元

年份	甲方案	乙方案	丙方案
1	5 000	25 000	45 000
2	25 000	25 000	25 000
3	45 000	25 000	5 000
4	2 500		

根据上述资料，乙方案的回收期可直接计算如下：

乙方案的投资回收期＝60 000÷25 000＝2.4（年）

甲方案与丙方案每年的现金净流量不等，其投资回收期可按照各年年末的累计现

金净流量进行推算。甲方案、丙方案各年年末的累计现金净流量如表 7-16 所示。

表 7-16　甲方案、丙方案各年年末的累计现金净流量表　　单位：元

年份	甲方案	丙方案
0	-60 000	-60 000
1	-55 000	-15 000
2	-30 000	10 000
3	15 000	15 000
4	17 500	

甲方案的投资回收期＝2+（60 000-30 000）÷45 000＝2. 67（年）

丙方案的投资回收期＝1+（60 000-45 000）÷25 000＝1. 6（年）

上述计算表明，丙方案的投资回收期最短（1. 6 年），乙方案次之（2. 4 年），甲方案最长（2. 67 年）。投资回收期短，表示投资回收快，效果好，风险较小，因而对投资者较为有利。投资回收期长，表示投资效果差，风险大，对投资者不利。如果我们是以投资回收期这个指标作为投资项目选择方案可行与否的依据，那么，就应该采用丙方案。

用投资回收期这样的指标来全面衡量投资效果，虽然易于计算和理解，并可促使企业千方百计地加速资金的周转，缩短周转期，尽快收回投资；但该指标也有不足之处，一是未考虑货币的时间价值，二是不计算偿还投资后还可能获得的收益，也就是不能完全反映投资的盈利程度。所以，在实际工作中，这种方法通常同其他方法结合使用。

（八）净现值的决策

【例 7-17】根据前文所提供的资料，当 i＝10% 时，甲方案、乙方案、丙方案的现值计算如表 7-17 所示。

表 7-17　甲方案、乙方案、丙方案在 i＝10%时的现值计算表　　单位：元

年份	贴现系数	甲方案	乙方案	丙方案
1	0. 909	4 545	22 725	40 905
2	0. 826	20 650	20 650	20 650
3	0. 751	33 795	18 775	3 755
4	0. 683	1 707. 5		
合计		60 697. 5	62 150	65 310

甲方案的净现值＝ 60 697. 5-60 000＝+697. 5（元）

乙方案的净现值＝ 62 150-60 000＝+2 150（元）

丙方案的净现值＝ 65 310-60 000＝+5 310（元）

上述计算结果表明，甲方案、乙方案、丙方案的现值总额都大于它们的原始投资总额，也就是净现值都表现为正值，这意味着甲、乙、丙 三个方案实际可能达到的投

资利润率都在 10% 以上。以投资报酬率 10%为标准进行衡量，这些项目的所得大于所失，因而在经济上都是有利的。不过，三个方案相比，丙方案的净现值最大，在原始投资额相同的情况下，说明其投资利润率最高，此方案可以视为最优方案。

企业在生产过程中，要想增加产品产量，经常会遇到设备不够或厂房、车间不足等问题。为满足增产的需要，必须添置或扩建有关的设备。固定资产购置或建造的决策就是指计算扩建或添置有关的厂房设备所需要的投资额和添置扩建后所增加的现金流入量的现值，然后进行比较，如果前者低于后者，说明固定资产购置或建造的方案是可行的。

【例 7-18】某厂生产一种甲产品，此产品在市场上供不应求。为满足社会的需要，准备增加产品的产量。但由于该厂设备不足，还需购买一套设备，其买价为 120 000 元，安装费为 1 000 元。如果该套设备预计可用 6 年，期满后的残值为 1 400 元。每年可加工甲产品 15 000 件，每件能提供的贡献毛益为 5 元。根据市场预测，假设在今后六年内产销能平衡，该厂规定其投资报酬率至少应达到 12%。现要求：根据上述资料对这套设备应否购置进行决策分析。

首先，计算购买这套设备后的现金流出量。

现金流出量 = 120 000+1 000 = 121 000（元）

其次，计算购买设备后的现金流入量的现值。

现金流入量现值 = （15 000×5）×（P/A，12%，6）+1 400×（P/F，12%，6）

= 75 000×4. 111+1 400×0. 507 = 309 034. 80（元）

最后，计算投资方案的净现值 = 309 034. 80-121 000 = 188 034. 80（元）

以上计算结果表明，该设备购置后所增加的现金流入量的现值大大超过其所需要的原始投资额，说明这项投资能给企业生产经营带来比较大的经济效益，因而该方案是可行的。

【例 7-19】某服务公司拟购置一部客车，现有两个可供选择的方案：一是刚好汽车运输公司有一部旧客车要出售，二是可自已另行购置新车。其有关资料如下：如果购买旧客车，购价为 30 000 元，需进行大修方可使用，修理费为 8 000 元，并预计第 4 年年末还需大修一次，预计大修成本 6 000 元。如保养得好，尚可使用 10 年，期满后残值为 4 000 元，该车每年的使用费估计为 14 000 元。如果另行购置新车，购价为 50 000元，使用年限为 10 年。预计新车在第四年年末需大修一次，预计大修成本为 2 400元，残值是 4 000 元，每年使用费为 10 000 元。该公司规定的投资报酬率为 16%。根据上述提供的资料，要求用净现值法对该公司应选用哪种方案进行决策分析。

这个例子与上例有所不同，上例是指对固定资产要不要购置的决策，本例是指固定资产已经决定要购置，但到底要采用哪种方案，则要通过对比来进行选择。现将上述有关资料综合，如表 7-18 所示。

表 7-18　购置新旧汽车资料比较表　　单位：元

摘要	旧车	新车
购价	30 000+8 000 = 38 000	50 000
使用年限	10 年	10 年

表7-18(续)

摘要	旧车	新车
第四年年末大修理费用	6 000	2 400
残值	4 000	4 000
使用费	14 000	10 000

计算购置新车比购旧车每年增加的现金净流量（使用费的节约数）= 14 000-10 000=4 000（元）

购买新车增加的现金净流量的现值=4 000×（PA/A，16%，10）+（6 000-2 400）×（P/F，16%，4）= 4 000×4. 833+3 600×0. 552=19 332+1 987. 2=21 319. 20（元）

因为旧车与新车的残值相同，所以不用考虑。如旧车与新车的残值不同，则把两者之间的差额按复利现值系数进行折现，列入现金净流量的现值计算中。

购置新车增加的净现值=21 319. 20-（50 000-38 000）= +9 319. 20（元）

以上计算的结果表明，购置新客车方案的净现值比购买旧客车的净现值大9 319. 20元，可见以选择购买新车的方案为宜。

本章思考题

1. 什么是成本预测？有什么作用？
2. 什么是成本决策？有什么作用？
3. 简述成本预测的程序。
4. 简述成本决策的程序。
5. 简述目标成本、定额成本、计划成本三者之间的关系。

本章练习题

1. 某企业生产一种机床，最近五年的产量和历史成本资料如表 7-19 所示。

表 7-19　产量及成本

年份	产量/台	产品成本/元
2×06	60 000	5 000 000
2×07	55 000	4 750 000
2×08	50 000	4 500 000
2×09	65 000	5 200 000
2×10	70 000	5 500 000

要求：如该企业计划在 2×11 年生产 78 000 台机床，用一元线性回归分析法预测生产该机床的单位成本和总成本。

2. 某公司 2×11 年生产并销售某产品 7 000 件，单位售价 600 元，固定成本总额

735 000 元，单位变动成本 355 元。公司 2×11 年计划达到目标利润 1 100 000 元。

要求：(1) 计算 2×11 年实现的利润。

(2) 计算为达到目标利润，各有关因素应分别如何变动。

3. 已知某企业组织多品种经营，本年的有关资料如表 7-20 所示。

表 7-20　品种资料

品种	销售单价/元	销售量/件	单位变动成本/元
A	600	100	360
B	100	1 000	50
C	80	3 000	56

假定本年全厂固定成本为 109 500 元。

要求：

(1) 计算综合贡献边际率；

(2) 计算综合保本额；

(3) 计算每种产品的保本额。

4. A 企业生产甲产品，假定产销平衡，预计甲产品销售量为 5 000 件，单价为 600 元，增值税率为 17%，另外还需交纳 10%的消费税。假设该企业甲产品购进货物占销售额的预计比重为 40%，若该企业所在地区的城市维护建设税税率为 7%，教育费附加为 3%，同行业先进的销售利润率为 20%。

要求：预测该企业的目标成本。

5. 某企业只产销一种产品，2×10 年固定成本总额为 70 万元；实现销售收入 180 万元，恰好等于盈亏临界点销售额。2×11 年企业将目标利润确定为 30 万元，预计产品销售数量、销售价格和固定成本水平与 2×10 年相同。则该企业 2×11 年的变动成本率比 2×10 年降低多少时，才能使利润实现。

6. 某企业大量生产甲、乙两种产品，预计明年的销售量及目标销售利润如表 7-21 所示。

表 7-21　销售量及目标销售利润

产品	售价/(元/千克)	计划销售量/千克	目标利润率	预计期间税费率/%					目标销售利润/元	目标单位成本/(元/千克)
				管理费用	销售费用	财务费用	价内流转税	合计		
甲	80	2 000	20	3	6	1	10	20	20 000	
乙	90	1 000	25	6	12	2	10	30	20 000	
合计		3 000		9	18	3	20	50	40 000	

要求：计算甲产品和乙产品的目标单位成本。

7. 某种产品单位售价 300 元/台，目标利润 30 000 元，预计固定成本 30 000 元，预计单位变动成本 120 元/台，预计期间税费率 20%。要求：计算该种产品目标单位成本。

8. 某企业只生产一种产品，全年最大生产能力为 1 200 件。年初已按 100 元/件的价格接受正常任务。1 000 件该产品的单位完全生产成本为 80 元/件（其中，单位固定生产成本为 25 元）。现有一客户要求以 70 元/件的价格追加订货 300 件，因有特殊工艺要求，企业需追加 900 元专属成本。剩余能力可用于对外出租，可获租金收入 5 000 元。按照合同约定，如果正常订货不能如期交货，将按违约货值的 1%加纳罚金。

要求：填制表 7-22 并为企业做出是否接受低价追加订货的决策。

表 7-22　差别损益分析表

项目	方案		
			差异额
相关收入 相关成本 其中：			
差别损益			

9. 企业已具备自制能力，自制甲零件的完全成本为 30 元，其中：直接材料 20 元，直接人工 4 元，变动性制造费用 1 元，固定性制造费用 5 元。假定甲零件的外购单价为 26 元，且自制生产能力无法转移。要求：

（1）计算自制甲零件的单位变动成本；

（2）做出自制或外购甲零件的决策；

（3）计算节约的成本。

10. 某企业可生产半成品 5 000 件，如果直接出售，单价为 20 元，其单位成本资料如下：单位材料为 8 元，单位工资为 4 元，单位变动性制造费用为 3 元，单位固定性制造费用为 2 元，合计为 17 元。现该企业还可以利用剩余生产能力对半成品继续加工后再出售，这样单价可以提高到 27 元，但生产一件产成品，每件需追加工资 3 元、变动性制造费用 1 元、分配固定性制造费用 1. 5 元。要求就以下不相关情况，利用差别损益分析法进行决策：

（1）若该企业的剩余生产能力足以将半成品全部加工为产成品；如果半成品直接出售，剩余生产能力可以承揽零星加工业务，预计获得边际贡献 1 000 元；

（2）若该企业要将半成品全部加工为产成品，需租入一台设备，年租金为 25 000元；

（3）若半成品与产成品的投入产出比为 2∶1。

11. 某企业要投资一个金额为 10 万元的项目，有效期为 6 年，有两个方案可供选择：A 方案每年会产生 25 000 元的净现金流量；B 方案每年的现金流量分别是20 000

元、25 000 元、30 000 元、40 000 元、20 000 元、15 000 元，该企业要求的投资报酬率为 10%。要求：计算两个方案的投资回收期和净现值，并做出应采用哪个方案的决策。

本章参考文献

[1] 李定安. 成本会计研究 [M]. 北京：经济科学出版社，2002.
[2] 罗绍德. 成本会计学 [M]. 成都：西南财经大学出版社，2002.
[3] 孙茂竹. 成本管理学 [M]. 北京：中国人民大学出版社，2003.
[4] 谢灵. 成本会计学 [M]. 北京：中国人民大学出版社，2004.
[5] 万寿义. 成本管理研究 [M]. 大连：东北财经大学出版社，2007.
[6] 王立彦. 成本管理会计 [M]. 北京：经济科学出版社，2005.
[7] 胡国强. 成本管理会计 [M]. 4 版. 成都：西南财经大学出版社，2015.
[8] 于富生. 成本会计学 [M]. 北京：中国人民大学出版社，2006.
[9] 李定安. 成本管理研究 [M]. 北京：经济科学出版社，2002.

第八章

成本计划与控制

【学习目标】

（1）了解编制费用预算的主要方法。

（2）掌握成本计划的含义、内容、编制程序和模式。

（3）掌握成本控制的含义、程序及目标成本控制、标准成本控制、责任成本控制的具体内容。

【关键术语】

固定预算　弹性预算　零基预算　成本计划　一级编制　分级编制　成本控制　目标成本控制　目标成本　标准成本控制　成本差异　责任成本控制

第一节　成本计划

一、成本计划概述

（一）成本计划的定义

成本计划是以营运计划和有关成本数据、资料为基础，根据成本决策所确定的目标，通过一定的程序，运用一定的方法，针对计划期企业的生产耗费和成本水平进行的具有约束力的成本筹划管理活动。成本计划既是企业计划管理的有机组成部分，又是企业成本管理会计的一个重要组成内容。企业为了实现长期决策目标，必须预测目标利润和目标成本，制订切实可行的成本计划，以保证决策目标的实现。

（二）成本计划的内容

成本计划的内容，在不同时期、不同部门是有所差别的。它应该既能适应宏观调控的要求，又能满足企业成本管理的需要。成本计划一般应包括以下几个部分：

（1）产品单位成本计划。它是按照成本项目反映计划期内某种产品应达到的成本水平，并且规定单位产品耗用工时和主要用料的定额。产品单位成本计划是编制商品产品成本计划的基础，是考核和分析产品单位成本升降的主要依据。

（2）商品产品成本计划。它是用来确定计划期内全部商品产品的制造成本，包括按产品品种编制的商品产品成本计划和按成本项目编制的商品产品成本计划。这两种形式的计划制造成本是一致的，它们对于计划期内的产品又都按可比产品和不可比产品分别计划，其中可比产品成本按上年平均成本水平和本年计划成本水平列示，以确定计划期可比产品成本的降低额和降低率。

（3）制造费用预算。它是反映各车间（分厂）为了组织和管理生产所发生的各种费用，以及其他有关费用的预算。该项费用要按一定标准分配到产品单位成本中去，为了便于费用预算和控制，有些企业将各项费用区分为固定费用和变动费用，按固定预算和弹性预算分别列示。

（4）期间费用预算。它包括销售费用、管理费用和财务费用的预算。这些费用还可按其明细项目区分可控费用和不可控费用分别计划，期间费用不计入产品成本，而是从每个期间的销售收入中扣除。

（5）降低成本的主要措施方案。它是在各部门提出的措施基础上，经过综合平衡加以汇总。该方案应详细说明各项目的可行性、计划支出额和资金来源、预计经济效果以及年计划实现的节约额。

（三）成本计划的作用

成本计划以成本预测与决策为基础，它使职工明确成本方面的奋斗目标是成本控制的先导和业绩评价的尺度。其重要作用具体表现在以下几个方面：

（1）成本计划是动员群众完成目标成本的重要措施。成本计划以成本预测和决策为基础，是为实现企业的目标而制订的，是一种确保目标成本落实和具体化的程序。它促使实现目标的行动成为最经济而有效的行动，使职工明确了成本奋斗目标，是成本控制的先导和业绩评价的尺度。

（2）成本计划是推动企业实现责任成本制度和加强成本控制的有力手段。成本计划是按照企业内部各车间及各部门成本、费用开支情况，通过上下结合而编制的。因此，成本计划一经确定，应把指标分解并落实到车间、班组和有关职能部门，以确定各级单位和各职能部门在成本上应承担的责任，也为企业实行责任成本制度奠定了基础。

（3）成本计划是评价考核企业及部门成本业绩的标准尺度。企业通过定期分析成本计划完成情况，查明企业和各部门的成本差异，分清主客观原因，以便评价和考核各部门工作业绩并作为奖惩的依据，从而调动各部门及职工努力完成目标成本的积极性。

（四）成本计划的编制程序

1. 收集和整理资料

财务部门应从各方面广泛收集和整理编制成本计划所需要的各项基础资料，并加以分析研究，这些基础资料，大致可归纳为以下几个方面：

（1）企业计划期的经营决策和经营目标。

（2）有关成本计划编制的各项规定。

（3）计划期企业的销售、生产、物资供应、劳动工资和技术组织措施等计划。

（4）新产品的设计资料和目标成本。

（5）计划期原材料、辅助材料、燃料、动力、工具等的消耗定额和劳动定额及费用定额。

（6）计划期内厂内计划价格目录、各部门费用预算和劳务价格。

（7）上年实际成本的核算资料和本企业历史上先进成本水平资料。

（8）同类型企业或同类型产品的实际成本资料。

此外，为了编好成本计划，还必须深入细致地进行一些调查研究工作，掌握生产中的具体情况，作为编制成本计划的参考。

2. 预计和分析上期成本计划的执行情况

在编制成本计划以前，必须正确预计上年成本计划完成情况，并分析成本升降的原因，总结执行计划的经验，弄清存在的问题，找出成本升降的规律。在此基础上，要把已经取得的经验巩固下来，对存在的问题要采取各种具体措施加以解决，以充分挖掘和利用降低成本的潜力，这样才能保证成本计划建立在先进而又切实可靠的基础上。

3. 进行成本降低指标的测算

财务部门对上年成本计划完成情况进行预计和分析后，要结合预定的目标利润、目标成本和成本降低指标，根据上下结合、反复算细账所提出的各项降低成本的措施，测算计划期产品成本可能降低的幅度，使企业对于计划年度能否完成目标成本和预定的降低成本任务，事先做到心中有数。如达不到预定目标，则要继续挖掘企业内部潜力，寻找降低成本的新途径。所以，成本降低指标测算是编制成本计划的重要步骤，它对于挖掘企业内部潜力，促进企业成本计划与降低成本措施紧密结合，保证成本计划的先进性和合理性，都具有重要的意义。

4. 正式编制企业成本计划

企业在成本降低指标测算的基础上，就可以在企业计划委员会或总经理直接领导下，以财务部门为主，上下结合，根据有关资料编制成本计划，并制定保证计划实现的措施。

（五）成本计划的编制形式

成本计划的编制形式分为一级编制、分级编制和一级分级相结合三种形式：

（1）一级编制成本计划是指不分车间，由企业财务管理部门会同各业务部门，根据确定的各项定额及有关成本计划资料，采用一定的成本计算方法，直接编制整个企业的成本计划，这种形式一般适用于一级成本核算的小型企业。

（2）分级编制成本计划是指先由车间编制各自的成本计划，然后由企业财务部门汇总编制整个企业的成本计划。这种形式适用于实行成本分级核算的企业。

（3）一级分级相结合编制成本计划是指根据需要，一部分成本项目按一级形式编制，另一部分成本项目可按分级形式编制。例如：对原材料的成本计划不分车间由企业财务部门直接编制；而对生产工人的薪酬、燃料和动力费、制造费用先分别由车间编制，然后再由企业财务部门汇总编制成整个企业的成本计划。这种形式比较灵活，适用于各类企业。

二、成本计划的编制方法

（一）预测决策基础法

预测决策基础法是要求编制成本计划时，必须建立在成本预测和成本决策的基础上。这种方式是基于企业的各项消耗定额及费用预算资料不够齐全的条件进行的，特别适合于新产品成本计划编制，具体方法见第七章的成本预测与决策。该法的最大特点是成本计划是以成本预测和决策为基础的，定性成分少，具有一定的科学性，而且有效地考虑了未来状态变化的随机性和不确定性。

（二）因素测算法

因素测算法亦称“概算法”，它是根据企业各项增产节约措施计划，通过分析测算出各项增产节约措施对成本降低幅度的影响程度及其相应的经济效果，再据以调整上年实际（或预计）成本，编制成本计划。

1. 测算步骤

（1）提出降低产品成本的计划要求。财会部门根据企业确定的成本指标或目标成本向各车间和部门提出降低产品成本的计划要求，各车间和部门向所属各基层单位（班组、工段）提出要求，以保证实现降低产品成本的目标。

（2）编制基层单位降低成本的计划。各车间和部门根据有关部门和班组提出的增产节约措施，制订本单位的实施计划。

（3）编制全厂产品成本计划。财务部门根据各基层单位上报的增产节约方案、企业上年度产品实际成本资料和本期的计划节约额，分成本项目调整计划，确定计划年度分成本项目的计划总成本、单位成本，同时确定可比产品成本计划降低额和降低率，汇总编制全厂产品成本计划。

2. 计算公式

计划年度产品销售利润的确定公式如下：

计划年度产品销售利润=上年产品销售利润±计划年度由于各项因素变动而增加或减少的利润

上年产品销售利润=上年1—3季度实际销售利润+上年第4季度预计销售利润

上年产品销售成本=上年1—3季度实际销售成本+上年第4季度预计销售成本

则

上年成本利润率=上年销售利润总额/上年销售成本总额×100%

3. 基本步骤和方法

运用因素测算法预测成本的基本步骤和方法如下：

（1）按上年（基年）预计（实际）平均单位成本计算计划年度产品总成本。如果企业是在计划年年初编制成本计划，则可根据上年实际资料，直接求得上年实际平均单位成本。

上年实际平均单位成本=上年全年实际总成本/上年全年实际产量

在实际工作中，预测计划年度成本水平通常是在上年（基年）第四季度进行，这样，就应将上年前3个季度的实际数和第四季度的预计数加权平均，求得上年预计平均单位成本。

上年预计平均单位成本=（上年一～三季度实际总成本+上年第四季度预计总成

本）/（上年一~三季度实际总产量+上年第四季度预计总产量）

求得上年预计（实际）平均单位成本后，可以按照下式计算出按上年预计（实际）平均单位成本计算的计划年度产品总成本：

按上年预计（实际）平均单位成本计算的年度总成本=上年预计（实际）平均单位成本×计划年度产品产量

（2）测算各因素变动对成本降低指标的影响程度。

①测算直接材料成本对成本降低指标的影响。

A. 材料消耗定额变动对成本降低指标的影响。

材料消耗定额变动影响成本降低率=材料消耗定额降低%×上年材料成本占产品成本的比重

该指标数值为正，则代表成本降低；数值为负，则代表成本超支。

B. 材料价格变动对成本降低指标的影响。

材料价格变动影响成本降低率=（1-材料消耗定额降低%）×材料价格降低%×上年材料成本占产品成本的比重

如果材料价格上升，则以负号表示。

C. 材料消耗定额和材料价格两个因素的影响。

材料消耗定额和材料价格两个因素同时变动对成本降低指标的影响程度可合并计算，计算公式为

材料消耗定额和材料价格变动影响成本降低率=［1-（1-材料消耗定额降低%）（1-材料价格降低%）］×上年材料成本占产品成本的比重

以上方法适用原材料、燃料和动力等成本项目变动对成本降低影响的测算。

②测算直接工资成本变动对成本降低指标的影响程度。

工资成本降低影响成本降低率=［1-（1+平均工资增长/%）/（1+劳动生产率提高%）］×上年工资成本占产品成本的比重

A. 该公式直接适用于计时工资制的情况。

B. 平均工资增长的计算如下：

平均工资增长%=（计划年度预计平均小时工资率-上年平均小时工资率）/上年平均小时工资率

C. 表现劳动生产率高低的指标可分为正指标和逆指标两类，确定“劳动生产率提高%”可用以下公式之一进行计算：

劳动生产率提高%=（上年生产单位产品所耗小时数-计划年度生产单位产品预计所耗小时数）/上年生产单位产品所耗小时

劳动生产率提高%=（计划年度单位小时生产产品产量-上年单位小时生产产品产量）/上年单位小时生产产品产量

按规定计入产品成本的职工福利费，可参照上列公式测算其对成本的影响，或按其占工资的比例加以确定。

③测算制造费用变动对成本降低指标的影响。

制造费用变动影响成本降低率=［1-（1+制造费用增长%）/（1+生产增长%）］×上年制造费用占产品成本的比重

A.“生产增长%”即计划年度较之上年的产量增长%。

B. 该处的制造费用是指已按一定标准归集到该产品上的制造费用。

（3）测算成本降低指标，确定计划年度成本水平。

计划成本降低率=材料成本变动影响成本降低率+工资成本变动影响成本降低率+制造费用变动影响成本降低率

计划成本降低额=计划成本降低率×按上年预计（实际）平均单位成本计算的计划年度产品总成本

计划年度产品成本降低率和降低额计算出来以后，还应与预期成本降低目标进行比较。如果达不到目标要求，财务部门必须会同有关部门共同研究，进一步挖掘潜力，采取补充措施，保证成本降低任务的完成，最后根据测算的降低额，计算出计划年度产品成本，计算公式如下：

计划产品成本=按上年预计（实际）平均单位成本计算的年度产品总成本-计划产品成本降低额

（三）直接计算法

直接计算法又称成本计算法、细算法，它是根据现实的各项消耗定额和费用预算资料，在考虑成本降低要求的基础上，按照产品成本核算程序和方法详细计算各产品和各成本项目的计划成本，然后再汇总编制全部产品成本计划。按企业核算分级方式又可分为集中编制法和分级编制法。

1. 集中编制法

小型企业一般实行一级成本核算，可由财务部门按一级核算的要求直接编制企业成本计划。财务部门首先根据各项消耗定额及有关资料，直接编制单位产品成本计划，然后再编制商品产品成本计划。

（1）单位产品成本计划的编制。对单位产品成本计划进行编制，是通过按成本项目分项具体结合各项资料及定额成本编制，各成本项目内容的计划数相加，就是单位产品计划成本。

（2）商品产品成本计划的编制。商品产品成本计划是根据单位产品成本计划和生产计划计算编制的，是在计算可比产品与不可比产品单位成本的基础上，计算其各种产品的总成本及可比产品成本的降低额和降低率。

2. 分级编制法

大中型企业一般实行分级核算，在编制成本计划时，一般由各车间根据财务部门下达的控制数字，编制车间成本计划，再由财务部门汇总编制全厂成本计划。

（1）车间成本计划的编制。车间成本计划包括辅助生产车间成本计划和基本生产车间成本计划两种。

（2）制造费用总预算的编制。制造费用总预算是在各车间制造费用预算基础上编制而成的，它是依据辅助生产车间、各基本生产车间的制造费用预算资料按明细项目反映的数额进行分项汇总列示。在汇总编制时应注意扣除内部转账部分，即各车间相互分配重复计算的部分。扣除内部转账部分有两种方法，一是各车间制造费用预算数中增设分配费用一栏，用来登记其他车间分配来的费用，汇总时不包括该栏费用；二是在制造费用总预算表中设置“减：内部转账”栏，根据有关费用分配表数字分析填列。

制造费用总预算可作为控制和监督制造费用未来发生数的标准。将实际制造费用与制造费用预算数额进行比较，可以评价制造费用实际支出情况，查明超支或节约的原因。

3. 全厂成本计划的编制

全厂成本计划是在各车间成本计划编制的基础上编制的，由企业财务部门负责编制，包括主要产品单位成本计划、全部商品产品成本计划。

主要产品单位成本计划是根据各基本生产车间成本计划，分产品和成本项目加以汇总编制的。在采用逐步结转分步法时，最后一个基本生产车间产品的计划单位成本即该产品的计划单位成本。如果需要按原始成本项目反映产品成本，则要将最后一个车间的计划成本中的“自制半成品”项目逐步分解后再编制。在采用平行结转分步法时，将各基本生产车间同一产品的单位成本的相同项目相加即得出该产品的计划单位成本。

全部商品产品成本计划的编制通常有两种方法：一是依照“主要产品单位成本计划表”的内容按成本项目进行编制，以反映企业产品成本的构成及各成本项目的增减变动情况；二是按产品类别进行编制，以反映各种产品成本计划数及可比产品较上年成本升降情况。

（四）固定预算法

固定预算又称静态预算，是指根据预算期内正常可能实现的某一业务活动水平而编制的预算。固定预算的基本特征是：不考虑预算期内业务活动水平可能发生的变动，而只以预算期内计划预定的某一共同的业务活动水平为基础确定相应的数据；将实际结果与预算数进行比较分析，并据以进行业绩评价、考核。固定预算方法适宜财务经济活动比较稳定的企业和非营利性组织。企业制订销售计划、成本计划和利润计划等，都可以使用固定预算方法制定计划草案。如果单位的实际执行结果与预期业务活动水平相距甚远，则固定预算就难以为控制服务。

【例 8-1】C 公司预计生产甲产品 100 万件，单位产品成本构成为直接材料 100 元，直接人工 60 元，变动性制造费用 50 元，其中间接材料 10 元，间接人工 30 元，动力费 10 元；固定性制造费用 150 万元，其中办公费 40 万元，折旧费 100 万元，租赁费 10 万元。该公司实际生产并销售甲产品 150 万件。采用固定预算方法，该公司生产成本预算如表 8-1 所示。

表 8-1　生产成本预算分析表　　单位：万元

项目	固定预算	实际发生	差异
生产产量（万件）	100	150	+50
变动成本			
直接材料	10 000	15 600	+5 600
直接人工	6 000	9 000	+3 000
变动性制造费用	5 000	7 500	+2 500
其中：间接材料	1 000	1 500	+500
间接人工	3 000	4 500	+1 500
动力费	1 000	1 500	+500
固定性制造费用	150	150	0
其中：办公费	40	40	0
折旧费	100	100	0
租赁费	10	10	0
生产成本合计	21 150	32 250	+11 100

从表 8-1 中可以看出：这里的生产成本预算分别以预计产量和实际产销量为基础，固定预算与实际发生额之间的差异不能恰当地说明企业成本控制的情况。也就是说，计算表中的不利差异为 11 100 万元，究竟是产销量增加而引起成本增加，还是由于成本控制不力而发生超支，很难通过固定预算与实际发生的对比正确地反映出来，而且也降低了控制、评价生产经营和财务状况的作用。

（五）弹性预算法

弹性预算是在固定预算方法的基础上发展起来的一种预算方法。它是根据计划期或预算期可预见的多种不同业务量水平，分别编制其相应的预算，以反映在不同业务量水平下所应发生的费用和收入水平。根据弹性预算随业务量的变动而做相应调整，考虑了计划期内业务量可能发生的多种变化，故又称变动预算。

采用弹性预算方法编制预算，制订财务计划，能有效地克服固定预算方法的缺陷。弹性预算的出现，使不同的经济指标水平或同一经济指标的不同业务量水平计算出了相应的预算数。因此，在实际业务量发生后，可将实际发生数同与之相适应的预算数进行对比，以揭示生产经营过程中存在的问题。

弹性预算的表达方式主要有列表法和公式法。

列表法是在确定的业务量范围内，划分若干个不同的水平，然后分别计算各项预算成本，汇总列入一个预算表格。在应用列表法时，业务量之间的间隔应根据实际情况确定。间隔较大，水平级别就少一些，可简化编制工作，但太大了就会失去弹性预算的优点；间隔较小，控制成本较为准确，但会增加编制的工作量。列表法的优点是：不管实际业务量是多少，不必经过计算即可找到与业务量相近的预算成本，控制成本较为方便；混合成本中的阶梯成本和曲线成本，可按其形态计算填列，不必用数学方法修正为近似的直线成本。但是，运用列表法评价和考核实际成本时，往往需要使用插补法来计算实际业务量的预算成本。

公式法是利用公式“总成本=固定成本+单位变动成本×业务量”来近似表示预算数，所以只要在预算中列示固定成本和单位变动成本，便可随时利用公式计算任意业务量的预算成本。公式法的优点是便于计算任何业务量的预算成本，但是阶梯成本和曲线成本只能用数学方法修正为直线。必要时，还需要在“备注”中说明不同的业务量范围内应当采用不同的固定成本金额和单位变动成本金额。

【例 8-2】F 公司在计划期内预计销售乙产品 1 000 件，销售单价为 50 元，产品单位变动成本为 20 元。固定成本总额为 1.5 万元。采用弹性预算方法编制收入、成本和利润预算如表 8-2 所示。

表 8-2　收入、成本和利润弹性预算表（列表法）　　单位：元

项目	1 000（件）	1 500（件）	2 000（件）	2 500（件）
销售收入	50 000	75 000	100 000	125 000
变动成本	20 000	30 000	40 000	50 000
边际贡献	30 000	45 000	60 000	75 000
固定成本	15 000	15 000	15 000	15 000
利润	15 000	30 000	45 000	60 000

预算期内企业实际执行结果为销售量 1 500 件、变动成本总额 3.2 万元，固定成本总额增加 3 000 元（见表 8-3）。

表 8-3　收入、成本和利润弹性预算表（列表法）　　单位：元

项目	固定预算（1 000）	弹性预算（1 500）	实际（1 500）	预算差异	成本差异
栏次	1	2	3	4=2-1	5=3-2
销售收入	50 000	75 000	75 000	25 000	+2 000
变动成本	20 000	30 000	32 000	10 000	-2 000
边际贡献	30 000	45 000	43 000	15 000	+3 000
固定成本	15 000	15 000	18 000	15 000	-5 000
利润	15 000	30 000	25 000		

从表 8-3 可以看出，由于实际销售量比固定预算原定的指标多 500 件，在成本费用开支维持正常水平的情况下，应当增加边际利润 15 000 元，这 15 000 元属于预算差异。但是，将实际资料与弹性预算相比较会发现，变动成本和固定成本分别超支 2 000 元和 3 000 元，使实际利润比弹性预算的要求减少 5 000 元，减少的这部分利润属于成本差异。这两种差异的相互补充，可以更好地说明实际利润比固定预算利润增加10 000 元的原因。销售量的增加本来应当使利润上升 15 000 万元，但由于成本超支 5 000 元，企业利润最终只增加了 10 000 元。当然，本题也可以运用公式法进行弹性预算的编制，留作思考题供大家练习。

（六）零基预算法

零基预算是指由于任何预算期的任何预算项目，其费用预算额都以零为起点，按照预算期内应该达到的经营目标和工作内容，重新考虑每项预算支出的必要性及其规模，从而确定当期预算。零基预算的编制程序包括以下三个步骤：

（1）单位内部各有关部门根据单位的总体目标，对每项业务说明其性质和目的，详细列出各项业务所需要的开支和费用。

（2）对每个费用开支项目进行成本效益分析，将其所得与所费进行对比，说明某种费用开支后将会给企业带来什么影响；然后把各个费用开支项目在权衡轻重缓急的基础上，分成若干层次，排出先后顺序。

（3）按照第二步所确定的层次顺序，对预算期内可动用的资金进行分配，落实预算。

【例 8-3】C 公司采用零基预算法编制下年度的营业费用预算，有关资料及预算编制的基本程序如下：

（1）该公司销售部门根据下半年企业的总体目标及本部门的具体任务，经认真分析，确认该部门在预算期内将发生如下费用：薪酬费用 10 万元、差旅费 5 万元、办公费 1 万元、广告费 15 万元、培训费 1 万元。

（2）讨论后认为，薪酬费用、差旅费和办公费均为预算期内该部门最低费用支出，应全额保证，广告费和培训费则根据企业的财务状况的情况增减。另外，对广告费和培训费进行成本—效益分析后得知：1 元广告费可以带来 20 元利润，而 1 元培训费只带来 10 元利润。

（3）假定该公司计划在下年度经营费用支出 30 万元，那么，其资金的分配应当是：

首先，全额保证薪酬费用、差旅费和办公费开支的需要，即

10+5+1＝16（万元）

其次，将尚可分配的 14 万元资金（即 30－16＝14）按成本收益率的比例分配给广告费和培训费。

广告费资金＝14×20/（20+10）≈9.333 3（万元）

培训费资金＝14×10/（20+10）≈4.666 7（万元）

零基预算的优点是：既能压缩费用支出，又能将有限的资金用在最需要的地方，不受前期预算的影响，能促进各部门精打细算、合理使用资金。但这种预算方法对一切支出均以零为起点进行分析，因此编制预算的工作相当繁重。

（七）定期预算法

定期预算法是指在编制预算时以会计年度作为预算期的一种预算编制方法。这种预算方法主要适用于服务类的一些经常性政府采购支出项目，如会议费和印刷费等。其优点是能够使预算期间与会计年度相配合，便于考核和评价预算的执行结果。缺点是由于预算一般在年度前二、三个月编制，跨期长，对计划期的情况不够明确，只能进行笼统的估算，具有一定的盲目性和滞后性；同时，执行中管理人员容易只考虑本期计划的完成，缺乏长远打算，因此其运用受到一定的限制。

（八）滚动预算法

滚动预算是在定期预算的基础上发展起来的一种预算方法，它是指随着时间推移和预算的执行，其预算时间不断延伸，预算内容不断补充，整个预算处于滚动状态的一种预算方法。滚动预算编制方式的基本原理是使预算期永远保持 12 个月，每过 1 个月，立即在期末增列一个月的预算，逐期往后滚动。因而在任何一个时期都使预算保持 12 个月的时间跨度，故亦称“连续编制方式”或叫“永续编制方式”。这种预算能使单位各级管理人员对未来永远保持 12 个月时间工作内容的考虑和规划，从而保证企业的经营管理工作能够稳定而有序地进行。

滚动编制方式还采用了长计划、短安排的方法，即在基期编制预算时，先将年度分季，并将其中第一个季度按月划分，建立各自的明细预算数，以便监督预算的执行；至于其他三个季度的预算可以粗一点，只列各季度总数，到第一季度结束前，再将第二季度的预算按月细分，第三、第四季度以及增列的下一个年度的第一季度，只需列出各季度总数，依次类推。这种方式的预算有利于管理人员对预算资料做经常性的分析研究，并能根据当前预算的执行情况加以修改，这些都是传统的定期预算编制方式所不具备的。滚动预算的编制方式如图 8-1 所示。

（九）概率预算

在编制预算的过程中涉及的变量很多，如产量、销量、价格、成本等。在通常情况下，这些变量的预计可能是一个定值，但是在市场的供应、产销变动比较大的情况下，这些变量的定值很难确定。这就要求我们根据客观条件，对有关变量进行近似的估计，估计它们可能变动的范围，分析它们在该范围内出现的可能性（概率），然后对各变量进行调整，计算期望值，编制预算。这种运用概率来编制预算的方法，就是概

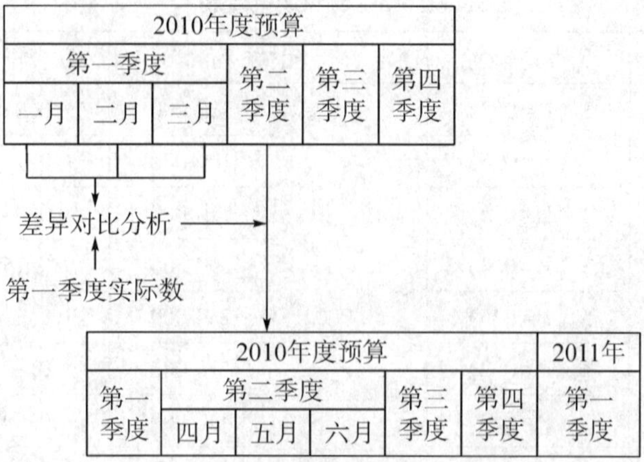

图 8-1　滚动预算的编制方式

率预算。概率预算实际上就是一种修正的弹性预算，即将每一事项可能发生的概率结合应用到弹性预算的变化之中。编制概率预算的步骤是：

（1）确定有关变量预计发生的水平，并为每一个变量的不同水平估计一个发生概率，相应概率可以根据历史资料或经验进行判断。

（2）根据估计的概率及条件价值，编制预期价值分析表。

（3）根据预期价值表，计算期望值，编制预算。

在编制概率预算时，若业务量与成本的变动并无直接联系，则只要用各自的概率分别计算销售收入、变动成本、固定成本等的期望值，最后就可以直接计算利润的期望值。若业务量的变动与成本的变动有着密切的联系，就要用计算联合概率的方法来计算期望值。

【例 8-4】CF 公司某年度预计的有关数据如表 8-4 所示。

表 8-4　预算基础数据预计表

销售量		销售单价/元	单位变动成本		固定成本/元
数量/件	概率		金额/元	概率	
10 000	0.2	20	3 5 4	0.3 0.5 0.2	50 000
20 000	0.5	20	3 5 4	0.3 0.5 0.2	
30 000	0.3	20	3 5 4	0.3 0.5 0.2	

根据所给资料编制的利润期望值表如表 8-5 所示。

表 8-5　利润期望值表

销售量/个	单价/元	变动成本/元	固定成本/元	利润/元	联合概率	期望利润/元
10 000（P=0.2）	20	3（P=0.3）	50 000	120 000	0.06	7 200
		5（P=0.5）		100 000	0.10	10 000
		4（P=0.2）		110 000	0.04	4 400
20 000（P=0.5）		3（P=0.3）		290 000	0.15	43 500
		5（P=0.5）		250 000	0.25	62 500
		4（P=0.2）		270 000	0.10	27 000
30 000（P=0.3）		3（P=0.3）		460 000	0.09	41 400
		5（P=0.5）		400 000	0.15	60 000
		4（P=0.2）		430 000	0.06	25 800
					1.00	281 800

表 8-5 中，当产品的单位售价为 20 元，销售量为 10 000 个，单位变动成本为 5 元，固定成本为 50 000 元时，可实现利润：

(20×10 000) -（5×10 000+50 000) = 100 000（元）

这种情况的可能性（联合概率）为 0.10，所以利润的期望值为 10 000 元（100 000×0.10)，依此类推。汇总计算，得到总利润期望值为 281 800 元。

也可以先计算销售量、单位变动成本的期望值，然后再计算利润的期望值。

销售量的期望值=10 000×0.2+20 000×0.5+30 000×0.3 =21 000（件）

单位变动成本的期望值=3×0.3+5×0.5+4×0.2=4.20（元/件）

利润期望值：20×21 000-（4.20×21 000+50 000) = 281 800（元）

损益表如表 8-6 所示。

表 8-6　损益表　　单位：元

项目	金额
销售收入	420 000
变动成本	88 200
边际贡献	331 800
固定成本	50 000
税前利润	281 800

(十) 增量预算

增量预算法，是指在上年度预算实际执行情况的基础上，考虑预算期内各种因素的变动，相应增加或减少有关项目的预算数额，以确定未来一定期间收支的一种预算方法。如果在基期实际数基础上增加一定的比率，则叫“增量预算法”；反之，若是基期实际数基础上减少一定的比率，则叫“减量预算法”。

这种方法主要适用于在计划期由于某些采购项目的实现而应相应增加的支出项目。

如预算单位计划在预算年度上采购或拍卖小汽车，从而引起的相关小车燃修费、保险费等采购项目支出预算的增减。其优点是预算编制方法简便、容易操作。其缺点是以前期预算的实际执行结果为基础，不可避免地受到既成事实的影响，易使预算中的某些不合理因素得以长期沿袭，因而有一定的局限性；同时，也容易使基层预算单位养成资金使用上“等、靠、要”的思维习惯，滋长预算分配中的平均主义和简单化，不利于调动各部门增收节支的积极性。

三、成本计划的编制

成本计划在分级编制的方式下，大体上包括三个方面的内容：①编制辅助生产车间成本计划；②编制基本生产车间成本计划；③汇编全厂产品成本计划。

（一）编制辅助生产车间成本计划

辅助生产车间为基本生产提供产品或劳务，如修理、动力车间，同时也为各管理部门、销售部门服务，甚至以其产品或劳务对外出售。因此，首先要编制辅助生产车间成本计划，以便将辅助生产费用合理地分配到基本生产车间的产品成本和其余部门的期间费用中去。辅助生产车间成本计划包括辅助生产费用预算和辅助生产费用分配两大部分。

1. 辅助生产费用预算的编制

辅助生产费用是指计划期内辅助生产车间预计发生的各项生产费用总额，不同费用项目确定计划发生数的方法有别：

①有消耗定额、工时定额的项目，可根据计划产量和工时总数、单位产品（或劳务）的消耗定额和工时定额、计划单价和工时费用率计算。如原材料、辅助材料、燃料及动力、工人工资等项目。

②没有消耗定额和开支标准的费用项目，可根据上年资料结合本期产量的变化，并考虑本年节约的要求予以匡算。如低值易耗品、修理费等项目。计算公式为：

本年费用计划数=上年费用预计数×（1+产量增长%）×（1-费用节约%）

相对固定的费用项目，可根据历史资料，并考虑本年节约的要求予以匡算，如办公费、水电费等项目。计算公式为：本年费用计划数=上年费用预计数×（1-费用节约%）

其他计划中已有现成资料的费用项目，根据其他计划有关资料编制，如管理人员薪酬、折旧费等项目。有规定开支标准的项目，按有关标准计算编制，如劳保费等项目。辅助生产费用预算表的格式如表8-7所示。

表 8-7　某辅助生产车间生产费用预算

20××年度　　　　　　　　　　　　单位：元

费用项目	费用要素						
	外购材料	外购燃料	外购动力	职工薪酬	折旧费	其他支出	本年预算
直接材料							
甲材料							
…………							
直接薪酬							
制造费用							
职工薪酬							
折旧费							
…………							
其他支出							
合计							

2. 辅助生产费用的分配

辅助生产费用根据受益原则分配，谁受益、谁负担，受益多、负担多。分配的方法有直接分配法、交互分配法、代数分配法、顺序分配法、计划成本分配法等。分配标准主要是修理工时、修理业务量等。分配方法在成本核算有关章节里有详细介绍，辅助生产费用分配表的格式如表 8-8 所示。

表 8-8　某辅助生产车间生产费用分配表

20××年度　　　　　　　　　　　　单位：元

受益单位		分配标准	分配率	分配金额
基本生产	甲产品 乙产品 ………			
	小计			
制造费用	一车间 二车间 ………			
	小计			
企业管理部门				
合计				

（二）基本生产车间成本计划的编制

基本生产车间编制成本计划的程序是：首先将直接材料、直接薪酬等直接费用编制直接费用计划；然后将各项间接生产费用编制制造费用预算，并将预计的制造费用在各产品间分配；最后汇总编制车间产品成本计划。

1. 直接费用计划的编制

车间直接费用是车间为生产产品而发生的直接支出，包括直接材料、直接薪酬等其他直接支出。直接费用计划应按成本项目计算编制，主要有原材料、辅助材料、燃料与动力、外购半成品、直接薪酬、废品损失等成本项目，确定计划数的方法分述如下：

（1）原材料、辅助材料项目。

$$单位产品材料计划成本 = \sum(单位产品各材料消耗定额 \times 该种材料计划单价)$$

上式中，如果材料消耗定额中包含了废料回收价值，应从按上式计算的材料成本中扣减。按上式确定了单位产品的材料成本后，再乘以计划产量，得出材料费用计划总额（以下各项目类同）。

（2）燃料及动力项目。

在各种产品有燃料和动力耗用定额时，计算方法与材料项目相同。在各种产品无燃料和动力耗用定额时，应首先根据上年实际结合计划期节约的要求，测算计划期燃料和动力耗用的总额，然后按一定标准分配给各种产品。

（3）职工薪酬项目。

$$单位产品职工薪酬计划成本 = \sum(该产品计划工时定额 \times 计划小时薪酬率)$$

$$其中：计划小时薪酬率 = \frac{计划期薪酬总额}{\sum(各产品计划产量 \times 各产品计划工时定额)} \times 100\%$$

（4）废品损失项目。

单位产品废品损失计划成本=预计上年单位产品废品损失×（1-废品损失计划降低率）

（5）由上一车间转来的半成品，编制直接费用计划时的方法应与实际成本核算方法一致，采用平行结转法或逐步结转法。平行结转法不计算前一车间转来的半成品成本，逐步结转法则应将上一车间转来的半成品成本列入“原材料”或“自制半成品”成本项目之中。

基本生产车间直接费用计划表的格式如表 8-9 所示。

表 8-9　某基本生产车间生产费用分配表

20××年度　　　　单位：元

费用项目	单价	A产品　件			B产品　件			C产品　件			车间总成本
		消耗定额	单位成本	总成本	消耗定额	单位成本	总成本	消耗定额	单位成本	总成本	
原材料											
甲材料											
乙材料											
……											
燃料、动力、薪酬											
废品损失											
……											
产品总成本											

2. 制造费用预算的编制

制造费用是车间为生产产品和提供劳务而发生的各项间接生产费用，包括为创造正常劳动条件而发生的车间业务费用和组织生产而发生的车间管理费用。制造费用计划由制造费用预算和制用分配两部分组成。制造费用预算的编制方法有固定预算法、弹性预算法、概率预算法等（具体方法参照本章第一节），也可以按辅助生产费用预算的编制方法进行编制。制造费用的分配一般以计划生产工时为标准分配给各种产品。制造费用预算和分配表的格式如表 8-10、表 8-11 所示。

表 8-10　某车间制造费用预算表

20××年度　　　　单位：元

费用项目	费用要素							
	外购材料	外购燃料	外购动力	职工薪酬	折旧费	其他支出	分配费用	本年预算
直接材料甲材料 …… 直接薪酬 制造费用 职工薪酬 折旧费 …… 其他支出								
合计								

表 8-11　某车间制造费用分配表

20××年度　　　　单位：元

产品	计划产量	单位定额工时	生产总工时	分配率	单位产品分配额	总分配额
甲产品 乙产品 ………						
合计						

3. 车间产品成本计划的编制

基本生产车间产品成本计划，应按成本项目分产品反映各产品的单位成本和总成本。其编制依据是各产品的直接生产费用计划和制造费用分配表，分产品计算出各产品的计划单位成本和总成本后，再汇总编制全车间按成本项目计算的产品成本计划。基本生产车间产品成本计划表的格式如表 8-12 所示。

表 8-12　某基本生产车间产品成本计划表

20××年度　　　　单位：元

费用项目	A产品　件		B产品　件		C产品　件		车间总成本
	单位成本	总成本	单位成本	总成本	单位成本	总成本	
直接材料 其中： 甲材料 乙材料 …… 燃料 动力 直接薪酬 制造费用							
合计							

（三）汇编全厂产品成本计划

厂部财会部门对各车间编制的成本计划加以审查后，综合编制全厂产品成本计划。全厂产品成本计划包括：

1. 主要产品单位成本计划

根据各基本生产车间的产品成本计划汇总各种产品的计划单位成本，在采用平行结转法时，要将各基本生产车间相同产品的单位成本汇总计算该产品的计划单位成本；在采用逐步结转法时，最后一个基本生产车间产品的计划单位成本就是该产品的计划单位成本。主要产品单位成本计划表的格式如表 8-13 所示。

表 8-13　主要产品单位成本计划表

20××年度　　　　单位：元

费用项目	计量单位	计划单价	A产品		B产品		C产品	
			单位成本	总成本	单位成本	总成本	单位成本	总成本
直接材料 其中： 甲材料 乙材料 ……… 燃料 动力 直接薪酬 制造费用								
合计								

2. 商品产品成本计划

根据各种产品计划单位成本和计划产量，即可编制按成本项目类别和按产品类别反映的商品产品成本计划。可比产品还须根据上年平均单位成本和计划年度计划单位成本，计算可比产品的计划成本降低额和降低率指标。主要产品单位成本计划表的格式如表 8-14、表 8-15 所示。

表 8-14 商品产品成本计划表（按产品类别）

20××年度　　　　单位：元

产品名称	计量单位	计划单价	单位成本		总成本			
			上年预计	本年计划	按上年计算	按计划计算	计划降低额	计划降低率
一、可比产品 其中：A 产品 B 产品 二、不可比产品 其中：C 产品								
全部商品产品								

表 8-15 商品产品成本计划表（按成本项目类别）

20××年度　　　　单位：元

成本项目	可比产品总成本				不可比产品计划总成本	全部商品计划总成本
	按上年平均单位成本计算	按计划单位成本计算	计划降低额	计划降低率		
直接材料 其中： 甲材料 乙材料 …… 燃料 动力 直接薪酬 制造费用						
合计						

3. 生产费用预算

生产费用预算通常有两种编制方法：一种是根据各辅助生产车间辅助生产费用预算、各基本生产车间直接费用计划和制造费用预算按费用要素归类汇总编制生产费用汇总表，再据以编制生产费用预算。另一种是根据企业各种生产技术财务计划或预算直接填列，如外购材料、燃料、动力等要素，按物资供应计划填列；职工薪酬要素，按劳动薪酬计划填列；折旧费要素，按固定资产折旧计划填列。

生产费用预算包括两部分内容：第一部分反映企业计划期内各项生产费用数额及占总额的比重；第二部分为调整项目，经过调整后的数额，应与商品产品成本表一致。生产费用预算数与商品产品成本计划数不一致的原因在于：

第一，生产费用预算包括企业为进行工业生产和非工业生产所发生的全部费用，而产品成本计划只包括工业生产的生产费用。不包括在产品成本内的非工业生产的生产费用是指：对本企业在建工程、生活福利部门、企业管理部门提供的劳务费用；对外服务费用；转作待处理财产损失的存货盘亏、毁损减去盘盈后的净损失；经批准转入生产费用科目的存货盘亏、毁损减去盘盈后的净损失等。

第二，生产费用预算包括本期计划发生的生产费用总额，而产品成本计划只包括本期产品负担的生产费用数额。如本期的待摊费用是本期的生产费用，只有摊入本期产品成本的才构成产品成本数额。同样，那些未在本期实际发生的预提费用计入本期产品成本不构成本期生产费用。

第三，生产费用预算只包括本期生产产品的生产费用，不论产品是否完工；而产品成本计划中的生产费用要加上期初在产品的生产费用并减去期末在产品的生产费用。

生产费用汇总表和全厂生产费用预算表格式如表 8-16、表 8-17 所示。

表 8-16　生产费用汇总表

20××年度　　　　单位：元

生产费用要素	辅助生产车间			基本生产车间			合计
	一	二	……	一	二	……	
外购材料 外购燃料 外购动力 职工薪酬 折旧费 …… 其他支出							
合计							

表 8-17　全厂生产费用预算表

20××年度　　　　单位：元

生产费用要素	上年预计		本年计划	
	金额	占总额的%	金额	占总额的%
1. 外购材料 2. 外购燃料 3. 外购动力 4. 职工薪酬 5. 折旧费 6. 其他支出				
7 生产费用合计总额				
8. 减：不包括在商品产品制造成本内的生产费用 9. 加：上期结转的待摊费用 10. 加：结转下期的预提费用 11. 加：在产品期初余额 12. 减：在产品期末余额				
13. 商品产品制造成本				

第二节 成本控制

一、成本控制概述

（一）成本控制的概念

成本控制是成本管理者根据预定的目标，对成本发生和形成过程以及影响成本的各种因素条件施加主动的影响或干预，把实际成本控制在预期目标内的成本管理活动。

成本控制有广义和狭义之分。广义的成本控制，包括事前控制、事中控制和事后控制。事前控制又称之为前馈控制，是在产品投产之前就进行产品成本的规划，通过成本决策，选择最佳方案，确定未来目标成本，编制成本预算，实行的成本控制。事中控制也称过程控制，是在成本发生的过程中进行的成本控制，它要求成本的发生按目标成本的要求来进行。但实际上，成本在发生过程中往往与目标成本不一致，产生差异，因此就需要将超支或节约的差异反馈给有关部门，及时纠正或巩固成绩。事后控制就是将已发生的成本差异进行汇总、分配，计算实际成本，并与目标成本相比较，分析产生差异的原因，以利于在今后的生产过程中加以纠正。狭义的成本控制是指在产品的生产过程中进行成本控制，是成本的过程控制，不包括事前控制和事后控制。在现代成本管理中，往往采用广义的成本控制概念，与传统的事后成本控制是截然不同的，这是现代化生产的必然要求。

成本控制的内容较为宽泛，包括目标成本控制、标准成本控制、质量成本控制、作业成本控制、责任成本控制等。这里主要介绍较具代表性的目标成本控制和标准成本控制。

（二）成本控制的原则

成本控制是成本管理的重要组成部分，必须遵循相应的成本控制原则。成本控制原则主要有以下几点：

1. 全面控制原则

全面控制原则是指成本控制的全员、全过程和全部控制。所谓全员控制是指成本控制不仅仅是财会人员和成本管理人员的事，还需要高层管理人员、生产技术人员等全体员工积极参与，成本控制工作才能有效地进行。企业必须充分调动每个部门和每个职工控制成本、关心成本的积极性和主动性，加强职工的成本意识，做到上下结合，人人都有成本控制指标任务，建立成本否决制，这是能否实现全面成本控制的关键。全过程控制要求以产品寿命周期成本形成的全过程为控制领域，从产品的设计阶段开始，包括试制、生产、销售直至产品售后的所有阶段都应当进行成本控制。全部控制是指对产品生产的全部费用进行控制，不仅要控制变动成本，也要控制产品生产的固定成本。

2. 例外控制原则

贯彻这一原则，是指在日常实施全面控制的同时，有选择地分配人力、物力和财力，抓住那些重要的、不正常的、不符合常规的关键性成本差异（例外）。成本控制要将注意力放在成本差异上，分析差异产生的异常情况。实际发生的成本与预算或目标会产生出入，如出入不大，不必过分关注，要将注意力集中在异乎寻常的差异上。这样，在成本控制过程中，既可抓住主要问题，又可大大降低成本控制的成本，使目标成本的实现有更可靠的保证。

在实务中，确定“例外”的标准通常可考虑如下三项标志：

（1）重要性。这是指根据实际成本偏离目标成本差异金额的大小来确定其是否属于重大差异。一般而言，只有金额大的差异，才能作为“例外”加以关注。这个金额的大小通常以成本差异占标准或预算的百分比来表示，如有的企业将差异率在10%以上的差异作为例外处理。

（2）一贯性。如果有些成本差异虽未达到重要性标准，但却一直在控制线的上下限附近徘徊，则也应引起成本管理人员的重视。因为这种情况可能是由原标准已失效或成本控制不严造成的。西方国家有些企业规定，任何一项差异持续一星期超过50元，或持续三星期超过30元，均视为例外。

（3）特殊性。凡对企业的长期获利能力有重要影响的特殊成本项目，即使其差异没达到重要性标准，也应视为例外，查明原因。

3. 经济效益原则

成本控制的目的是降低成本，提高经济效益。提高经济效益，并不是一定要降低成本的绝对数，更为重要的是实现相对的成本节约，取得最佳经济效益，以低的消耗取得更多的成果。同时，成本控制制度的实施，也要符合经济效益原则。

（三）成本控制的内容

控制内容一般可以从成本形成过程和成本费用分类两个角度加以考虑。

1. 按过程划分的内容

（1）产品投产前的控制。

这部分控制内容主要包括：产品设计成本，加工工艺成本，物资采购成本，生产组织方式，材料定额与劳动定额水平等。这些内容对成本的影响最大，可以说产品总成本的60%取决于这个阶段的成本控制工作的质量。这项控制工作属于事前控制方式，在控制活动实施时真实的成本还没有发生，但它决定了成本将会怎样发生，它基本上决定了产品的成本水平。

（2）制造过程中的控制。

制造过程是成本实际形成的主要阶段。绝大部分的成本支出在这里发生，包括原材料、人工、能源动力、各种辅料的消耗、工序间物料运输费用、车间以及其他管理部门的费用支出。投产前控制的种种方案设想、控制措施能否在制造过程中贯彻实施，大部分的控制目标能否实现和这一阶段的控制活动紧密相关，它主要属于事中控制方式。由于成本控制的核算信息很难做到及时，会给事中控制带来很多困难。

（3）流通过程中的控制。

流通过程中的控制包括产品包装、厂外运输、广告促销、销售机构开支和售后服务等费用。企业在强调加强企业市场管理职能的时候，很容易不顾成本地采取种种促销手段，反而抵消了利润增量，所以也要做定量分析。

2. 按构成划分的内容

（1）原材料成本控制。

在制造业中原材料费用占了总成本的很大比重，一般在60%以上，高的可达90%，是成本控制的主要对象。影响原材料成本的因素有采购、库存费用、生产消耗、回收利用等，所以控制活动可从采购、库存管理和消耗三个环节着手。

（2）工资费用控制。

工资在成本中占有一定的比重，增加工资又被认为是不可逆转的。控制工资与效益同步增长，减少单位产品中工资的比重，对于降低成本有重要意义。控制工资成本的关键在于提高劳动生产率，它与劳动定额、工时消耗、工时利用率、工作效率、工人出勤率等因素有关。

（3）制造费用控制。

制造费用开支项目很多，主要包括折旧费、修理费、辅助生产费用、车间管理人员工资等，虽然它在成本中所占比重不大，但因不引人注意，浪费现象十分普遍，是不可忽视的一项内容。

（4）企业管理费控制。

企业管理费指为管理和组织生产所发生的各项费用，开支项目非常多，也是成本控制中不可忽视的内容。

上述这些都是绝对量的控制，即在产量固定的假设条件下使各种成本开支得到控制。在现实系统中还要达到控制单位成品成本的目标。

（四）成本控制的程序

1. 制定成本标准

成本标准是用以评价和判断成本控制工作完成效果和效率的尺度。在成本控制过程中，必须事先制定一种准绳，用以衡量实际的成本水平，没有这种准绳，也就没有成本控制。标准成本控制中的标准成本、目标成本控制中的目标成本以及定额成本控制中的成本定额都是这样的成本标准。在实际工作中，成本控制的标准应根据成本形成不同的阶段和内容具体确定。成本标准不宜定得过高，也不宜过低，过高或过低的成本标准都难以体现成本控制的价值。

2. 分解落实成本标准，具体控制成本形成过程

将成本标准层层分解，具体落实到岗位、个人身上，结合责权利，充分调动全体员工成本控制的积极性和创造性，控制成本的形成过程。成本形成过程的控制主要包括以下几个方面：

（1）设计成本的控制。产品成本水平的高低主要取决于产品设计阶段，也是成本控制的源头。就像水库的水闸，它对以后的水量大小起决定性作用。设计得先进合理，就可以生产出优质、优价、低成本的产品，给企业带来良好的经济效益。产品设计成本控制包括新产品的研制和原有产品的改进。产品的设计阶段不仅可以控制产品投产后的生产成本，也可以控制产品用户的使用成本，在市场竞争激烈的今天，这一点尤其重要。确立成本优势，就是要在成本水平一定的情况下提高客户的使用价值，即使成本水平提高不大，但客户的使用价值可大幅度地提高，要做到这一点，设计阶段的成本控制是关键。因此，必须从全局出发，研究产品生产成本与使用成本之间的关系，

比较各设计方案的经济效果，做出适当的决策。

（2）生产成本控制。它是一个通过对产品生产过程中的物流控制来控制价值形成的过程，包括对供应过程中的原材料采购和储备的控制、生产过程中的原材料耗用控制以及各项费用的控制。这是一个动态的控制过程，必须不断地对照成本标准，对成本的实际发生过程进行控制。

（3）费用预算控制。产品制造费用的控制，主要通过预算来进行，使成本的发生处于预算监督之下。

3. 揭示成本差异

利用成本标准、预算与实际发生的费用相比较计算成本差异，是成本控制的中心环节。这就是通过揭示差异，发现实际成本与成本标准或预算是否相符，是节约还是超支。如果实际成本高于成本标准或预算，就存在不利差异，就要分析差异产生的原因，采取相应措施，控制成本的形成过程。为了便于比较，揭示成本差异时所搜集的成本资料的口径应与成本标准的制订口径一致，避免出现两者不可比的现象。

4. 进行考核评价

通过对成本控制责任部门的考核与评价，奖优罚劣，促进成本控制责任部门不断改进工作，实现降低成本的目标。同时，通过考核评价，发现目前成本控制中存在的问题，改进现行成本控制制度及措施，以便有效地进行成本控制。

二、成本控制方法

（一）预算成本控制法

1. 成本预算与预算成本的内涵

（1）成本预算。

预算是企业经营活动的数量计划，它确定企业在预算期内为实现企业目标所需的资源和应进行的活动。预算的中心之一便是对成本费用的预算，它有助于企业发现成本管理中存在的问题，为成本控制活动提供指南。为了有效地进行成本及利润控制，许多企业开展了全面预算工作。全面预算是为预算期内经营单位的经营活动所做的计划。它为企业所有主要的经营活动设立目标，为财务资源的获得和使用做出详细计划。经营计划依据战略目标和长期计划，预计未来事件及企业近期的实际经营成果。

（2）预算成本。

预算成本是企业按照预算期的特殊生产和经营情况所编制的预定成本。它属于一种预计或未来成本。确定预算成本应以企业预算期内的销售和生产预算为基础，编制产品生产和经营的直接材料预算、直接人工预算、制造费用预算和期间费用预算等。如企业采用变动成本法的，则只要将变动的制造费用按预计分配率测定各成本项目数额，固定费用作为期间费用按总额测定，并直接在当期边际贡献中扣除，然后再加以汇总。预算成本可以用来预测成本的发生额和作为考核成本工作成绩的标准。

2. 预算的编制程序

预算的编制程序包括成立预算组织，确定预算期间，明确预算原则，编制预算草案，协调预算，复议、审批和调整预算等。

（1）成立预算组织。

大多数企业都成立预算委员会来管理有关预算事项。它由企业的高级管理人员组成。典型的预算委员会由总经理、一个或多个副总经理、战略经营单位负责人、财务总监等人组成。委员会的大小取决于企业的规模、预算所涉及人数、预算过程中内部单位的参与程度及总经理的管理风格等。在一些企业里，所有事项都由总经理决定，根本没有预算委员会组织。

（2）确定预算期间。

预算的编制通常与企业的会计年度一致，以一年为一个预算期。许多公司编制季度和月度财务报表，所以也编制季度和月度预算。企业预算期与会计期的协调便于比较预算数与实际经营成果。

一些公司使用连续（或滚动）预算。连续预算是将预算期始终保持一个固定的月份数、季度数或年数的预算系统。这样，一个月或一个季度结束后，用最新获得的信息更新原来的预算，预算中增加下一个新的月份或季度。

（3）明确预算原则。

预算委员会的职责之一就是确定预算原则来规范预算、管理预算编制过程。所有的责任中心（或预算单位）在编制预算时都应遵循这一原则。

确定预算原则的起点是明确公司战略。在确定预算原则时，预算委员会应当考虑以下因素：采用战略计划后企业已取得的发展和变化，经济环境与市场前景，预算期内企业的目标，企业的特殊政策如收缩、再造、特殊营销推介活动，以及迄今为止的经营业绩等。

（4）编制预算草案。

每个责任中心会依据预算原则编制各自的预算草案。

①预算单位在编制预算草案时应考虑以下内部影响因素：

·可使用机器设备的变动。

·新生产程序的应用。

·产品设计或产品结构的变化。

·新产品的引进。

·本预算单位因原材料投入或其他经营因素所依赖的其他预算单位，其经营活动和预期的变化。

·依靠本预算单位供应部件的其他预算单位，其经营环境、预期或经营活动发生的变化。

②在编制预算草案时应考虑的外部因素：

·劳动力市场的变化。

·原材料、零部件的可得性及它们的价格。

·近期内行业的动向。

·竞争对手的行动。

（5）协调预算。

上一级预算单位审查预算草案时，要看它是否符合预算原则。上一级预算单位还应查看预算目标是否能够实现，是否与上一级预算单位的目标一致，其内容是否与其他预算单位的预算内容协调，这些单位包括直接或间接受本单位活动影响的单位。每个预算单位都应与上级单位共同商议预算草案中的变更。

协调在企业的所有层次都存在。协调可以说是预算编制程序的核心工作，它占用了预算编制的大量时间。例如，一个企业的会计年度在12月31日结束，那么预算编制程序通常会在5月份开始，协商会持续到9、10月份，预算会在年底前被通过。

（6）复议、审批和调整预算。

预算单位通过了自己的预算之后，此项预算会沿着组织的层级传达到预算委员会，这时，这些单位的预算合并便形成了整个组织的预算，预算委员会评价并最后审批预算。预算委员会主要检查该预算是否符合预算原则，是否能达到短期的期望目标，是否履行了战略计划。总经理据此来批准预算并将其提交董事会。

对预算的调整，企业间各不相同。预算通过后，有些企业只允许在特殊的情况下调整预算；但也有一些企业，如执行连续更新预算的企业却按季或按月调整预算。

在只允许特殊情况下调整预算的企业，修改预算是很难获准的。然而，不是所有的事情都会像预计的那样进行。当实际情况已与预计出现重大差异时，依旧恪守预算是不足取的。因此，不要将预算教条化。

系统地、周期性地调整已通过的预算或使用连续预算可以使企业在动态的经营环境中获益，因为时常更新的预算能够更好地指导经营活动。但是，定期预算调整可能会使责任中心在编制预算时不尽全力。系统调整预算的企业应确保预算调整只是在情况发生重大变化的条件下进行。

3. 销售预算

销售预算列示了在预期销售价格下的预期销售量。编制期间销售预算的起点一般是预计的销售水平、生产能力和公司的长、短期目标。

销售预算是以销售预测为基础的，它是整个预算编制的基石，因为企业只有在了解期望的销售水平之后才能对其他经营活动做出规划。不知道要生产多少产品，企业就无法做出生产安排。企业只有明确了预算期内所要销售的产品数量才能确定产量。产量确定之后，原材料的采购量、需要雇佣的职员数以及所需的制造费用才能随之确定。预计的销售和管理费用也由期望销售量决定。

销售预测就是估计企业产品的未来销售情况，它是编制期间销售预算的起点。精确的销售预算能够增强预算作为计划、控制工具的作用。

销售预测的性质是主观的。为减少预测的主观性，许多企业都准备了多个独立的销售预测并将此作为一种惯例。例如，一个企业可以让市场研究部门、经营部门及预算单位的销售部门等分别进行销售预测。这样，销售预算中的销售量就是各单位都认为最可能的那个数量。在销售预测中应考虑的影响因素有：

· 现在销售水平和过去几年的销售趋势。
· 经济和行业的一般状况。
· 竞争对手的行动和经营计划。
· 定价政策。
· 信用政策。
· 广告和促销活动。

· 未交货的订单。

进行销售预测有多种方法。其中两种常见方法是趋势分析法和计量经济学模型法。趋势分析法可以是简单的分布图目测法，也可以是复杂的时间序列模型。趋势分析的优点在于它只使用历史数据，这些数据都可在公司记录中轻易找到。但是，历史不会重演。所以需要根据可能偏离趋势的未来事项来调整预测结果。

4. 生产预算

生产预算依据销售预算进行编制。生产预算就是根据销售目标和预计预算期末的存货量决定生产量，并安排完成该生产量所需资源的取得和整合的整套规划。生产量取决于销售预算、期末产成品的预计余额以及期初产成品的存货量。

确定预计生产量的公式如下：

预计生产量=预算的销售量+期末存货量-期初存货量

影响生产预算的其他因素有：企业关于稳定生产和为降低产成品存货而实施的灵活生产方面的态度、生产设备的状况、原材料及人工等生产资源的可得性以及生产数量和质量方面的经验等。

（1）直接材料预算。

直接材料使用预算显示了生产所需的直接材料及其预算成本。所以，直接材料使用预算是编制直接材料采购预算的起点。企业编制直接材料采购预算是为了保证有足够的直接材料来满足生产需求并在期末留有预定的存货。

直接材料采购预算也为计划直接材料的采购提供预算成本，这样企业就能够确定采购所需的资金数额。材料采购预算取决于一些有关生产活动的企业政策，如采用即时采购系统还是储备一些主要材料，以及公司对原材料质量的经验判断和供应商的可靠性。

每期所需直接材料总额是生产所需直接材料总额与期末所需直接材料库存之和。每期所需购买的直接材料总额是该期所需直接材料总额与期初直接材料库存之差。

（2）直接人工预算。

生产预算同样也是编制人工预算的起点。企业的劳动力必须是拥有充分技能，能够从事本期计划产成品生产的工人。直接人工预算可以使企业人事部门安排好人员，以防出现突然解雇人员或人工短缺的情况，并降低解聘人数。不稳定的用工制度会降低员工对企业的忠诚度，增加他们的不安全感，进而导致效率低下。

许多企业都有稳定的雇佣或劳动合同作保障，以防止企业按照生产需要的变化随意解雇工人。根据直接人工预算，企业可以判断何时能够重新安排生产活动或给闲置的员工分配临时工作。许多采用新生产技术的企业可以用直接人工预算来计划维护、修理、安装、检测、学习使用新设备及其他活动。

（3）制造费用预算。

制造费用包括直接材料和直接人工之外的所有生产成本。不像直接材料和直接人工按产量的比例增减，制造费用中有一些成本并不随产量按比例变化，而是依生产进行的方式而变化。如随生产批量的大小或生产准备次数变化而变化的成本。制造费用还包括一些固定成本，如生产管理人员的工资和车间的折旧费等。

编制制造费用预算需要预计生产量、确定生产方式并考虑一些影响制造费用的外部因素。许多企业在编制制造费用预算时将制造费用分为可变费用和固定费用两项，所有不随产量发生相应变动的制造费用为固定成本。这种判断的前提是，非变动制造费用在生产量的一定范围内保持不变。

（4）产品生产和销售成本预算。

产品生产和销售的成本预算列示了每一期间计划生产成本的总额和单位额。

该预算的两个项目也会出现在同期的其他预算中。预计损益表要利用产品销售成本来确定本期的销售毛利，预计资产负债表中总资产栏中需要期末产品存货量。

5. 销售和管理费用预算

销售和管理费用预算包括预算期内所有的非生产费用。销售与管理费用预算是经营活动的重要指南。但是，由于该预算中的许多成本都具有一定的随意性，并且大都影响长远，所以应谨慎使用该预算来进行业绩评价。

（二）目标成本控制法

1. 目标成本控制法的含义

现代目标成本控制是现代目标管理理论与“成本企划”（Target Costing）结合的产物，是适应日益激烈的国际竞争的需要。“成本企划”源于日本丰田公司20世纪60年代的管理实践。最初，丰田公司在构想和设计阶段就将成本限定在目标以内，各部门通力合作以达到目标成本，后来形成了以市场为导向的成本管理制度。目标成本控制法就是指企业以市场为导向，以目标售价和目标利润为基础确定产品的目标成本，从产品设计阶段开始，通过各部门、各环节乃至与供应商的通力合作，共同实现目标成本的成本控制方法。

目标成本是企业经营管理的一项重要目标，是目标的一种具体形式，是企业预先确定在一定时期内所要实现的成本目标，它往往包括相互联系的三个方面：目标成本额、单位产品成本目标和成本降低目标。它体现了提出目标成本的目的，以产品成本形成的全过程为对象，结合生产经营的不同性质和特点进行有效的控制。目标成本控制是基于市场导向和市场竞争的管理理念和方法，以具有竞争性的市场价格和目标利润倒推出目标成本，继而进行全方位控制，以达到目标。因此，所谓目标成本就是：以市场需求为导向，产品从设计开始，到售后服务，为实现目标利润必须达到的目标成本值。

2. 目标成本控制法的程序

（1）确定目标成本。

实施目标成本控制，要做的第一项工作，就是确定目标成本。在进行新产品开发和转型时，要经过市场调查，确定产品开发与转型的方向，估计消费者可接受的售价，根据企业生产经营的实际情况，确定一个可接受的利润水平，用消费者可接受的销售价格减去目标利润，计算出目标成本。

（2）目标成本的可行性分析。

目标成本的可行性分析涉及目标售价、目标利润、目标成本三个方面。分析目标售价，主要通过市场调研，了解消费者对产品功能和质量的要求以及他们可接受的价格，来进行评价。同时，市场调研首先必须掌握竞争对手产品的功能、价格、质量以及服务水平，将这些资料与本企业产品的资料进行对比，通过比较，判断产品售价的可行性；其次判断企业的目标利润是否与企业中长期发展目标及利润计划相配套，考虑销售、利润、投资回报、现金流量、成本结构、市场需求等因素的影响；最后根据企业实际成本的变化趋势、同类企业的成本水平，分析本企业成本节约的潜力，估计判断企业目标成本的可实现程度。

（3）执行目标成本。

在产品设计阶段，运用价值工程、成本分析等方法，寻求最佳设计方案；在产品制造过程中，进行严格控制，用最低的成本达到顾客需要的功能和品质要求；在产品的销售和售后服务阶段，在充分满足顾客要求的情况下，把费用降至最低。

（4）目标成本的考核与修订。

在这个阶段，要对产品的财务目标和非财务目标完成情况进行追踪考核，调查客户的需求满足程度和市场的变化，并将所收集的信息反馈到产品生产的各个阶段，经过与企业实际生产情况的比较分析，对目标成本执行过程进行考核和修订。

3. 产品设计阶段的目标成本控制

产品设计阶段是成本控制的一个关键阶段。如果产品设计不合理，成本必然会高，要在生产中降低成本也很不容易。日本“成本企划”讲究源头控制，注重产品设计阶段，原因就在于此。

（1）目标成本的测定。

开发新产品或更新老产品时，先得测定产品的目标成本作为成本控制的标准。测算目标成本时，用预计最可能赢得消费者认可的产品售价减去目标利润，再剔除销售税金，就得到目标成本。其计算公式为

目标成本=产品预计售价-目标利润-销售税金

目标利润的计算有两种方法：

①用国内外同行业或本企业同种（同类）产品销售利润率乘以该产品预计销售价格求得。

②用国内外同行业或本企业同种（同类）产品的成本利润率乘以该产品目标成本求得。

由此形成目标成本的两种计算方法：

①按销售利润率计算目标成本。计算公式为

目标成本= 产品预计售价×（1-销售利润率-税率）

【例 8-5】某企业新产品的预计单位售价 800 元，同类老产品的销售利润率为 15%，税率 10%，那么：

该产品的单位成本= 800×（1-15%-10%）= 600（元）

②按成本利润率计算目标成本。计算公式为

目标成本= 产品预计售价×（1-税率）-目标成本×成本利润率

=产品预计售价×（1-税率）÷（1+成本利润率）

【例 8-6】假定上例中，成本利润率为 20%，则：

目标成本= 800×（1-10%）÷（1+20%）= 600（元）

（2）目标成本的分解。

进行目标成本控制，需要将目标成本分解为小指标，落实到各设计小组和设计人

员。企业目标成本的分解方法有以下几种：

①按产品结构进行分解：

第一步：将产品按其构成分解为若干构件；

第二步：参照老产品或相似产品的实际成本资料，计算各构件成本占产品成本的比重，又称成本系数；

第三步：根据新产品的构件及其材质、重量和复杂程度，调整成本系数；

第四步：将新产品目标成本乘以调整后的成本系数，求得该构件的目标成本。

②按产品成本的形成过程进行分解

这种分解方法适用于连续式生产的制造企业。分解时，要根据老产品或类似产品的成本资料，计算各生产步骤成本间的比例，以此比率来分解产品目标成本。

③按产品成本项目的构成进行分解

这种分解方法适用于简单生产的产品。首先将目标成本按经济用途分解为直接材料、直接人工和制造费用，作为产品设计成本的限额，继而根据老产品或类似产品的实际成本资料，计算料、工、费各自在产品成本中所占的比重，然后用新产品的目标成本乘以这些比重，得到新产品料、工、费的目标成本。

（3）设计成本的计算。

在产品开发设计阶段，通过对产品结构、使用材料、外观形状和制造方法等的分析，使设计产品的式样、参数等尽量符合目标成本的要求，并以此做出产品规格设计图。一种新产品的设计工作完成后，必须对其成本进行测算。测算方法主要有以下三种：

①直接法。所谓直接法，就是根据设计方案的技术定额来测算新产品的设计成本。

单位产品直接材料设计成本＝∑（单位产品各种材料消耗定额×各种材料单价）

单位产品直接人工设计成本＝单位产品设计工时定额×小时薪酬率

单位产品制造费用设计成本＝单位产品设计工时定额×小时费用率

单位产品设计成本＝单位产品（直接材料+直接人工+制造费用）设计成本

②概算法。新产品设计成本，除直接材料成本采用直接法进行测算外，其他成本项目可比照类似产品成本中该项目所占比重来概算。其计算公式：

产品设计成本＝直接材料成本÷［1-（直接人工成本比重+制造费用成本比重）］

【例 8-7】一种新产品的直接材料成本经测算为 4 900 元，直接人工、制造费用比照类似产品中的比重（10%、20%），则

产品设计成本＝4 900÷［1-（10%+20%）］＝7 000（元）

③分析法。如果开发的新产品与可比产品相类似，则可在可比产品的基础上，通过比较分析两种产品在结构、用料、工艺上的异同，计算两者的差异成本并进行调整，求得新产品的设计成本。

（4）设计成本与目标成本的比较。

将测算得到的设计成本与目标成本对比，如果设计成本小于或等于目标成本，则按设计方案进行生产能够完成目标利润，达到目标成本控制的目的；如果设计成本大于目标成本，就要求企业采取包括价值工程、成本—效益分析等多种措施，发动各方面力量，寻求降低成本的最大潜力，重新设计或改进原设计方案，力争设计成本能达

到目标成本的要求。通常产品层次设计成本和目标成本之间会有反复调整的情况。

（5）评价设计方案。

一种新产品通常有多种设计方案，评价时可采用定量分析和定性分析相结合的方法，从技术上、经济上、社会效益上综合分析不同方案的可行性，选择最优方案。其评价原则是：

①节能减排，符合环保要求，进行绿色设计。

②技术上可行。

③设计成本小于目标成本。

④一般来讲，设计成本最低的方案是最优方案。

⑤如果各设计方案不仅成本不同，而且产品售价、预计销售量也不同，应综合分析成本利润率和总盈利。

（6）评价方案时不仅要考虑企业的经济效益，也要考虑社会效益。

另外，在方案选优过程中，不能将成本最低原则绝对化，应进行成本功能分析，分析时着重考虑以下几点：①产品是否因过分强调质量而产生多余的功能，即过剩质量；②是否存在多余的零件、多余的加工工序；③是否因安全系数过大而使零件过重或材质不适当地提高；④能否在保证质量的情况下，采用价廉物美的材料，用标准化、通用化的零件取代专用零件；⑤能否使产品结构尽可能地简化；⑥是否便于维护、使用。

4. 生产阶段目标成本控制

（1）预测目标总成本。

预测目标总成本是在确定目标利润的基础上进行的。预测时既要考虑企业的现有设备情况、生产能力、技术水平和历史成本资料等内部条件，也要考虑企业的外部环境，通过市场调查，收集国内国际市场的价格信息资料，测算产品的市场价格，预计销售收入。其采用以下公式进行计算：

目标总成本=预计销售收入-目标总利润-销售税金

（2）目标总成本的分解。

为了在生产过程中落实目标成本，必须将目标总成本分解到各成本责任单位，编制各责任单位成本预算。其方法有两种：

责任成本预算=Σ（责任单位目标产量×单位产品变动成本）+责任单位可控固定成本预算

责任成本预算=Σ（责任单位目标产量×单位产品可控标准成本）

企业目标总成本是各责任单位责任成本预算的约束条件，各责任单位成本预算之和加上不可控成本，不能超过目标总成本。

5. 日常的目标成本控制

在日常管理中，目标成本控制要与经济责任制相结合，将目标成本层层分解，落实到岗位与个人，并与奖惩制度配套执行。通过归口、分级管理，形成多层次的成本控制网络。各责任中心以成本预算为工具，进行核算、分析、限制、指导和协调，随时观察实际发生的成本，与预算成本相比较，发现差异，分析原因，进行调整，保证责任成本的落实。

（三）标准成本控制法

1. 标准成本的概念和特点

标准成本起源于泰罗的“科学管理学说”，经过不断演进，已成为控制成本的有效工具。标准，即一定条件下衡量和评价某项活动或事物的尺度。所谓标准成本，是指在正常的生产技术水平和有效的经营管理条件下，企业经过努力应达到的产品成本水平。它有理想标准成本、正常标准成本和现实标准成本三种类型：

（1）理想标准成本是企业的经营管理水平、生产设备状况、职工技术水平等条件都处于最佳状态时，停工损失、废品损失、机器维修保养、工人休息停工时间等不存在时的最低成本水平。由于这种成本的要求过高，只是一种纯粹的理论观念，即使企业全体员工共同努力，也常常无法达到，因此它不宜作为现行标准成本。

（2）正常标准成本是根据过去一段时期实际成本的平均值，剔除生产经营活动中的异常因素，并考虑未来的变动趋势而制定的标准成本。这种标准成本是以未来为历史的延伸，是一种经过努力可以达到的成本，企业可以此为现行成本。但它的应用有局限性，企业只有在国内外经济形势稳定、生产发展比较平稳的情况下才能使用。

（3）现实标准成本是根据企业最可能发生的生产要素耗用量、生产要素价格和生产经营能力利用程度而制定的。由于这种标准包含企业一时还不能避免的某些不应有的低效、失误和超量消耗，因此它是经过努力可以达到的既先进又合理，最切实可行且接近实际的成本。

标准成本控制法是指企业以预先制定的标准成本为基础，通过比较标准成本与实际成本，计算和分析成本差异、揭示成本差异动因，进而实施成本控制、评价经营业绩的一种成本管理方法。标准成本控制的特点是：①标准成本制度只计算各种产品的标准成本，不计算各种产品的实际成本。“生产成本”“产成品”“自制半成品”等成本账户均按标准成本入账。②实际成本与标准成本之间的各种差异分别记入各成本差异账户，并根据它们对日常成本进行控制和考核。③标准成本控制可以与变动成本法相结合，达到成本管理和控制的目的。

2. 标准成本控制的程序

标准成本控制一般按照确定应用对象、制定标准成本、实施过程控制、成本差异计算与动因分析，以及修订与改进标准成本等程序进行。分为以下几个步骤：

（1）确定成本控制对象。

（2）制定标准成本。

（3）揭示实际消耗与标准成本的差异。

（4）积累实际成本资料，并计算实际成本。

（5）比较实际成本与标准成本的差异，分析成本差异产生原因。

（6）根据差异产生的原因，采取有效措施，在生产经营过程中进行调整，消除不利差异。

以下主要讲述制定标准成本和成本差异的计算与分析。

3. 制定标准成本

（1）标准成本的制定方法。

制定标准成本有多种方法，最常见的有：

①工程技术测算法。它是根据一个企业现有的机器设备、生产技术状况，对产品生产过程中的投入产出比例进行估计而计算标准成本。

②历史成本推算法。它是将过去发生的历史成本数据作为未来产品生产的标准成本，一般以企业过去若干期的原材料、人工等费用的实际发生额计算平均数，要求较高的企业往往以历史最好成本水平来计算。

以上两种方法，各有优缺点。历史成本测算法省时省力，又易于做到，但它不能适应变化的市场要求。

（2）标准成本的一般公式。

产品的标准成本，根据完全成本法的成本构成项目，主要包括直接材料、直接人工和制造费用三个项目组成。无论是哪一个成本项目，在制定其标准成本时，都需要分别确定其价格标准和用量标准，两者相乘即每一成本项目的标准成本，然后汇总各个成本项目的标准成本，就可以得出单位产品的标准成本。其计算公式如下：

某成本项目标准成本＝该成本项目的价格标准×该成本项目的用量标准

单位产品标准成本＝直接材料标准成本+直接人工标准成本+制造费用标准成本

（3）标准成本各项目的制定。

①直接材料标准成本的制定。

直接材料标准成本是由直接材料耗用量标准和直接材料价格标准两个因素决定的。

直接材料耗用量标准是指企业在现有生产技术条件下，生产单位产品应当耗用的原料及主要材料数量，通常也称为材料消耗定额，一般包括构成产品实体应耗用的材料数量、生产中的必要消耗，以及不可避免的废品损失中的消耗等。材料耗用量标准应根据企业产品的设计、生产和工艺的现状，结合企业的经营管理水平的情况和成本降低任务的要求，考虑材料在使用过程中发生的必要损耗（如切削、边角余料等），并按照产品的零部件来制定各种原料及主要材料的消耗定额。材料消耗标准一般应由生产技术部门制定提供，定额制度健全的企业，也可以依据材料消耗定额来制定。

材料价格标准是指以订货合同中的合同价格为基础，考虑未来各种变动因素，所确定的购买材料应当支付的价格，即标准单价，一般包括材料买价、运杂费、检验费和正常损耗等成本。它是企业编制的计划价格，通常由财务部门和采购部门协商后共同制定。

确定了直接材料耗用量标准和价格标准后，将各种原材料耗用量标准乘以标准单价，就得到直接材料标准成本。其计算公式：

单位产品直接材料成本＝Σ【各种材料耗用量标准×各种材料价格标准】

②直接人工标准成本的制定。

直接人工标准成本是由直接人工工时耗用量标准和直接人工价格标准两个因素决定的。人工工时耗用量标准即直接生产工人生产单位产品所需要的标准工时，也称工时消耗定额，是指在企业现有的生产技术条件下，生产单位产品所需要的工作时间，包括对产品的直接加工工时、必要的间歇和停工工时以及不可避免的废品耗用工时等。人工工时耗用量标准通常需由生产技术部门和劳动工资部门根据技术测定和统计调查资料来确定。直接人工价格标准是每一标准工时应分配的标准薪酬，即标准薪酬率，以职工薪酬标准来确定。确定了标准工时和薪酬率后，用下列公式计算单位产品直接人工标准成本：

单位产品直接人工标准成本=标准薪酬率×人工工时耗用标准

③制造费用标准成本的制定。

由于制造费用无法追溯到具体的产品项目上，包括固定性制造费用和变动性制造费用，因此，不能按产品制定消耗额，通常以责任部门为单位，按固定费用和变动费用编制预算。制造费用的标准成本是由制造费用的价格标准和制造费用的用量标准决定的，制造费用价格标准即制造费用分配率标准，制造费用用量标准即工时用量标准。具体计算公式如下：

单位产品制造费用标准成本=制造费用分配率标准×制造费用用量标准

制造费用分配率标准=变动制造费用标准分配率+固定制造费用标准分配率

变动制造费用分配率标准=变动制造费用预算÷预算标准工时

固定制造费用分配率标准=固定性制造费用预算÷预算标准工时

④制定标准成本举例。

【例 8-8】假定甲企业 20××年 A 产品预计消耗直接材料、直接人工、制造费用资料以及 A 产品标准成本计算如表 8-18 所示。

表 8-18　产品标准成本计算表

产品：A 产品　　　　20××年×月×日　　　　单位：元

	原料号码	单位	数量	标准单价	部门		合计		操作号码	标准时数	标准工资率	部门		合计
					1	2						1	2	
直接材料	1-6	kg	5	10	50		50	直接人工	1-3	2	5			10
	3-5	kg	10	7		70	70		2-4	5	4	10	20	20
	4-7	kg	6	10		60	60		3-5	6	3		18	18
直接材料成本合计					50	130	180	直接人工成本合计				10	38	48
变动制造费用	标准时数	标准分配率			部门		合计	固定制造费用	标准时数	标准分配率		部门		合计
					1	2						1	2	
	2	3			6		6		2	2				4
	11	4				44	44		11	3		4	33	33
	变动制造费用合计				6	44	50		固定制造费用合计			4	33	37
制造费用合计														87
产品标准成本合计														315

4. 成本差异的计算与分析

这里的成本差异是指产品的实际成本与标准成本之间的差额。在生产经营过程中，实际发生的成本会高于或低于标准成本，它们间的差额就是成本差异，实际成本高于标准成本时的差额称为不利差异，低于标准成本时的差额称为有利差异。实行标准成本控制就是要扩大有利差异，消除不利差异。

标准成本包括直接材料标准成本、直接人工标准成本、变动制造费用标准成本、固定制造费用标准成本，与此相对应，成本差异也有直接材料成本差异、直接人工成本差异、变动制造费用成本差异、固定制造费用成本差异，每一个标准成本项目均可分解为用量标准和价格标准，成本差异也分解为数量差异和价格差异。标准成本差异分析实际上就是运用因素分析法（又称连环替换法）的分析原理和思路对成本差异进行分析，遵循该法中的因素替换原则和要求，故进行标准成本的差异计算与分析应结合因素分析法加以考虑。

对成本差异既分成本项目，又分变动和固定成本，还分用量和价格因素等进行多方面、多角度的深入分析，其根本动因在于找出引起差异的具体原因，做到分清、落实部门、人员的责任，使成本控制的作用真正得以发挥。

成本差异的通用计算公式如图 8-2 所示。

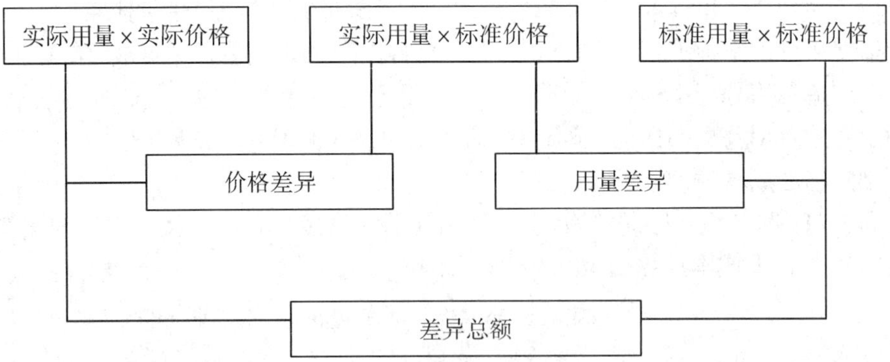

图 8-2　成本差异的通用计算公式

（1）直接材料差异的计算与分析。

直接材料成本差异是直接材料的实际成本与其标准成本之间的差额，包括用量差异和价格差异。由于直接材料的用量和价格指标是最接近人们一般理解中的用量和价格概念的，故比直接人工、制造费用的差异计算和分析更易于理解和接受。

直接材料的用量差异=（实际用量×标准价格）-（标准用量×标准价格）
=（实际用量-标准用量）×标准价格
=△用量×标价

导致直接材料用量差异的因素主要有设备故障、原材料质量不高、员工技术不熟练、产品质量标准变化、生产管理不力等。这些差异主要在生产过程中发生，应由生产部门负责。当然，也存在生产部门不可控的因素，如采购部门为了降低采购成本，降低了原材料的质量，这就不是生产部门的责任。

导致直接材料价格差异的因素主要有采购批量、送货方式、购货折扣、材料品质、采购时间等。这些因素主要由采购部门控制，应该由采购部门负责。当然也存在例外情况，如生产中出现材料紧缺，必须紧急采购，价格就难以控制，造成采购成本提高，其责任又另当别论。

直接材料的价格差异=（实际用量×实际价格）-（实际用量×标准价格）
=实际用量×（实际价格-标准价格）
=△价格×实量

【例 8-9】某企业 A 产品本月实际产量为 120 件，材料消耗标准用量为 10 千克，每千克标准价格为 50 元，实际材料耗用量为 1 100 千克，实际单价为 51 元。其实际材料标准成本差异计算如下：

直接材料的实际成本= 1 100×51=56 100（元）

直接材料的标准成本= 120×10×50=60 000（元）

直接材料成本差异= 56 100-60 000 =-3 900（元）

其中：

数量差异=（1 100-120×10）×50 =-5 000（元）

价格差异=（51-50）×1 100=1 100（元）

上述计算结果说明，该企业材料数量差异为-5 000 元，表明生产部门管理得力，或是生产技术水平提高等原因，节约了材料。价格差异为 1 100 元，这是由于市场价格的变化所带来的不利差异。

（2）直接人工差异的计算与分析。

直接人工差异的确定与直接材料大致相同，不同之处在于直接人工的用量指标是“工时”，而“工时”可以反映工作效率，所以其用量差异就是人工效率差异；价格指标是“薪酬率”，所以其价格差异就是薪酬率差异。其计算公式为：

直接人工效率差异（量差）

=（实际工时×标准薪酬率）-（标准工时×标准薪酬率）

=（实际工时-标准工时）×标准薪酬率

=△工时×标准薪酬率

直接人工薪酬率差异（价差）

=（实际工时×实际薪酬率）-（实际工时×标准薪酬率）

= 实际工时×（实际薪酬率-标准薪酬率）

= △薪酬率×实际工时

薪酬率是在聘用合同中用条款规定的，实际支付与预算额一般不会出现差异。但企业的人力资源管理变动会导致薪酬率差异，如在生产经营中降级或升级使用员工、员工人数的增减、总体薪酬水平变动等情况发生时。

员工生产经验不足、原材料质量不合格、设备运转不正常、工作环境不佳等多种因素均会导致直接人工效率差异。通常情况下，效率差异由生产部门负责，但如果影响因素是生产部门的不可控因素，责任由相关部门承担。

【例 8-10】某企业 B 产品直接人工成本差异如表 8-19 所示。

表 8-19　直接人工成本差异计算表

项目	工时数/小时	薪酬率/（元/小时）	金额/元
标准成本	5 200	11.8	61 360
实际成本	5 000	12.6	63 000
薪酬率差异	（12.6-11.8）×5 000=4 000		
效率差异	（5 000-5 200）×11.80 =-2 360		
直接人工成本差异	4 000+（-2 360）= 1 640		

（3）变动制造费用差异计算与分析。

变动制造费用差异的确定与直接人工大致相同，用量指标也为“工时”，故用量差异也就是其效率差异；其价格指标是“制造费用分配率”，而费用分配率反映的是耗费水平，故其价格差异也就是其耗费差异。

变动制造费用效率差异（量差）

=（实际工时-标准工时）×变动制造费用标准分配率

=△工时×标准分配率

变动制造费用耗费差异（价差）

=（变动制造费用实际分配率-变动制造费用标准分配率）×实际工时

=△分配率×实际工时

变动制造费用耗费差异，可能是实际价格与变动制造费用预算不一致造成的，也可能是制造费用项目的过度使用或浪费造成的。

变动制造费用效率差异产生的原因与直接人工效率差异大致相同。

【例 8-11】某产品变动制造费用实际发生额为 7 540 元，实际耗用直接工时 1 300 小时，产量 120 000 件，单位产品标准工时 0.01 小时，制造费用标准分配率 6 元/小时，变动制造费用差异计算如下：

耗费差异= 7 540-1 300×6 =-260（元）

效率差异= 1 300×6-0.01×120 000×6=600（元）

变动制造费用总差异=-260+600=340（元）

（4）固定制造费用差异计算与分析。

固定制造费用有两种计算分析方法，一是两因素差异分析法，二是三因素差异分析法。两因素差异分析法将固定制造费用差异分为耗费差异和数量差异，这里的数量差异又称为能量差异，计算公式如下：

固定制造费用成本差异=固定制造费用实际发生额-实际产量下标准固定制造费用

其中：①耗费差异=固定制造费用实际发生额-固定制造费用预算额

②能量差异=固定制造费用预算额-实际产量下标准固定制造费用

=（预算工时-标准工时）×固定制造费用标准分配率

固定制造费用包括管理人员薪酬、保险费、厂房设备折旧、税金等项目，这些项目在一定时期内不会随产量水平的变化而变动，因此，一般来讲，与预算成本差异不大。

如果企业出现固定制造费用数量差异，说明生产能力的利用程度与预算不一致。生产能力超额利用，实际标准工时会大于生产能量，形成有利差异；反之，则是生产能力没有得到充分利用，造成生产能力的闲置。

【例 8-12】某产品固定制造费用预算成本为 30 000 元，预算直接人工 1 000 小时，单位产品标准工时是 0.01 小时，固定制造费用标准分配率是 30 元/小时，预算产量 100 000 件，实际产量 90 000 件，实际发生制造费用 28 700 元，则：

耗费差异= 28 700-30 000=-1 300（元）

能量差异= 30 000-30×0.01×90 000=3 000（元）

固定制造费用总差异=-1 300+3 000=1 700（元）

三因素差异分析法就是进一步将能量差异分为效率差异和生产能力利用差异，再加上前面的耗费差异就构成了三种影响因素，耗费差异的计算与前面完全一致，另外两种差异的计算公式如下：

①效率差异=（实际工时-标准工时）×固定制造费用预算分配率

②生产能力利用差异=（预算工时-实际工时）×固定制造费用预算分配率

注意：固定制造费用预算分配率是指固定制造费用标准分配率。

实际工时脱离标准工时反映的是效率，故这类差异成为“效率差异”；预算工时与实际工时的不一致反映的是生产能力的利用程度，如实际工时低于预算工时说明生产能力存在闲置，尚未充分利用生产能力；如实际工时高于预算工时说明企业超负荷运转，存在生产能力的透支使用，故这类差异称为“生产能力利用差异”或“闲置能量利用差异”。

（四）责任成本控制法

在企业分权管理模式下，责任会计应运而生。责任会计是在分权管理的条件下，将企业所属各级、各部门按其权力和责任的大小，划分成各种特定的分权单位，即成本中心、利润中心和投资中心等各种不同形式的责任中心，并建立起以各个责任中心为主体，以责、权、利相统一的机制为基础，借助内部转移价格等计量手段和销售额、可控成本、净利润等经济指标考核责任中心的经营业绩，同时，根据经营业绩给予适当的奖惩。也就是在企业内部建立责任中心体系，并对他们负责的经济活动进行规划、控制、考核与评价。责任成本是责任会计核算体系中的一个指标，对各责任中心的责任成本进行控制是企业内部财务控制系统的重要内容。

责任中心是指承担一定经济责任，并拥有相应管理权限和享受相应利益的企业内部责任单位的统称，即责权利相结合的内部责任单位。

1. 责任成本控制的程序

（1）编制责任成本预算。

责任成本预算包括责任成本预算和责任费用预算。它是根据企业确定的人工、材料的内部转移价格和有关定额所编制的有关成本费用预算，对该成本责任中心的直接费用、间接费用和管理费用等按照内部成本价格或市场调查价格所重新制定的。具有目标性和可控性的内部成本费用预算，是责任中心成本支出的最高限额，是各责任层预测成本的基础和控制各责任中心成本支出的依据。同时，责任成本预算还是责任中心计算收入的标准，是责任中心的上级部门计算和考核责任中心责任成本的工具，也是各单位编制成本计划的重要依据。责任成本预算的编制，要以最优化的流程为前提。对于每一个责任成本中心，都应当由其上一责任层确定责任成本预算。其具体编制程序和方法参见本书第7章。

（2）执行责任成本预算，并控制责任成本。

各责任层的责任中心在责任成本费用预算编制完成后，要逐级落实执行，并对责任预算的执行情况进行控制，由于责任成本管理明确划分了管理层、经营层、作业层以及职工个人所应承担的责任和可获取的利益，因而在实际工作过程中就有了自发控制成本的机制。这些对成本自发控制的形式在管理和经营层上表现为制定选择最优化的工作流程，运用提高工效降低成本的先进技术、先进的管理方法等，在作业层优化组合科学管理，防止浪费等方法。

（3）核算责任成本实际发生额。

各责任中心执行责任成本预算后会形成责任成本实际发生额，企业必须结合内部结算价格对其进行核算，以便为责任成本分析与考核提供必不可少的资料；同时，进行责任成本核算，对强化企业管理、降低成本、提高经济效益有着十分重要的作用。

（4）分析责任成本，考核业绩。

责任成本的分析与考核，主要是利用责任中心编制的业绩报告，对责任中心各项责任预算执行结果进行分析与评价，总结成功的经验，揭示存在的问题与不足，并给予合理的奖惩，以利于进一步加强管理，提高经济效益。

2. 责任成本核算

（1）责任成本的构成。

①生产部门责任成本。

生产部门责任成本除少数调整项目外，基本上与制造成本的内容一致，即产品制造过程中发生直接材料、直接人工和制造费用，加上被追溯责任成本，扣减追溯责任成本。直接材料成本按内部转移价格计算，直接人工成本按职工薪酬组成内容确定。

被追溯责任成本指由其他责任中心追溯而来的应由本责任中心负担的成本，主要包括：

A. 本责任中心产生的废品结转到后续生产步骤而应负担的，后续生产步骤追加的费用及该废品在本责任中心的成本；

B. 本责任中心的责任造成的其他责任中心的损失。

追溯责任成本指由本责任中心追溯给其他责任中心的应由其负担的成本。按责任追溯原则，应扣除这部分追溯成本。其具体包括：

A. 属材料、半成品及劳务供应部门的责任，应由这些部门承担的成本。其主要包括：材料、半成品质量问题而产生的废品损失；包括材料半成品转入时按内部转移价格计算的成本，在本责任中心继续加工追加的费用（含追加的材料、应分摊的追加工资及制造费用）；如果按层层追溯原则，后续步骤由此追溯而来的费用（后续生产部门由于加工该废品追溯而来的费用）也应一并追溯到材料、半成品供应部门；材料、半成品供应中断而造成的停工损失；劳务供应中断而造成的停工损失；劳务供应中断而产生的废品也应一并包括在内。

B. 属设计部门设计失误而应由产品设计部门承担的损失。其包括设计失误而造成的废品损失，等待修改设计发生的停工损失，以及设计失误而导致生产部门发生的其他费用支出。

C. 设备管理部门设备管理不善而导致的停工损失，废品损失及增加的其他费用支出。但生产部门违反操作规程导致的损失由生产部门承担。在确定生产部门责任成本内容时，有些项目存在归属确认上的困难，应根据企业实际情况进行不同的处理。这些项目主要有固定资产折旧及修理、租赁费、保险费、修理期间的停工损失等。

②物资供应部门责任成本。

供应部门的责任成本包括：

A. 材料物资的采购成本，包括买价、运输费用、保险费、途中合理损失、入库前加工整理等费用及缴纳的税金；

B. 供应部门发生各项费用，如职工薪酬、办公费、差旅费、水电费等；

C. 材料储存中发生的各项费用，如材料储存费，材料物资盘亏、盘盈、毁损等（不包括非常损失）；

D. 因材料质量问题造成的损失，如材料不符合规定型号、标准而造成的浪费，材料质量问题造成的废品损失等；

E. 材料供应不及时造成的停工损失。

③设备管理部门责任成本。

设备管理部门责任成本主要包括：

A. 设备管理内部发生的各项费用如薪酬、办公费、差旅费、固定资产折旧费等；

B. 设备的非使用单位责任造成的停工损失和废品损失；

C. 设备按计划进行的大修理费税金与计划的差额；

D. 设备大修理停工损失税金与计划的差额。

④技术开发部门责任成本。

A. 新产品研制开发费用，老产品改造费用；

B. 产品设计投产后在生产中的浪费；

C. 工艺规程不合理在生产中造成的浪费；

D. 设计部门发生的其他费用。

⑤产品销售部门责任成本。

A. 产品销售费用，销售违约金；

B. 销售不畅没有及时反馈信息的成品积压损失；

C. 销售价格折扣、折让、退回损失、坏账损失；

D. 产品仓储费。

（2）责任成本的核算方法。

在会计实务中，责任成本核算有双轨制和单轨制两种方法。

①双轨制。

该方法产品成本的计算仍然用原来的一套办法、一套凭证、一套人马，即原有的产品成本核算工作内容不变，而另外组织一套核算体系来专门计算责任成本。当然，原始凭证等还是主要运用原产品成本核算体系的原始凭证，但是具体的核算办法、内容、报告等都和产品成本核算有所不同。

由于该方法用会计的方法核算责任成本，而且是单独进行核算，因此它提供的资料具有严密精确的特点，这对于划清经济责任无疑是非常重要的。但由于我国不少企业的管理水平较低，管理人员素质较差，管理工具落后，要在本来已十分繁忙的产品成本核算工作中再另加一套和原产品成本核算工作内容不同的责任成本核算工作，无疑有些强其所难。以上原因使得这种方法的推行受到限制，这也是这种方法生命力不强的重要原因。

②单轨制。

该方法由责任成本和产品成本同时在一套核算体系里核算而得，把责任成本的核算融合到产品成本计算之中，所得出的核算资料既能满足产品成本核算制的需要，又能满足责任成本制的需要。

该方法把责任成本和产品成本的核算结合在一起，在原有的核算基础上不必过多地增加工作量就能达到计算两种成本的目的，在我国现有的情况下有着十分重要的现实意义，这也是这种方法生命力较强的原因所在。所以，单轨制应是我国推行责任成本制的基本方法。但我们也应该看到，由于责任成本和产品成本的差异性，如果二者的核算结合得不好，必然会影响两种成本的正确性和可靠性。因此，如何正确地结合两种成本核算，是执行单轨制能否成功的关键。

从理论上讲，责任成本和产品成本是完全能够结合起来核算的，虽然二者有着较大的差别，但是存在以下共同因素：

A. 两种成本所反映的都是一定时期企业所耗的物化劳动和活劳动，只是反映的角度不同，即两种成本从不同的侧面反映同一事物。

B. 两种成本的计算所运用的原始凭证和原始资料有许多是一致的，如领料单、收料单、出入库单、工票、发票等。

C. 两种成本的计量是一致的。其一，在价值量上，两种成本都用人民币（在我国）为主要计量单位；其二，在实物量上，许多用以反映耗费和成果的实物量是一致的。

因此，两种成本的核算有一定的共同基础，所不同的是耗费的最终归集与汇总。责任成本是把各种消耗最终归集到各责任中心上，而产品成本是把各种消耗最终归集到各种产品上。一种是按成本发生单位归集，一种是按成本受益对象归集。因此，通过一定的组合，二者完全能结合起来统一核算。

③单轨制下责任成本核算程序。

A. 确定责任者和成本费用核算对象。

根据企业内部组织结构体系确定责任者。根据责任者和费用项目，确定成本费用核算对象。结合成本费用项目按责任者设置责任成本明细账，按责任者的工作范围和费用项目设置成本卡片下达费用定额，以便使财会部门既能核算责任成本，又能核算财务成本，达到记账管理和控制成本费用的统一。根据各层次责任者的工作范围下达各项成本费用的预算定额，预算定额指标按层次落实到责任者，由财务部门和下一级核算部门按责任者设置辅助账簿，记录责任预算定额执行情况。

B. 设置账簿。

设置总分类账归集发生的各项费用，用以核算企业实际生产费用。在总分类账下，设置责任成本明细账和财务成本明细账，分别核算责任成本费用和财务成本费用项目。责任成本费用明细账是按责任者设置分可控费用和不可控费用栏目，并按费用项目设细目，登记本期发生的全部可控费用和不可控费用，以便控制考核责任者；财务成本费用明细账则是按成本费用项目开设专栏，借方登记由责任成本费用明细账转入的全部可控费用和不可控费用，贷方登记本期结转的成本费用，月终要与总分类账核对相符。

C. 设置责任者预算卡片。

责任者预算卡片按责任者设置，登记责任者所涉及各费用项目的预算定额，以便使每一个责任者对每一个费用项目做到心中有数，定期与责任成本明细账核对，分析产生差异的原因，使费用项目得到有效控制，有利于财务部门的综合分析。

D. 归集生产费用。

在登记责任成本费用明细账时，要分清可控费用和不可控费用。下达给责任者的项目预算定额范围内的属可控，超范围的则属不可控。此外，可能在班组可控，在管理部门则不可控，或在班组不可控而在管理部门可控。例如材料费升降有两个影响因素：一是材料消耗，在生产班组是可控费用，在供应部门却是不可控费用；二是采购材料的质量和价格，在生产班组不可控在供应部门却可控。因此，归集登记责任成本费用明细账时，要分清各责任者的可控费用和不可控费用，这样才能分清责任，找出费用升降的因素及原因，达到控制费用的目的。

月终，将本期发生的生产费用全部归集在责任成本费用明细账中，根据责任成本费用明细账的记录和金额进行分析评价，考核完成情况，并按成本费用项目将责任成本费用明细账发生额全部转入财务成本费用明细账，与总账核对，同时进行报表等管理。责任成本费用明细账期末无余额。

月末，将记账凭证汇总登记总账，同财务成本费用明细账进行核对，完成企业常规管理和报表管理的工作。

E. 月末对责任者预算定额卡片和责任成本费用账进行核对。

根据下达给责任者的预算卡片和责任成本费用账提供的有关资料，计算责任者的实际完成情况，考核责任者业绩。

某责任者本期可控费用完成情况= 本期发生可控费用÷预算定额数×100%

某责任者累计可控费用完成情况= 累计发生可控费用÷年预算定额数×100%

某责任者本期全部生产费用完成情况= 本期全部费用支出数÷预算定额数×100%

某责任者累计全部费用完成情况= 累计全部费用支出数÷年预算定额数×100%

F. 编制责任成本费用报表。

根据责任成本费用明细账，编制责任成本汇总表，报告责任成本费用完成情况，作为责任预算的一项业绩考核报告，综合评价考核责任者的业绩。运用责任会计建立成本费用中心，按谁负责谁承担的原则把生产费用归集到负责控制的责任者身上。

（五）作业成本控制法

1. 作业成本控制概述

作业成本法能为管理人员提供详细的成本信息，使管理人员能够在掌握比较充分的信息的基础上做出决策。但作业成本法的作用并不仅限于此，更有意义的是，利用作业成本法可以对成本实施有效控制。作业成本控制就是通过作业分析区分增值作业和非增值作业，尽可能地消除非增值作业，达到降低成本的目的。管理层可以向其雇员下达成本降低指标，但成本降低的最终完成却需要作业的变化，尤其是减少非增值作业。作业成本控制是符合现代企业高风险的经营环境、灵活性的顾客化生产、高度自动化的先进制造环境的一种新型的成本控制方法。它是作业成本管理的重要内容，以作业成本计算为基础，主要表现在对责任中心建立、传统标准成本制度和预算制度运行方式的改进上。

实施作业成本控制必须树立一种新的企业观和文化观，只有在这种新的企业观和文化观下，才能形成新的管理控制观念。新的管理控制观包括以下几个方面：

（1）企业管理的职能必须从传统的计划、组织、协调、控制转向参与、沟通和促进交流；

（2）以顾客需要为导向；

（3）了解顾客需求，采取系统的战略措施，满足顾客需要；

（4）注重长、短期目标的平衡，不因短期利益而放弃企业长远的发展目标；

（5）加强企业的团队管理，形成自我管理和控制能力。

作业成本控制与传统的成本控制相比，具有以下特点：

（1）作业成本控制是一种全面成本控制。它不像传统的成本控制那样集中在产品的生产成本控制上，而把成本控制的触角延伸到企业的各个层面。作业成本系统与企业的评价系统、管理系统、技术系统和营销系统被整合成一个整体，提供全面、准确的成本信息，成本信息的受益范围扩大。

（2）作业成本控制是对产品整个生命周期的成本进行控制。传统成本控制注重产品生产过程中所发生的成本，已远远满足不了当代企业的要求。当代社会的消费观念已发生了质的变化，不仅对产品的质量、功能提出要求，还对品牌、服务以及个性化提出了很高的要求，产品的生命周期缩短。在产品整个生命周期中，生产过程中所发生的成本在产品生命周期成本中所占的比重大大降低。作业成本从顾客的需求出发，着眼于成本发生的全过程，是全过程的成本控制。

2. 作业成本控制的程序

利用作业成本法对成本进行控制，一般采取以下几个步骤：

（1）进行作业分析。

作业的转移伴随着价值的转移，作业链的形成与价值链的形成保持一致。企业竞争优势的获得离不开作业分析。作业分析包括以下几个方面：

①确认客户对作业过程的期望；

②把所有作业分为增值作业和非增值作业；

③不断提高所有增值作业的效率，做出剔除非增值作业的计划。

作业分析表现了一个组织考虑它们生产产品或向客户提供服务过程的一种系统方法。作业控制可以确认并消除增加产品成本而不增加产品价值的作业。

不增加产品价值的作业是指那些不影响产品质量、性能或价值的活动，也称非增值作业。下面是一些非增值作业类型：

①储存。材料、在制品、完工产品的存储很显然是非增值作业，最佳方式是采用适时制来减少或消除它们。

②运输。在公司周围运输零件、材料或其他货物并不增加产品的价值。

③等待工作。空闲的时间不增加产品的价值。减少员工等待工作的时间，可以降低成本。

（2）制定作业成本控制标准。

根据成本控制的基本理论，成本控制的设计阶段是制定成本限额或成本目标。作业成本控制中，成本控制标准的制定是以作业中心为核心的，与作业的效率和作业量相关，确认每项作业的增值成本，并依据每项作业不同的成本动因数量制定成本标准，作为将来的业绩考核依据。

增值成本是指执行增值作业时发生的成本，与此相对应的非增值成本是指由于执行了不增值作业或增值作业的低效部分而发生的成本。增值成本是一个企业应该发生的成本，增值这一标准要求消除非增值作业，同时也要求提高增值作业的效率，使增值作业有一个最优的产出水平。增值成本标准按其制定所根据的生产技术和经营管理水平，分为理想增值成本标准和现实增值成本标准。理想增值成本标准指在最优的生产条件下，根据最优作业产出标准、资源的理想价格和可能实现的最高生产经营能力利用水平制定的最低作业成本。如果企业正在致力于节约非增值成本，可以制定现实增值成本标准，确认下一年计划达到的改善程度。现实增值成本标准是指在现实有效的经营条件下，根据下一期改进作业后一般应该发生的资源耗用量、资源预计价格和预计生产经营能力利用程度制定出来的增值成本。现实增值成本将生产经营活动中难以避免的非增值作业和低效作业也计算在内，使之成为切实可行的业绩评价标准。

（3）计算实际作业成本。

成本控制深入作业水平，要求成本计算与之相适应，即要求实际成本计算深入每一项作业，进行作业成本计算。在作业成本控制中，控制中心转变为作业中心，差异计算与分析也是以作业中心为起点的，实际作业成本是指某特定区间作业中心归集的资源费用，只涉及作业成本计算的第一个过程（将资源费用分配到作业），与第二个过程无关（将作业分配到产品）。实际作业成本计算中的资源数据通常可从企业分类账中获得，但分类账并无执行各项作业所消耗的成本，因此必须将获得的资源费用分配到作业中心去。计算方法通常有两种：一是直接费用法——直接衡量作业中心所耗资源的成本，这种方法比较准确，但衡量成本较高；二是估计法——根据调查获得的每一作业中心所耗资源的数量或比例进行分配。估计法因为获得的信息较可靠而且衡量成本不高，成为最常用的方法。

（4）作业成本差异计算与分析。

由于种种原因，一定期间（一个月）每个作业中心的实际作业成本与标准作业成本往往不符。实际作业成本与标准作业成本之间的差额，称为标准作业成本差异。完整的差异计算与分析包括三个步骤：计算差异的数额并分析其种类；进行差异调查，找到产生差异的具体原因；判明责任，采取措施，改进成本控制。

①变动作业成本差异模型与分析。

成本差异可以归纳为价格脱离标准造成的价格差异与用量脱离标准造成的数量差异两类。差异模型如下：

某期间实际变动作业成本＝实际价格×实际数量　　A

＝某期间单位成本动因消耗的实际资源费用×某期间实际成本动因量

某期间标准变动作业成本＝标准价格×实际数量

＝单位成本动因消耗的标准资源费用×某期间实际成本动因量　　B

某期间增值变动作业成本＝单位成本动因消耗的标准资源费用×某期间标准成本动因量　　C

A－B＝价格差异，又称耗费差异；B－C＝数量差异，又称效率差异，表示不增值的变动作业成本；A－C＝总差异。

它产生的原因在于：变动作业成本的价格差异是实际变动作业成本与标准变动作业成本之间的差额，它反映某一期间的耗费水平，即单位成本动因消耗的资源费用脱离了标准所致的超支或节约数额。耗费差异形成的主要原因是各项变动资源费用如奖金、动力、机物料消耗等实际消耗的超支或节省造成资源的浪费或节约，主要是作业中心的责任。变动作业成本的不增值成本为价格标准乘以实际成本动因量与标准成本动因量之间的差异，它反映某一期间实际成本动因量脱离标准成本动因量造成的超支或节约，主要是作业中心的责任。通过数量差异的分析，管理者能够评价作业完成的效率水平，发现改进潜力因素。数量差异形成原因包括工作环境不良、工人经验不足、劳动情绪不佳、辅助设备选用不当等。

②固定作业成本差异模型与分析。

与变动作业成本不同，固定作业成本所耗费的资源是在使用前预先取得的，在作业发生前就确定了可达到的作业产出水平。库珀和卡普兰认为，大部分企业资源的经营支出，短期内并不随成本动因量的变动而变动，资源供应的成本可能是固定的，而每个期间使用资源的量，则是随着生产产品的各成本动因量的变化而变动。

固定作业的差异计算与分析采用三因素差异分析法，成本差异可以分为价格差异、未利用生产能力差异和数量差异。差异计算模型如下：

某期间实际固定作业成本=某期间单位成本动因消耗的实际资源费用×某期间实际成本动因量　　A

某期间可供利用（预算）固定作业成本= 单位成本动因消耗的标准资源费用×某期间可供利用成本动因量　　B

某期间按单位成本动因消耗的标准资源费用计算的固定作业成本= 单位成本动因消耗的标准资源费用×某期间实际成本动因量　　C

某期间增值固定作业成本= 单位成本动因消耗的标准资源费用×某期间标准成本动因量　　D

其中，A-B=价格差异，又称耗费差异或预算差异；B-C=未利用生产能力差异；C-D=数量差异，又称效率差异，表示不增值的固定作业成本；A-D=总差异。

价格差异是指固定作业成本的实际金额与固定作业成本预算金额之间的差额，它的意义与变动作业成本的耗费差异基本相同，表示支付的超额或节约。固定作业成本与变动作业成本不同，在考核时不考虑成本动因量的影响，以原来的预算数作为标准，实际数超过预算数即视为耗费过多。耗费差异形成的原因很多：一类是客观原因造成的资源价格、数量发生变动，例如车间管理人员工资率变动、人员数量增减、设备的增减变动等；另一类属主观因素，例如作业中心经理有意减少或增加某些开支。实际中应区别情况分析。

未利用生产能力差异是指固定作业成本预算数与按单位标准资源费用与实际成本动因量计算的金额之间的差额。它反映的是可供利用生产能力的利用程度。这项差异只有通过对成本动因数量的控制才能控制。该差异的基本特点可概述如下：若实际的成本动因量等于可供利用的成本动因量，则没有未利用生产能力差异，生产能力已得到充分利用；若实际的成本动因量小于可供利用的成本动因量，则未利用生产能力差异为不利差异，表示可供利用生产能力尚未得到充分利用。但要注意分析是否因为宏观经济不景气，如材料、能源、动力供应不足影响销售所致。另外，作业的改善可以形成闲置生产能力，作业经理必须做出果断的决策以减少过剩作业的资源消耗，通过降低资源耗费或将资源转移到其他能产生更多收入的作业中。若实际的成本动因量大于可供利用的成本动因量，则未利用生产能力差异为有利差异，但要注意分析是否由不进行设备正常维修、大修，过度使用设备所致。

作业基础成本控制框架下的差异分析将作业成本分为增值成本与不增值成本两部分，区分价格差异和用量差异，并报告已使用和未使用作业能力成本。可计算不同成本动因量水平下的成本，使得计算过渡时期（不断降低非增值成本）作业标准的预计成本成为可能。差异计算与分析是作业基础成本控制最重要的环节，只有通过差异分析查明具体原因，揭示成本降低的潜力因素，才能为实现成本控制开辟道路，并显著改善业绩预算报告。然后，通过作业分析，确认并消除非增值作业，提高增值作业效率，消除资源浪费，降低成本。

三、成本控制方法的综合运用

企业的成本控制是一项系统工程，是通过各种成本控制方法（或工具）将成本“筑入”产品，而且要服从企业的整体战略。为分析方便，这里以制造业为例，将制造业成本控制分为目标成本设定与分解、成本改善与成本维持、成本分析与业绩考核三个环节，分别利用各种成本控制方法的优点探索综合运用。

（一）目标成本设定与分解

在这一环节要充分利用目标成本控制法强烈的市场性，通过市场调研了解竞争对手的情况和顾客的接受价格，确定目标价格，减去目标利润设定目标成本即最大容许成本。同时目标成本要保证企业确立竞争优势地位，如果企业采取成本领先战略，则目标成本应低于竞争对手的成本且满足顾客需要该产品的基本功能，使企业能够保持成本领先竞争优势；如果企业采取标歧立异竞争战略，则目标成本应与竞争对手持平或略高于竞争对手且应满足顾客需要该产品的特殊功能（或提供竞争对手没有的服务），使企业保持特有的标歧立异竞争优势。

在确定目标成本的同时，要在图纸上按照产品的功能域进行分解并确定完成每一功能所需的构造件，将该功能域的最大容许成本（目标成本）“筑入”各构造件，直到“筑入”每一构造件完工预计所需的各项作业，这样将最大容许成本一直“筑入”每一项作业中，形成目标作业成本。如果这个过程能够顺利进行，这时目标成本就能确定下来，进行生产过程的成本管理，否则就要从头再来。

在这一环节，既要运用目标成本控制法确定产品的最大容许成本（目标成本），又要用作业成本控制法在图纸上把最大容许成本“筑入”各项作业，形成具有“可行性”的目标作业成本。

（二）成本改善与成本维持

目标作业成本的“可行性”经过验证以后，进入生产过程[①]。在生产过程中，目标作业成本转化为标准作业成本，生产过程中要“瞄准”标准作业成本对生产过程发生的成本费用进行控制，也就是我们所说的成本维持；但是，生产过程中不只要进行成本维持，还要运用作业成本管理技法进行成本改善，对在目标成本设定和分解过程中没有考虑到的问题进行修正。所以，在产品生产过程中，既要用标准成本管理技法进

① 这里生产过程是广义的，包括“供产销”以及售后服务全过程。

行成本维持即"成本瞄准"，又要用作业成本管理技法进行成本改善即"成本切削"。

"成本切削"反映了成本管理过程中的持续改进的思想。首先进行产品价值链分析，识别非增值作业。通过分析每种作业对企业相对成本地位贡献大小识别出企业内部的不增值作业和低效率作业，以便进行改善和削减；辨别出这些作业后，进一步分析导致这些成本产生的原因即成本动因分析，它是引起成本发生和变动的原因。了解成本动因后，可以利用价值工程法优化成本动因，运用价值与功能相比，通过改变或消除这些不合理的成本动因，以达到消除、减少不增值作业，提高增值作业效率，改进现有的标准作业成本的目标。所以，企业生产过程中的标准作业成本是一个动态的过程，通过不断地发现问题、解决问题，从而对标准作业成本进行"切削"，为成本维持提供新的"成本瞄准标杆"。

在这一环节，既要运用标准成本控制法进行标准作业成本控制，又要用作业成本控制法对现有的标准作业成本进行"切削"，为标准成本控制提供一个动态的标准作业成本。所以，这一环节是成本改善和成本维持的结合。

（三）成本的分析与业绩考核

目标成本的真正实现，依靠的是全体员工的共同努力，因而企业若想将成本置于真正的控制中，实现成本管理的目标，就应从生产阶段开始到把产品销售给顾客，包括为顾客提供售后服务等各阶段，对作业行为进行管理与控制。首先，企业依据分解到作业层的目标成本，编制作业成本预算，对作业成本实施控制，作业目标成本预算以作业中心为基本单位，将落实到作业中心的每一项作业上（在这里作业目标成本已经转化为标准作业成本），作为这一中心应完成的指标，当实际成本发生后，企业还须编制反映实际成本与标准作业成本的责任报告；其次，由于企业控制的主要目的在于引导员工采取有利于完成标准作业成本的行动，使员工在具体操作经营中，尽最大可能地降低物耗、提高设备利用率及产品质量合格率等，以减少显性成本，要实现这种要求，企业必须在员工目标与组织目标一致的基础上，充分调动各个作业中心员工的工作积极性和主动性，以责任报告为依据，运用标准成本管理技法分析差异产生的原因，控制并调节各作业中心的活动，督促并采取有效措施，纠正缺点，巩固成绩，实行严格的奖惩制度，把责任与物质利益直接结合，奖励先进，推动落后，激励员工为实现目标成本而努力。

在这一环节，企业应主要运用传统的成本控制法（比如，目标成本控制法、预算成本控制法、责任成本控制法等）进行成本分析和业绩考核。

以上虽然只是以制造业的产品成本控制为例，对产品设计到售后服务的全过程成本控制进行了"工程性"的设计，但是这足够说明我们在未来成本控制过程中，应该根据成本控制的需要把各种现有的成本控制法有机地组合起来或者创造出新的综合成本控制法，来解决成本控制中遇到的各种问题。这种思路的实质就是利用各种成本控制法把成本"筑入"产品的过程，具有明显的"工程"属性。

思考题

1. 什么是成本计划？对成本管理有什么意义？
2. 成本计划的编制程序是怎样的？

3. 成本计划的内容有哪些？

4. 什么是成本控制？成本控制的程序有哪些？

5. 为什么产品设计阶段的目标成本控制是成本控制的关键环节？

6. 什么是理想标准？什么是现实标准？企业应如何选择？

7. 标准成本控制中的成本差异有几种？如何披露？

8. 如何运用固定制造费用差异模型分析固定制造费用控制的效果？

9. 为什么要实行责任成本核算？

10. 责任成本的核算方法有哪些？各有什么优缺点？

练习题

1. 某企业按照 9 000 直接人工小时编制的预算资料见表 8-20。

表 8-20 预算资料 单位：元

变动成本	金额	固定成本	金额
直接材料	5 000	间接人工	9 500
直接人工	6 400	折旧	1 900
电力及照明	3 800	保险费	1 250
合计	15 200	电力及照明	1 520
		其他	970
		合计	15 140

要求：按公式法编制 10 000、11 000 直接人工小时的弹性预算（该企业的正常生产能量为 10 000 直接人工小时，假定直接人工小时超过正常生产能量时，固定成本将增加 2%）。

2. 设某公司采用零基预算法编制下年度的销售及管理费用预算。该企业预算期间需要开支的销售及管理费用项目及数额见表 8-21。

表 8-21 销售及管理费用项目及数额 单位：元

项目	金额
产品包装费	10 000
广告宣传费	9 000
管理推销人员培训费	8 200
差旅费	1 700
办公费	4 300
合计	33 200

经公司预算委员会审核后，认为上述五项费用中产品包装费、差旅费和办公费属于必不可少的开支项目，保证全额开支。其余两项开支根据公司有关历史资料进行“成本—效益分析”，其结果为：

广告宣传费的成本与效益之比为 1∶15，管理推销人员培训费的成本与效益之比为 1∶20。

假定该公司在预算期上述销售及管理费用的总预算额为 30 000 元，要求编制销售以及管理费用的零基预算。

3. 某企业生产产品需要一种材料，有关资料见表 8-22。

表 8-22　材料信息

材料名称	A 材料
实际用量/千克	1 000
标准用量/千克	1 100
实际价格/（元/千克）	50
标准价格/（元/千克）	45

要求：试计算这种材料的成本差异，分析差异产生的原因。

4. 某企业本月固定制造费用的有关资料如下：

生产能力　　　　　　2 500 小时
实际耗用工时　　　　3 500 小时
实际产量的标准工时　3 200 小时
固定制造费用的实际数　8 960 元
固定制造费用的预算数　8 000 元

要求：(1) 根据所给资料，计算固定制造费用的成本差异。

(2) 采用三因素差异分析法，计算固定制造费用的各种差异。

本章参考文献

[1] 李定安. 成本会计研究 [M]. 北京：经济科学出版社，2002.
[2] 罗绍德. 成本会计学 [M]. 成都：西南财经大学出版社，2002.
[3] 孙茂竹. 成本管理学 [M]. 北京：中国人民大学出版社，2003.
[4] 谢灵. 成本会计学 [M]. 北京：中国人民大学出版社，2004.
[5] 万寿义. 成本管理研究 [M]. 大连：东北财经大学出版社，2007.
[6] 王立彦. 成本管理会计 [M]. 北京：经济科学出版社，2005.
[7] 胡国强. 成本管理会计 [M]. 4 版. 成都：西南财经大学出版社，2015.
[8] 于富生. 成本会计学 [M]. 北京：中国人民大学出版社，2006.
[9] 李定安. 成本管理研究 [M]. 北京：经济科学出版社，2002.

第九章 成本考核与审计

【学习目标】

（1）了解成本考核与审计原则、意义与任务。
（2）掌握成本考核的范围、内容、指标、方法和程序。
（3）掌握成本审计的内容和方法。
（4）理解成本考核与成本审计的内涵。

【关键术语】

成本考核　成本审计　成本考核指标　责任成本　内部转移价格

第一节 成本考核

一、成本考核的内涵与意义

（一）成本考核的内涵

成本考核是对成本计划及其有关指标实际完成情况进行定期总结和评价，并根据考核结果和责任制的落实情况，进行相应奖励和惩罚，以监督和促进企业加强成本管理责任制，提高成本管理水平的成本管理活动。成本考核的作用是，评价各责任中心特别是成本中心业绩，促使各责任中心对所控制的成本承担责任，并借以控制和降低各种产品的生产成本。

成本考核是将成本实际指标同计划、定额、预算指标对比，考核成本计划完成情况、评价成本管理实绩。成本考核是实现全面成本管理的重要环节，是对成本实行计划管理的重要手段。考核时，应以国家的政策法令为依据，以企业的成本计划为标准，以完整可靠的资料、指标为基础，以提高经济效益为目标。在企业内部可以将产品的计划成本或目标成本指标进行分解，指定企业内部的成本考核指标，分别下达各内部责任单位，明确其在完成成本指标上的经济责任，并按期进行考核。成本考核是指定期通过成本指标的对比分析，对目标成本的实现情况和成本计划指标的完成结果进行的全面审核、评价，是成本管理会计职能的重要组成部分。

（二）成本考核的意义

1. 评价企业生产成本预算、计划的完成情况

成本是资产的耗费，企业耗费成本的目的是生产适销对路的产品，通过产品的销售获得补偿并赚取利润。受市场环境、企业产品份额以及产品市场价格等限制，企业一定时期内的销售收入是一个限定的常量，而成本在很大程度上是企业可以控制的变量。成本计划和预算的完成，标志着目标成本的实现，也意味着目标利润的实现。实际成本与目标成本或计划成本的比较、评价，也是对利润实现情况及原因的分析评价。

2. 评价有关财经纪律和管理制度的执行情况

为了进行国民经济的宏观管理，提供国家所需要的宏观决策参考依据，国家规定了成本开支范围、费用开支标准等。通过成本考核，可以检查企业对各项有关成本制度的执行情况，保证成本核算与成本管理的合法性。另外，企业内部制定的有关成本工作制度，也有赖于成本考核的检查与评价，从中总结经验，发扬成绩，并发现管理制度中的不足，以便及时采取措施进行完善，提高管理水平。

3. 激励责任中心与全体员工的积极性

责任中心是与其经营决策密切相关的责权利相结合的部门。其主要特点是决策权的大小与其经济责任的范围相适应，经济责任的大小又与工作业绩的好坏相联系。通过成本考核可以评价各责任中心对当期经济效益的贡献，使企业树立成本管理意识，使各个责任单位和责任人员从成本考核的奖惩制度中看到自身的经济利益，增强其降低成本的责任心，激励其降低成本的积极性，为增收节支做出更大的贡献。

二、成本考核的原则

（一）以政策法令为依据

在对企业及企业内部进行成本考核与评价时，必须以国家的政策法令为依据，从协调国家、企业、个人三者关系的标准出发，实施对企业经济活动及成本指标完成情况的全面的评价。

（二）以企业计划为标准

企业的成本计划是成本考核的重要依据，它是全体职工努力实现的目标，也是各个部门和环节工作的标准。因此，对企业及企业内部进行成本考核，必须以计划为标准。对于计划在执行中出现的与现实的差距，企业应积极反馈，找出原因，及时总结经验教训。

（三）以完整可靠的资料、指标为基础

成本考核评价工作开展得成功与否，在很大程度上取决于对信息、资料、指标的汇集、选样和选用科学与否。考核的信息、资料、指标必须完整可靠，否则，就失去了考核的依据。在实际工作中，在成本考核前，必须对成本信息、资料及其所计算的

指标进行全面的检查和审定，之后才能做出恰如其分的科学评价。

（四）以提高经济效益为目标

全面成本管理的最终目的，是获得最佳投入产出比例，也就是最大限度地提高经济效益。对于那些促使产品成本下降的部门，应给予肯定和奖励，否则就要承担相应的经济责任。只有考核合理，功过分明，才能调动部门和职工的积极性，为降低成本提高效益提供动力。

三、成本考核的范围和内容

（一）成本考核的范围

企业内部的成本考核，可根据企业下达的分级、分工、分人的成本计划指标进行。按照分级、分工、分人建立责任中心，计算责任中心的责任成本，责任成本是指特定的责任中心所发生的耗费。为了正确计算责任成本，必须先将成本按已确定的经济责权分管范围分为可控成本和不可控成本。划分可控成本和不可控成本，是计算责任成本的先决条件。所谓可控成本和不可控成本是相对而言的，是指产品在生产过程中所发生的耗费能否为特定的责任中心所控制。可控成本应符合三个条件：能在事前知道将发生什么耗费，能在事中发生偏差时加以调节，能在事后计量其耗费。三者都具备则为可控成本，缺一则为不可控成本。

1. 责任中心与成本中心

（1）责任中心。

责任中心是为完成某种责任而设立的特定部门，其基本特征是权、责、利相结合。具体地说，责任中心具有如下特征：

第一，拥有与企业总体管理权相协调，与其管理职能相适应的经营决策权，使其能在最恰当的时刻对企业遇到的问题做出最恰当的决策。

第二，承担与其经营权相适应的经济责任。有什么样的决策权力，就须承担什么样的经济责任，这是对有效使用其权力的一种制约。

第三，建立与责任相配套的利益机制，以使管理人员的个人利益与其管理业绩相联系，从而调动全体管理人员和职工的工作热情。

第四，各责任中心的局部利益必须与企业整体利益相一致，不能为了各责任中心的局部利益而影响企业的整体利益。

（2）成本中心。

一个责任中心，若不形成收入或者不对实现收入负责，而只对成本或费用负责，则这类责任中心被称为成本中心。成本中心有广义和狭义之分。狭义的成本中心是对产品生产或提供劳动过程中的资源耗费承担责任的责任中心，一般指负责产品生产的生产部门及劳务提供部门。广义的成本中心范围较广，除了狭义的成本中心以外，还包括那些生产性的以控制经营管理费用为主的责任中心，即费用中心。

通常，狭义成本中心（以下“成本中心”均指“狭义成本中心”）的典型代表是制造业工厂、车间、工段、班组等。在生产制造活动中，每个产品都可以有明确的原材料、人工和间接制造费用的数量标准和价格标准。实际上，任何一种重复性的活动都可以建立成本中心，只要这种活动能够计量产出的实际数量，并且能够说明投入与产出之间可望达到的函数关系。

费用中心，适用于那些产出物不能用财务指标来衡量，或者投入和产出之间没有密切关系的单位。这些单位包括一般行政管理部门，如会计、人事、劳资、计划等；研究开发部门，如设备改造、新产品研制等；某些销售部门，如广告、宣传、仓储等。一般行政管理部门的产出难以度量，研究开发和销售活动的投入量与产出量之间没有密切的联系。对于费用中心，唯一可以准确计量的是实际费用，无法通过投入和产出的比较来评价其效果和效率，从而限制无效费用的支出，因此，有人称之为“无限制的费用中心”。

2. 责任成本

（1）责任成本的特点。

责任成本是指由特定的责任中心所发生的耗费。当企业将经营责任层层落实到各责任中心后，就需对各责任中心发生的耗费进行核算，以正确反映各责任中心的经营业绩，这种以责任中心为对象进行归集的成本叫责任成本。

责任成本与产品成本是两个完全不同的概念。责任成本的归集对象是责任中心，而产品成本归集的对象是产品；责任成本按谁负责谁承担的原则进行归集，产品成本按谁受益谁承担的原则进行归集；责任成本的归集以可控制为原则，产品成本的归集以合理合法为原则；责任成本核算的目的是控制和降低各产品的生产耗费水平。

责任成本与产品成本虽然有许多不同点，但是它们之间也有密切联系，因为责任成本控制的有效与否将直接影响产品成本耗费水平的高低，所以虽然责任成本和产品成本控制的角度不一样，但它们的总目标是一致的。

责任成本的归集以可控制为原则，这是责任成本的最重要的特点。所谓可控制，是指产品在生产过程中所发生的耗费能否为特定的责任中心所控制。例如材料的耗费，它可以分解为价格的差异和耗用量的差异两个方面，对于只有生产权而没有采购权的生产部门来说，它所能控制的只有耗用量一方面，所以考核生产部门时，只能以耗用量为考核内容。根据成本的可控性，所有的生产耗费对不同的责任中心来说，可划分为可控成本和不可控成本，而价格成本是不可控成本。对于采购或供应部门来说，材料的价格成本是他们的可控成本，而耗用量成本则是不可控成本。尽管如此，但对整个企业来说，所有的耗费都是可控成本，只是可控的主体不同而已。掌握责任成本的可控性特征，是正确进行责任成本计算并进行有效考核的基本条件。

由于各种形式的责任中心都会发生耗费，所以责任成本适用于各种形式的责任中心，只是在不同的责任中心中所起的作用不同而已。

（2）责任成本的计算。

根据上述责任成本与产品成本之间的区别和联系，可把责任成本和产品成本的计算模式简单列出，如图 9-1 所示。

从图 9-1 中可看出，责任成本的计算与产品成本的计算是两种不同的核算体系。产品成本以产品品种为归集对象，将各种产品在各责任中心中所发生的料工费加总起来，就是生产该产品的生产成本；而责任成本则以各责任中心为归集对象，将各责任中心为生产各种产品所发生的料工费加总起来，就构成责任成本。所以，根据责任成本核算的特点，企业应建立责任成本核算体系，以保护责任成本计算的顺利进行。其中包括责任中心的明确划分和根据责任成本计算的要求搞好各项基础工作，包括原始凭证的设计、填制、计量设备的配置、内部零部件转移价格的制订以及各种内部控制制度的建立和完善等。

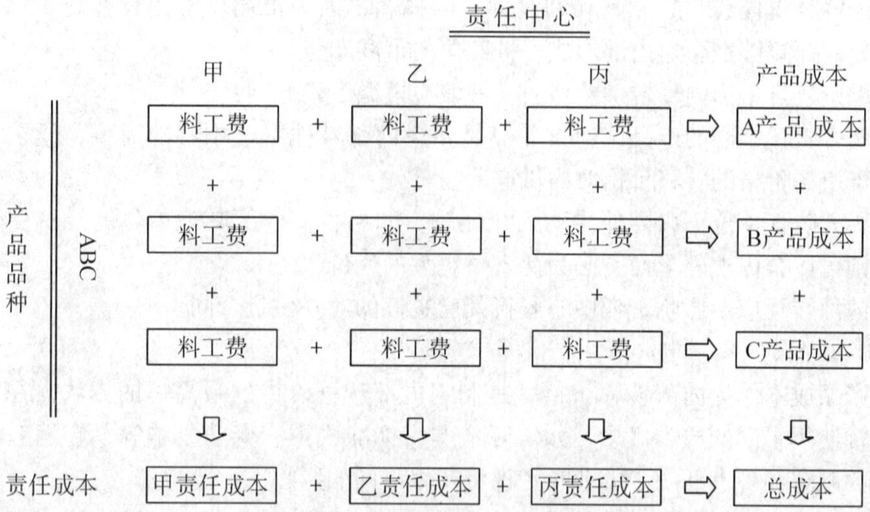

图 9-1　责任成本与产品成本的归集模式

【例 9-1】责任成本的计算。

某公司生产 A、B、C 三种产品，每种产品都需经过甲、乙、丙三个生产部门（成本中心）生产加工。今年五月份，整个企业在生产过程中共发生直接材料消耗 150 000 元，直接人工费用 80 000 元，制造费用 110 000 元。根据料工费耗用的原始凭证及有关的分配表，各责任中心和各产品五月份成本的计算如表 9-1 所示。

表 9-1　责任成本和产品成本计算表　　单位：元

成本项目	合计	责任成本			产品成本		
		甲	乙	丙	A	B	C
直接材料	150 000	90 000	30 000	30 000	40 000	50 000	60 000
直接人工	80 000	20 000	20 000	40 000	20 000	25 000	35 000
制作费用	110 000	40 000	40 000	30 000	25 000	40 000	45 000
总成本	340 000	150 000	90 000	100 000	85 000	115 000	140 000

各责任中心将各月的责任成本加总起来，就是全年的责任成本。如果是成本中心，就以此作为生产业绩的考核依据。如果是利润中心或投资中心，则将其与各责任中心的收入相配比，计算出利润作为考核经营业绩或投资业绩的依据。表 9-1 中计算的产品成本，仅是当月发生的成本，再加上各产品的期初成本余额，然后在完工产品与在产品之间进行分配，计算出完工产品的成本和期末在产品的成本。

3. 内部转移价格

内部转移价格的制定，在理论上应同时满足三个激励标准，首先是对经营业绩的评价提供合理的标准，其次是激励基层经理人员更好地经营，最后是促使分权单位与企业整体之间的目标相一致。

（1）市场价格。

市场价格是以产品或劳务的市场供应价格作为计价基础的。其理论基础是：对于独立的责任中心进行评价，就要看其在市场上的获利能力。以市场价格作为内部转移价格，最符合责任会计的原则和利润中心的概念，因为市场价格比较客观，对买卖双方均无偏袒，能够在企业内部形成一种竞争的市场态势。

在以市场价格为内部转移价格时，一般应遵循下列原则：

①卖方责任中心的产品，应首先满足企业内部其他责任中心的需要，但它有权拒绝以低于市场价格的转移价格对内供应；

②买方责任单位可以同外界购入相比较，如果企业内部其他单位的要价高于市场价格，则可以舍内求外，而不必为此支付更大的代价；

③内部转让应不影响责任中心履行其已签订的对外供货合同。

（2）产品成本。

以产品成本作为内部转移价格，是制定内部转移价格的最简单的方法。在管理会计中常常使用不同的成本概念，如实际成本、标准成本、变动成本等，它们对内部转移价格的制定和各责任中心的业绩考评将产生不同的影响。

①实际成本。以中间产品的生产成本作为其内部转移价格，这种实际成本资料容易取得。

②实际成本加成。根据产品或劳务的实际成本，再加上一定的合理利润作为计价基础。优点是能保证销售产品或劳务的单位有利可图，可以调动他们的工作积极性。

③标准成本。以各中间产品的标准（预算）成本作为其内部转移价格。最大优点是把管理和核算工作结合起来，避免"功过转嫁之患"，收到"责任分明之效"，能够正确评价各责任中心的工作成果，调动"买""卖"双方降低成本的积极性。

④变动成本。以变动成本作为内部转移价格的目的是使部门决策合理化，避免内部转移价格不当所导致的部门决策失误。

（3）协商价格。

协商价格就是由有关责任中心定期协商、确定一个双方均愿意接受的价格，作为计价基础。协商价格一般在以市场价格为上限、以单位变动成本为下限的范围内，通过协商共同议定。

（4）双重价格。

双重价格就是对买方责任中心和卖方责任中心分别采用不同的转移价格作为计价基础。一般可以令买方按卖方的边际成本购买，而卖方以买方的完工产品的销售价格减去其制造和销售过程中的变动成本作为内部售价。

【例 9-2】某企业一车间生产的半成品由二车间继续加工成库存商品。一车间生产的半成品的平均变动成本为每件 30 元，二车间继续加工，每件追加变动制造和销售成本 40 元。加工成库存商品后，以每件 90 元对外销售。

按双重价格原则制定内部转移价格的过程如下：

购方的内部购买价格为卖方的边际成本 30 元；卖方的内部销售价格为 50（90-40）元。以这种方法定价的结果是：每个车间的利润都是 20 元，并且等于公司的总利润（90 元-30 元-40 元=20 元）。其目的在于强调双方利益（利润）的并存性。库存商品部门只是半成品部门的延伸，两者相互依存，是不可分割的整体。按照这种方法制定内部转移价格，买卖双方均能获得足够的利益，决不会出现有损于公司利益的压低产量的行为。

（二）成本考核的内容

（1）编制和修订责任成本预算，并根据预定的生产量、生产消耗定额和成本标准，运用弹性预算方法编制各责任中心的预定责任成本，作为控制和考核的重要依据。

（2）确定成本考核指标，如目标成本节约额（预算成本-实际成本），目标成本节约率（目标成本节约额/目标成本）。

（3）根据各责任中心成本考核指标的计算结果，综合各个方面因素的影响，对各责任中心的成本管理工作做出公正合理的评价。

四、成本考核的指标

要抓好考核，关键在于考核指标的确定要科学、合理、适用。考核指标的确定，在一定程度上反映了企业的管理水平。另外，成本考核指标应与成本计划、成本核算、成本报表的各项指标相互呼应，形成统一的指标系统。

（一）按成本考核的内容划分

1. 实物指标和价值指标

实物指标是指从产品使用价值的角度出发，按照它的自然计量单位来表示的指标，如消耗钢材用千克、消耗燃油用公升等，都是成本考核所采用的实物性指标形式；价值指标是指以货币为统一尺度表现的指标，生产费用、产品成本、办公费等指标都属成本考核所采用的价值性指标。在成本考核中，实物指标是基础，价格指标是综合反映。成本指标的完成情况，需要把实物指标和价值指标结合起来才能全面地反映出来。

2. 数量指标和质量指标

数量指标是指可以以定量的形式表达的对某一方面的工作在指定范围和指定时间内应达到的标准的指标，比如产量、生产费用、总成本等；质量指标是反映一定时期工作质量和控制成本水平的指标，如单位成本、产值生产费用率、商品成本率、可比产品成本降低率等。质量指标不一定都能用数量的形式表达，如产品质量的好、坏。但人们应力求将质量指标定量化、数值化，使其反映的质量问题更确切、更直观。在成本考核中，有意识地将成本考核项目的数量指标和质量指标结合在一起，能帮助人们全面而准确地认识和掌握成本变化的规律。

3. 单项指标和综合指标

单项指标是反映成本变化中单个事项变动情况的指标，如某种产品的单位成本等；综合指标是概括反映某类成本事项的总体指标，如全部生产费用、全部产品总成本、可比产品成本降低率等。单项指标是基础；综合指标一方面是对单项指标的概括和总结，另一方面是对事物更全面的总体表示。

（二）从考核的对象来划分

1. 商品产品计划总成本

商品产品包括可比产品和不可比产品，其成本控制标准都要编入成本计划，规定商品产品的计划总成本。该指标要通过实际执行结果与计划比较进行考核。

2. 可比产品成本降低额和降低率

在编制成本计划时，要规定可比产品的计划成本降低额和降低率。因此，在成本考核中，亦要将可比产品成本降低额、降低率列为考核内容，为其确定成本指标，并通过实际执行结果与计划比较进行考核。

五、成本考核的方法与程序

（一）成本考核的方法

1. 成本考核方法的内容

成本考核方法的内容主要是围绕责任成本设立成本考核指标，其主要内容包括行业内部考核指标和企业内部责任成本考核指标。

（1）行业内部考核指标。

随着市场经济的建立和完善，虽然国家不再直接考核企业的成本水平，但行业之间的成本考核评比还是必要的。其指标包括：

成本降低率=（标准总成本-实际总成本）÷标准总成本

标准总成本=报告期产品产量×标准单位成本

实际总成本=报告期产品产量×报告期实际单位成本

销售收入成本率=（报告期销售成本总额÷报告期销售收入总额）×100%

（2）企业内部责任成本考核。

责任成本差异率=（责任成本差异额÷标准责任成本总额）×100%

其中，责任成本差异额是指实际责任成本与标准责任成本的差异。

责任成本降低率=（本期责任成本降低额÷上期责任成本总额）×100%

2. 成本考核的综合评价

成本考核的综合评价包括成本管理岗位工作考核，引入成本否决制的基本思想，与奖惩密切结合起来。

（1）成本管理岗位工作考核。

这是会计工作达标考核标准的一部分，是对成本核算和管理人员工作内容、工作状况、工作方式、工作态度及其工作业绩的综合评价。该项制度采取考核评分的形式，每个岗位以100分为满分，达到60分以上为达标及格，不足60分为不及格。其格式见表9-2。

表9-2 成本岗位考核标准

序号	考核标准	评分标准
1	认真贯彻执行会计准则、财务通则以及成本核算制度等有关部门规定，正确掌握成本开支标准，划清本期产品和下期产品成本的界限，不得任意摊销和预提费用，划清在产品成本和产成品成本的界限，不得虚报可比产品成本降低额。凡是制度规定不得列入成本的开支，不得计入产品成本	10
2	积极会同有关部门建立健全各项原始记录、定额管理和计量验收制度，正确计算成本，为加强成本管理提供可靠依据	5
3	按时编报成本报表，进行成本费用的分析和考核	15
4	负责预提费用、待摊费用、递延资产、材料成本差异的分配及核算	7

表9-2(续)

序号	考核标准	评分标准
5	负责成本费用开支的事前审核，严格控制成本、费用开支，确保成本计划的完成	8
6	按照费用指标进行核算和管理，定期考核各单位费用指标的完成情况	7
7	按照下达生产资金定额，及时掌握各生产单位生产资金的占用情况，并进行全厂的在产品管理	8
8	开展目标成本管理和质量成本管理，根据已确定的各项指标，分解落实到有关生产单位	9
9	组织在制品、自制半成品核算与半成品稽核工作，建立在制品明细账，对库存自制半成品进行定期盘点，发现盈亏，查明原因，及时处理	10
10	经常深入车间等生产单位，解决车间成本管理中的问题，协调车间之间、处室（科室）之间有关成本计算的问题	7
11	定期组织各车间成本员进行成本核算工作的互相检查，发现问题及时以书面形式向企业领导或总会计师报告，每半年进行一次互检	8
12	保管好各种会计凭证、报表、账簿及有关成本计算资料，防止丢失或损坏，按月装订好会计凭证及报表、账簿，定期全数归档	6

（2）成本否决制与成本考核。

成本否决是企业为了求得自身的不断发展而采取的一种旨在制约、促进生产经营管理，提高经济效益的手段。其主要内容和特点表现为：一是成本否决存在于生产经营的全过程，贯穿于成本预测、决策、计划、核算、分析中，涉及产品的设计、决策、生产、销售等各个环节，具有时间上、空间上的前馈控制、过程控制、反馈控制。二是成本否决是一个动态循环过程，否决了生产成本，涉及原材料成本；否决了原材料成本，涉及原材料的采购成本；否决了原材料的采购成本，涉及采购计划及其实施……从再生产过程来看，否决了销售，涉及生产；否决了生产，涉及供应……从企业各个部门及有关人员的职责的完成情况上考核其工作业绩，从供、产、销的衔接及其制约上评价成本的升降情况，促使企业走上良性循环的轨道。三是成本否决是一个自我调节的过程：在产品决策阶段，通过认真、科学的论证，选择具有竞争力的产品，使其机会成本最低；在产品设计阶段，利用价值工程等理论和方法，使产品的功能与其价值相匹配，使其达到优化，消除成本管理的“先天不足”问题；在材料采购阶段，除控制采购费用外，尽量选择功能相当、价格较低的代用材料，控制材料采购成本；在生产阶段，通过生产工艺过程和产品结构的分析，严格定额管理，运用价值工程进行进一步管理控制；在销售阶段，加强包装、运输、销售费用管理；在售后服务阶段，加强产品服务管理，提高售后服务队伍的职业道德和业务素质，降低外部故障成本，改善企业形象。

成本否决制的诞生和运用，在生产经营管理的控制过程中起到了激励、约束、导向的作用，形成了“成本控制中心”的权威地位。它强化了企业全员的成本意识，有效地解决了成本控制中条块分割、纵横制约的弊端，打破了财务部门独家管理成本的现状，使技术和经济相结合，生产、技术、物资、劳资等方面的管理与价值管理真正结合，一方面将大批技术人员纳入成本管理行列，另一方面将大批财务会计人员引入生产技术领域，形成了纵横交错的成本管理网络。设立“成本降低奖”使责权利密切结合，突出了成本控制的地位，解决了成本综合考核、综合奖励的问题，硬化了控制手段，扩大了责任成本的视野，完善了责任成本控制，开阔了责任成本考核的思路。

（二）成本考核的程序

1. 编制和修订责任成本预算

责任成本预算是根据预定的生产量、生产消耗标准和成本标准运用弹性预算方法编制的各责任中心的预定责任成本。严格地遵守和完成责任成本预算是各责任中心应履行的职责。

责任成本预算是各责任中心业绩控制和考核的重要依据。责任成本预算应按各责任中心的预定业务量进行编制，并按实际发生的业务量进行调整。责任成本包括变动成本和固定成本两部分。变动成本和固定成本应分别计算，即首先根据业务量和单耗标准成本计算出变动成本总额，然后加上固定成本总额，就得出总责任成本。

在编制责任成本预算时，应注意两个方面：一是当实际的业务量与预定业务量不一致时，责任成本预算应按实际业务量予以调整以正确评价经营业绩；二是当企业和市场环境发生变化时，应不断修订产品生产消耗的标准成本，以不断适应环境的变化，并正确评价责任中心的经营业绩。

由于责任成本预算编制工作面广、工作量大，所以在企业财会部门中应成立专门的责任成本核算小组来负责这项工作，包括责任成本的核算等。在实施电算化会计信息系统的企业中，应将责任成本核算体系纳入会计信息系统之中，以提高核算工作效率和减轻核算工作量。

2. 确定成本评价指标

成本评价的指标主要集中于目标成本完成情况，包括目标成本节约额和目标成本节约率两个指标。

（1）目标成本节约额。目标成本节约额是一个绝对数指标，它以绝对数形式反映目标成本的完成情况。这一指标的计算公式如下：

目标成本节约额=预算成本-实际成本

【例 9-3】甲、乙、丙三个责任中心的责任成本预算分别为 160 000 元、85 000 元和 100 000 元，而实际成本为 150 000 元、90 000 元和 100 000 元，则甲、乙、丙三个责任中心的目标成本节约额可计算如下：

目标成本节约额（甲）= 160 000-150 000=10 000（元）

目标成本节约额（乙）= 85 000-90 000=-5 000（元）

目标成本节约额（丙）= 100 000-100 000=0

其中正数为节约额，负数为超支额。

（2）目标成本节约率。目标成本节约率是一个相对数指标，它以相对数形式反映目标成本的完成情况，这一指标的计算公式如下：

目标成本节约率=目标成本节约额÷目标成本×100%

根据上述资料及目标成本节约额计算结果，各成本中心的目标成本节约率计算如下：

目标成本节约率（甲）= 10 000/160 000×100%=6.25%

目标成本节约率（乙）＝-5 000/85 000×100%＝-5.88%

目标成本节约率（丙）＝0/100 000×100%＝0

3. 业绩评价

目标成本节约额和目标成本节约率两个指标相辅相成，因此评价一个责任中心的经营业绩时必须综合考核两个指标的结果。从上面指标的计算中可看出，甲责任中心目标成本完成情况较好，节约额达 10 000 元，节约率达 6.25%；乙责任中心目标成本完成情况较差，超支了 5 000 元，超支率达 5.88%；丙责任中心正好完成目标成本，不超支也不节约。根据这一结果，如果没有其他环境影响，则甲责任中心的业绩是好的，成本控制较有效；乙责任中心相对比较差；丙责任中心可以。但在实际工作中，还应考虑一些具体情况，例如：几种产品耗用的材料是否相同；标准成本前次修订时间的长短，因为如果标准成本很久没修订的话，就很难适应环境的变化，这样以过时的标准来衡量现在的工作业绩，就会失之偏颇；有无特殊情况或不可预计或不可控情况的发生。只有综合考核了各个方面因素的影响，业绩评价才能做到公正、合理，才能收到良好的效果。

第二节　成本审计

一、成本审计的内涵、意义和任务

（一）成本审计的内涵

成本审计是指对生产费用的发生、归集和分配，以及产品成本计算的真实性、合法性和效益性的检查监督，包括事前、事中和事后的成本审计。

（1）事前成本审计主要是指审核成本预测的可靠性、成本决策和成本计划的先进性和可行性。

（2）事中成本审计是指日常审核有关成本的原始凭证和记账凭证以及物资消耗、付款、转账业务的合法性和正确性。

（3）事后成本审计是指通过对已经消耗、付款、转账的原始凭证、记账凭证、账簿、报表及书面资料的检查，并通过实物的盘存和鉴定，使之合理、合法和正确。

（二）成本审计的意义

（1）通过成本费用审计，可以监督企业按国家有关规定进行成本核算管理，纠正成本核算中出现的弊端，保证成本费用的合法性、真实性和正确性。

（2）成本费用审计还可帮助企业健全成本控制制度，提高成本管理和核算水平，降低产品成本并增加利润。

（3）通过成本费用审计，还可降低审计人员在企业财务报表审计中由成本费用失真而导致的风险。

（三）成本审计的任务

1. 审计成本费用计划和定额的执行情况

通过审计成本费用脱离计划和定额的具体项目和原因，揭露通过人为调控成本费用进行作弊的行为，以保证企业经营方针的实现。

2. 审计成本费用支出的真实性

通过审计各项成本费用支出是否有来源可靠、内容完整的凭证，各项数据计算是否有真实的资料来源，揭露利用虚假凭证内容、提供虚假计算数据的情况。

3. 审计成本费用计算的合理性

企业应根据自身生产的特点和管理要求选择适当的成本计算方法，以正确计算成本。因此，审计人员应在了解企业生产类型和组织管理特点的基础上，分析评价所选择成本计算方法的合理性，以保证成本费用的归集和分配以及完工产品和在产品成本计算的正确性，以促进企业改善成本管理，提高经济效益。

4. 审计成本费用内部控制系统的健全有效性

通过查明成本费用支出手续制度和分配系统中存在的各种漏洞、缺陷，及时发现薄弱环节，促进企业生产技术和经营管理水平的改进。

二、成本审计的内容

审计人员可以依法对企业某会计期间发生的生产经营耗费按费用项目进行审计和对生产一定种类、一定数量的产品的制造成本按成本项目进行审计。因此，成本费用审计的内容与成本费用核算的内容一样，也包括成本开支范围审计、费用归集及分配方法审计以及在产品和完工产品成本的审计。成本费用的审计可分为产品成本审计、在产品成本审计、期间费用审计、成本测试和成本报表检查五个部分。

（1）产品成本一般包括直接材料、直接人工和制造费用三个组成部分，应从费用的归集和分配两个角度来进行审计。

（2）在本月产品没有全部完工的情况下确定产品成本的计算是否正确，既要审计生产费用在各种不同产品之间的分配、在不同期间的分配，又要审计生产费用在完工产品和在产品之间的分配，于是完工产品和在产品成本的审计就构成了成本审计的重要内容。

（3）期间费用包括营业费用、管理费用和财务费用，应审计是否遵循开支范围，有无提高开支标准的现象。

（4）成本测试就是对成本计算方法是否合理、成本计算数据是否正确，进行抽样测定的一种审计方法。

（5）企业的成本报表，包括商品产品成本表、主要产品单位成本表和制造费用明细表，对这些报表的审查，主要看其数据计算是否正确、真实、完整。

三、成本审计的方法

（一）对产品成本本期发生额的审查

1. 对原料成本的审查

原材料成本主要包括材料耗用数量与材料单位价格两个因素。对材料耗用数量的审查，可根据产品成本计算单，对照耗用汇总表和领料单及限额领料单进行检查。

对领料单的检查应注意以下问题：①领料单上的材料是否为生产上所必需。②领用的数量是否符合实际。③领用的手续是否齐全。④领料单有否涂改、材料分配是否合理。

对材料价格的检查应注意：①材料采购的价格是否符合规定。②材料质量是否经过化验分析，数量是否计量。③材料的批量采购是否节约资金，而又不影响正常生产。④材料的计价方法是否一致，有无错误。

对原材料成本的检查，可先从产品的总材料成本和单位材料成本的检查入手。将产品的材料成本与前期实际、先进的和外厂的对比，根据发现的问题进行重点检查。如能在检查之前对企业的成本计算制度、领料制度、采购制度进行检查，则可以了解企业在生产上的一些薄弱环节。

2. 对能源成本的审查

能源成本，通常是指成本项目中的燃料与动力。燃料成本的检查，可参照材料成本的检查。动力成本的检查，则可根据动力成本的计算方法确定。如是本企业动力车间供应的，除要检查计量的正确外，还要检查动力车间成本计算的正确与否，分摊是否存在浪费和其他问题。如是外购动力，要根据耗用数量和分配情况进行检查。

3. 对工资成本的检查

单位产品的工资成本高低，决定于工资支出的总额和工资分配的方法。对工资支出的总额主要是审核：①有无不按劳动工资制度滥发加点、加班费。②有无不列入产品成本的工资支出。③工资总额的增减是否与生产增长情况相适应。

4. 制造费用的审查

制造费用主要检查：①固定资产使用情况及折旧提取方法和计算是否正确。②管理人员的工资、提取职工的福利费的计算方法和分配方法是否正确。③消耗材料、办公用品是否存在浪费和贪污盗窃情况。④水电费是否存在浪费现象。⑤劳动保护开支有无超出规定，扩大范围，当作福利的情况。⑥运输费、旅差费等有无需注意的开支。

（二）对产成品和在产品的审查

企业产品成本计算的是否正确，常与在产品的数量盘点和计价有密切关系。因此对在产品的审核，首先要检查盘存材料，必要时进行实地抽查。对产品数量的审查，可根据产成品入库凭证结合产品明细账进行。对产成品入库记录除了用核对法核对凭证和账目外，还应该对产成品的收发制度进行检查。

对收发制度的检查是：①产成品送交仓库前，是否经过技术监督部门的认真检验，质量是否合格。②仓库验收时，是否认真点数、计量。③已完工的产品是否及时交库，入库产品是否以次充好等。

（三）期间费用审计

其审计的内容主要是审查管理费用（企业行政管理为组织与管理企业生产经营所花的管理性费用）、财务费用（企业在生产经营过程中为筹集资金所花的费用）、产品销售费用（企业在销售产成品及自制半成品或提供劳务时的支出，以及专设销售机构的各项经费支出）。产品销售费用包括销售机构的费用、设备租赁费用、广告展览费用、产品销售过程中的劳务费用支出（如运输、装卸、包装、保险、代销手续费等）以及售后服务、费用等。其审计的目的是保证企业生产成本计算的正确，真实地反映企业的经营成果。

期间费用审计是企业整体成本费用审计与产品制造成本审计对应的审计业务。进行期间费用审计应考虑到：期间费用归属的时间范围和业务范围都比较清晰，易于审计人员对被审计事项的正确、及时与否做出明确的判断；在期间费用构成项目中，一些项目是由要素费用初次分配和辅助生产费用分配转来的，一些项目是由本期的其他支付业务形成的，如果较好地进行了上述分配事项的审计，在此环节将主要是进行其他支付业务的审计；期间费用的账务处理多采用多栏式明细账的格式，通过对各栏登记内容的分析可知，一些内容的发生有其规律性，数据也相对均衡，如折旧额、修理费、管理人员工资，一些内容则不具有规律性，因此审计时应主要对不同的项目采用不同的方法进行。

（四）成本测试

成本测试就是对成本计算方法是否合理、成本计算数据是否正确，进行抽样测定的一种审计方法。测试成本的计算办法，要抓住以下三个环节：①审查成本计算办法是否适应企业的生产组织和工艺特点。②审查定额的正确程度，定额定得不当会严重影响成本计算的正确程度。③审查生产成本在在产品和产品之间的分配办法是否恰当，这是计算单位成本正确程度的一个重要因素。

测试成本计算的正确性，可采用以下程序：①选定一种产品进行测试。②测试主要原材料成本。③测试工资及费用成本。④测试单位成本的计算是否正确。

通过上述测试，可以达到事半功倍的效果。如在审查过程中，发现某些产品或某些生产步骤有异常情况，则应对这些产品或生产步骤按常规方法做更详细的检查。

（五）对成本报表的检查

企业的成本报表，包括商品产品成本表、主要产品单位成本表和制造费用明细表。对这些报表的审查，主要看其数据计算是否正确、真实、完整。成本计算的正确与否涉及企业利润指标的高低，因此，审查成本，首先要从审查成本报表开始。

对制造费用明细表的审查，主要看其编制是否准确，并与有关账目核对。关于主要产品单位成本表的审查，可比产品成本降低率有三个决定因素：①去年实际可比产品单位成本。②本年实际可比产品单位成本。③本年实际可比产品产量。在审查可比产品成本降低率时，抓住上述三个因素可发现是否存在弄虚作假的情况。

对可比产品成本降低率的审查，要注意可比产品是否符合可比条件。是否存在有意或无意的多算或少算。有些可比产品去年没生产，而以前又生产过，生产的是哪一种，数额是否相符，可比产品的条件是否符合。对于去年试生产或少生产的新产品，更要注意是否符合可比条件。

本章思考题

1. 简述成本考核的内涵。
2. 简述成本考核的范围与内容。
3. 简述成本考核指标的分类。
4. 简述成本考核的方法和程序。
5. 简述成本审计的内涵。
6. 简述成本审计的内容。
7. 简述成本审计的方法。